El horizonte constitucional

Ciencia jurídica,
Derechos humanos y
Constitucionalismo cosmopolita

Alfonso de Julios-Campuzano (ed.)

El horizonte constitucional

Ciencia jurídica, Derechos humanos y Constitucionalismo cosmopolita

Dykinson, S.L.

Editorial DYKINSON, S. L. Meléndez Valdés, 61 - 28015 Madrid
Teléfonos (+34) 915 44 28 46 - (+34) 915 44 28 69
E-mail: info@dykinson. com
http://www. dykinson. es
http://www. dykinson. com
Consejo editorial: véase www. dykinson. com/quienessomos

ISBN: 978-84-9085-186-9
Depósito legal: M. 30868-2014

Realización Gráfica:
SAFEKAT, S. L.
Laguna del Marquesado, 32 - Naves J, K y L
Complejo Neural - 28021 Madrid
www.safekat.com

Impresión:
Recco S.L.
recco@recco-sll.com
www.recco.es

ÍNDICE

PARTE I
ESTADO CONSTITUCIONAL, ORDENAMIENTO JURÍDICO Y CIENCIA DEL DERECHO

PARTE II
LA FUNCIÓN JUDICIAL EN EL ESTADO CONSTITUCIONAL

PARTE I
ESTADO CONSTITUCIONAL, ORDENAMIENTO JURÍDICO Y CIENCIA DEL DERECHO

CONSTITUCIÓN, CONSTITUCIONALISMO Y «ESTADO DE EXCEPCIÓN»

Massimo La Torre

1. CONSTITUCIÓN DE LOS ANTIGUOS Y DE LOS MODERNOS

En primer lugar merece ser subrayado que esta contraposición de la que quisiera hablar, la de entre una constitución de los Antiguos y de los Modernos, no es puramente de carácter histórico o diacrónico. Más que cronológica, ésta quiere ser ideal-típica, ya que el contraste y la dialéctica entre las dos formas se pueden dar y se dan también sincrónicamente y son un hecho de la actualidad. Sin embargo, una de las dos formas se puede definir como «moderna», porque es parte y producto de lo que es y representa la modernidad, y más específicamente de la modernidad del Derecho.

Por Constitución de los Antiguos puede denominarse, básicamente, una situación institucional en la cual a un centro de poder soberano que tiene su propia ontología y dinámica, y en cierta medida su propia justificación, se acompaña un cuerpo de reglas dirigidas a limitar, a controlar y a racionalizar las actuaciones de aquel poder soberano. Éste preexiste a la constitución, y es además su garante fáctico.

Por otro lado, la constitución a aquel poder le ofrece plena legitimidad frente a la sociedad en su conjunto. En cierta medida el modelo de referencia aquí es aquel de la tradición bíblica de la «alianza» entre un poder todopoderoso y otro centro de relaciones, el pueblo, que reconoce formalmente aquel poder bajo la condición que dicho poder se somete a unos controles o por lo menos a unas promesas, y acepta ser previsible y racional en sus actuaciones según una tabla de reglas que asume así un valor fundativo de la sociedad en su conjunto. Esta tabla de normas frente a un poder que decide someterse a ella es lo que llamo constitucionalismo de los Antiguos.

Este modelo está muy presente en el constitucionalismo premoderno, especialmente en el constitucionalismo medieval, el cual, como es conocido, se expresa en la dialéctica entre *iurisdictio* y *gubernaculum*. La *iurisdictio* es el ámbito de las relaciones entre individuos, allí donde el soberano promete abstenerse de entrar e intervenir, mientras el *gubernaculum* representa el área de las prerrogativas soberanas que no tienen que ser justificadas y limitadas, y donde incluso se pueden hacer valer los *arcana imperii*, y la *ratio regni* prevalece sobre cualquier otra consideración y argumentación[1]. La constitución de los «Antiguos» registra esta distinción y separación de áreas y, al mismo tiempo, las hace compatibles y coherentes. Es verdad que el soberano medieval no es todavía pensado en los términos del monarca absoluto; pero es cierto que tiene una ontología política originaria y que cualquier dinámica convencionalista o contractual lo ve como un actor independiente.

Ahora bien, este modelo no está temporal o cronológicamente delimitado y circunscrito al espacio del constitucionalismo medieval o premoderno. Se reproduce también en la modernidad jurídica, allí donde se supone sobre todo que el Estado, como estructura política tiene una ontología propia que la constitución no llega a tocar o a alterar. Este modelo estatalista es propio, fundamentalmente, de la dogmática europea continental del Derecho público[2]. El constitucionalismo, la vigencia de la constitución, no altera aquí los rasgos del Estado de Derecho como los presenta, por ejemplo, la doctrina alemana del siglo XIX. La idea central es que primero existe el Estado, una estructura organizada del monopolio de la violencia y de la fuerza social, reflejo a menudo de una entidad más profunda, la *nación*, y que luego, en segundo lugar, con el Derecho logramos que esta estructura prometa respetar su organización misma y ciertos límites que de tal organización básicamente derivan. La constitución hace explícito el movimiento de autolimitación del Estado y funciona según el esquema de un horario de trenes. El Estado me dice cómo va a proceder y actuando así produce en sus súbditos unas expectativas, y éstas pueden en algún caso ser incluso título jurídico. Si el plan de trenes me asegura que podré salir de Berlín para Maguncia a las 10.30, esto me da el derecho de presentarme en la estación y de tomar el tren a la hora indicada. Si el tren tuviese que salir con retraso, o no salir, tendría derecho a interponer una queja formal y quizás incluso a pedir una compensación por el daño eventualmente sufrido. Es esto, dicho de manera un poco superficial, el sistema de la justicia administrativa que constituye el fundamento genuino del *Rechtsstaat* alemán.

En tal forma de Estado, sin embargo, la constitución no actúa como elemento productor del Estado; el Estado preexiste a la constitución, y tiene un rango (por lo menos ontológico) superior a ella. Es ésta —sea dicho de paso— una postura todavía viva en la doctrina jurídica alemana, defendida por ejemplo por iuspublicistas como Joseph Isensee y Winfried Brugger[3].

---

[1] Cfr. Ch. H. McIlwain, *Constitutionalism Ancient and Modern*, rev. ed., Ithaca, N. Y. 1966. Mi conceptualización de la distinción entre constitucionalismo de los Antiguos y de los Modernos, aunque inspirándose y en cierta medida apoyándose en la obra de McIlwain, sin embargo no coincide con ella.

[2] Cfr. M. Fioravanti, *Costituzione*, Bologna 1999, pp. 130 ss.

[3] Léase por ejemplo de Joseph Isensee, *Staat und Verfassung*, en J. Isensee y P. Kirchhoff (editores), *Handbuch des Staatsrechts der Bundesrepublik Deutschland*, Vol. 1, Heidelberg 1987,

Para Brugger el contrato constitucional que produce los derechos fundamentales es un acuerdo no entre ciudadanos, sino entre individuos y el Estado[4], el cual, siendo una de las partes del contrato, tiene obviamente una justificación y una existencia anterior al acuerdo mismo. Por consiguiente, la naturaleza del Estado no resulta en absoluto condicionada por el contrato constitucional, y sobre todo el Estado, allí donde considere que sea necesario, puede rescindir el contrato mismo sin poner en discusión su estructura fundamental e incluso con el argumento de preservar la misma.

Pero la gran ambición de la modernidad jurídica es que la comunidad política y, con ella, el Estado y el Derecho, sean el producto de una acción de los ciudadanos. El constitucionalismo es el proceso de tal iniciativa «desde abajo». Una formulación clásica de esta tesis es la del gran constitucionalista suizo Werner Kägi: «Die Idee der Verfassung beinhaltet, unverlierbar und unabdingbar, die Bestimmung der Staatsordnung "von unten"»[5]. Además, la acción de los ciudadanos que resulta en la constitución es consciente, creativa, y es ella misma productora del orden político, es su «inicio»: «A constitution —dice Louis Elkin, un constitucionalista norteamericano— is that which results from an effort to constitute»[6]. Ulrich Preuss —constitucionalista alemán— reafirma la misma idea: «Eine Verfassung *konstituiert* ein politisches Gemeinwesen»[7]. En este sentido, el constitucionalismo es una práctica colectiva reflexiva. Aquí la ciudadanía es la otra cara de la soberanía; no hay soberanía sin ciudadanía, y esta última es «autopoiética», en el sentido que define ella misma sus rasgos y competencias.

La noción de *Kompetenz-Kompetenz* se aplica tanto a la soberanía como a la ciudadanía. (Una ciudadanía que no comprendiese derechos políticos y electorales propios no podría decirse operativa ni conceptualmente identificable[8]). La noción tan popular y ambigua de «poder constituyente» revela en cualquier caso cómo y cuánto la constitución se considera un momento especial de reformulación de los términos de la vida política. Es justo ese proceso de auto-fundación de la ciudadanía —que reencontramos en la fórmula del «poder constituyente»— lo que yo llamo la Constitución de los Modernos.

---

pp. 591-661. Se trata aquí —como subraya Ulrich K. Preuss— de «eine theoretische Grundströmung, nach der die Verfassung bestenfalls der unbegreiflichen Kraft des Politischen von aussen Fesseln auferlegen, niemals jedoch seine inhärente Wildheit im Kern bezähmen und umformen könne» (U. K. Preuss, *Der Begriff der Verfassung und ihre Beziehung zur Politik*, en U. K. Preuss (editor), *Zum Begriff der Verfassung. Die Ordnung des Politischen*, Frankfurt am Main 1994, p. 10).

[4] Véase W. Brugger, *Einschränkung des absoluten Folterverbots bei Rettungsfolter?*, en «Aus Politik und Zeitgeschichte», Vol. 36, 2006, 4 septiembre 2006, p. 13.

[5] W. Kägi, Die Verfassung als Grundordnung des Staates, Zürich 1945, p. 49.

[6] S. L. Elkin, *Constitutionalism: Old and New*, en S. L. Elkin y K. E. Soltan (editores), *A New Constitutionalism. Designing Political Institutions for a Good Society*, Chicago 1993, p. 32.

[7] U. K. Preuss, *Op. cit.*, p. 11, cursiva en original.

[8] Cfr. M. La Torre, *Ciudadanía y* gubernaculum *en el Tratado sobre la Constitución europea*, en «Derechos y libertades», Vol. 16, enero 2007, pp. 41 ss.

La afirmación de Niklas Luhmann que mediante la constitución el sistema político resuelve los problemas relacionados a su auto-referencialidad[9] apunta hacia la misma idea. Si a la terminología de Luhmann le quitamos el transfondo de la teoría de los sistemas, lo que nos queda es la consideración que la constitución señala y tiene que ver con la autodefinición y la autoproducción de una comunidad política. Es algo que indica una dinámica activa de convivencia; alguna forma de deliberación colectiva difusa sobre los criterios y los contenidos del orden político.

No es un caso o un mero punto de estilo el hecho que los autores clásicos del Derecho público alemán hablen más de súbditos que de ciudadanos. Para el mismo Hans Kelsen, como es conocido, la figura del ciudadano tiene poco sentido; y siendo él bastante más liberal que Paul Laband o Georg Jellinek no hablará ya tanto de «súbditos», *Untertanen*, como de «sujetos jurídicos», *Rechtssubjekte*. Cualquiera que tenga que obedecer o acatar las normas del ordenamiento será un «sujeto jurídico». La ciudadanía o la nacionalidad no relevan este fin. Hay aquí incluso un tono o una implicación cosmopolita; pero no encontramos ningún rasgo auténticamente democrático. Para Kelsen, la constitución es una norma de grado jerárquico superior a la ley. Esta postura, por supuesto, representa un progreso respecto al Derecho público alemán tradicional que, al contrario, equipara ley y constitución. Pero, según Kelsen, siempre existe tal constitución, su vigencia es analítica, no política. No hay principios y derechos fundamentales, además de las normas de distinto grado jerárquico. Todo esto es muy conocido y no hace falta detenerse aquí sobre la «teoría pura» del jurista vienés.

Sin embargo, las constituciones democráticas de nuestros tiempos, la española, la alemana, la italiana (o lo que queda de esta después de quince años de «berlusconismo»), son cuerpos normativos que incluyen «principios» substantivos y derechos fundamentales exigentes, y se presentan como el momento especial que fundamenta y proyecta el entero sistema estatal. Este nuevo tipo de constitución, que tiene su primer documento en la Constitución del 11 de agosto 1919 de la Republica de Weimar, come subraya Maurizio Fioravanti, «non intende più [...] limitarsi all'ordinamento dei poteri, e al rinvio alla legge in funzione di garanzia dei diritti, e vuole piuttosto anche, e forse soprattutto, significare l'esistenza di alcuni principi fondamentali generalmente condivisi»[10]. Si hay «principios» y derechos fundamentales que sirven como fines u objetivos de la actuación de los poderes públicos, éstos últimos no tienen una esencia predeterminada anterior a aquellos principios y derechos. Además, la constitución en este caso tiene una fuerza normativa expansiva. Los principios y los derechos condicionan incluso las rela-

---

[9] Véase N. Luhmann, *Verfassung als evolutionäre Errungenschaft*, en «Rechtshistorisches Journal», Vol. 9, 1990, pp. 176 ss.

[10] M. Fioravanti, *Costituzione*, cit., p. 147.

ciones entre sujetos privados: es la *Drittwirkung* de la doctrina alemana, que radicaliza la eficacia de las normas constitucionales, haciendo de estas no sólo límites o pautas para los poderes públicos (como es el caso de la constitución según Laband, por ejemplo), sino reglas para su formación y legitimidad, y no sólo vínculos que conciernen a la esfera pública o estatal, sino también directivas fundamentales para la articulación de las relaciones de Derecho privado.

El constitucionalismo de los Modernos hace que el contraste tradicional entre constitucionalismo y democracia resulte en gran medida obsoleto. De hecho, el neo-constitucionalismo puede ser teoría y práctica del gobierno limitado en tanto en cuanto es, al mismo tiempo, teoría y práctica de un «gobierno absoluto», es decir en tanto en cuanto el gobierno y el Derecho positivo estén «absolutamente» penetrados por las normas constitucionales y éstas sean válidas de manera «absoluta», en el sentido que mantienen un contenido «esencial» «inderogable» del cual se imbuyen todas las relaciones jurídicas. La alternativa evocada por autores como Nicola Matteucci o Antonio Negri[11], aunque desde bandos opuestos, *aut* democracia *aut* constitucionalismo, en este contexto por lo tanto pierde todo su dramatismo.

2. NEO-CONSTITUCIONALISMO Y CONTRACTUALISMO

Permítanme, por favor, repetirme. La diferencia entre constitucionalismo de los Antiguos y de los Modernos es que el primero no llega a reformar, o mejor dicho, a producir la autoridad política o la soberanía, mientras que el constitucionalismo de los Modernos se da allí donde la constitución forma o crea los poderes públicos. El primer tipo de constitucionalismo es fundamentalmente defensivo, y es parcial, en el sentido que no penetra todo el ámbito de las funciones estatales. El neo-constitucionalismo, por el contrario, en principio no puede aceptar que algún ámbito del poder público le resulte extraño. Tiene que dar paso a todas las tareas del Estado e incluso, en cierta medida, al contexto general de la sociedad. La *Drittwirkung* de los derechos fundamentales en esta perspectiva resulta muy sugerente: para el neo-constitucionalismo —como se ha dicho— los derechos fundamentales rigen y son eficaces no sólo entre ciudadanos y poder público, sino también entre los ciudadanos en sus relaciones como sujetos de derecho privado. Como es sabido, en la doctrina alemana se conceptualiza la *Drittwirkung* en general según la teoría del efecto mediato o indirecto a través de cláusulas generales y conceptos jurídicos que se llenarían de contenido a partir de los principios constitucionales.

---

[11] Cfr. A. Negri, *Il potere costituente*, II ed., Roma 2002. De Nicola Matteucci véase *Costituzionalismo e positivismo giuridico*, en «Rivista trimestrale di diritto e procedura civile», 1963.

Para el «constitucionalismo de los Antiguos», además, los derechos sociales son pura retórica, no tienen relevancia jurídica. Por el contrario, dentro del paradigma neo-constitucionalista los derechos sociales son aquellos que revelan el programa constitucional como proyecto de convivencia y de comunidad. Son el complemento natural de los derechos civiles y políticos. El programa del neo-constitucionalismo termina así por coincidir *grosso modo* con el proyecto del Estado social. Como ha subrayado Klaus Günther, «the State goes from being an opponent of freedom to its guarantor. This transforms the general experience of freedom, which concretely shapes how it is understood: from freedom one fights for oneself, protected by the State only at its outer limits by abstract, general, predictable, determinate laws to State-constituted freedoms»[12]. Es cierto que este proceso y la constelación del Estado social están llenos de ambigüedades y corren el riesgo de favorecer una noción de ciudadanía demasiado centrada en el Estado y sus prácticas paternalistas. Es posible que en este terreno la figura del ciudadano se deslice hacia aquella del «cliente» o del «consumidor».

Hay también versiones de Estado social que resultan de algún tipo de constitucionalismo «antiguo» que no tematiza ni pone en duda la realidad del Estado como centro originario de poder. Sin embargo, las experiencias de las democracias alemana, italiana y española de la segunda mitad del siglo veinte, asumen todas que el Estado social tiene que ser estructurado en los términos de un orden constitucional en el cual la libertad positiva juega un papel especial. Derechos fundamentales y soberanía aquí no se presentan como dos esferas distintas y separadas: los derechos dan legitimidad y forma a la soberanía, y la soberanía se manifiesta en primer lugar como un cuerpo de derechos y valores (como ha subrayado, por ejemplo, Gaetano Silvestri, juez del Tribunal constitucional italiano[13]). En este caso, la constitución representa y coincide con el proceso general mediante el cual los ciudadanos hacen política y producen con su acción colectiva una esfera pública. Tal acción colectiva reenvía a algún principio de solidaridad y al correspondiente fundamento material: que es la homogeneidad social a la cual tanta atención le dedicaba Hermann Heller. Aquí los derechos sociales son parte del proceso de integración necesario para producir de manera democrática el orden jurídico.

Derechos civiles, políticos, y sociales son elementos analíticamente, pero no evolutivamente, distintos de una misma práctica social que es aquella de la ciudadanía moderna. En este sentido, la tesis de Marshall según la cual los derechos sociales definen la ciudadanía asume rasgos más plausibles. Una constitución moderna es un proyecto de sociedad y esto implica un criterio de

---

[12] K. Günther, *World Citizens Between Freedom and Security*, en «Constellations», Vol. 12, 2005, p. 387.

[13] Véase G. Silvestri, *Lo Stato senza principe*, Torino 2005.

redistribución de la riqueza y de los recursos. Los derechos sociales hacen que con los derechos fundamentales se pueda asumir esta teoría fundativa relacionándolos con principios sustantivos de justicia. En este sentido también la exclusión que Hannah Arendt hace de las necesidades básicas y de los intereses colectivos de la arena de la política[14] aparece contra-intuitiva y de todas maneras no corresponde a lo que es el Estado constitucional de los «Modernos». El Estado social, al fin y al cabo, es posible a través de derechos constitucionales y éstos son condición necesaria (aunque no suficiente) de la soberanía.

Ahora bien, se podría objetar que una tal constelación, la fuerza constituyente de la constitución con respeto a la soberanía, no es algo peculiar sólo a la experiencia del Estado constitucional «moderno». Aquella fuerza productiva del orden del proceso constitucional típico de los Estados constitucionales de la segunda mitad del siglo veinte podría encontrarse ya al comienzo, en las orígenes de la forma Estado, por lo menos en tanto en cuanto éste y su inicio son conceptualizados mediante doctrinas contratualistas. Por ejemplo, Hobbes y Locke ya presentan el orden político como producto de pactos y acuerdos, de manera que según ellos la soberanía sólo es posible y realizada a través de un acuerdo primigenio con el cual los individuos deciden hacerse ciudadanos, es decir, crear un cuerpo político que sea dirigido por un centro soberano. La soberanía aquí no es el hecho primigenio: resulta, por el contrario, de un poder constituyente. El Estado no coincide con este poder constitutivo, sino que emerge de los esfuerzos que se dan en la situación pre-estatal del «estado natural» y de la decisión colectiva de producir una situación de convivencia de otro tipo y fundamentalmente nueva. En este sentido —continúa la objeción—, en realidad no hay gran diferencia entre constitucionalismo de los «Antiguos» y de los «Modernos». Detrás de la forma del Estado nacional, desde su comienzos más remotos, hay un pacto, un contrato, un acuerdo, una producción de nuevo Derecho, en cierta medida incluso desde la nada, *ex nihilo*.

La primera impresión es que esta objeción es correcta y que una réplica resulta muy difícil. Es evidente que hay una diferencia entre el constitucionalismo medieval y el constitucionalismo que se relaciona con el Estado nacional. En el primero, el orden constitucional resulta del acuerdo entre dos partes que ya tienen una fuerte dignidad ontológica y una legitimidad independiente. Hay un señor o rey, y hay un cuerpo social, pueblo y barones, y los dos actores suscriben un compromiso por el cual el señor o rey no puede actuar hacia el otro actor sin límites institucionales y sin consentimiento o aviso. El modelo aquí es *grosso modo* aquel de la «alianza» entre Dios, Nuestro Señor, y Su Pueblo. Nosotros vamos a obedecerTe y honrarTe, pero

---

[14] Léase, especialmente, su diferenciación de las distintas actidudes de las revoluciones americana y francesa hacia la cuestión social y su crítica al constitucionalismo y a la práctica política de los revolucionarios franceses, en H. Arendt, *On Revolution*, Harmondsworth 1979.

Tú, Señor, no nos demandarás actuar sino según una regla preestablecida y jamás más allá de ciertos límites. Son estos límites los que definen fundamentalmente la constitución medieval.

Este modelo resulta obsoleto después de la propuesta contractualista de Thomas Hobbes. El Leviatán no es un sujeto con el cual el pueblo intenta establecer un acuerdo o llegar a un compromiso. Leviatán es también el pueblo: lo comprende, lo engloba, de él surge, por él es creado. ¿Pero, dónde está aquí la diferencia con lo que he llamado el constitucionalismo de los «Modernos» y que podríamos también etiquetar como «neo-constitucionalismo»? No deberíamos olvidar que del contrato civil o político de Hobbes no resulta ningún orden constitucional. El contrato o el acuerdo sí es la fuente o el origen de la comunidad política, pero no se reproduce en ésta. El acuerdo hobbesiano produce un poder, un soberano, que es todopoderoso, absoluto. No conoce límites. Aquí de manera explícita no hay leyes fundamentales, estructuras constitucionales, que el soberano no puede ignorar, violar o suprimir.

Dos pasos muy conocidos son suficientes —creo— para ilustrar el carácter nada constitucional del Leviatán y la desconfianza de su mentor, el gran Hobbes, hacia todo tipo de límites constitucionales a la plena manifestación de la soberanía. «For a Fundamental Law in every Commonwealth is that which being taken away, the Common-wealth faileth, and is utterly dissolved; as a building whose Foundation is destroyed. And therefore a Fundamental Law is that by which Subjects are bound to uphold whatsoever power is given to the Sovereign»[15]. La ley constitucional suprema según Hobbes es la delegación de poderes al soberano y el compromiso de obediencia a sus órdenes; todo lo demás es superfluo y contingente. Contingentes, especialmente, son las leyes que el soberano tiene que acatar: «But to those Lawes which the Sovereign himself, that is the Common-wealth maketh, he is not subject»[16]. De manera que podemos deducir que el acuerdo productivo del Estado no es una ley en sentido propio; es un pacto, pero no es verdadero Derecho. El Derecho es todo en manos del soberano, sin que en esto permanezca un resto del acuerdo. Repugna a la naturaleza de la comunidad política —nos dice Hobbes— «That he that hath the Sovereign Power, is subject to the Civil Lawes»[17].

De la lectura de Hobbes y de su doctrina con respeto al valor que él atribuye al contrato fundativo del orden político y a las leyes fundamentales o civiles que deberían limitar los poderes del soberano, podemos así sacar la conclusión de que la perspectiva contractualista y el modelo constitucionalista no coinciden necesariamente. En cierta medida esta conclusión está confirmada incluso por la obra de John Locke. Según éste —como es el caso

---

[15] T. Hobbes, *Leviathan,* ed. by Macpherson, Harmondsworth 1982, p. 354.

[16] *Ibid.*, p. 367.

[17] *Ibid.*

de Hobbes— es la producción de *una* voluntad común la que nos hace posible abandonar el estado de naturaleza y entrar en la condición civil. Es el poder legislativo «the soul that gives Form, Life, and Unity to the Commonwealth»[18]. Sin embargo, del poder legislativo podría ser titular el rey junto con otros sujetos, y tal monarca tendría «the constant, supreme, executive power»[19]. De manera que el orden constitucional aquí resultaría de una relación contratada entre el poder ejecutivo y otros cuerpos como una asamblea de representantes *pro tempore* (el parlamento, por ejemplo). En esta constelación, una ley constitucional parece algo conceptualmente distinto del acuerdo entre individuos mediante el cual entramos en la condición política y en el espacio de la ciudadanía. La ley constitucional se da, por lo tanto, dentro de una estructura que precede y predetermina la ley misma y sus contenidos. No es este el caso del constitucionalismo «fuerte» de los Modernos, donde la constitución y las leyes constitucionales presuponen sólo derechos, principios y valores, pero no órganos y «cuerpos» estatales preexistentes a las normas.

3. «ESTADO DE EXCEPCIÓN» Y CONSTITUCIÓN

Allí donde mejor se percibe y se aprecia la diferencia entre constitucionalismo «antiguo» y «moderno» es en su respectivo tratamiento de las situaciones de emergencia pública y del así llamado estado de excepción. Una lectura ideal-típica y reveladora, aunque en cierta medida idiosincrática, del «estado de excepción» es la que nos ofrece el constitucionalista e iusfilósofo Michel Troper[20]. A su juicio, el estado de excepción es una situación en la cual, invocando la existencia de circunstancias excepcionales especialmente dramáticas y la necesidad y la urgencia de enfrentarse y reaccionar a éstas —una catástrofe natural, una guerra, atentados terroristas, una epidemia, etc.— se suspende la aplicación de reglas que rigen normalmente el funcionamiento de los poderes públicos.

Sin embargo, el iusfilósofo francés llega a una primera conclusión que convencionaliza de manera radical la definición y la vigencia del estado de excepción, ya que afirma que éste no puede ser definido independientemente de las reglas que se le apliquen, las cuales por lo tanto son constitutivas del mismo estado de excepción. Esta consideración tiene un fondo de verdad que hay que tematizar: la ruptura de la normalidad fáctica de una sociedad, una catástrofe natural, un terremoto por ejemplo, se puede ver tremenda-

---

[18] J. Locke, *Two Treatises on Government*, ed. by P. Laslett, Cambridge 1990, p. 407.

[19] *Ibid.*, p. 408.

[20] Véase M. Troper, *L'état d'exception n'a rien d'exceptionnel*, en S. Thédorou (editor), *L'exception dans tous ses états*, Marseille 2007.

mente radicalizada por la aplicación de cierta normativa de excepción. Entre la situación de excepción y la normativa de excepción, es decir, la ruptura de la legalidad constitucional normal, no hay correspondencia necesaria. Y la ruptura de la constitución y del Estado de Derecho es la sanción, en cierta medida, la declaración del estado de excepción mismo, o mejor dicho, un acto con eficacia constitutiva con respecto a eso.

Sin embargo, la consideración ya subrayada lleva a Troper a una conclusión más extrema: que el estado de excepción no tiene nada de excepcional. Esto es así, ya que —aunque en la constitución formal no haya ninguna norma que regule y trate la situación de emergencia—, en todo sistema hay autoridades que poseen la competencia de adscribir a cierto hecho cualquier significado prescriptivo que esté al alcance (sólo) de la autoridad competente. En vista de la plasticidad de las normas y del ordenamiento siempre habrá poderes que allí donde lo reputen necesario invocan una norma o un principio que les permita la aplicación de una normativa de excepción. Todo estado de excepción —en esta perspectiva— tiene detrás de sí una regla constitucional implícita, ya que en todo orden constitucional hay órganos que pueden atribuirse un poder supremo de interpretación de las reglas. La normalidad de la posibilidad de la excepcionalidad en esta perspectiva se fundamenta además en una específica teoría de la interpretación jurídica, según la cual el acto interpretativo sería un acto de decisión y de discrecionalidad no ulteriormente controlable. El sentido de un enunciado normativo sería aquel que le atribuye quien lo aplica. Así que la conclusión aquí es que quien puede aplicar e implementar el estado de excepción tiene al mismo tiempo el derecho de declararlo, y en cualquier orden constitucional hay un nivel de competencias o poderes que se encuentra en dicha situación. La conclusión última es la siguiente: el estado de excepción no tiene nada de excepcional.

De manera inesperada con esta argumentación nos acercamos a resultados parecidos a los que representan el punto de llegada de perspectivas y metodologías bien distintas: el institucionalismo de Santi Romano y el decisionismo de Carl Schmitt. Según éste último, como es conocido, el Derecho tiene en su corazón mismo la situación del poder absoluto sobre la norma. Como decía otro iuspublicista, Hermann Heller, extremizando la postura de Schmitt, soberano es aquel que puede violar la ley, o actuar *contra legem*, sin ser ilegal[21]. Y en tiempos muchos más recientes dos profesores británicos, que reivindican la singularidad de la experiencia del Derecho público, nos trasladan una *Weltanschauung* neo-schmittiana, cuando nos dicen que la norma jurídica está siempre pendiente de la situación de excepción: «The legal norm remains subject to the political exception, which is an expression of the costituent power of a people to make, and therefore also to break, the

---

[21] Véase el capítulo quinto de H. Heller, *Die Souveränität. Ein Beitrag zur Theorie des Staats- und Völkerrechts*, Berlin 1927.

constitutional authority of the state»[22]. Lo que puede hacer puede también deshacer la regla. El «estado de excepción» sería así la referencia última y más verdadera de la normalidad legal y constitucional.

Respecto al «estado de excepción» en la doctrina jurídica nos encontramos en efecto tres distintas posturas. (a) La primera es aquella según la cual el estado de excepción sería una excepción a la «regla» (*extra ordinem*). En este caso se sale de la regla para salvar a la regla misma, se viola el orden para así mismo reestablecerlo. (b) Para la segunda postura el estado de excepción está dentro de la regla, pero no en el sentido que el estado de excepción tendría que darse según alguna regla y siempre sin salir de ella, sino que ésta (la regla) tiene sus fundamentos en la posibilidad de su violación. Como escribe Georg Jellinek en su *opus magnum*, la *Allgemeine Staatslehre*, el soberano legítimo es tal si puede actuar como «usurpador» o si deriva su autoridad de la «usurpación» —lo que había sido anticipado por Joseph de Maistre con su fórmula de la soberanía como «usurpation légitime»[23]—. O bien —recordando una frase famosa y muy citada de Carl Schmitt—, soberano es aquel que puede decidir sobre el estado de excepción; y Walter Benjamin, el gran escritor alemán, dice algo muy parecido cuando afirma que la violencia es un medio, sea de protección o garantía, sea de producción o creación del Derecho.

Jacques Derrida continúa esta línea de pensamiento, al subrayar la contradicción interna a la idea de «fuerza de ley», que es ley sólo fuera de sí mísma, ya que la ley se aplica desaplicándose[24]. Y el filósofo italiano Giorgio Agamben repite más o menos lo mismo, pues sostiene que el Derecho se fundamenta sobre una serie de paradojas irresolubles: (i) que el estado de excepción es la situación en la cual la excepción se hace regla; (ii) que el estado de excepción es una suspensión del Derecho por el Derecho. Lo que le induce a llegar a la conclusión que la razón del Derecho es su violación o, dicho de otra manera, que el fundamento del límite jurídico, del vínculo normativo, o del deber, es la ilimitación, la falta de vínculos, la decisión con mayúscula. «L'elemento normativo —dice— ha bisogno di quello anomico per potersi applicare»[25]. Por supuesto, a una parecida perspectiva se le abre la tierra bajo los pies, y es el abismo nihilista.

(c) La tercera postura es aquella según la cual el estado de excepción está dentro de la regla: es decir, aquí, no es en su fondo, en su «corazón de tinieblas», sino que no hay emergencia que no pueda ser tratada *intra ordinem*, dentro de los parámetros normativos del sistema positivo vigente. En esta

---

[22] M. Loughlin & N. Walker, *Introduction*, M. Loughlin & N. Walker (editores), *The Paradox of Constitutionalism, Constituent Power and Constitutional Form*, Oxford 2007, p. 2.

[23] J. De Maistre *Essai sur le principe générateur des constitution politiques,* en Id., *Considérations sur la France suivi de Essai sur le principe générateur ddes constitutions politiques,* Paris 2006, p. 207.

[24] Léase J. Derrida, *Force de loi. Le fondament mystique de l'autorité,* Paris 1994.

[25] G. Agamben, *Stato d'eccezione,* Torino 2004, p. 109.

perspectiva se podría incluso decir —como lo hacía Troper— que *no hay estado de excepción*. Pero se diría en un sentido opuesto al de la propuesta del profesor francés, ya que para él aquella frase quiere decir que todo el Derecho es «estado de excepción», que la ruptura normativa es su razón de ser, mientras que esta tercera postura dice justo lo contrario: que todo el Derecho es negación del «estado de excepción», y que éste de todas maneras podría darse sólo dentro del Derecho.

Ahora bien, ¿cómo se conducen el constitucionalismo de los Antiguos y el de los Modernos frente a la emergencia y al «estado de excepción»? Para el constitucionalismo de los Antiguos me parece que básicamente hay sólo dos opciones:

(i) la del «estado de excepción» que se pone radicalmente e irremediablemente *extra ordinem*, y que, sin embargo, expresa así el núcleo duro de la soberanía o, en otra terminología, de la estatalidad. De manera que, en este caso, nunca tendríamos nuevo Derecho, pero sí una situación excusada y concebible desde el punto de vista de la legalidad vigente. La situación «extra ordinem» se tratará por el Derecho *ex post factum*, aplicándole alguna causa de justificación, probablemente la del «estado de necesidad». Es ésta, por ejemplo, la postura de un constitucionalista siciliano, Ettore Lombardo Pellegrino. A éste se enfrenta otro siciliano, el más famoso Santi Romano, en su discusión sobre el régimen jurídico del terremoto de Messina de 1908. Para Lombardo Pellegrino las violaciones de la legalidad no se transforman nunca en actos (legales) de soberanía; sólo se pueden sanar con las justificaciones ofrecidas por el sistema jurídico normal.

(ii) La otra opción para el constitucionalismo «antiguo» es la del estado de excepción que se manifiesta *dentro de la regla*, en el sentido que le ofrece su «última ratio», su legitimidad y validez en última instancia. Las palabras de Santi Romano en su importante escrito sobre el terremoto de Messina son al respecto muy sugerentes: «Il diritto scritto non può mai escludere il diritto non scritto, e di questo specialmente quella parte che è data dalla *necessità* e che possiede in grado tanto più relevante quell'*innata vis*, che da taluni si riconosce anche nella consuetudine. Perché essa rimanga nel campo del diritto positivo basta soltanto che si manifesti [...] nel senso di una forza che difende e protegge l'ordinamento vigente e si traduca in comandi dello Stato»[26]. En la formulación de Romano es como si hubiese un Derecho natural de otro tipo del tradicional, que es tejido de principios, valores y bienes objetivos. No; la ley natural aquí es

---

[26] S. Romano, *Scritti minori*, a cura di G. Zanobini, Vol. 1, Milano 1950, p. 300.

hecho, facticidad. El Derecho natural del que el Derecho positivo depende —en esta reformulación— es el de la ontología (de la «necesidad») de la situación concreta, de su «constitución material; podríamos decir: es ésta la que gobierna la validez, el sentido y la aplicación de la regla.

Distinta es la manera de ver el «estado de excepción» del constitucionalismo de los Modernos. Según éste no hay soberanía posible fuera de la constitución, así que no habría una soberanía o estatalidad primigenia que podría manifestarse en ocasiones excepcionales. Las tristes experiencias de los regímenes autoritarios del siglo veinte nos han enseñado que entre el «Derecho de la crisis» y la «crisis del Derecho» la distancia es muy corta. Como decía Werner Kägi, «Das Notrecht hat die Not des Rechts erst eigentlich offenbart»[27]. En este modelo por consecuente no hay algo más importante y básico en la constitución que proteger frente al peligro y a la emergencia. Aquí la constitución no es una simple superestructura que pueda ser sacrificada para salvar la estructura fundamental del orden político que encontramos en un lugar más recóndito y profundo. No hay detrás o debajo de la forma o costra constitucional una materia que esté permanentemente en ebullición —la soberanía— y que en ocasiones pueda romper la forma y la costra y dejarse ver en sus rasgos más brutos. La conclusión de semejante perspectiva es que el orden constitucional lo abarca todo, es decir, el todo de la convivencia en sociedad, y que cualquier emergencia y situación excepcional no puede salirse del orden constitucional mismo. Sus principios y sus derechos valdrán y serán activos incluso allí donde el orden constitucional resulte amenazado, parezca derrumbarse o ser derrocado por fuerzas humanas o suprahumanas.

Las implicaciones de estas distintas actitudes son bastante claras y explican el contenido de las diversas posturas. Bastante evidente resulta la diferencia en materia de tratamiento y protección de los derechos fundamentales. Para el constitucionalismo de los Antiguos los derechos se pueden suspender sin necesidad de revocar la constitución o sin abrogar o violar el derecho positivo vigente. O bien, en el caso de la versión más rebelde de soberanía (como hecho —ocasional y en sí mismo excepcional— de fundamentación y producción de la norma jurídica) los derechos obviamente estarán pendientes de la decisión soberana y no la podrán transcender ni limitar.

Sólo en el constitucionalismo de los Modernos los derechos fundamentales logran mantener su vigencia en la situación de emergencia, o en el «estado de excepción», aunque reducidos o recortados en su ámbito y en su intensidad. En este modelo la regla paradigmática de esta permanente vigencia de los derechos fundamentales es la que recoge la interdicción absoluta de la

---

[27] W. Kägi, *Op. cit.*, p. 17.

tortura. A este respeto permítanme recordarles la primera parte del artículo quince de la Constitución española de 1978: «Todos tienen derecho a la vida y a la integridad física y moral, sin que, en ningún caso, puedan ser sometidos a tortura ni a penas o tratos inhumanos o degradantes».

Si el soberano es aquel que decide sobre el estado de excepción, es decir decide sobre lo que hay que definir como «estado de excepción», allí donde éste (el «estado de excepción») se subjetivice, se piense o se presente en la forma de sujetos, individuos, «excepcionales» que producen una situación de peligro o emergencia muy grave, en ese caso el soberano será también aquél que pueda indicar o definir quiénes son los enemigos «excepcionales» del orden público. Al soberano, por lo tanto, se adscribe el poder supremo de calificar jurídicamente los sujetos y por consiguiente de discriminar entre los «amigos» (a los cuales se les reconoce subjetividad jurídica y derechos) y los «enemigos» (los «detentadores» o «difusores», por así decir, del estado de excepción). A estos últimos, a los «enemigos», se les quita toda calidad de sujeto jurídico y de sujeto de derechos fundamentales. La extraña categoría elaborada por la Presidencia de Bush hijo, «illegal enemy combatants», para los cuales no vale ni siquiera el derecho humanitario de las Convenciones de Ginebra, esta noción que va más allá del estatus del delincuente y del enemigo en guerra, es el fruto de tal radical articulación de la perspectiva de la soberanía como decisión sobre la excepción.

Sin embargo, en el constitucionalismo de los Modernos no se puede en principio dar tal constelación. En este modelo, la adscripción de subjetividad jurídica no es el resultado de ningún acto absoluto de soberanía; en primer lugar, porque ésta, la soberanía, se ha disuelto en la constitución, en sus valores y en su práctica y, en segundo lugar, porque tal constitución está hecha de derechos humanos inalienables. Para el constitucionalismo moderno no hay separación entre declaración de derechos humanos y constitución en sentido estricto, y la previsiones de la primera son parte integrante de la segunda y tiene su misma fuerza vinculante. Son los derechos humanos su materia prima y su sustancia.

Finalmente, en el modelo neo-constitucionalista la subjetividad jurídica es independiente de la soberanía en tanto en cuanto la constitución misma presupone como una especie de categoría constitucional «trascendental» la autonomía de los individuos que discuten y quieren darse una constitución y de esta forma asumen y producen derechos. La noción misma de «poder constituyente», siempre que no pase por el filtro de la lectura esencialista y comunitarista, puede plausiblemente legitimar tal transcendentalidad de los derechos. Aquí se da lo que podríamos llamar el «círculo virtuoso» de la ciudadanía: éste se manifiesta en la exigencia y en la posibilidad de contribuir a la producción de las normas por quienes tienen que acatar las normas mismas. Ninguna constitución de los Modernos podría darse sin ciudadanos, y ninguna ciudadanía sería verdadera sin subjetividad y titularidad de derechos.

4. IMPLICACIONES. EL CONCEPTO DE DERECHO

Si es plausible que haya distinción entre una constitución de los Antiguos y una de los Modernos, será interesante ver si de tal distinción puedan derivarse implicaciones para el concepto de Derecho en general. Podría ser que —como cree por ejemplo Luigi Ferrajoli— se haya producido un «mutamento di paradigma dello stesso diritto positivo indotto dalla costituzione»[28]. Y que esto nos obligue a modificar nuestros asuntos iusfilosóficos.

La tradición, de la cual son intérpretes al mismo tiempo el positivismo jurídico y la escuela de Derecho natural, cree que el Derecho fundamentalmente es fuerza y violencia o por lo menos que su conexión con la fuerza y violencia es necesaria y conceptual. Esto se ve claramente por ejemplo en autores come Jeremy Bentham y John Austin, según los cuales el Derecho consiste en imperativos apoyados por amenazas de actos violentos. Y esto es así, también, en el iuspositivismo revisado y formalista de Hans Kelsen (por el cual —como es conocido— la norma jurídica tiene como su objeto y contenido la sanción, generalmente la pena). Esta perspectiva no cambia mucho en el iuspositivismo de corte realista: piénsese por ejemplo en Karl Olivecrona, que define el Derecho como «organización de la fuerza»[29], o en el decisionismo meta-ético y judicial de Alf Ross[30]— que nos dice que hablar de justicia es más o menos equivalente a golpear con los puños una mesa y que la validez de una norma jurídica encuentra su fundamento en la decisión última y no ulteriormente justificable de los jueces.

En el bando iusnaturalista las cosas curiosamente no van por otro camino. Lo que importa aquí no es cómo se estructura la relación entre ciudadanía y poderes públicos o cómo los valores (objetivos) puedan ser reconocidos y operacionalizados en una deliberación colectiva. Lo verdaderamente relevante es que unos valores sustantivos sean apoyados y realizados en el mundo del ser como sea, y la fuerza aplicada por quien tiene la capacidad de hacerlo (el soberano) les parece el medio más eficaz y razonable. Piénsese, por ejemplo, en la teoría de John Finnis, probablemente el iusnaturalista contemporáneo más influyente, para el cual el Derecho natural para ser apli-

---

[28] L. Ferrajoli, *La cultura giuridica nell'Italia del Novecento,* Roma-Bari 1999, p. 55.

[29] Véase K. Olivecrona, *Law as Fact*, London 1939. Se ha olvidado —y por esto puede ser importante recordarlo— que Olivecrona defiende una visión del Derecho internacional de corte schmittiano, centrada sobre la noción de *Grossraum*: léase K. Olivecrona, *England oder Deutschland?*, Lübeck 1941, e Id., *Europa und Amerika*, Berlin 1943.

[30] Véase, entre otras obras, sobre todo A. Ross, *On Law and Justice*, London 1957.

cado necesita un acto de determinación del poder público[31], y éste es cualquier actor social que con eficacia pueda lograr la coordinación de conductas y sobre todo la implementación de los valores objetivos del Derecho natural. La legitimidad del poder público en esta perspectiva resulta fundamentalmente de la eficacia del poder en juego; lo que Finnis reconoce ser un «principio quizás escandalosamente bruto (*stark*)»[32].

En la «tradición» del pensamiento jurídico (del que es expresión el constitucionalismo de los Antiguos) sin embargo no hay perplejidad alguna frente al uso, incluso extremo, de la fuerza. Tortura y pena de muerte no son inadmisibles, por ejemplo, para el iusnaturalismo tomista (tan presente en la obra de Finnis) o para el utilitarismo de Jeremy Bentham (que es también el padre de la «analytical jurisprudence»), el cual aprueba el tormento en casos más o menos excepcionales. Si aceptamos la detención (que por cierto es violencia), ¿por qué —argumenta el filósofo británico— no deberíamos aceptar la tortura que es aplicación de violencia menos duradera y más breve que la detención? Lo mismo más o menos —aunque de otra manera— nos dice, por ejemplo, Michael Moore, un profesor americano que se apunta al iusnaturalismo y que sin embargo llega sin temblar a aprobar la tortura del inocente (la del culpable y delincuente le parece casi cosa obvia)[33].

John Finnis no ve ningún escándalo en la pena de muerte[34], y su discípulo Robert George apoya con entusiasmo la guerra preventiva[35]. Lo mismo hace Philip Bobbitt, refinado jurista y profesor de la universidad de Harvard[36]. Richard Posner, el gran teórico de «law and economics», nos recuerda —repitiendo la fórmula del juez Jackson— que la constitución no puede ser un «pacto suicida», algo que ya Finnis subrayaba en su libro *Natural Law and Natural Rights* de 1980[37]. «Sometimes [...] —decía Finnis— the values to be secured by the genuine Rule of Law and authentic constitutional law are best served by departing, temporarily but perhaps drastically, from the law and the constitution»[38].

En un libro con este mismo título, *Not a Suicide Pact*, que bastante lúgubremente inaugura una serie de volúmenes sobre «Inalienable Rights» publi-

---

[31] Es ésta la tesis —me parece— defendida en J. Finnis, *Natural Law and Legal Reasoning*, en *Natural Law Theory. Contemporary Essays*, ed. by R. G. George, Clarendon, Oxford 1995, pp. 134 ss.

[32] Véase J. Finnis, *Natural Law and Natural Rights*, Clarendon, Oxford 1980, p. 250.

[33] Léase M. Moore, *Torture and the Balance of Evils*, en «Israel Law Review», Vol. 23, 1989.

[34] Véase por ejemplo J. Finnis, J. Boyle & G. Grisez, *Nuclear Deterrence, Morality and Moral Realism*, Oxford 1989, p. 317.

[35] Véase R. P. George, *Just War in Irak*, en www.americanvalues.org/html/1b___robert_george.html

[36] Véase P. Bobbitt, *Terror and Consent. The Wars for the Twenty-First Century*, London 2008.

[37] «A written constitution is not a suicide pact» (J. Finnis, *Natural law and Natural Rights*, cit, p. 275).

[38] *Ibidem*.

cada por Oxford University Press, Richard Posner nos dice que por supuesto en situaciones de emergencia la ley suprema es la *salus populi*, la supervivencia del Estado, y que para conseguir tal vital objetivo la constitución puede ser sacrificada. Así que también puede ser sacrificado el derecho de ser feliz de los distintos individuos, sometiéndolos a aquella antigua y económicamente eficaz forma de infelicidad que suele llamarse tortura «The nation —subraya Posner— is prior to the Constitution»[39]. De manera que no se entiende por qué la constitución no tendría que plegarse a las urgencias y exigencias de la nación. Al padre sigue el hijo, y Eric Posner tampoco se sustrae a la tarea de recomendar la tortura, a la cual sin embargo le da otro nombre, menos fuerte: «coercive interrogation»[40] .

«La première loi, c'est la nécessité; la première justice c'est le salut public» —ya lo había dicho Napoleón[41]. Sin embargo, si la «salud pública», la *salus populi,* se identifica con la *salus iurorum* y la *salus constitutionis*, con la permanencia de los derechos fundamentales o por lo menos de su «contenido esencial», si la constitución es constitutiva del Estado, la regla, la norma, están en el corazón mismo del ordenamiento y de la forma de vida que queremos proteger y salvar. Aquí Derecho no es cualquier prescripción o decisión; no puede tener cualquier contenido (como dice Kelsen en una frase célebre de la primera edición de la *Reine Rechtslehre*), y como en cierta medida, y sorprendentemente, repite Finnis, confiando en un criterio fáctico de autoridad «perhaps scandalously stark»[42]. La constitución en el constitucionalismo de los Modernos no puede prescribir algo que sea su contradicción y negación. La fuerza como tal en este caso no es Derecho y nunca lo será. Desde esta perspectiva no vale el dicho de Martín Lutero, «Recht ist Gewalt», el Derecho es violencia. Ni está la violencia al lado del Derecho como su permanente doble para poderle reemplazar en «los tiempos del cólera». En efecto, como nota Jürgen Habermas, la modernidad jurídica y su acompañamiento del paradigma neo-constitucionalista han puesto en marcha un proceso de civilización de la práctica jurídica, quitándole mucho de sus anteriores rasgos autoritarios y coactivos: «Desde la última parte del siglo dieciocho Derecho y Ley han penetrado la autoridad de gobierno políticamente constituida y le han quitado dentro del contexto doméstico el carácter material de mera violencia »[43].

---

[39] R. A. Posner, *Not a Suicide Pact. The Constitution in a Time of National Emergency*, Oxford 2006, p. 4.

[40] Véase E. A. Posner & A. Vermeule, *Terror in the balance. Security, Liberty, and the Courts*, Oxford 2007.

[41] Cfr. W. Kägi, *Op. cit.*, p. 35.

[42] J. Finnis, *Natural Law and Natural Rights*, Oxford 1980, p. 250. Cfr. A. Menéndez, *Bush II's Constitutional and Legal Theory .The Constitution of Emergency Between Law and Propaganda*, en *Torture. Moral Absolutes and Ambiguities*, ed. by B. R. Clucas et al., Baden-Baden 2009.

[43] *Nach dem Bankrott*, entrevista en «Die Zeit» del 6 noviembre 2008.

En la perspectiva neo-constitucionalista la fuerza ha sido desestructurada más que por la ley como estructura formal general, por los principios y las normas de la Constitución —que es ella la que genera la fuerza, al darle criterios y límites y una conformación procedimental—. El Estado ha perdido a su Príncipe[44]. Se puede aquí quizás emplear de nuevo la fórmula de Olivecrona, la Constitución es «organización de la fuerza», pero es organización que la pliega, que la vence, que la doma y «civiliza». Por consiguiente, el Derecho se hace «moderado», «templado», «mite» —como dice Gustavo Zagrebelsky[45]. En el constitucionalismo de los Modernos, el Derecho se hace básicamente *discurso sobre el Derecho*, ya que la Constitución es eminentemente discurso sobre la constitución (como lo subraya, por ejemplo, Peter Häberle con su fórmula de la constitución como «comunidad abierta de interpretación»[46]). Desde esta perspectiva, las instituciones de la constitución «protegen la posibilidad de su propio comenzar»[47], es decir, su práctica discursiva reflexiva y los derechos de los cuales ésta se alimenta. En un contexto así definido la fuerza allí donde se da, si se da, es todavía parte del discurso del Derecho, el discurso en este caso de su aplicación, nunca de todas maneras de su discurso de justificación.

El concepto de Derecho de los Modernos no puede ser aquel cargado de violencia e irracionalidad de un Martín Lutero o de un Carl Schmitt. Tanpoco sirven el mando amenazador de Bentham o Austin, o la regla sobre la sanción de Kelsen, o la maquinaria de la fuerza de la que habla Olivecrona, o el decisionismo judicial de Alf Ross. En el modelo neo-constitucionalista el Derecho no se apoya para su producción sobre el hecho de la violencia, la «usurpación» por ejemplo de la que hablaba Georg Jellinek, o sobre una decisión sin argumentos y razones. La violencia y la decisión sin razones por el contrario son vistas en principio como las situaciones que más repugnan al Derecho. La violación de la Constitución no formará parte del discurso del Derecho, aunque desde varios frentes se repita que es esta violación lo que se oculta bajo el barniz normativo de los conceptos jurídicos.

---

[44] Cfr. G. Silvestri, *Lo Stato senza principe*, cit.

[45] G. Zagrebelsky, *Il diritto mite*, Torino 1992.

[46] Véase P. Häberle, *Verfassung als öffentlicher Prozess*, Berlin 19878, pp. 78 ss.

[47] D. Innerarity, *La libertad como pasión*, Pamplona 1991, p. 103.

ESTADO CONSTITUCIONAL Y PRODUCCIÓN NORMATIVA

Fco. Javier Ansuátegui Roig
Universidad Carlos III

1. PREMISA

En esta ocasión me propongo reflexionar sobre algunas dimensiones que presenta la cuestión de la producción normativa, es decir de la producción del Derecho. Es evidente que la cuestión no puede ser abordada en su totalidad. Mi intención es identificar algunos rasgos o caracteres que nos permitan señalar la especificidad de la creación del Derecho en un cierto contexto jurídico y teórico, como es el del Ordenamiento jurídico del Estado constitucional y el constitucionalismo. En todo caso, lo que deberíamos reconocer ya desde el principio es la relevancia de la cuestión de la creación del Derecho, o si se prefiere, de las fuentes del Derecho, empleando una terminología tradicional que tiene aún hoy acogida en el Derecho positivo[1] y en la doctrina. La forma en la que se aborda la cuestión de la producción del Derecho por

* Una versión provisional de este texto se presentó en las Jornadas internacionales «Nuevas perspectivas del Estado Constitucional», celebradas en la Universidad de Sevilla los días 8 y 9 de enero de 2009. Este trabajo ha sido publicado en Derechos y Libertades: Revista de filosofía del derecho y derechos humanos, 25, junio de 2011, pp. 17-35.

** Instituto de Derechos Humanos Bartolomé de las Casas-Departamento de Derecho Internacional Público, Derecho Eclesiástico del Estado y Filosofía del Derecho de la Universidad Carlos III de Madrid. Este trabajo se ha desarrollado dentro de los proyectos Consolider-Ingenio 2010 «El tiempo de los derechos». CSD2008-00007, y Proyecto de Investigación DER-2008-03941/JURI, Plan Nacional de Investigación Científica, Desarrollo e Innovación Tecnológica (2008-2010).

[1] Podemos recordar dos ejemplos extraídos del Ordenamiento jurídico español: art. 1.1 del Código Civil: «Las fuentes del ordenamiento jurídico español son la ley, la costumbre y los principios generales del derecho»; art. 149.1.8 de la Constitución Española de 1978: «El Estado tiene competencia exclusiva sobre las siguientes materias: (...) En todo caso, las reglas relativas a la aplicación y eficacia de las normas jurídicas, relaciones jurídico-civiles relativas a las formas de matrimonio, ordenación de los registros e instrumentos públicos, bases de las obligaciones contractuales, normas para resolver los conflictos de leyes y determinación de las fuentes del Derecho, con respeto, en este último caso, a las normas de derecho foral o especial».

parte de las diversas teorías sobre el Derecho constituye una clave de identidad de las mismas y uno de sus rasgos distintivos. Sin profundizar en este momento en la cuestión, pensemos por ejemplo en el contraste que se produce entre una teoría del Derecho que explica los mecanismos de producción del mismo en clave estrictamente social o política frente a otra que los reconduce en última instancia a explicaciones suprapositivas; o en una teoría del Derecho que subraya la importancia de la aproximación sistemática frente a aquella otra que comparte planteamientos próximos a la tópica jurídica.

2. UNA REFLEXIÓN SOBRE EL CONTEXTO Y LAS INTERPRETACIONES DEL CONSTITUCIONALISMO

Hoy asistimos a un panorama, el constituido por la teoría del Derecho o si se prefiere desde un punto de vista más amplio, por la Filosofía del Derecho, en el que conocemos ciertas propuestas que someten a revisión afirmaciones o tesis que de alguna manera se pueden considerar paradigmáticas. Me limitaré a señalar algunos ejemplos. Sabido es que Antonio Pérez Luño nos ha ilustrado sobre la incapacidad de los esquemas formales tradicionales para explicar y encauzar la producción normativa en nuestros Ordenamientos, aludiendo en este sentido al «desbordamiento de las fuentes del Derecho»[2]. Pero lo que me interesa recordar en este momento es que el mismo autor ha continuado extrayendo consecuencias a partir de la configuración de nuestros Ordenamientos jurídicos, y ha señalado que las transformaciones contemporáneas de los ordenamientos jurídicos (caracterizados por la presencia de normas de derechos fundamentales) y de las fuentes del Derecho nos obligan a reformular propuestas teóricas, si bien no a renunciar a determinadas categorías como podrían ser la unidad, la plenitud o la coherencia del Ordenamiento. En presencia de un Ordenamiento jurídico caracterizado por un importante grado de pluralismo, por una apertura jurisdiccional, y por el reconocimiento de la relevancia de la argumentación, la conclusión a la que se debe llegar es la que afirma «la erosión de las categorías teóricas con que fueron elaborados [los ingredientes básicos de los ordenamientos] por el positivismo jurídico formalista»[3]. En definitiva, nos propone dejar de pensar en términos de pirámide kelseniana y pasar a pensar en términos de bóveda: «...sustituir la imagen piramidal, es decir, jerarquizada

---

[2] Vid. PEREZ LUÑO, A. E., *El desbordamiento de las fuentes del Derecho*, Real Academia Sevillana de Jurisprudencia y Legislación, Sevilla, 1993.

[3] PEREZ LUÑO, A. E., «La metamorfosis del sistema de los derechos fundamentales y la crisis del positivismo jurídico», en RAMOS PASCUA, J. A., RODILLA GONZALEZ, M. Á., (eds.), *El positivismo jurídico a examen. Estudios en Homenaje a José Delgado Pinto*, Ed. Universidad de Salamanca, 2006, p. 650.

del orden normativo, por un horizonte en el que la totalidad del sistema se obtendrá por la intersección de una pluralidad de estructuras normativas, de procedencia heterogénea y que hacinadas formarán un panorama del ordenamiento jurídico bastante parecido a una bóveda»[4].

Por su parte, Massimo La Torre se ha referido al concepto de Constitución de los modernos como concepto contrapuesto al de Constitución de los antiguos. Uno de los elementos claves de dicha distinción consistiría, según mi interpretación, en la alteración de la relación entre el Derecho y el Poder (en la que el positivismo ha basado parte importante de su propuesta). La Constitución de los modernos ya no debe ser entendida como una norma que expresa la voluntad de un Poder previo a la misma —el Poder del Estado— sino más bien un acto de autocomprensión de los individuos como titulares de derechos, como ciudadanos por tanto. Desde este punto de vista, la Constitución ya no sería un mecanismo de autolimitación del Poder del Estado, sino una instancia ontológicamente previa a éste: es, más bien, el origen del auténtico Poder[5]. Como el mismo La Torre reconoce, el constitucionalismo constituiría un nuevo paradigma en relación con la comprensión y con la conceptualización del Derecho. Y en ese paradigma, y de acuerdo con la propuesta de la Constitución de los modernos, la función principal de ésta ya no sería exclusivamente la de ser la referencia normativa máxima en el sistema de fuentes, sino que tendría un significado político y moral que trascendería en su caso a una teoría de la producción normativa, al menos tal y como ésta ha venido siendo considerada tradicionalmente por parte del positivismo, y en particular del positivismo kelseniano.

Conocida es también la diferencia, asumida por Robert Alexy (aunque pensada anteriormente, como el propio Alexy refiere, por Dreier), entre legalismo y constitucionalismo como dos concepciones básicas del sistema jurídico. Frente al legalismo, que entre otras cosas desconfía de las consecuencias que se puedan derivar de la interpretación de los valores de la Constitución y que reivindica la pertinencia del desarrollo de una inferencia silogística como elemento nuclear de la aplicación del Derecho, el constitucionalismo subraya la dimensión axiológica de la Constitución, con las consecuencias que en relación a la interpretación y aplicación del Derecho se derivan de ello y que se especifican en la importancia del juicio de proporcionalidad y de la ponderación. En todo caso, Alexy resume de manera explícita y gráfica las diferencias entre ambos modelos: «1) norma en vez de valor; 2) subsunción en vez de ponderación; 3) independencia del derecho ordinario en vez de la omnipresencia de la Constitución; 4) autonomía del

---

[4] PEREZ LUÑO, A. E., «La metamorfosis del sistema de los derechos fundamentales y la crisis del positivismo jurídico», cit., p. 651.

[5] Vid. LA TORRE, M., *Constitutionalism and Legal Reasoning. A New paradigm for the Concept of Law*, Springer, Dordrecht, 2007, pp. 1-41.

legislador democrático dentro del marco de la Constitución en lugar de la omnipotencia judicial apoyada en la Constitución, sobre todo del Tribunal Constitucional Federal»[6].

Pero también nos encontramos con posiciones, como la de Francisco Laporta, que critican la excesiva «condescendencia» de algunos autores respecto a «ciertos ingredientes que se estiman novedosos de los órdenes jurídicos presididos por una Constitución»[7]. A partir de ahí se recuerda que las decisiones judiciales deben reconducirse siempre a la ley, se reivindica una reinvención de la ley y se propone, en definitiva, un modelo que puede resumirse de la siguiente manera: «...el núcleo más importante y decisivo del Ordenamiento jurídico *debe* estar integrado por un cuerpo coherente de leyes generales y abstractas a las que se ha de tributar una deferencia privilegiada, y que frente a esa exageración tan de moda de adscribirle todas las tareas normativas a la Constitución y a sus innumerables intérpretes, y de reclamar su presencia en todos y cada uno de los pequeños y grandes conflictos que se suscitan cotidianamente, es preciso hoy volver a reafirmar la confianza en el legislador y a plantearse con seriedad los términos de su reconstrucción y presencia. El mensaje para la reflexión sería, pues, este: menos neoconstitucionalismo y más neocodificación»[8].

Pues bien, si he querido comenzar con estas referencias, incompletas pero representativas del panorama doctrinal en el que nos hallamos inmersos, es para mostrar que el modelo jurídico del constitucionalismo recibe diferentes interpretaciones y lecturas, no necesariamente coincidentes. En ocasiones se centra la atención en dimensiones relacionadas, por ejemplo, con la estructura del sistema jurídico, o con el significado político de la Constitución, o con las dimensiones morales de la misma y sus consecuencias para una teoría de la adjudicación, o con la alteración de la posición que la ley venía ocupando tradicionalmente. Es más, la propia existencia de un modelo como tal (el Estado Constitucional), es algo que en ocasiones se pone en duda. Podríamos plantearnos la siguiente cuestión: ¿hay razones para hablar de un nuevo paradigma, de un nuevo escenario? La morfología del Derecho parecería diferente. O por lo menos, ahora sobresalen dimensiones a las que antes no les prestábamos atención. En este punto podemos identificar algunas posiciones básicas. Por una parte, la de aquellos que afirman que en efecto asistimos a un nuevo Derecho, el vinculado al Estado constitucional, que se caracterizaría por unos rasgos singulares y específicos. A partir de ahí, sería necesaria la elaboración

---

[6] ALEXY, R., *El concepto y la validez del Derecho,* trad. de J. M. Seña, Gedisa, Barcelona, 1994, p. 160.

[7] Vid. LAPORTA, F. J., «Imperio de la ley y constitucionalismo. Un diálogo entre Manuel Atienza y Francisco Laporta», *El Cronista del Estado Social y Democrático de Derecho*, Iustel, n.º 0, octubre 2008, p. 48.

[8] LAPORTA, F. J., *El imperio de la ley. Una visión actual.* Trotta, Madrid, 2007, p. 167.

de una nueva teoría del Derecho que, según algunos, se edificaría sobre las ruinas del positivismo[9]. Por otra parte, la de aquellos otros para los cuales en realidad no estamos frente a un modelo novedoso, sino frente a un modelo similar al Estado de Derecho[10] o, como mucho, frente a un modelo que es el resultado de la evolución de algunos rasgos que ya se encuentran en su sentido originario en un modelo anterior[11]. En otras ocasiones se afirma que en realidad lo que ha cambiado es la teoría del Derecho, a partir de la cual se han operado cambios en la manera de analizar y comprender el Derecho[12].

Sea como fuere, lo cierto es que estamos frente a un Derecho con una configuración tal que provoca la reflexión en determinadas direcciones. No creo que importe ahora certificar si esa configuración es absolutamente novedosa o no. Sospecho que las rupturas drásticas en los modelos de Derecho tampoco son tan comunes a través de la historia. En todo caso, sí que parece que hay cuestiones tradicionales que la teoría del Derecho hoy aborda de diferente manera, y que el escenario que se toma como referencia o, si se prefiere, el laboratorio en el que se experimentan las tesis, es el constituido por el Ordenamiento jurídico del Estado constitucional. De eso tenemos que ser conscientes, aun asumiendo el riesgo de proceder a elaborar una teoría del Derecho que se desprenda progresivamente de su carácter general y que tienda a centrarse de manera casi exclusiva en lo que ocurre en determinados Ordenamientos jurídicos, los de los Estados constitucionales, que se caracterizan por albergar contenidos morales y políticos particulares.

Además, cualquier teoría del Derecho que se precie de proponer una determinada conceptualización del mismo incluye alguna propuesta en relación con la producción normativa. La teoría de la producción normativa constituye una pieza relevante en la identificación del Derecho y, ciertamente, podríamos significar que constituye un elemento de identidad de las diversas teorías sobre el Derecho. Desde este punto de vista, la propuesta del positivismo jurídico incluye una teoría de la producción normativa muy atenta a la determinación de los límites del Derecho, cuya correcta identificación permite diferenciar el Derecho que es respecto al Derecho que no es. Dicho de manera ciertamente

---

[9] Vid. ATIENZA, M. RUIZ MANERO, J., «Dejemos atrás el positivismo jurídico», en RAMOS PASCUA, J. A., RODILLA GONZALEZ, M. Á., (eds.), *El positivismo jurídico a examen. Estudios en Homenaje a José Delgado Pinto*, cit., pp. 765 y ss. Vid también ZAGREBELSKY, G., *El Derecho dúctil*, trad. de M. Gascón, Trotta, Madrid, 1995.

[10] Vid. DIAZ, E., «Estado de Derecho: exigencias internas, dimensiones sociales», en *Sistema*, núm. 125, Madrid, 1995.

[11] Vid. PECES-BARBA, G., «Desacuerdos y acuerdos con una obra importante», en ZAGREBELSKY, G., *El Derecho dúctil*, cit., pp. 157 y ss.; MORESO, J. J., «Sobre "La teoría del derecho en el sistema de los saberes jurídicos" de Luigi Ferrajoli», en FERRAJOLI, L., MORESO, J. J., ATIENZA, M., *La teoría del derecho en el paradigma constitucional*, Fundación Coloquio Jurídico Europeo, Madrid, 2008, p. 119.

[12] Es la posición de F. LAPORTA, «Imperio de la ley y constitucionalismo. Un diálogo entre Manuel Atienza y Francisco Laporta», cit., p. 53.

esquemática, se debe reconocer que la propuesta positivista significó en su momento una ruptura con la tradición iusnaturalista en tanto que excluyó cualquier alusión al Derecho natural en la identificación del Derecho, articulando una teoría de los límites del Derecho caracterizada por la preponderancia de las dimensiones formales y procedimentales.

Pues bien, el complejo panorama evidenciado por las aportaciones doctrinales y por la realidad de nuestro Derecho invita a una revisión de una determinada teoría de la producción normativa, la positivista, que ha constituido una referencia al menos en el último siglo. Es esa revisión, que conduce al positivismo jurídico incluyente, la que nos permitiría apreciar tanto el potencial explicativo como el atractivo teórico de dicha versión del positivismo[13].

3. LA PERSPECTIVA DE LOS LÍMITES DEL DERECHO

Me propongo a continuación reflexionar sobre algunas dimensiones de esta revisión, de manera evidentemente no completa. Mi intención será la de analizar la idea según la cual el Estado constitucional y el constitucionalismo contemporáneo constituyen el escenario en el que la teoría de la producción normativa —y la identificación del Derecho— ha perdido parte de la nitidez con que intentó dotarla el positivismo. Pienso que reconocer esto es compatible con la aceptación de que las cosas posiblemente no pueden ser de otra manera. Hoy nos encontraríamos con teorías difusas de la producción normativa, que tienen mucho que ver con la atención que prestamos a aspectos tales como la naturaleza mixta de los ordenamientos jurídicos[14] a partir de la inclusión de contenidos materiales en los criterios de identificación normativa... Desde este punto de vista, el constitucionalismo se nos presentaría como un ámbito propicio no tanto para determinar la invalidez o inutilidad de una determinada concepción de la producción normativa (que podría ser identificada en términos generales con el positivismo), como para perfeccionarla y refinarla.

Para abordar alguna de las cuestiones incluidas en una teoría de la producción normativa, asumiré como referencia una reflexión sobre la importancia del establecimiento de los límites del Derecho. El problema de la producción

---

[13] Vid. VILLA, V., *Il positivismo giuridico: metodi, teorie e giudizi di valore*, Giappichelli, Torino, 2004, pp. 264-273. En el genérico marco del positivismo, la propuesta referida al *soft* o al *inclusive positivism* está acompañada por otras, con las que comparte un cierto *aire de familia*. Entre nosotros, Gregorio Peces-Barba ha defendido en este sentido un *positivismo corregido* (vid. PECES-BARBA, G., «Desacuerdos y acuerdos con una obra importante», cit.; del mismo autor se puede consultar, «Sobre el positivismo jurídico», ID., *Derechos sociales y positivismo jurídico*, Dykinson-IDHBC, Madrid, 1999, pp. 83 y ss.).

[14] Vid. al respecto. CUENCA GOMEZ, P., *El sistema jurídico como sistema normativo mixto. La importancia de los contenidos materiales en la validez jurídica*, Dykinson, Madrid, 2008.

normativa es relevante porque está conectado con uno de los desafíos básicos a los que se enfrenta la teoría jurídica: la identificación de lo que el Derecho es, y por tanto la distinción de lo que el Derecho es respecto a lo que el Derecho debe ser, o a lo que no es. Y parece evidente que ese desafío tiene que ver con la cuestión de los límites del Derecho. En realidad, cuando nos estamos planteando la diferencia entre el ser y el deber ser del Derecho, lo que estamos haciendo es identificar los ámbitos del Derecho. En este sentido, las estrategias de las propuestas tradicionales respecto al Derecho (iusnaturalismo, positivismo, realismo) difieren de manera importante a la hora de identificar los límites del Derecho y las estrategias para fijar esos límites.

Anna Pintore se ha referido a los diversos modos de fijar los límites del Derecho[15]. Uno de ellos sería el que consiste en entender el Derecho como un conjunto de normas finito e individualizable de manera unívoca. En esta estrategia, la atención a la norma fundamental o a los criterios de reconocimiento ocupa un lugar importante. Otra posibilidad —en la que no nos vamos a detener— sería la que consiste en centrar la atención en el análisis de los conceptos jurídicos. Pues bien, en mi opinión, la reflexión sobre la producción normativa es también relevante en cuestión de límites del Derecho. Cuando elaboramos una teoría de la producción normativa, estamos en realidad elaborando una propuesta sobre el alcance y el ámbito del Derecho, en definitiva sobre sus límites.

Parece evidente que la reflexión sobre los límites del Derecho puede ser desarrollada a la luz de los condicionantes derivados del constitucionalismo. Pensemos, por ejemplo, en algunos aspectos a los que desde el constitucionalismo se presta importancia como pueden ser la distinción entre reglas y principios, el reposicionamiento del lugar del juez y la introducción de dimensiones morales en el Derecho (lo que afecta tanto a la identificación del Derecho —validez— como a las dimensiones interpretativas y aplicativas vinculadas a la adjudicación). En estos casos, ¿podríamos afirmar que existe una «difuminación» del Derecho? Si ello fuera así, tendríamos que contemplar la posibilidad de admitir que la teoría de la producción normativa del constitucionalismo no es capaz de fijar con nitidez los contornos del Derecho.

Pero antes de continuar, me interesa diferenciar entre dos tipos de límites a los que podemos aludir en este terreno: los límites epistémicos y los límites normativos[16]. Los límites respecto a los cuales pretendo poner en relación a la producción normativa son los primeros. Los límites epistémicos hacen referencia a la identificación del objeto de conocimiento, mientras que los normativos se referirían a la frontera entre aquello que debe formar parte del Derecho y aquello que no. En este sentido, el positivismo jurídico tradicio-

---

15 Vid. PINTORE, A., *La teoría analítica dei concetti giuridici*, Jovene, Napoli, 1990, pp. 3 y ss.

16 Agradezco a Massimo La Torre el haberme llamado la atención sobre este extremo.

nalmente ha estado más preocupado por los límites epistémicos que por los normativos. Los límites epistémicos del derecho son los que diferencian los contornos del Derecho en relación con otros sistemas normativos con los que convive en el espacio social. Cuando positivistas como Kelsen proceden a señalar las diferencias entre el Derecho y la moral, por ejemplo, están contribuyendo a fijar los límites del Derecho desde el punto de vista epistemológico. Por otra parte, en aquellos casos en los que se señala que determinados contenidos no pueden entrar a formar parte de un sistema jurídico (por ejemplo, por ser radicalmente injustos), se está procediendo a proponer límites normativos. En este sentido, podría afirmarse que para el positivismo jurídico el Derecho carece de límites normativos. Ello se debería al hecho de que el positivismo jurídico, o al menos un determinado tipo de positivismo jurídico, no se autocomprende como una propuesta moral en relación con el Derecho. Por eso, el positivismo jurídico ha estado más atento a la estructura y a las funciones del Derecho, que a sus contenidos y a las justificaciones de los mismos.

4. PRODUCCIÓN NORMATIVA: AUTORIDAD Y JUSTIFICACIÓN

Los sistemas jurídicos presentan dos dimensiones relevantes: la autoritativa y la justificativa. En el primer caso, estamos atendiendo a las autoridades y a los procedimientos a través de los cuales las decisiones (las normas jurídicas) adquieren forma jurídica. En el segundo caso atendemos a los contenidos de esas decisiones. En realidad, estamos aludiendo con otros términos a algunas cuestiones que siempre nos podemos plantear en relación con el Derecho: quién crea la norma, cómo se crea la norma y qué manda la norma, es decir, cuál es su contenido. Pues bien, la teoría de la producción normativa predominante en el positivismo jurídico parecería haber estado centrada más en la dimensión autoritativa que en la justificativa. Pensemos, por ejemplo, en los casos de Kelsen y de Hart.

Cuando Kelsen escribe en 1928 su trabajo sobre la garantía jurisdiccional de la Constitución, nos presenta una tesis —que continúa en obras posteriores— de acuerdo con la cual legislación y ejecución (es decir creación y aplicación) son funciones de un mismo proceso. Kelsen entiende la nomodinámica a partir de la comprensión conjunta de la creación y de la aplicación del Derecho: «Legislación y ejecución no son dos funciones estatales coordinadas, sino dos etapas jerarquizadas del proceso de creación del Derecho, y dos etapas intermedias. Pues este proceso no se limita solamente a la legislación sino que, comenzando en la esfera del Ordenamiento jurídico internacional, superior a todos los ordenamientos estatales, prosigue en la Constitución, para concluir finalmente, a través de las etapas sucesivas de la ley, del reglamento, de la sentencia y del acto administrativo, en los actos de ejecución material (*Vollstreeckunsakte*) de éstos últimos»[17]. El formalismo kelseniano se ve acentuado a través de sus prevenciones respecto a la aplicación de «normas distintas de las normas jurídicas»[18]. Kelsen se está refiriendo a normas suprapositivas, a postulados normativos cuya aplicación —en este caso por la jurisdicción constitucional— se considera debida desde el momento en que son expresión de la equidad o de valores como la libertad, la igualdad o la justicia. Para Kelsen la aplicación de estas normas sólo sería posible de manera conjunta a través de la de aquellas normas positivas en las que en su caso se hubieran incluido o positivizado, ya que en caso contrario no son vinculantes desde el punto de vista jurídico. Pero también se plantea el caso en el que esas normas se hayan positivizado. Kelsen, como es sabido, aboga por una formulación lo más objetiva y precisa posible ya que de lo contrario, el poder del Tribunal Constitucional sería «simplemente insoportable». Se produciría un desplazamiento de la capacidad política de elaborar las leyes, que pasaría del Parlamento al Tribunal Constitucional. Por ello, Kelsen propone que «para evitar un desplazamiento semejante —ciertamente no querido por la Constitución y completamente contraindicado políticamente— del poder del Parlamento a una instancia que le es ajena y que puede transformarse en representante de fuerzas políticas muy distintas a las que se expresan en el Parlamento, la Constitución debe, especialmente si crea un tribunal constitucional, abstenerse de todo este tipo de fraseología y, si quiere establecer principios relativos al contenido de las leyes, formularlos del modo más preciso posible»[19]. En definitiva, para Kelsen la legitimidad democrática se concentra en el parlamento, que va a ser el órgano que tome la decisión en relación con los contenidos de justicia incluidos en la Constitución. De esta manera, Kelsen «sería el máximo exponente de una concepción voluntarista en la que la democracia no se agota en el acto de creación de la Constitución»[20].

Por su parte, Hart propuso un concepto de Derecho que se reconducía a algunas tesis básicas, entre las que destacan la de la separación conceptual entre el Derecho y la moral («aunque existen numerosas e importantes conexiones entre el Derecho y la Moralidad, de modo que frecuentemente, hay una coincidencia o solapamiento *de facto* entre el derecho de algún

---

[17] KELSEN, H., «La garantía jurisdiccional de la Constitución (la justicia constitucional)», en *Escritos sobre la democracia y el socialismo*, selección y presentación de J. Ruiz Manero, Debate, Madrid, 1988, p. 110. Vid. también ID., *Teoría Pura del Derecho,* trad. de la segunda edic. en alemán por R. J. Vernengo, UNAM, 1982, pp. 244-245.

[18] Vid. KELSEN, H., «La garantía jurisdiccional de la Constitución (la justicia constitucional)», cit. p. 141.

[19] KELSEN, H., «La garantía jurisdiccional de la Constitución (la justicia constitucional)», cit. p. 143.

[20] BARRANCO AVILES, M. C., «El papel del juez en el Estado constitucional», Anuario de Filosofía del Derecho, XXII, 2005, p. 119.

sistema y las exigencias de la Moralidad, tales conexiones son contingentes, no necesarias ni lógica ni conceptualmente»[21]), y la de las fuentes sociales del Derecho («para que el Derecho exista debe haber alguna forma de práctica social que incluya a los jueces y a los ciudadanos ordinarios, y esta práctica social determina lo que en cualquier sistema jurídico dado son las fuentes últimas del derecho o criterios últimos o tests últimos de validez jurídica»)[22].

Como es sabido, la crítica de Dworkin a Hart somete a revisión los test que el positivismo utiliza en la producción normativa y en la identificación del Derecho, y llega a la conclusión de su insuficiencia; insuficiencia que se acentúa desde el momento en que en las normas superiores del sistema se incluyen dimensiones materiales o sustanciales. En efecto, el criterio del origen, del *pedigree*, no funcionaría con aquellas normas, los principios, cuya existencia no se puede explicar exclusivamente como el resultado de un proceso de toma de decisiones ordenadas jerárquicamente. Los principios comparten esa dimensión material o sustancial con determinadas normas constitucionales a través de las cuales se completan las exigencias formales, añadiendo otras materiales, del concepto de validez.

Sin embargo, Hart afirma que no hay ningún obstáculo para que el criterio último de validez incluya aspectos sustanciales, morales en definitiva. Esta posibilidad fue reconocida en *El Concepto de Derecho*[23], y abordada después en el *Postscript, en* donde defiende un positivismo *suave* (*soft positivism*)[24] que puede asumir perfectamente la inclusión de contenidos morales en los criterios últimos de reconocimiento del sistema: «... el criterio último de validez jurídica puede incorporar explícitamente junto al pedigree, principios de justicia o valores morales sustantivos, y estos pueden constituir el contenido de restricciones constitucionales»[25].

A partir de esta afirmación, Hart se enfrenta a dos críticas principales de Dworkin[26]. Por una parte, Dworkin se refiere a la contradicción entre el positivismo suave y lo que se podría considerar el modelo general del positivismo. Este propone la identificación cierta y segura de modelos de conducta, las

---

[21] Vid. HART, H. L. A., «El nuevo desafío al positivismo jurídico», *Sistema*, 26, 1980, p. 4.

[22] HART, H. L. A., «El nuevo desafío al positivismo jurídico», cit., p. 5.

[23] «In some systems, as in the United States, the ultimate criteria of legal validity explicitly incorporate principles of justice or substantive moral values; in other systems, as in England, where are not formal restrictions on the competence of the supreme legislature, its legislation may yet no less scrupulously conform to justice or morality», *The Concept of Law*, second edition with a Postscript ed. by Penelope A. Bulloch and J. Raz, Clarendon Press, Oxford, 1994, p. 204.

[24] HART, H. L. A., *The Concept of Law*, cit., pp. 238 y ss.

[25] HART, H. L. A., *The Concept of Law*, cit., pp. 238 y ss.

[26] Vid. DWORKIN, R., «A Reply by Ronald Dworkin», COHEN, M. (ed.) *Ronald Dworkin & Contemporary Jurisprudence*, Duckworth, London, 1984, pp. 245 y ss.

normas, no dependiente de controversias morales, mientras que aquel propondría una identificación del Derecho afectada por esa controvertibilidad de los argumentos morales que en el primer caso se pretende evitar. El positivismo suave implicaría una incertidumbre que el positivismo genéricamente considerado pretendió evitar, produciéndose por tanto una flagrante contradicción con los aspectos básicos del programa positivista. Hart se refiere a esta crítica subrayando su carácter exagerado. Para él, Dworkin exagera tanto en lo que se refiere al grado de certeza o seguridad con el que el positivismo pretende identificar los modelos de comportamiento, como en lo que se refiere al grado de incertidumbre que se derivaría de la inclusión de principios o valores morales en los criterios de reconocimiento. Para Hart, si bien es cierto que una de las funciones de la regla de reconocimiento es «promover la certeza con la que el Derecho se puede afirmar»[27], también lo es que la regla de reconocimiento no puede sustraerse completamente a los problemas de penumbra que afectan también a otras normas del sistema. En todo caso, los problemas derivados de la incorporación de contenidos morales en los criterios de reconocimiento no son problemas de indeterminación radical y completa, con exclusión total de la certeza. Como Hart señala, es imprescindible tolerar un cierto margen de incertidumbre: «Sólo si se trata la función de suministrar certeza de la regla de reconocimiento como principal y como aquella que predomina sobre las demás, puede considerarse inconsistente la forma de positivismo suave que incluye entre los principios de validez jurídica la conformidad con principios morales o valores controvertibles. El problema subyacente, en este caso, se refiere al grado de certidumbre que puede tolerar un sistema jurídico si ha de presentar un avance significativo respecto a un régimen descentralizado de reglas de costumbre al suministrar guías de conducta determinadas, identificables previamente y por lo general confiables»[28].

La segunda crítica a la que Hart se enfrenta es, básicamente, aquella que consiste en señalar otra inconsistencia entre el positivismo suave y el modelo positivista ya que desde el momento en el que los criterios de validez operan como test morales, se está contrariando el deseo del positivista de independizar el carácter objetivo de las proposiciones morales respecto a teorías filosóficas sobre la naturaleza de los juicios morales. Hart propone un modelo de teoría jurídica no comprometida con la cuestión de la naturaleza de los juicios morales, dejando en suspenso dicho problema, ya que su relevancia práctica a la hora de explicar la actividad del juez es escasa: «...si la teoría del Derecho deja abierto el problema del carácter objetivo de los juicios morales, como sostengo que debe hacerlo, el positivismo suave no puede entonces caracterizarse sin más como una teoría según la cual los principios morales

[27] HART, H. L. A., *Postscript,* cit., p. 251.
[28] HART, H. L. A., *Postscript,* cit., p. 252.

o los valores pueden encontrarse entre los criterios de validez jurídica; en efecto, si el carácter objetivo de los principios morales y valores permanece abierto, debe permanecer abierto también el problema de si las previsiones del positivismo suave que incluyen la conformidad con ellos entre las pruebas del Derecho existente puedan tener tal efecto o, por el contrario, sólo puedan constituir orientaciones para que los jueces "creen" Derecho de acuerdo con la moral»[29]. Creo que es también interesante recordar que Hart reacciona contra la crítica dworkiniana según la cual la estructuración positivista de los criterios de validez es insuficiente respecto a los principios. En primer lugar, señala Hart, los principios también se pueden reconocer de acuerdo a su *pedigree*, «pues es evidente que una de las disposiciones que se encuentran en una Constitución escrita o en una enmienda o una ley puede ser comprendida como algo que opera a la manera no concluyente característica de los principios, como algo que suministra razones para la decisión que pueden ser derrotadas cuando otra regla o principio presenta razones más fuertes a favor de la decisión contraria»[30]. En segundo lugar, continua Hart, hay principios a los que se puede aplicar el test del pedigree desde el momento en que «han sido consistentemente invocados por los jueces en una diversidad de casos diferentes como algo que suministra razones para la decisión adoptada, que deben ser tomados en cuenta, aun cuando son susceptibles de ser derrotados en algunos casos por razones que hagan prevalecer la decisión contraria. (...) Ningún argumento que afirme que la inclusión de principios como parte del Derecho implica que el abandono de la regla de reconocimiento sería válido»[31]. En definitiva, el reconocimiento de la presencia de dimensiones sustanciales en el Ordenamiento jurídico no impide al positivismo jurídico superar el test de los límites del Derecho, referido a la posibilidad de distinguir entre lo que es el Derecho y lo que no lo es[32].

---

[29] HART, H. L. A., *Postscript,* cit., p. 252.

[30] HART, H. L. A., *Postscript,* cit., p. 264. En este punto Hart se alinearía con aquellos que mantienen que la diferencia entre reglas y principios no es estructural, sino que depende de la función que las normas desarrollan en los momentos interpretativo y aplicativo. Vid. al respecto PRIETO, L., *Sobre principios y normas. Problemas del razonamiento jurídico,* Centro de Estudios Constitucionales, Madrid, 1992; ID., «Diez argumentos a propósito de los principios», ID., *Ley, principios, derechos,* IDHBC-Dykinson, Madrid, 1998, pp. 47 y ss.

[31] HART, H. L. A., *Postscript,* cit., p. 265. El subrayado es mío.

[32] No obstante, el mantenimiento de esta tesis, conduce a la tesis social, considerada por Raz, la tesis «más fundamental» del positivismo jurídico, según la cual «lo que es y lo que no es derecho es una cuestión de hechos sociales» (vid. RAZ, J., *La autoridad del Derecho. Ensayos sobre Derecho y moral,* trad. y notas de R. Tamayo, UNAM México, 1982, p. 55). Dicha tesis es la que le va a permitir a Dworkin identificar el positivismo como una *plain-fact theory* (Vid. DWORKIN, R., *Law's Empire,* Harvard University Press, 1986, pp. 6 y ss). Sobre la crítica de Dworkin a las tesis básicas del positivismo, puede consultarse, entre otros muchos, el trabajo de Giorgio BONGIOVANNI, «La teoria "costituzionalistica" del diritto di Ronald Dworkin», en ZANETTI, G. (ed), *Filosofi del diritto contemporanei,* Raffaello Cortina Editore, Milano, 1999, pp. 247 y ss.

Pues bien, si traigo a colación los ejemplos de Kelsen y de Hart es porque de sus tesis se puede derivar una comprensión procedimental de la Constitución que plantearía dificultades para comprender por completo el sentido de la producción normativa tal y como ésta se plantea en las estructuras jurídicas del Estado constitucional. Posiblemente ésta sea una de las dimensiones del positivismo jurídico más problemáticas para lo que afecta a la teoría de la producción normativa en el escenario constitucionalista[33]. En este contexto, la confianza positivista en relación con la posibilidad de una identificación objetiva y avalorativa del Derecho y por lo tanto con la posibilidad de fijar con nitidez los límites del Derecho devendría ilusoria, tal y como se señala por sus críticos. Aquella confianza se basaba en el manejo de una concepción formal de la validez, pero desde el momento en que la validez de las normas no sólo depende de sus dimensiones autoritativas, sino también de las justificativas, la neutralidad en la identificación del Derecho parecería imposible.

En definitiva, el problema de la propuesta positivista en relación con la producción normativa consistiría en que ha descuidado la importancia de las preguntas sobre el qué del Derecho (cuál es el contenido de las normas) y sobre el por qué (cómo se justifica ese contenido). En la tensión entre la dimensión autoritativa y la justificativa, la primera habría primado[34]. Creo que esto es algo que hasta los propios positivistas han reconocido. Hart lo hace explícitamente en el Postscript[35]. Luis Prieto ha señalado que el positivismo ha elaborado una teoría del Derecho sin una teoría de la argumentación[36]. Es más, creo que un buen ejemplo de esta desatención es el del propio Norberto Bobbio, posiblemente con las excepciones de sus trabajos sobre la analogía[37], o sobre el lugar de la razón en el Derecho[38] y el razonamiento de los juristas[39].

---

[33] Vid. BONGIOVANNI, G., *Costituzionalismo e teoría del diritto, Laterza,* Roma-Bari, 2006, pp. 45 y ss.

[34] Sobre la tensión entre ambas dimensiones, vid. RODENAS, A., «¿Qué queda del positivismo jurídico?», *Doxa,* n.º 26, 2003, pp. 417 y ss.

[35] «But I certainly wish to confess now that I said far too little in my book about the topic of adjudication and legal reasoning and, in particular, about arguments from what my critics call legal principles. I now agree that it is a defect of this book that principles are touched upon only in passing», *Postscript*, cit., p. 259.

[36] Vid. PRIETO SANCHIS, L., «Sobre el neoconstitucionalismo y sus implicaciones», ID., *Justicia constitucional y derechos fundamentales,* Trotta, Madrid, pp. 131 y 133.

[37] BOBBIO, *L'analogia nella lógica del diritto,* Memorie dell'Istituto Giuridico, Serie II, Memoria XXXVI, Torino, 1938 (ahora publicado a cargo de P. Di Lucia en el Dipartamento di Scienze Giuridiche e Politiche, Università di Camerino, Giuffrè, Milano, 2006).

[38] Vid. BOBBIO, N., «La ragione nel diritto», in FARALLI, C., PATTARO, E., (eds.), Reason in Law. *Proceedings of the Conference Held in Bologna, 12-15 Decembre 1984,* vol. I, Giuffrè, Milano, 1987, pp. 75-89 (ahora también en BOBBIO, N., *Contributi ad un dizionario giuridico,* Giappichelli editore, Torino, 1994, pp. 295-306).

[39] Vid. BOBBIO, N., «Sul ragionamento dei giuristi», *Rivista di diritto civile,* I, 1955, pp. 3-14 (ahora también en BOBBIO, N., *Contributi ad un dizionario giuridico,* cit., pp. 281-294).

5. CONCLUSIÓN: PRODUCCIÓN NORMATIVA Y DERECHO «BORROSO»

Sin embargo, creo que podríamos plantearnos la posibilidad de poner en duda que la llamada de atención sobre la importancia de las dimensiones argumentativas y justificativas del Derecho sea un mérito exclusivo del constitucionalismo. La razón es que el constitucionalismo es en buena medida una teoría particular, centrada en exclusiva en la configuración de Ordenamientos jurídicos concretos, como son los de las democracias constitucionales. Es cierto que la realidad del Derecho del constitucionalismo nos ha recordado la imprescindible presencia de dimensiones de moralidad en el Derecho, con independencia de cuáles sean éstas, pero no deberíamos centrarnos exclusivamente en lo que podríamos considerar la «moral juridificada» del constitucionalismo y considerar que esa es la única moral juridificada de la que podemos hablar o con la que nos podemos encontrar. No es la moral juridificada del constitucionalismo la que determina la dimensión argumentativa del Derecho, sino por el contrario el hecho de que en el Derecho (sea el del constitucionalismo u otro) siempre nos vamos a encontrar con algún tipo de propuesta normativa juridificada, con independencia de que coincida o no con la del constitucionalismo. Por desgracia, sabemos que en el mundo los sistemas en los que esa coincidencia no se da son más numerosos. Y sabemos que nos vamos a encontrar con propuestas morales (compartibles o no) a no ser que estemos dispuestos a admitir la posibilidad de sistemas normativos jurídicos que sean neutrales (moralmente hablando) en la regulación de los comportamientos y en el establecimiento de modelos de conducta, lo cual sería —por otra parte— contradictorio con la misma naturaleza normativa del Derecho.

El escenario constituido por el Estado Constitucional sitúa en un primer plano determinadas cuestiones que en definitiva han de ser tenidas en cuenta a la hora de construir una teoría de la producción normativa. Esas cuestiones serían expresión de lo que Ferrajoli ha considerado la «segunda revolución jurídica moderna»: si la primera estuvo constituida por la afirmación del monopolio estatal de la producción legislativa que se manifiesta en el movimiento codificador y por la afirmación de la legitimación de los actos jurídicos a partir de la satisfacción de las exigencias formales de establecidas por las normas superiores, esta segunda revolución implica la afirmación de que el Estado constitucional «es un sistema en el que la producción de normas se encuentra regulada normativamente no sólo en cuanto a las formas de producción, sino también en cuanto a los significados producidos»[40].

---

[40] FERRAJOLI, L., *Principia Iuris. Teoria del diritto e della democracia. I. Teoria del diritto.*, Laterza, Bari, 2007, p. 486.

Una de esas cuestiones es la referida a la insuficiencia de una concepción estrictamente formal. El hecho de que los criterios de identificación normativa del sistema no sólo se refieran a autoridades y a procedimientos, sino también a dimensiones sustanciales (valores, principios, derechos), condiciona la dinámica del Derecho (retomando la terminología kelseniana), no sólo en el momento interpretativo y aplicativo, sino también en el creativo (suponiendo que, con permiso de Kelsen, podamos diferenciarlos). Ciertamente, la superación de la concepción estrictamente formal de la producción normativa, hace que en el interior del constitucionalismo, la teoría de la producción normativa adquiera un renovado protagonismo en la teoría del Derecho. Un ejemplo es el de Luigi Ferrajoli y su tesis de acuerdo con la cual los defectos en la producción normativa nos situarían frente a los problemas de lagunas (falta de desarrollo normativo) y antinomias (contradicciones en el desarrollo normativo) que serían el resultado de la inobservancia, por comisión o por omisión, de las normas sustanciales sobre la producción normativa[41]. Por cierto, que ese protagonismo de la teoría de la producción normativa debería ir acompañada por el protagonismo también de la teoría de la interpretación, ya que la inserción de contenidos morales en el Derecho no es algo que se produzca de una vez por todas y en momentos concretos, como aquellos en los que se crea una ley, por ejemplo, sino que se realiza «en el interior de un flujo continuo de prácticas de carácter productivo (...) interpretativo y aplicativo que van especificando progresivamente estos contenidos morales»[42].

Otra cuestión, directamente relacionada con la anterior, es la necesaria apertura de la producción normativa a la filosofía política. Es también Ferrajoli el que se ha referido a esta cuestión al reconocer que gran parte de los principios y valores que se incluyen en los Ordenamientos jurídicos de los Estados constitucionales se identifica con aquellos que elaboró el pensamiento filosófico-político ilustrado. A partir de ahí, aunque la filosofía política conservaría su autonomía respecto a la teoría del Derecho, ésta no se podría entender desvinculada de aquella ni en los procesos productivos ni tampoco en los interpretativos y argumentativos[43].

El constitucionalismo y su modelo jurídico político proponen, por tanto, una teoría de la producción normativa no centrada exclusivamente en el ejercicio de competencias por parte de autoridades, en el marco de determinados procedimientos, sino también abierta a consideraciones referidas a razones, argumentos y justificaciones. La producción normativa no puede

---

[41] Vid. FERRAJOLI, L., *Principia Iuris. Teoria del diritto e della democracia. I. Teoria del diritto.*, cit., pp. 908-912.

[42] VILLA, V., *Il positivismo giuridico: metodi, teorie e giudizi di valore,* cit., p. 272.

[43] Vid. FERRAJOLI, L., «La teoría del derecho en el sistema de los saberes jurídicos», en FERRAJOLI, L., MORESO, J. J., ATIENZA, M., *La teoría del derecho en el paradigma constitucional,* cit., pp. 64-66.

ser completamente entendida si la entendemos como un territorio inmune a la intersección con la filosofía moral y con la filosofía política.

El mérito del constitucionalismo puede ser el de habernos abierto horizontes de comprensión y análisis. Pero también es cierto que al constitucionalismo se le plantean retos a la hora de construir un modelo de Derecho. Y son retos que están directamente relacionados con el desarrollo de la teoría de la producción normativa que ahora, como hemos visto, ya no se puede entender desligada de sus dimensiones interpretativas y justificativas. El positivismo jurídico, con todas sus carencias, se había interesado en perfilar los límites del Derecho, como respuesta a las incertidumbres en la identificación del Derecho natural. Y para ello había elaborado una teoría formal de la producción normativa que había generado espacios de seguridad jurídica. Desde el momento en que tomamos conciencia de la presencia de dimensiones no abordables desde una perspectiva exclusivamente formal o autoritativa, en la superación del formalismo en la producción normativa corremos el riesgo de ceder terreno en la nitidez con la que identificamos el Derecho. La cuestión que planteo, por tanto, es si junto al Derecho dúctil[44] podemos hablar de un Derecho borroso, con las consecuencias que para la seguridad jurídica y las consecuencias morales de la misma se derivarían de ello[45].

---

[44] Además de *El Derecho dúctil*, ya citado, pueden consultarse las reflexiones de G. ZAGREBELSKY en *La virtù del dubio. Intervista su ética e diritto*, a cura di G. Preterossi, Laterza, Bari, 2007, pp. 89-106.

[45] Vid al respecto, LAPORTA, F. J., *El imperio de la ley. Una visión actual,* cit. El argumento relativo a la vinculación entre la certeza del derecho y la autonomía es formulado, en una época turbulenta (1940), por Piero CALAMANDREI en *Fede nel Diritto,* a cura di Silvia Calamandrei, con saggi di G. Alpa, P. Rescigno e G. Zagrebelsky, Laterza, Roma-Bari, 2008, pp. 61 y ss.

¿ESTAMOS ANTE UN CAMBIO DE PARADIGMA EN LA FILOSOFÍA DEL DERECHO? EL NEOCONSTITUCIONALISMO Y LA CRISIS DEL ESTADO SOCIAL[1*]

Luis M. Lloredo Alix
Universidad Carlos III

1. PUNTO DE PARTIDA: LA POLÉMICA ENTRE POSITIVISMO Y NEOCONSTITUCIONALISMO

Uno de los temas más recurrentes en la filosofía del Derecho de las últimas décadas es el de la muerte del iuspositivismo. Según muchos autores, la corriente que había dominado el pensamiento jurídico durante los dos últimos siglos —el positivismo— habría sido superada por otras tendencias de difícil encuadre y con poca homogeneidad interna, que algunos agrupan bajo la rúbrica de post-positivismo y que otros denominan neoconstitucionalismo[2]. Si ya estos dos términos resultan enormemente polisémicos, no digamos de un apelativo tan vaporoso como el de no-positivismo, que ha sido utilizado a menudo por filósofos como Robert Alexy[3].

Ante semejante estado de cosas, la mayoría de los autores que se dedican a cultivar la filosofía jurídica se ha apresurado a posicionarse en la diatriba, pasando a atrincherarse en alguna de las dos facciones en liza. O bien del lado de los impenitentes defensores del positivismo jurídico, que oscilan

---

[1] Este trabajo ha podido realizarse en el marco del Proyecto Consolider-Ingenio 2010 «El tiempo de los derechos», CSD 2008-00007 (HURI-AGE). Su autor también forma parte del Proyecto de investigación «Historia de los derechos fundamentales. Siglo XX» (DER-2008-03941/JURI), del Plan Nacional de investigación científica, desarrollo e innovación tecnológica.

[*] Trabajo pubilicado en Universitas. Revista de Filosofía, Derecho y Política, 19 de enero de 2014, pp. 153-176.

[2] La literatura en torno a esta polémica es verdaderamente inabarcable. A título de ejemplo pueden citarse las siguientes referencias: CALSAMIGLIA, Albert, «Postpositivismo», *Doxa*, 21, 1998, pp. 209-220; AGUILÓ REGLA, Josep, «Positivismo y Postpositivismo. Dos paradigmas jurídicos en pocas palabras», *Doxa,* 30, 2007, pp. 665-675; POZZOLO, Susanna, *Neocostituzionalismo e positivismo giuridico*, Giappichelli, Torino, 2001; SCHIAVELLO, Aldo, *Il positivismo giuridico dopo Herbert L. A. Hart. Un'introduzione critica*, Giappichelli, Torino, 2004.

[3] Vid. ALEXY, Robert, *Begriff und Geltung des Rechts*, Karl Alber Verlag, Freiburg-München, 1994.

entre la nostalgia y el hartazgo de verse siempre en el centro de la diana, o bien con los críticos del positivismo, que no terminan de decidirse respecto a qué actitud adoptar ante sus antagonistas: mientras que algunos tienden a tratar con altivez y condescendencia a los positivistas —a quienes seguramente conciben como autores trasnochados—, otros parecen haberse instalado en la más sensata opción de la indiferencia, emulando a ese flemático gentleman que rehusaría empuñar un arma para inmiscuirse en rencillas infantiles.

Uno de los sectores que con más fuerza se ha alineado en la crítica contra el positivismo es el de las teorías neoconstitucionalistas, un filón de tendencias no siempre conciliables entre sí, que suelen enarbolar al menos alguna de las siguientes ideas:

1) El positivismo jurídico surgió al amparo del Estado de Derecho, como espejo intelectual de los cambios jurídico-políticos que éste trajo consigo, y necesariamente ha de morir con el advenimiento del Estado constitucional, donde la ley ha cedido su primacía normativa en favor de la Constitución y donde los derechos ocupan un lugar preponderante respecto al Derecho objetivo[4].
2) El positivismo jurídico se obstinó en trazar una frontera infranqueable entre el Derecho y la moral, pero ésta se ha venido abajo gracias al empuje de los principios constitucionales y los derechos fundamentales, que incorporan altas dosis de moralidad dentro del ordenamiento jurídico y que, por lo tanto, socavan la aparente pulcritud de la distinción entre ambas normativas[5].
3) Mientras que el positivismo jurídico dio una visión del Derecho fuertemente asentada en la coacción estatal, hoy vemos que las normas tienen fuentes heterogéneas y que los conflictos jurídicos se dirimen a través de una argumentación entre diversos operadores jurídicos, más en forma de red que piramidal y más con base en las reglas del razonamiento moral que en mecanismos de subsunción lógica[6].
4) La pretensión de asepsia científica del iuspositivismo, que con tanto esmero se empeñó en construir una teoría general y descriptiva del Derecho, ha de ser puesta en entredicho: es imposible ofrecer una noción científicamente pura del mismo, puesto que se encuentra

[4] Vid. por ejemplo ZAGREBELSKY, Gustavo, *El derecho dúctil. Ley, derechos, justicia* [1992], trad. de Marina Gascón, Trotta, Madrid, 1995, pp. 21-45.

[5] Vid. por ejemplo DWORKIN, Ronald, *Los derechos en serio* [1977], trad. de Marta Guastavino, pról. de Albert Calsamiglia, Ariel, Barcelona, 2002, pp. 72-83, 209 y ss.

[6] Vid. por ejemplo ROBLES MORCHÓN, Gregorio, *El Derecho como texto. Cuatro estudios de teoría comunicacional del Derecho*, 2ª ed., Civitas-Thomson/Aranzadi, Navarra, 2006, pp. 51 y ss, 97 y ss.

transido por vectores ideológicos que nos impiden estudiarlo desde una plataforma externa y objetiva[7].

Ya sea a través de una o de varias de estas consideraciones, buena parte de la doctrina parece haber encontrado el maná para sentenciar la muerte del positivismo. Del mismo modo, como fruto del ataque recibido, los positivistas se han enzarzado en una batalla interna por autodefinirse en una serie de tesis básicas, que quizás pretendían aprehender los fundamentos de esta corriente de pensamiento y así constituirse en un bastión unitario frente a las críticas del neoconstitucionalismo. Sin embargo, lo que ha ocurrido es más bien lo contrario, puesto que esa lucha por la autodefinición ha dado lugar a numerosas diferencias de criterio y ha terminado generando una logomaquia enormemente disgregadora. El resultado es que han aparecido distinciones y etiquetas por doquier y que se ha abierto una pugna interna por ver quién representa el punto de vista más ortodoxo dentro del positivismo[8].

Así las cosas, los positivistas parecen estar atrapados en una espiral de rencillas domésticas y frecuentemente bizantinas, que no conducen sino a un debilitamiento de sus posiciones y al oscurecimiento de problemas más generales y apremiantes a los que se debería dar respuesta. Por otra parte, como trataré de demostrar en estas páginas, los aspectos que se están discutiendo al hilo de la polémica entre neoconstitucionalistas y positivistas no son los problemas relevantes a los que deberíamos atender para analizar la crisis del paradigma. O dicho de otra forma: si es verdad que el positivismo jurídico está en crisis, no creo que sea por los argumentos que normalmente se escuchan desde las filas neoconstitucionalistas, sino por transformaciones ideológicas que intentaremos poner de manifiesto en la última parte de este artículo.

2. PRIMER FLASHBACK: LA LARGA DERIVA EXCLUYENTE DEL POSITIVISMO

Pese a lo aparentemente novedoso de los conflictos que acabamos de esbozar, la mirada del historiador nos recuerda que no es ésta la primera vez que se ha sentenciado la muerte del positivismo jurídico, ni tampoco la primera en que sus integrantes se han embarcado en luchas intestinas por ver quién representa la pureza doctrinal. La propia locución «iuspositivismo»,

---

[7] Vid. por ejemplo HIERRO, Liborio, «¿Por qué ser positivista?», *Doxa*, 25, 2002, pp. 263-302. Debe apuntarse, no obstante, que Liborio Hierro sigue considerando valioso mantenerse en el iuspositivismo.

[8] Vid. ESCUDERO, Rafael, *Los calificativos del positivismo jurídico. El debate sobre la incorporación de la moral*, Thomson-Civitas, Madrid, 2004, pp. 150-198.

como en su día señaló Olivecrona, fue creada como forma despectiva para referirse a una serie de autores a los que se acusaba de sostener una visión del Derecho cerril y obtusa[9]. En efecto, en opinión de los defensores del iusnaturalismo decimonónico o de ciertas modalidades de historicismo, los «positivistas» habían dado lugar a una teoría jurídica roma y superficial, puesto que desconsideraban la existencia de un Derecho por encima o más allá del Derecho positivo, reduciendo la experiencia jurídica a un cúmulo caótico de normas emanadas de la autoridad y desconectadas de la moral, la historia o la sociedad[10].

Ahora bien, más allá de su origen terminológico, podría decirse que la historia del positivismo ha sido una historia de críticas y negaciones constantes, tanto por parte de aquellos que lo han atacado desde fuera (como los iusnaturalistas), como por parte de quienes lo han hecho desde el mismo interior del paradigma. Y es que, en efecto, el celo por definir el contenido esencial de la corriente ha llevado a muchos autores a censurar a sus predecesores por no haber sido suficientemente positivistas, por haberlo sido de forma superficial o por no haberlo sido en absoluto. Criticar el legado de los antecesores no es una novedad en la historia del pensamiento, sino más bien su dinámica habitual. Lo que hace especial al caso del positivismo es el hecho de que tantos autores se hayan afanado en negar a los juristas precedentes la propia cualidad de positivistas. Samuel Pufendorf, por ejemplo, criticó en muchos aspectos el pensamiento de Grocio, pero nunca se le ocurrió decir que Grocio en realidad no era iusnaturalista. Hegel criticó las obras de Schelling y de Fichte, pero tampoco pensó que éstos fueran insuficientemente idealistas. Sin embargo, como enseguida veremos, esto es algo que sí ha ocurrido a menudo en la historia del positivismo jurídico.

El primer exabrupto contra el positivismo que he podido encontrar data de 1868, precisamente en un escrito de uno de los juristas que hoy tendemos a considerar como arquetipo del positivista decimonónico: Rudolf von Jhering. En una conferencia que el gran jurista alemán pronunció con motivo de su llegada a la Universidad de Viena, éste arremetió contra la manera de educar a los estudiantes de Derecho, a quienes sólo se instruía en el contenido literal de las leyes, olvidando así la dimensión humanística del Derecho, su vinculación con la historia o la filosofía y su imprescindible función crítica. En su opinión, esto estaba propiciando la conversión de los juristas en meros engranajes del sistema, sin conciencia y sin la flexibilidad necesaria

---

9 OLIVECRONA, Karl, *El derecho como hecho. La estructura del ordenamiento jurídico*, 1ª ed., trad. de Luis López Guerra, Editorial Labor, 1980, p. 51.

10 Vid. por ejemplo GIERKE, Otto von, *Naturrecht und Deutsches Recht. Rede zum Antritt des Rektorats der Universität Breslau*, Literarische Anstalt Rütten & Loening, Frankfurt am Main, 1883, pp. 11 y ss; ID., *Die historische Rechtsschule und die Germanisten*, Buchdruckerei von Gustav Schade, Berlin, 1903, p. 34.

para reaccionar activamente ante la norma, o bien para interpretarla de forma autónoma o bien para criticarla. Y todo ello pensaba Jhering, era consecuencia del iuspositivismo, al que llega a calificar como «enemigo mortal de la ciencia jurídica»[11].

En realidad, como se desprende del conjunto del texto y de los argumentos que esgrime para contrarrestar la perniciosa tendencia citada, Jhering se estaba refiriendo al legalismo, que no es en absoluto la única variante posible dentro del positivismo. De hecho, pese a que existe un cierto debate entre los estudiosos de su obra[12], hay buenas razones para considerar a Jhering como uno de los positivistas clásicos del siglo XIX: partidario de definir el Derecho a través de la coacción, entusiasta a la hora de aplicar el método de las ciencias naturales a la ciencia del Derecho, crítico con el iusnaturalismo, defensor del Estado como única fuente de normas jurídicas... Todos estos son rasgos que le sitúan en el seno del paradigma positivista: un positivista ilustrado, culto y lleno de sentido humanístico, pero positivista al fin y al cabo. Y es que, pese a la equiparación vulgar entre legalismo y positivismo, éste último es mucho más amplio y polifacético de lo que a veces se tiende a pensar.

Sea como fuere, la mayoría de los autores no dudaría en calificar a Jhering como positivista. La mayoría, pero no todos. De hecho, el primer embate no tardaría mucho en aparecer, pues el mismo Kelsen, en su escrito de habilitación de 1911, elaboró una dura crítica contra Jhering, cuya teoría del derecho subjetivo estimaba en plena consonancia con las del Derecho natural racionalista. En su opinión, Jhering se había obnubilado por querer encontrar un fundamento material al derecho subjetivo, algo que fuera más allá de la mera protección formal brindada por una norma jurídica. Esa obsesión le había llevado a introducir el concepto de interés como núcleo del derecho subjetivo, de donde se derivaba su célebre idea de que los derechos son intereses jurídicamente protegidos. Sin embargo, pensaba Kelsen, con esa obcecación por encontrar una sustancia, esencia o materia de los derechos, su antecesor había vuelto a incurrir en el eterno error del iusnaturalismo: querer ver algo más allá de la norma jurídica, algo que trascendiera la visión exclusivamente formal del Derecho. Y así,

---

[11] JHERING, Rudolf von, *Ist die Jurisprudenz eine Wissenschaft?* [1868], hrsg. und mit einer Einf. von Okko Behrends, Wallstein Verlag, Göttingen, 1998, pp. 50-55.

[12] Vid. PLEISTER, Wolfgang, *Persönlichkeit, Wille und Freiheit im Werke Jherings*, Rolf Gremer, Ebelsbach, 1982, pp. 1-12; DREIER, Ralf, «Jherings Rechtstheorie – eine Theorie evolutionärer Rechtsvernunft», en AA. VV., *Privatrecht heute und Jherings evolutionäres Rechtsdenken*, hrsg. von Okko Behrends, Verlag Dr. Otto Shmidt, Köln, 1993, pp. 111-129; BEHRENDS, Okko, «War Jhering ein Rechtspositivist? – Eine Antwort auf Ralf Dreiers Frage», en AA. VV., *Jherings Rechtsdenken. Theorie und Pragmatik im Dienste evolutionärer Rechtsethik*, hrsg. von Okko Behrends, Vandenhoeck & Ruprecht, Göttingen, 1996, pp. 235-254; SUMMERS, Robert S., «Ralf Dreier, Rudolf von Jhering and Non-Positivism», en AA. VV., *Integratives Verstehen. Zur Rechtsphilosophie Ralf Dreiers*, hrsg. von Robert Alexy, Mohr Siebeck, Tübingen, 2002, pp. 127-140.

sin querer, Jhering había contribuido a prolongar el pensamiento iusnaturalista. Una prolongación que, por cierto, afectaba a otros autores como Windscheid o Jellinek[13], a los que también solemos concebir como representantes del positivismo.

Aquí quizá podríamos pararnos y decir: «de acuerdo, quizá Kelsen estaba en lo cierto; después de todo él es el representante más arquetípico del positivismo jurídico, su cumbre más acabada. Así que, quizá, lo que hubo antes no fueron sino torpes intentos por desembarazarse del iusnaturalismo, sucedáneos del Derecho natural que sólo con el austriaco logran ser expurgados por completo». Pero las cosas no son tan simples. Y es que, no muchos años más tarde, otro representante del positivismo, el danés Alf Ross, acusaría a Kelsen de haber sido sólo un «cuasi-positivista»[14]. En opinión de Ross, más influido que su colega por ideas de estirpe anglosajona, Kelsen había descuidado el atributo que verdaderamente caracteriza a toda apuesta positivista: el empirismo. En su afán por delinear una teoría pura del Derecho, Kelsen había terminado construyendo una concepción excesivamente formal del fenómeno jurídico, que sólo se apoyaba sobre sí misma y que no encontraba refrendo en la experiencia cotidiana de los operadores jurídicos. En opinión de Ross, sólo si se intentaba naturalizar la ciencia del Derecho, tomándolo como un hecho a investigar de forma empírica, podía forjarse una auténtica teoría iuspositivista.

Esta crítica de corte empirista es la misma que tuvo que sufrir otro representante característico del positivismo decimonónico, Carl Bergbohm, en quien se ha solido ver el ejemplo más recalcitrante de legalismo germano. Bergbohm, que en su día también llegó a denunciar las teorías de Jhering, Rümelin y otros, como casos de iusnaturalismo encubierto[15], tuvo que recibir un contraataque semejante al que hemos visto con Kelsen y Ross. Y es que muchos años más tarde, en el último cuarto del siglo XX, un estudioso del iuspositivismo, Dietrich Tripp, se atrevió a colocar a Bergbohm fuera del paradigma positivista. Lo hizo, además, incluyéndolo junto a Jhering entre aquellos autores que no habían prestado suficiente atención al enfoque empírico[16]. Ironías del destino aparte, he aquí un nuevo ejemplo de cómo el paradigma positivista se ha contraído y ensanchado en función de las ideas de

---

[13] KELSEN, Hans, *Hauptprobleme der Staatsrechtslehre (Entwickelt aus der Lehre vom Rechtssatze)*, Neudr. der 2. Aufl. [1923], Scientia Verlag, Darmstadt, 1984, pp. 567-618.

[14] ROSS, Alf, «El concepto de validez y el conflicto entre el positivismo jurídico y el derecho natural», en AA. VV., *El ámbito de lo jurídico. Lecturas de pensamiento jurídico contemporáneo,* ed. por Pompeu Casanovas y José Juan Moreso, Crítica, Barcelona, 1994, pp. 361-382, en particular 375 y ss.

[15] BERGBOHM, Carl, *Jurisprudenz und Rechtsphilosophie*, Kritische Abhandlungen, 1 Bd., Leipzig, Duncker & Humblot, 1892, pp. 454-456.

[16] TRIPP, Dietrich, *Der Einfluß des naturwissenschaftlichen, philosophischen und historischen Positivismus auf die deutsche Rechtslehre im 19. Jahrhundert*, Duncker & Humblot, Berlin, 1983, pp. 257-286.

cada autor, y de cómo muchos de sus representantes se han afanado en trazar líneas de demarcación cada vez más exclusivas, guardándose para sí mismos el apelativo de positivistas y denegando la carta de naturaleza a muchos de sus colegas, tanto pasados como presentes.

El último acto de esta suerte de cainismo, que parece lastrar de forma estructural al positivismo, lo tenemos con la aparición de las facciones incluyente y excluyente. No en vano, muchos de los autores que se ubican a sí mismos entre las filas del positivismo jurídico excluyente sostienen que sus colegas incluyentes no serían sino iusnaturalistas bajo nuevos ropajes: al obstinarse en diluir la férrea distinción entre Derecho y moral, incorporando a esta última como parte de los criterios de validez jurídica, no estarían sino claudicando ante los ataques que realizó Dworkin a Hart. Desde el punto de vista de los positivistas excluyentes, si se afirma que la moral se ha incorporado al Derecho como criterio de validez de las normas jurídicas, se está diciendo a la vez que existe una moral objetiva, independiente de las creencias de cada operador jurídico concreto. Y esa conclusión, en opinión de juristas como Joseph Raz, desemboca directamente en ideas clásicas del Derecho natural[17].

3. SEGUNDO FLASHBACK: MUERTES Y RESURRECCIONES DEL POSITIVISMO

Hasta aquí los ejemplos para ver cómo los positivistas han mantenido una difícil relación con sus predecesores históricos, al intentar demarcar su redil cada vez con más exclusividad. Sin embargo, las críticas se han producido también desde fuera, y no sólo con la finalidad de negar la pertenencia de tal autor o escuela al paradigma. También desde los primeros compases del positivismo ha sido común sentenciar la inminencia de su muerte y la correlativa superación de sus planteamientos. Este es el caso del escrito de Otto von Gierke ya citado, de 1883, en el que el autor alemán anunció la superación del iuspositivismo a manos del historicismo jurídico, una corriente que quiso ver como alternativa triunfante a la dualidad iusnaturalismo-positivismo[18]. Sin embargo, como ya sabemos hoy, nada más lejos de la realidad: no sólo sobrevivió al embate planteado por el historicismo, sino que terminó aglutinándolo en su seno. Y es que, de alguna manera, uno de los pilares constitutivos del positivismo jurídico fue el reconocimiento de la insoslayable historicidad del Derecho.

---

[17] Vid. por ejemplo JIMÉNEZ CANO, Roberto, *Una metateoría del positivismo jurídico*, Marcial Pons, Madrid, 2008, pp. 221-247.

[18] GIERKE, Otto von, *Naturrecht und Deutsches Recht*, cit., pp. 11-15.

Bastantes años después, superada la primera oleada del positivismo —me refiero con esto a la generación de Bentham, Austin, Jhering, Windscheid y a los autores de la escuela de la exégesis francesa— las corrientes antiformalistas de principios del siglo XX volvieron a anunciar la muerte del positivismo. Es así como Hermann Kantorowicz, por ejemplo, arremetió contra el dogmatismo de los positivistas decimonónicos y pretendió resucitar la idea del Derecho natural. En su opinión, la nueva ciencia del Derecho debía ser realista, sociológica y libre del condicionamiento absoluto a la ley —al «fanatismo de la literalidad», como lo llamó Jhering en una ocasión—[19]. Y eso, pensaba Kantorowicz, era una nueva forma de reivindicar el iusnaturalismo[20]. Lo mismo puede decirse de otro de los antiformalistas históricos, François Gény. Su propuesta de la *libre investigación científica* también iba en la línea de criticar el dogmatismo decimonónico, puesto que, a su modo de ver, la interpretación jurídica era un proceso mucho más creativo de lo que pretendía la teoría mecanicista del positivismo formalista, una actividad que iba mucho más allá de la fría y acartonada letra de la ley. De manera que, a su juicio, era necesario regresar a ciertas ideas del Derecho natural[21].

Con la perspectiva actual, resulta difícil creer que las apuestas de Kantorowicz, Gény, Ehrlich, Pound o Heck —entre muchos otros críticos del formalismo— fueran iusnaturalistas. Desde luego, inauguraron una nueva manera de entender el Derecho, llamando la atención sobre su dimensión *social* y rebajando la importancia de sus rasgos *formales*, poniendo énfasis en su *función* y diluyendo la relevancia de su *estructura*. En definitiva, apostaron por una visión del Derecho más realista y apegada a la praxis cotidiana de los operadores jurídicos: el *law in action* de Pound, el *Derecho vivo* de Ehrlich o la *jurisprudencia de intereses* de Heck son diversas manifestaciones de una misma inquietud por sociologizar el pensamiento jurídico. Pero esto, lejos de dinamitar el iuspositivismo, lo que hizo fue abrirle nuevas sendas[22]. No en vano, tanto el realismo jurídico americano, como Alf Ross o Herbert Hart, caminaron hacia una comprensión más socializante del Derecho: aunque cada uno desde su propio prisma y en grados muy diversos, todos concordaban en reinventar el positivismo en una clave más social que la del formalismo decimonónico.

---

[19] JHERING, Rudolf von, «Unsere Aufgabe» [1857], en *Gesammelte Aufsätze aus den Jahrbüchern für die Dogmatik des heutigen römischen und deutschen Privatrechts*, I, Scientia Verlag, Aalen, 1981, p. 26.

[20] KANTOROWICZ, Hermann (Gnaeus Flavius), *Der Kampf um die Rechtswissenschaft*, Carl Winter's Universitätsbuchhandlung, Heidelberg, 1906.

[21] Gény, François, *Méthode d'interprétation et sources en droit privé positif* [1899], 2ème édition revue et mise au courant précédé d'un préface de Raymond Saleilles, Librairie Générale de Droit et Jurisprudence, Paris, 1954, pp. 8 y ss.

[22] GONZÁLEZ VICÉN, Felipe, «La teoría del derecho y el problema del método jurídico en Otto von Gierke», en *Estudios de filosofía del Derecho*, Universidad de la Laguna, Tenerife, 1979, pp. 259-260.

Así pues, tampoco este nuevo embate pudo laminar la vigencia del positivismo jurídico. De hecho, contribuyó a señalarle nuevas fuentes y perspectivas para renovarse, en un contexto en que el mismo Derecho positivo estaba abandonando los moldes del siglo XIX. De un Derecho fuertemente asentado en los dogmas del individualismo, en nociones como la autonomía de la voluntad, la propiedad individual y el abstencionismo generalizado de los poderes públicos, la primera mitad del siglo XX asistió a un lento proceso de socialización del Derecho. Fue así como aparecieron la teoría social de la propiedad, las primeras legislaciones laborales o la doctrina de los derechos público-subjetivos. En estas circunstancias es donde surgen las filosofías jurídicas antiformalistas, que de algún modo acompañaron a este proceso en el ámbito de las ideas: lo que fue la socialización del Derecho en el nivel político-legislativo, lo fueron las teorías sociológicas en el plano intelectual[23]. Poco a poco, por lo tanto, se fue allanando el camino a lo que después sería el Estado social, una evolución jurídico-política que se abre paso después de la segunda guerra mundial, pero que se venía larvando desde finales del XIX y principios del XX. No en vano, desde el utilitarismo anglosajón hasta el eudemonismo germano, pasando por el clásico estatalismo francés, los juristas europeos venían proponiendo una reformulación del Estado en términos sociales[24].

El positivismo jurídico que surge a resultas de estas mutaciones, aun de manera inconsciente —la ideología siempre es sigilosa—, es un positivismo reinventado a tenor de la nueva coyuntura política. Se trata de un positivismo sensible a lo social, que concibe el Derecho en términos pragmáticos y no sólo científicos, que gira decididamente hacia el instrumentalismo y abandona las regiones de la teoría general del Derecho. Se trata de una tensión estructural al positivismo del siglo XX, pero ya presente en una figura paradigmática del XIX: Rudolf von Jhering. El Jhering de la primera etapa es un autor positivista-formalista que trata de diseñar una teoría general del Derecho, es decir, un armazón de conceptos fundamentales que describan las características que todo Derecho debería poseer para ser considerado como tal[25]. El segundo Jhering, en cambio, es un positivista-sociologista desengañado respecto a las posibilidades de la teoría general del Derecho, entusiasmado por nuevas disciplinas como la sociología y consciente de la necesaria imbricación de ésta con la ciencia jurídica. Lo esencial ya no es encontrar un elenco de conceptos jurídicos universales, sino estudiar el Derecho en su contacto con la praxis, en sus

---

[23] Vid. WIEACKER, Franz, *Privatrechtsgeschichte der Neuzeit. Unter besonderer Berücksichtigung der deutschen Entwicklung*, 2. Aufl., Vandenhoeck & Ruprecht, 1967, pp. pp. 430 y ss.; 564 y ss.

[24] Vid. GUTMANN, Thomas, «Paternalismus — eine Tradition deutschen Rechtsdenkens?», en *Zeitschrift der Savigny-Stiftung für Rechtsgeschichte (Germanistische Abteilung)*, n.º 122, 2005, pp. 150-194.

[25] JHERING, Rudolf von, *Geist des römischen Rechts auf den verschiedenen Stufen seiner Entwicklung*, Bd. II-2, Breitkopf & Härtel, Leipzig, 1854, pp. 334-352.

fines, sus funciones y sus fricciones con la sociedad. De acuerdo con el segundo Jhering, ésta es la única forma de acercarnos a comprender algo del fenómeno jurídico: el Derecho es, lisa y llanamente, un instrumento contingente, variable según el tiempo, el espacio y la cultura, que sirve para alcanzar metas políticas y para satisfacer necesidades sociales[26].

Este positivismo instrumentalista, que encontramos en teóricos del Estado social como Hermann Heller, triunfará a lo largo de la primera mitad del XX y en las décadas posteriores a la segunda guerra mundial. Se trata de una asimilación de las críticas del antiformalismo que instaura una tensión fundamental en el seno del propio positivismo: la que divide a los partidarios del formalismo y los defensores del sociologismo. Podría decirse, en efecto, que todas las teorías iuspositivistas del siglo XX se han colocado en algún lugar intermedio entre estos dos polos, más cerca o más lejos de cualquiera de ambos, pero siempre inscritas en ese diagrama fundamental. Además, se trata de una tensión que en cierto modo socava una de las ideas básicas que contribuyeron al nacimiento del positivismo jurídico: la sacralidad de la ley, cristalizada en instituciones tan nucleares para el Estado de Derecho como el imperio de la ley y la separación de poderes[27]. El instrumentalismo, en efecto, implicaba un posicionamiento favorable a la utilización de la ley como cauce maleable de transformación social. Esto no era sino una consecuencia de la secularización del pensamiento jurídico, que dejaba de ver en la ley algo sagrado, infalible y permanente como las leyes de la física (tal y como había sido teorizada por los ilustrados y los codificadores del XIX)[28]. Obviamente, se trataba de una consecuencia positiva para el desarrollo de una cultura jurídica laica, democrática y abierta, pero también acarreaba algunos riesgos. Y es que la concepción instrumental del Derecho propició una relajación de la rigidez del imperio de la ley, una relajación que sentó las bases del activismo legislativo indispensable para la génesis del Estado social, pero que también dio pie a esa legislación motorizada de la que nos hablaba un jurista nazi como Carl Schmitt. En este sentido, no es casual la espléndida relación que éste mantuvo con un teórico del Estado social como Ernst Forsthoff[29].

En la misma clave ha de verse la paulatina relativización de la separación de poderes: no por casualidad, Elías Díaz ha preferido reformularla como distribución de poderes, un concepto que sigue valorando la importancia de fragmentar las tareas del Estado entre diversas instancias, pero que es cons-

---

26 JHERING, Rudolf von, *Der Zweck im Recht* I [1877], hrsg. von Christian Helfer, Georg Olms Verlag, Breitkopf & Härtel, Wiesbaden, 1970, pp. 340-348.

27 Vid. BULYGIN, Eugenio, *El positivismo jurídico*, Fontamara, 2006, pp. 62-71.

28 Vid. GARCÍA DE ENTERRÍA, Eduardo, *Revolución francesa y Administración contemporánea (Y la formación del sistema municipal francés contemporáneo)*, Taurus, Madrid, 1981, pp. 13-26.

29 Vid. SOSA WAGNER, Ernesto, *Carl Schmitt y Ernst Forsthoff. Coincidencias y confidencias*, Marcial Pons, Madrid, 2008.

ciente de su necesaria imbricación en el contexto de un Estado socialmente proactivo[30]. O dicho de otra manera, en un Estado donde la ley ya no es la versión positivizada del Derecho natural, sino una llave de la acción política, es decir, un instrumento que puede ser modificado en función de las necesidades sociales. Por expresarlo con una especie de esquema, podría decirse que el positivismo jurídico ha experimentado diferentes fases desde su origen, en el siglo XIX, cada una de ellas caracterizada por distintas maneras de percibir aquello con lo que se relaciona preferentemente el Derecho. Si el positivismo formalista establecía un vínculo directo entre el Derecho y el poder, sustituyendo la tradicional relación entre Derecho y moral del iusnaturalismo[31], el positivismo sociologista del XX se empeñó en reemplazar ambas dicotomías por la de Derecho y sociedad.

Más allá de la crisis que sufrió el positivismo tras las críticas antiformalistas, es posible registrar algún intento más de decretar su muerte en el siglo XX. Me refiero a las críticas de algunos autores o escuelas pretendidamente iusnaturalistas que, poniendo el acento en la noción de justicia, han reclamado el regreso al vínculo perdido entre el Derecho y la moral. En esta línea se encontrarían las reivindicaciones de un autor como Rudolf Stammler, que se empeñó en repensar la dimensión axiológica de la experiencia jurídica. A su juicio, la pregunta por la justicia había quedado oscurecida por el énfasis exacerbado en la historicidad y la socialidad del Derecho, una deriva que tenía que ser corregida en aras de la moralidad[32]. En una línea parecida se encontraría la reacción del Radbruch de posguerra, que también quiso restablecer la importancia de la moral en la reflexión iusfilosófica. En su opinión, el arrinconamiento del vínculo entre Derecho y moral estaba en la raíz de la crisis sufrida por Europa después de las aberraciones del nazismo[33]. Estos y otros casos, que ya desde mediados de los años 20 movieron a pensar en los «renacimientos» y los «retornos» del Derecho natural»[34], pusieron de nuevo en la picota a las ideas positivistas.

No obstante, pese a las manifestaciones atractivas y los propósitos elogiables de todos estos autores, es difícil hablar de ellos como iusnaturalistas. El

---

30 DÍAZ, Elías, *Estado de Derecho y sociedad democrática*, Cuadernos para el Diálogo, Madrid, 2ª ed., 1969, pp. 32-33.

31 Vid. PECES-BARBA, Gregorio, *Diez lecciones sobre ética, poder y Derecho*, Dykinson, Madrid, 2010, pp. 20 y ss.

32 STAMMLER, Rudolf, *Lehrbuch der Rechtsphilosophie*, Walter de Gruyter & Co., Berlin und Leipzig, 1922, pp. 15 y ss.

33 RADBRUCH, Gustav, «Gesetzliches Unrecht und übergesetzliches Recht», en ID., *Rechtsphilosophie*, 8. Aufl., hrsg. von Erik Wolf und Hans-Peter Schneider, K. F. Koehler, Stuttgart, 1973, pp. 339-350.

34 Vid. ROMMEN, Heinrich, *Die ewige Wiederkehr des Naturrechts,* 2. Aufl., Hegner Bücherei, München, 1947; vid. también CHARMONT, Philip, *La renaissance du droit naturel,* 2ème éd., préface de Gaston Morin, Librairie de Jurisprudence ancienne et moderne Edouard Duchemin, Paris, 1927.

caso de Stammler, que es paradigmático al respecto, no puede ser más revelador. Es cierto que en su obra hay un ferviente interés por restaurar los lazos de la filosofía jurídica con la moral y que puso todas sus fuerzas en pensar sobre la universalidad que hay más allá de las normas positivas de cada país. Sin embargo, en ningún momento volvió a apelar a un Derecho por encima del Derecho positivo, de corte natural o divino, sino que trató de hallar ese momento de universalidad mediante el método trascendental kantiano: aislando aquellos rasgos invariables que hacen que el Derecho sea Derecho, y que se encuentran como un a priori en nuestra conciencia jurídica[35]. Pero este propósito de hallar la universalidad es el mismo que tenía la teoría general del Derecho positivista, y que se explica por el fin del Derecho natural: una vez que se dejó de creer en la existencia de un conjunto de normas absolutas y atemporales, los juristas intentaron reformular la generalidad y la universalidad del Derecho a través de otras vías. Algunos trataron de hacerlo a través de la antropología y la sociología jurídicas, cotejando las diversas experiencias jurídicas conocidas y aislando aquellas características que parecían repetirse sin excepciones en todos los ordenamientos, mientras que otros, como Stammler, se sirvieron del método de análisis kantiano[36].

En general, podría decirse lo mismo respecto de la mayoría de las tentativas por rehabilitar el Derecho natural a lo largo del siglo XX. A excepción del iusnaturalismo tomista de la Iglesia católica, que se sigue amparando en reivindicaciones acientíficas y atávicas de un Derecho sancionado por la autoridad divina, ningún autor serio reclama la existencia de un Derecho natural que determine al Derecho positivo. Lo máximo que podrá encontrarse son intentos por reflexionar en clave ética y moral sobre el Derecho justo, sobre el deber ser del Derecho o sobre lo universal en el Derecho. Pero la mayoría de estas tendencias, cuando no todas, se hacen partiendo de la constatación de que el Derecho es inevitablemente histórico y contingente, determinado por factores sociales y culturales, variable en el tiempo y el espacio, e incomprensible en clave trascendental. Así es como se explica el aparente iusnaturalismo de Lon L. Fuller, cuya «moral interna del derecho» no era sino un conjunto de valores derivados de ciertas características formales y procedimentales del Derecho, que provocan que éste otorgue seguridad e incorpore ciertas dosis de justicia: entre otros, el hecho de que las normas estén escritas, sean claras y estén publicadas[37]. Incluso el pensamiento de John Finnis, que suele citarse como ejemplo de neoiusnaturalismo, parte de

---

35 Vid. FALZEA, Angelo, *Introduzione alle scienze giuridiche. Parte prima. Il concetto di diritto*, 4ª ed. riveduta, Giuffré, Milano, 1992, cit., pp. 66-69.

36 STAMMLER, Rudolf, *Lehrbuch der Rechtsphilosophie*, cit., pp. 7-8 y 51. Vid. también GONZÁLEZ VICÉN, Felipe, «El positivismo en la filosofía del Derecho contemporánea», en ID., *Estudios de filosofía del Derecho*, cit., p. 137.

37 Vid. FULLER, Lon L., «Positivism and Fidelity to Law – A Reply to Professor Hart», *Harvard Law Review*, 71, 1958, pp. 630-672.

la ineludible positividad del Derecho: por mucho que podamos identificar una serie de preceptos naturales que deberían guiar a nuestros ordenamientos jurídicos, el Derecho seguirá siendo Derecho si ha sido válidamente promulgado[38].

4. REGRESO AL PUNTO DE PARTIDA: ¿HA MUERTO POR FIN EL POSITIVISMO?

Así las cosas, estamos ya en condiciones de regresar a nuestro punto de partida, a saber, la polémica que hoy divide a positivistas y neconstitucionalistas. A tenor de lo que se ha visto en los dos flashbacks anteriores, parece que se trataría una vez más de lo mismo: otra pretendida muerte del positivismo jurídico, en esta ocasión a manos del neoconstitucionalismo, y un nuevo filón de guerras intestinas, que ahora enfrentan a los positivistas excluyentes con los incluyentes. La crítica neoconstitucionalista tiene que ver con tres fenómenos correlativos: 1) la aparición de constituciones cada vez más rígidas, en las que se establecen mecanismos de reforma agravados y excepcionales, con sistemas de control de la constitucionalidad rigurosos; 2) la paralela penetración de la moral en el ordenamiento jurídico, ya que estas constituciones incorporan multitud de cláusulas con contenido moral (desde derechos fundamentales a principios como el de la dignidad), pero con validez jurídica vinculante; y 3) la concomitante conversión del científico del Derecho en un personaje comprometido, que no se puede limitar a la mera descripción del Derecho, sino que está obligado a moldearlo y transformarlo conforme a esa cultura de la moral incorporada al Derecho[39].

En este contexto, la pregunta sería la siguiente: ¿el positivismo jurídico ha sido superado por fin con estas tesis? En mi opinión, no creo que pueda decretarse la muerte del positivismo por las tres razones enunciadas. En primer lugar, porque lo visto en los anteriores epígrafes me hace ser precavido respecto a este tipo de proclamas. De algún modo, me ocurre lo que a los habitantes de la villa en la fábula del pastor, el lobo y las ovejas: después de haberse anunciado la muerte del positivismo en tantas ocasiones sin que ésta haya tenido lugar, resulta difícil creer que esta vez sea verdad. Más bien tiendo a pensar que el neoconstitucionalismo es una continuación del iuspositivismo en nuevos términos, una de las vías de desarrollo que potencialmente latía en sus venas. Después de todo, como nos indica su prefijo, el

---

[38] Vid. ATIENZA, Manuel, *El sentido del Derecho*, Ariel, Barcelona, 2001, pp. 304-305.

[39] Vid. el amistoso e interesante debate entre Pierluigi Chiassoni y Manuel Atienza: ATIENZA, Manuel y CHIASSONI, Pierluigi, «Debate sobre el positivismo jurídico. Un intercambio epistolar. Con un comentario de Álvaro Núñez Vaquero», *Analisi e Diritto*, 2010, pp. 289-318.

neoconstitucionalismo es una revitalización de algunas de las ideas que ya alimentaron la génesis de las primeras constituciones —en el sentido moderno del término— y, por lo tanto, de las ideas que también contribuyeron a la aparición del iuspositivismo.

El constitucionalismo, en efecto, no es sino una reformulación del imperio de la ley, una forma de volver a sacralizar la ley en el contexto de una cultura dominada por el instrumentalismo. En este sentido, no sería más que una reorientación del positivismo hacia el otro polo de la tensión enunciada en el anterior epígrafe: desde un positivismo instrumentalista, que establecía una dualidad fundamental entre Derecho y sociedad y que concebía la ley como herramienta maleable para la acción social, a un positivismo principialista, que trata de regresar a la original rigidez del imperio de la ley y que intenta restablecer la dualidad entre Derecho y moral. Ahora bien, lejos de hacerlo con la perspectiva tradicional del iusnaturalismo, esta relación con la moral se plantea desde el mismo Derecho positivo, como un fenómeno que surge de las mismas entrañas del ordenamiento jurídico. Nótese que la aportación teórica de Ronald Dworkin, a quien se debe el primer embate serio contra el positivismo instrumentalista, se hace a través de la distinción entre dos clases de normas: las normas-regla, que a su juicio eran las únicas tenidas en cuenta por el positivismo, y las normas-principio, que en su opinión habían sido totalmente desconsideradas[40]. Lo que me interesa recalcar aquí es que en ambos casos se trataba de normas jurídicas, establecidas en textos legales y vinculantes para los operadores jurídicos. Es decir, que la crítica contra el positivismo se realizaba desde la consciencia de la inevitable positividad del Derecho.

Esto, a mi modo de ver, difícilmente puede calificarse de antipositivismo o de no positivismo. Desde el momento en que la consciencia de la historicidad y la positividad del Derecho se han instalado como presupuesto irrenunciable de la reflexión jurídica, no hay más remedio que reconocer que estamos inmersos en una cosmovisión positivista. Por lo que respecta al énfasis de estas corrientes en la moral, en la convicción de que los textos jurídicos contemporáneos están preñados de moralidad, no creo que pueda ser esgrimido para desbancar las tesis positivistas. La moral, en efecto, ha estado presente en el Derecho desde el inicio de los tiempos, y por cierto en cantidad no desdeñable. Cualquier Derecho incluye un punto de vista sobre la moral y cualquier norma jurídica lleva aparejadas dimensiones morales, a veces explícitas y a veces implícitas. Incluso en épocas anteriores al constitucionalismo moderno, los textos legales estaban repletos de cláusulas morales[41]. Todo esto no es nuevo. Lo que es nuevo es la percepción que los juristas tie-

---

[40] Vid. DWORKIN, Ronald, *Los derechos en serio*, cit., pp. 72 y ss.

[41] Vid. JIMÉNEZ CANO, Roberto, «La interpretación de las cláusulas morales del derecho», en AA. VV., *Interpretación jurídica. Modelos históricos y realidades*, coord. por José Ramón Narváez y Javier Espinoza de los Monteros, UNAM, México, 2011, pp. 215-239.

nen al respecto. Si en el marco del positivismo formalista y del positivismo sociologista esto estaba oscurecido por atender otros aspectos —el poder y la sociedad— ahora el foco se pone en la moral. Pero fundamentalmente es el observador quien ha cambiado, no el objeto a observar.

La reacción contra el instrumentalismo y el correlativo cambio de percepción se produjeron en un contexto ideológico concreto, que explica la transformación producida y el sustrato ideológico en el que nos hallamos. Lejos de comenzar con la aparición de los Estados constitucionales tras la segunda guerra mundial —que incorporan catálogos de derechos fundamentales— se trata de un proceso que arranca en los años 70 del siglo XX, justo en el marco de la crisis del Estado social. La primera edición de *Los derechos en serio* de Dworkin data de 1977, en un clima presidido por dificultades económicas internacionales y por el repliegue del pacto keynesiano entre trabajo y capital, un pacto que había fundamentado el Estado del bienestar de posguerra. Es muy significativo que casi coincida en fechas con otro trabajo esencial para la filosofía política del último tercio del XX, la *Teoría de la justicia* de John Rawls (1971). Se trata de dos obras que, desde posiciones políticas de izquierda, partían de la crítica al utilitarismo, una corriente que había dominado en el mundo anglosajón hasta esos años[42]. Y resulta especialmente interesante si lo cotejamos con otra obra del mismo periodo, esta vez desde la derecha, que también ponía la diana en las corrientes utilitaristas: *Derecho, legislación y libertad* de Friedrich Hayek (1973)[43].

Así pues, tanto desde la filosofía política como desde la filosofía del Derecho y desde la teoría económica, los principios del utilitarismo parecían estar en el centro de todas las críticas. Por lo que afecta al objeto de este artículo, es muy revelador constatar que este ataque se cernía sobre la noción instrumentalista del fenómeno jurídico, que en buena medida había sido teorizada por el utilitarismo. Dworkin seleccionó a Bentham como blanco de sus críticas, Rawls lo haría con Sidgwick, mientras que Hayek puso en Jhering el objeto de su ataque. Para todos ellos era necesaria una restauración del Estado de Derecho tradicional, donde la ley se concebía como norma general, abstracta y poco amiga del traqueteo característico del Estado social, con un cierto espíritu de sacralidad y como barrera frente a la política: en lugar de ser una herramienta en manos del poder, debía volver a conceptualizarse como su frontera; no como un medio, sino como un fin en sí misma[44]. Esta reorientación de la teoría servía a fines distintos en estos autores, puesto que cada uno de ellos

---

[42] Vid. RAWLS, John, *A Theory of Justice* [1971], Harvard University Press, Cambridge (Massachusetts) and London (England), 2005, pp. VII-VIII y 22-27.

[43] Vid. HAYEK, Friedrich, *Law, Legislation and Liberty. A new statement of the liberal principles of justice and political economy* (vol. 1 – Rules and Order) [1973], Routledge, London, 1993, pp. 112-115.

[44] Esta idea ha sido recuperada por Brian Tamanaha, que ha criticado los peligros del instrumentalismo para el Estado de Derecho, remitiéndose expresamente a Jhering como ejem-

estaba motivado por intereses políticos diversos: mientras que Hayek realizó su crítica como defensa del liberalismo y crítica del totalitarismo, Dworkin lo hizo pensando en diseñar una teoría fuerte de los derechos fundamentales. Sin embargo, los tres compartían un sustrato ideológico profundo, que hundía sus raíces en la crisis del Estado del bienestar, pero que no pudo ser percibido como tal por los propios contemporáneos. Y es que la ideología, como casi siempre ocurre, se coló sin avisar y sin pedir permiso.

Las consecuencias para la filosofía del Derecho ya las conocemos. A partir de la crítica de Dworkin se produjo una cascada bibliográfica que empezó a laminar las ideas del positivismo sociologista e instrumentalista, reubicando el punto de atención en las relaciones del Derecho con la moral. Y todo ello, como acabo de sugerir, en paralelo a la derrota del Estado social. Desde luego, no hay una relación de causa-efecto entre los dos fenómenos, pero sí una correlación indirecta. Como todos los procesos ideológicos, ha sucedido sin que apenas podamos percibirlo, de forma sutil e inadvertida, filtrándose en comportamientos, lenguaje, modas y detalles que, tomados por sí solos, no significan nada. Pero tomados en su conjunto, con la perspectiva que otorgan los años, el mapa de la transición paradigmática puede trazarse con cierta solvencia: en un contexto en el que el Estado ha ido perdiendo su capacidad para ejercer como agente de transformación y de progreso social, en el que los entes de poder se han ido multiplicando por arriba y por abajo[45], parece inevitable el refugio en la moral. Tampoco es casual, en este sentido, que haya sido a partir de dicha crisis cuando han reverdecido las defensas republicanas de la virtud y la ética ciudadana: al igual que en el mundo helénico, el recurso a la moral no es sino una reacción ante la crisis de las instituciones, una forma de empoderamiento personal ante la inanidad del sistema.

Obviamente, esto ha sucedido con manifestaciones aparentemente heterogéneas —en principio, poco tienen que ver las apelaciones republicanas a la ética con la teoría neoconstitucionalista sobre el vínculo entre Derecho y moral— y de manera inconsciente, pero así es como suelen propagarse los paradigmas. Desde el punto de vista de la teoría del Derecho, el cambio no justifica que se hable de una quiebra del positivismo jurídico por las razones que esgrime el neoconstitucionalismo, pero creo que sí nos obligaría a proponer la aparición de un subparadigma ético o neoconstitucionalista en el seno del positivismo[46]. Un subparadigma determinado por transformaciones

---

plo de dicha tendencia. Vid. TAMANAHA, Brian Z., *Law as a Means to an End. Threat to the Rule of Law*, Cambridge University Press, Cambridge, 2006, pp. 215 y ss.

[45] Vid. ECO, Umberto (et. al.), *La nueva edad media* [1972], trad. de Carlos Manzano de Frutos, Alianza, Madrid, 2004.

[46] La noción de paradigma, que fue acuñada originalmente por el filósofo de la ciencia Thomas S. Kuhn, ha terminado trascendiendo a muchas disciplinas. Como fue ideado para explicar el desarrollo de ciencias como la física o la química, ha sido necesario adaptarlo al

ideológicas que, por lo menos, conviene poner de manifiesto: sólo así podremos aquilatar la pertinencia y la relevancia de las propuestas teóricas que se hacen al hilo de esta polémica en el debate filosófico contemporáneo. ¿Quiere esto decir, entonces, que el positivismo sigue vivo? En principio sí, pero sólo de momento. Sólo de momento porque, en efecto, los sucesos de la globalización ponen en jaque nuestras convicciones a cada segundo. En concreto, creo que podrían destacarse dos fenómenos que, si prosperan y si continúan en la deriva que han tomado por ahora, sí podrían socavar el fundamento del positivismo jurídico desde la base.

El primero de ellos tiene que ver con el paulatino desmantelamiento del Estado y la aparición del pluralismo jurídico, un proceso que tiene mucho que ver con la crisis del Estado social que acabamos de enunciar[47]. Si el positivismo surgió como proyección de los cambios políticos y sociales que trajo aparejados el Estado de Derecho —según la tesis de Uberto Scarpelli[48]— parece razonable pensar que decaiga en un contexto en el que el propio Estado naufraga[49]. Esto es algo que ya sucedió en los primeros años del siglo XX, cuando el antiformalismo puso en tela de juicio el monopolio del Estado en la producción de normas. Sin embargo, todavía se trataba de un fenómeno suficientemente restringido como para encauzarlo con una rectificación de la teoría: incluyendo lo social como objeto de atención preferente, el positivismo pudo salir airoso del embate. En un contexto internacional como el actual, en el que los nuevos sucesos se entrecruzan a una velocidad vertiginosa, y en el que los operadores jurídicos han aumentado de manera exponencial, parece difícil pensar en fórmulas de compromiso. No sólo por el auge de las empresas transnacionales, sino por el surgimiento de poderes dentro de cada Estado —activismo político en la judicatura constitucional, corrupción de la vida democrática en partitocracia, incremento de poder de las entidades regionales, etc.— podría intuirse que estamos ante el regreso de un cierto corporativismo. Y en este clima, donde el Estado se encuentra ausente y desarmado, no parece fácil enarbolar el estandarte del positivismo con todas las de la ley.

El segundo fenómeno que puede desencadenar la crisis del paradigma tiene que ver con la irrupción de culturas jurídicas no occidentales. Una de

---

proyectarse sobre las ciencias sociales. Una de éstas se la debemos al teólogo Hans Küng, que ha propuesto diferenciar entre micro-, meso- y macro-paradigmas. Para no complejizar la discusión en exceso, aquí optamos por hablar de subparadigmas. Vid. KÜNG, Hans, *Das Christentum: Wesen und Geschichte*, Piper Verlag, München, 2007, p. 125.

[47] Vid. SOTELO, Ignacio, *El Estado social. Antecedentes, origen, desarrollo y declive*, Trotta, Madrid, 2010, pp. 267 y ss.

[48] Vid. SCARPELLI, Uberto, *Cos'è il positivismo giuridico*, introduzione e cura di Alfonso Catania e Mario Jori, Edizioni Scientifiche italiane, Napoli, 1997.

[49] Vid. JULIOS-CAMPUZANO, Alfonso de, *La transición paradigmática de la teoría jurídica. El derecho ante la globalización*, Dykinson, Madrid, 2009, pp. 15-44.

las razones por las que surgió el positivismo fue precisamente ésta. En el contexto del siglo XIX, abolida la fe en un Derecho natural válido para cualquier tiempo y lugar, los juristas reorientaron su querencia por lo absoluto hacia la búsqueda de una serie de características que pudieran generalizarse a todo Derecho posible. Así es como nació la teoría general del Derecho. Más allá del derrumbe del Derecho natural, esta emergencia se explica por la aparición de culturas jurídicas no occidentales, que abrieron un gran arco de posibles experiencias jurídicas y que motivaron la búsqueda de rasgos invariables, universalizables a todo Derecho. Ya mediante el análisis lingüístico, la sociología o la antropología jurídicas, este fue el propósito de la teoría general del positivismo. Gracias a esta reorientación de los esfuerzos teóricos, y al hecho de que el choque con otras culturas no caló del todo en el imaginario colectivo, el positivismo pudo mantenerse a flote. Sin embargo, no está claro que las cosas puedan ser así de nuevo. En el mundo globalizado en que vivimos, el contacto con otras culturas planteará retos constantes a nuestro afán por aprehender el Derecho en clave positivista: el Derecho alternativo de América Latina o el cruce entre Derecho y moral de las culturas jurídicas asiáticas —por poner sólo dos ejemplos— ya no es algo exótico o lejano, sino absolutamente próximo, que todos vivimos día a día y que no admite fáciles postergaciones[50].

Se trata de interrogantes sin respuesta, que sólo podrán contestarse después de un tiempo prudencial, cuando contemos con la suficiente perspectiva para ver algo más allá de los frágiles adoquines por donde pisamos. De momento no nos queda más que la posibilidad de lanzar dardos aventurados hacia el futuro, tratando de horadar los puntos oscuros que parecen entreverse desde nuestro presente. Porque el Derecho, pese al rigor del que parece revestirse, es tan fluctuante y quebradizo como el resto de las creaciones humanas. Y nuestras ideas sobre el Derecho, con mayor razón aún, se podrían asemejar al «movimiento entre brechas» que tan bellamente nos describió Musil: «nuestro pensar no tiene una base regularmente fija, sino que se mueve entre brechas. Cierra uno los ojos, deja uno por un momento de ser y, no obstante, se encuentra luego con seguridad al otro lado del abismo. A decir verdad, hace ya mucho que deberíamos estar desesperados, pues nuestro saber en todos los aspectos presenta semejantes abismos y no viene a ser otra cosa que una serie de fragmentos de puente que se extienden por un océano insondable»[51].

---

[50] Vid. SOUSA SANTOS, Boaventura de, *Sociología jurídica crítica. Para un nuevo sentido común en el derecho*, nota introductoria y revisión de la trad. de Carlos Lema Añón, Trotta, Madrid, 2009.

[51] MUSIL. Robert, *Las tribulaciones del estudiante Törless*, Ediciones El País, 2003, p. 192.

EL ESTADO CONSTITUCIONAL ANTE LA TEORÍA JURÍDICA

Alfonso de Julios-Campuzano
Universidad de Sevilla

1. LA CRISIS DEL ESTADO LEGISLATIVO DE DERECHO

1.1. La insuficiencia del modelo formalista: un contexto propicio

La evolución del Estado de Derecho desde su gestación en el siglo XIX ha experimentado transformaciones que no pasan desapercibidas para la filosofía jurídica contemporánea y que afectan directamente a la propia configuración del Derecho, alcanzando, en consecuencia, al paradigma jurídico dominante, a la teoría del derecho y al modelo de ciencia jurídica. El siglo XX ha sido testigo de catástrofes colosales, de enormes cataclismos que han sacudido con fuerza los cimientos morales de nuestra civilización conmocionada por el sobrecogedor escenario de odios y de guerra, de destrucción y de muerte que el funesto apogeo fascista desencadenó. No obedece al azar, precisamente, la reacción que el pensamiento y la cultura jurídica europea experimentó tras el fatal desastre. No sería afortunado ni veraz atribuir las transformaciones que el Estado de Derecho sufriría en los años inmediatamente subsiguientes a la Segunda Guerra Mundial a una casual coincidencia cronológica para considerarlo fruto de una eventualidad puramente coyuntural. Por todo ello, insisto, no puede juzgarse casual, que justamente tras la catástrofe se constatara la insuficiencia institucional y jurídica del modelo jurídico del Estado de Derecho y se adquiriese consciencia de su extraordinaria fragilidad para proveer instrumentos teóricos que pudiera contrarrestar los efectos demoledores del formalismo jurídico sobre la estructura del Estado de Derecho.

En efecto, tras la debacle totalitaria el pensamiento jurídico europeo, hondamente consternado por tan ominosa contienda y por los episodios dramáticos de negación de los derechos humanos, sintió la necesidad de hurgar en las entrañas del viejo y denostado derecho natural para superar la pesadilla de un formalismo jurídico que propició la identificación estrecha entre validez y justicia, mediante la reducción del universo de la juridicidad al derecho positivo. Tras el apogeo del positivismo legalista, la exaltación cientificista del Derecho como un objeto axiológicamente neutro y la proclamación del carácter estrictamente descriptivo del conocimiento jurídico, se hacía preciso recuperar la dimensión valorativa del Derecho para restablecer, de alguna manera, aquella ligazón estrecha que, en los orígenes de la modernidad, el iusnaturalismo racionalista había preconizado, insertando el derecho en el horizonte de la justicia, de la libertad, de la igualdad y de la dignidad humana, valores vinculados directamente con los derechos humanos cuyas primeras declaraciones de derechos se promulgaron en el ambiente cultural de la Ilustración.

Ese contexto cultural sentaría las bases del Estado de Derecho a través de sucesivas aportaciones teóricas que consolidarían la limitación del poder del Estado, la consagración del principio de soberanía popular, la regla de la mayoría, la elección de los gobernantes mediante un sistema de democracia representativa, la separación de poderes, la garantía de los derechos civiles y políticos, el principio de legalidad y la seguridad jurídica. Aunque el Estado de Derecho como construcción teórica fue alumbrado por la ciencia alemana del derecho público, bajo la égida del positivismo jurídico que dominaba la Europa del XIX —especialmente tras las aportaciones de Von Aretin y Von Mohl que fueron los padres de la fórmula *Rechsstaat*—, sus principales fundamentos teóricos hunden sus raíces en el iusnaturalismo racionalista, en el contractualismo, en la tradición liberal-democrática y en las decisivas contribuciones que la Ilustración ha legado a la humanidad. Es sabido, sin embargo, que el Estado liberal de Derecho representó las aspiraciones políticas de la burguesía, que buscaba consolidar a nivel político el poder que ya ostentaba en otras esferas, sirviéndose, para ello: a) a nivel político, de la ideología liberal que, sutilmente manipulada por la nueva clase social emergente perdió su impronta emancipadora y revolucionaria para quedar ungida al carro del interés económico como liberalismo instalado y decadente[1]; y b) en el ámbito jurídico, del positivismo legalista que auspició el arrinconamiento de los contenidos iusnaturalistas de la tradición liberal contractualista, el monopolio de la producción jurídica por parte del aparato estatal, la consagración del principio de legalidad, la omnipotencia de la ley y la primacía del poder legislativo —función que, en la práctica, quedó confiada a la burguesía merced a un modelo de representación política basada en el sufragio censitario— y, por último, la identificación entre justicia y validez en función de la cual todo derecho válido era por sí mismo legítimo.

---

[1] Se consuma así lo que Peces-Barba ha denominado «*la presentación farisaica del viejo pensamiento liberal revolucionario*», convertido ya en «*cínica representación de los desnudos intereses de la burguesía*» y en «*liberalismo instalado y decadente*» (PECES-BARBA, G.; «Socialismo y libertad» en *Libertad. Poder. Socialismo*, Civitas, Madrid, 1978, p. 148).

1.2. La debilidad de la concepción cientificista del derecho

Esta concepción puramente formal de la democracia y de los derechos se sustentó en las construcciones teóricas de la ciencia jurídica del positivismo legalista a través de las contribuciones de los principales adalides de la ciencia alemana del Derecho Público, cuyos más conspicuos representantes, a la sazón, juristas de la talla Gerber, Thoma, Laband y Jellinek, elaboraron un sólido entramado conceptual y un arsenal de categorías jurídicas que consagraron una concepción estrictamente descriptiva de la ciencia del Derecho: la neutralidad del científico del Derecho frente a su objeto de conocimiento recababa una asepsia total de juristas, científicos y operadores jurídicos en la construcción del conocimiento jurídico cuya pureza radicaba precisamente en una exclusión radical de toda suerte de valoración de su objeto de conocimiento. Una ciencia jurídica descriptiva, ajena a los juicios de valor sobre el derecho y sobre sus contenidos sustantivos de justicia vino así a blindar definitivamente a ese nuevo paradigma jurídico del Estado de Derecho frente a la vana pretensión de contaminar el Derecho con exigencias axiológicas externas al propio sistema jurídico, proceso que culminaría con la asimilación de los derechos fundamentales como categorías estrictamente formales a través de su identificación como derechos públicos subjetivos: un eficaz instrumento conceptual apto para anclar definitivamente los derechos humanos en el marco de relaciones jurídicas de derecho público, regidas estrictamente por el principio de legalidad.

En suma, el arrinconamiento del iusnaturalismo por la irrupción del «paradigma cientificista del derecho» constituyó un hito decisivo en la configuración de ese nuevo orden jurídico. Desprovisto de exigencias axiológicas materiales, el derecho quedó reducido a una cuestión de poder, y el establecimiento de las normas jurídicas concretas, a un reparto del poder social entre aquellos que podían acceder a él. El igualitarismo jurídico quedó plasmado en el reconocimiento puramente formal de la igualdad de todos los ciudadanos ante la ley, con lo que este principio quedaba comprometido con la preservación de un orden social y económico que se asentaba sobre el reconocimiento explícito de la desigualdad entre las clases sociales[2]. Y todo

---

[2] Como ha evidenciado Giovanni Tarello, la ideología igualitaria, al quedar plasmada en un puro igualitarismo formal, quedó reducida a un instrumento técnico de simplificación de los sistemas jurídicos ya que esta igualdad no significó otra cosa que unicidad del sujeto jurídico. Con ello no se abolían las diferencias subjetivas, sino que eran desplazadas a los predicados jurídicos, manteniendo formalmente la igualdad de los sujetos de derecho. Se consumaba así la ficción de un derecho igualitario en concubinato con un orden social y económico inicuo: «*El código civil se estructuró sobre el sujeto jurídico único, y transportó las diferencias subjetivas predominantemente en aquel predicado jurídico que es la capacidad de actuar, esto es, de producir efectos jurídicos mediante la voluntad: todos son iguales como sujetos, pero algunos no tienen o no tienen sin la ayuda de otro ... la capacidad de actuar. ... El código penal se estructuró sobre el sujeto único...; las diferencias que persisten —y son muchas— se deslizan en los predicados bajo*

ello, desde la exaltación de un conocimiento objetivo, aséptico y neutral[3] del derecho, que en absoluto era nada de lo que proclamaba y que resultaba ser ideológico y comprometido con la preservación de un determinado *statu quo* económico-social.

La labor de la dogmática jurídica queda directamente asociada a la exégesis legal conforme a los postulados esenciales de una ontología jurídica positivista en función de la cual sólo es derecho el derecho promulgado por el Estado. Los principios de unicidad, estatalidad y racionalidad conforman así el trípode ideológico sobre el que descansa la ciencia del Derecho: sólo existe un poder centralizado con capacidad para producir derecho que es, justamente, el Estado como actor único del orden jurídico-político. A su vez, ese derecho producido por el Estado se considera racional porque ha sido producido en virtud de los criterios de validación de las normas jurídicas establecidos por el propio ordenamiento. De esa identificación estrecha entre unicidad, estatalidad y racionalidad será fácil concluir la ligazón con un cuarto principio, el de legitimidad, que permite postular, según un razonamiento dotado de un inequívoco matiz tautológico: que la legitimidad no procede de ningún factor metajurídico, pues sólo es legítimo el derecho del Estado, por ser el único derecho, estatal y racional[4].

---

la forma de atenuantes y agravantes de la acción objetivamente descrita» (TARELLO, G.; *Cultura jurídica y política del Derecho*, F.C.E., México, 1995, pp. 50-51).

[3] Kelsen representa la formulación más acabada del positivismo formalista y, por ende, el abanderado de la neutralidad de la ciencia del Derecho que, en su *Reine Rechtslehre*, se perfila como un sistema autónomo, exclusivamente normativo, que excluye del ámbito de lo jurídico las valoraciones como propias de la ética, de la sociología o de otras ciencias humanas o sociales. Ésta es, sin duda, la gran equivocación del positivismo: ¿cómo puede concebirse el derecho en estado puro, ajeno a los valores, a la sociedad, a sus principios y creencias? Ollero, al abordar la teoría kelseniana, se plantea la misma pregunta: «*Pero ¿es realmente posible que una teoría jurídica sea «neutral»? Kelsen hereda toda la temática weberiana sobre la asepsia valorativa en las ciencias sociales e intenta darle cumplimiento. En las ciencias físicas, la peculiar relación sujeto-objeto parece hacerlo viable; en las «humanas», sin embargo, nos parece que sólo un reduccionismo físico lo posibilitaría: un sicólogo será «neutral» en la medida en que neutralice el objeto de su estudio, que deja de ser el hombre para quedar reducido a una sección parcial del mismo. De actuar así, la teoría pura daría paso a una «ideología» (falseamiento de la «realidad») científico-coartante, disponible como instrumento al servicio de la clase dominante de un orden social liberal. Al examinarse la posible asepsia de la teoría pura es todo el positivismo científico-social el que acaba sentado en el banquillo*» (OLLERO TASSARA, A.; *¿Tiene razón el derecho? Entre método científico y voluntad política*, Congreso de los Diputados, Madrid, 1996, pp. 57-158).

[4] Para Coelho, los presupuestos ideológicos del positivismo legalista y de la dogmática jurídica son los de unicidad —el derecho es solamente uno; no existe otro derecho que el derecho positivo—, estatalidad —el único derecho positivo es el promulgado por el Estado— y racionalidad —el derecho es objetivamente racional ya que, en cuanto producto de una elaboración científica, se concreta en una estructura analítica objetiva cuya racionalidad es inmanente, independientemente de cuáles sean sus contenidos— que constituyen un trípode ideológico sobre el que sustenta un cuarto principio, el de legitimidad. Según éste, el derecho es

1.3. El positivismo jurídico legalista o la constitución subyugada por el principio de legalidad

Asistimos a un constitucionalismo débil cuya característica distintiva es el predominio de una racionalidad formal que se manifiesta, fundamentalmente, en el establecimiento de constituciones flexibles que vienen a corroborar la supremacía de la ley como fuente del derecho y la omnipotencia del legislador que aparece, así, dotado de facultades omnímodas en la ordenación social. Este constitucionalismo se inspira en un modelo voluntarista que pone el énfasis en la representación política de individuos iguales titulares de derechos. La constitución viene concebida como pacto político que instituye el gobierno y cuya base es el mandato de la nación que fija las competencias de los órganos políticos. El aspecto principal de este modelo, que deriva de la Revolución francesa, es la supremacía del legislador representativo dentro de un esquema de separación de poderes[5].

La constitución es un marco de referencia cuya continuidad y eventual modificación queda, en cualquier caso, sometida al albedrío del legislador. Además, la constitución es concebida como un marco jurídico eminentemente procedimental orientado al establecimiento de reglas sobre la organización del poder, cuya virtualidad se ciñe, esencialmente, a la creación de un orden institucional para la organización del Estado, a la distribución de competencias entre los diferentes poderes y al establecimiento de normas de producción jurídica, cuya validez viene delimitada por parámetros formales de competencia y procedimiento que determinan la adecuación constitucional de las normas vigentes. La mera producción normativa conforme a los criterios formales establecidos en la constitución garantiza la validez del derecho vigente. Se produce así la identificación de la validez de las leyes con su positividad[6].

El Estado liberal de Derecho se edifica, por tanto, sobre un modelo constitucional flexible, fácilmente modificable por el legislador, ya que a la constitución no se le reconoce un rango supralegal, sino que queda como norma primera del ordenamiento sometida a la voluntad del legislador, cuyo actuación disciplina pero sólo formalmente: es el legislador quien, en última instancia, toma la decisión sobre la modificación de la constitución que, a la postre, reviste la forma de una ley, desprovista, por tanto, de mecanismos especiales de protección que

---

considerado legítimo no en función de algún factor metajurídico, sino simplemente porque es el único derecho, estatal y racional. Esta concepción, al decir de Coelho, se resuelve en una tautología: el derecho es legítimo porque es el derecho y es el derecho porque es legítimo (COELHO, L.F.; *Teoria Critica do Direito*, 2ª edic., Sergio Antonio Fabris, Porto Alegre, 1991, Capítulo IX, epígrafe IV).

5 REBUFFA, G.; *Costituzioni e Costituzionalismi*, Giappichelli, Torino, 1990, pp. 33-34.

6 FERRAJOLI, L.; *Epistemología Jurídica y Garantismo*, 1ª reimpr., Fontamara, México, 2006, p. 260.

dificulten su reforma. En la concepción decimonónica de la constitución, el legislador queda investido como el actor único de la producción normativa, rompiendo así el paradigma jurisprudencial del derecho premoderno que regía hasta entonces en el cual las normas se decantaban a través de un dilatado proceso histórico de selección y acumulación de naturaleza fundamentalmente jurisprudencial[7]. Las constituciones del siglo XIX son expresión, por tanto, de una determinada cultura jurídica y política que deriva, directamente, del legado cultural de la Revolución Francesa y de los presupuestos de racionalidad, orden y sistematicidad que, alumbrados por el iusnaturalismo racionalista, constituirían la base sobre la que se edificó el cuerpo teórico del positivismo legalista. La constitución se presenta, por tanto, como un acto de voluntad del legislador que se expresa en un documento escrito y viene entendida como la organización de los poderes del Estado, la norma fundamental que contiene los elementos esenciales de su ordenamiento jurídico, condición que le otorga a la constitución el carácter de documento jurídico que vertebra la sociedad y el orden político, a partir de una estructura unitaria y centralizada de poder: el monismo jurídico, esto es, la identificación del Estado como actor único de la producción jurídica, es un elemento esencial de la concepción jurídica dominante en ese primer momento del constitucionalismo.

Ahora bien, ese Estado de Derecho que se somete al principio de legalidad es, al mismo tiempo, un Estado *precario* de Derecho, en la medida en se registran carencias que ponen de relieve la insuficiencia del modelo teórico sobre el que se sustenta. En primer lugar, se produce una identificación, ya aludida, entre legalidad y legitimidad que es consecuencia de la reducción de todo el derecho al derecho del Estado que, por razón de su origen, se presupone legítimo; en segundo lugar, el modelo teórico del positivismo legalista, el paradigma cientificista del derecho, se basa sobre la sacralización de la ley que se convierte, por mor de su indeclinable primacía normativa, en el gran *tótem* de la nueva cultura jurídica. La ley es la fuente del Derecho por antonomasia: porque es el derecho creado por la razón humana, que no viene impuesto por ningún orden metafísico anterior al poder soberano de la rousseauniana voluntad general, que no constituye derivación normativa de ningún orden objetivo, eterno y universal, porque, en suma, la ley es la expresión de un poder investido de la facultad de dictar normas conforme a un procedimiento establecido para ello, un poder que ha sido elegido democráticamente para desempeñar la labor de creación del derecho y que opone, frente al valor taumatúrgico de la tradición expresado en la costumbre y frente a un derecho de carácter eminentemente jurisprudencial, el valor de la racionalidad humana que subyace a la creación legislativa, realizada a través de un procedimiento que pretende excluir la arbitrariedad y asegurar la racionalidad. Esta supremacía de la ley queda hipostasiada, en opinión de

---

[7] REBUFFA, G.; ob. cit., p. 49.

Fioravanti, en el dogma liberal-estatalista de la fuerza absoluta de la ley[8], y se traduce en la omnipotencia y autonomía del legislador que encarna la voluntad de la mayoría, voluntad irresistible por cuanto que expresa la naturaleza democrática del poder que sólo ha de someterse a las reglas formales de validación normativa establecidas en la constitución.

En la concepción del positivismo legalista la exclusividad de la producción jurídica corresponde al Estado que, al arrogarse el monopolio de todo el derecho, confiere a la ley el rango de fuente del Derecho por excelencia, dotada de fuerza absoluta sobre cualquier otra normatividad. Y la constitución no hace sino ratificar esta concepción teórica subyacente sobre la cual descansa todo el orden jurídico. El constitucionalismo del positivismo decimonónico es un *constitucionalismo débil* que se limita a establecer el esquema básico del orden político y de sus instituciones, asignando competencias y determinando procedimientos, un constitucionalismo de las *reglas del juego*, de los límites que no pueden ser franqueados, de los derechos que no pueden ser transgredidos, un constitucionalismo *de mínimos* que establece un marco de convivencia basado en la autonomía de los individuos en las esferas social y política. El constitucionalismo liberal se materializa en un conjunto de preceptos de carácter supralegal destinados esencialmente al legislador y a las demás instituciones del Estado a quienes vincula directamente, pero la constitución como norma tiene un carácter *supralegal*: está por encima de la ley, sí, pero no es la ley, su fuerza normativa es una fuerza mediada por la propia ley, que adquiere carta de naturaleza en la medida en que sus contenidos quedan incorporados a la ley. En ese sentido, la constitución carece efectivamente de fuerza normativa porque no está dotada de eficacia *erga omnes*, no alcanza a todos, no es, propiamente, una norma general, sus efectos no se producen *inmediatamente* sino que su eficacia es *mediata*. En el viejo esquema del positivismo legalista, la constitución no era una verdadera norma jurídica que vinculaba a todos los ciudadanos y que regía todos los ámbitos de la vida social, sino una norma *sui generis* de alcance limitado, una norma fundante del orden jurídico, una norma básica del orden político, pero nada más que eso: una norma sin más, sin mayores pretensiones que la de *constituir*, la de fundar, el orden político sobre el cual descansa el sistema jurídico.

En las constituciones decimonónicas, se entabla una dialéctica de la complementariedad entre poder constituyente y democracia que se traduce en la sacralización la ley, cuya supremacía no se ve en ningún momento amenazada por la constitución, porque ésta, al fin y al cabo, es sólo una ley de alcance restringido, accesible al legislador, una norma de mínimos de carácter eminentemente formal, una norma flexible cuya estabilidad está supeditada a la voluntad democrática de la mayoría que es, en resumidas cuentas, quien

---

[8] FIORAVANTI, M.; *Los derechos fundamentales. Apuntes de historia de las constituciones*, Trotta, Madrid, 1996, pp. 128-129.

legisla. Por eso, porque el poder de la mayoría no puede ser mermado por un acto fundacional anterior, el poder constituyente no debe quedar encriptado en una norma suprema que cercene la omnipotencia del legislador y la vigencia efectiva del principio democrático. La constitución, a la postre, queda en manos del legislador, sometida al cambiante juego de las mayorías y al siempre inestable equilibrio de las coaliciones y de los intereses de parte. De este modo, el constitucionalismo acaba resolviéndose en legalismo[9]: su fuerza normativa está irremisiblemente condenada a la supremacía de la ley, a la omnipotencia del legislador y a la eficacia *mediata* de sus contenidos. La constitución queda confinada a una particular condición normativa como norma de derecho público de carácter supralegal: está por encima de la ley, pero no es la ley, vincula al legislador, pero sólo a éste y, en última instancia, es el legislador quién decide en qué concreta forma va a desarrollar las prescripciones normativas establecidas en la constitución. Los límites y la organización política y administrativa que la constitución establece se refieren directamente al legislador, que asume el contenido constitucional como una ley fundamental, como una explicación sobre el modo de ejercer la soberanía y sobre la forma de gobierno.

Los grandes documentos constitucionales del XIX son, fundamentalmente, reglas sobre la organización de los poderes y la garantía de los derechos, solemnemente proclamados en la carta constitucional, que quedan reducidas a la postre en una autolimitación de la propia soberanía[10]. El constitucionalismo del XIX, como se ha apuntado certeramente, se resuelve así en un proceso de afirmación de la soberanía del Estado-nacional que es, a su vez, quien se autolimita. Frente a las fórmulas solemnes de las *Declaraciones* de inspiración iusnaturalista —juzgadas ahora fórmulas meramente retóricas o manifiestos programáticos—, que residenciaban el fundamento de los derechos en el estado de naturaleza y confiaban al poder político su tutela y garantía mediante un acto contractual de concurrencia de voluntades previo a la constitución del orden político, la ciencia del derecho público opone ahora un fundamento de los derechos y libertades de matriz positiva, basado exclusivamente en el derecho estatal. Ya no es posible reconducir el fundamento de los derechos al clásico esquema contractualista del iusnaturalismo

---

[9] De este modo, la constitución encuentra dificultades insalvables para su materialización en el ordenamiento jurídico, ya que su fuerza normativa está profundamente condicionada por el poder supremo del legislativo que encarna la rousseauniana voluntad general que es, por sí misma, ilimitada. Esta idea del poder constituyente que no quiere agotarse en los estrechos confines de un documento jurídico hace que el constitucionalismo se resuelva en legalismo, al atribuirse al poder político de cada momento la facultad de realizar o de frustrar lo que se halla recogido en la constitución (Cfr. PRIETO SANCHÍS, L.; *Justicia constitucional y derechos fundamentales*, Trotta, Madrid, 2003, pp. 108-109).

[10] REBUFFA, G.; ob.cit., pp. 53-54; GRASSO, P. G.; *El problema del constitucionalismo después del Estado moderno*, Marcial Pons, Madrid, 2005, pp. 54 ss.

racionalista. Para los grandes juristas del derecho público europeo, los derechos sólo pueden encontrar su razón de ser en el espacio infranqueable de la juridicidad positiva estatal que encarna la única realidad jurídica existente. Por eso, los derechos de los individuos sólo pueden ser concebidos si es el propio Estado quien renuncia expresamente a una porción de su soberanía para someter su actuación al derecho. La gran paradoja que se deriva de la supresión de las referencias iusnaturalistas, de la desaparición del anclaje iusnaturalista de los derechos, de la reducción de la realidad jurídica al ámbito del derecho positivo y de la consagración de su monopolio por parte del Estado, sólo podía ser resuelta acudiendo a la teoría de la autolimitación del Estado formulada por Jellinek —a partir de la consagración del dogma de la personalidad jurídica del Estado— en su *Sistema de derechos públicos subjetivos*: si el atributo del Estado soberano es el *imperium*, el propio Estado puede autodeterminarse y ejercer su soberanía, sometiéndose a su propia voluntad y autolimitándose. La autolimitación no es algo impuesto sino que constituye un ejercicio volitivo del propio Estado por el que éste adquiere plena significación jurídica. De este modo, la idea de personalidad jurídica constituye el eje de la comprensión positivista clásica del derecho y del Estado: es en función de ella, precisamente, como el Estado se arroga la titularidad del poder que es arrebatada, por igual, al monarca y al pueblo. El poder constituyente como hecho fundante desaparece para dar lugar al Estado como poder ya constituido que es quien, en un acto de voluntad plenamente libre, cede cuotas de poder para reconocer a los individuos un haz facultades y derechos que le garantiza un espacio de libertad. En la medida en que lo hace, el Estado adquiere plena condición jurídica y se convierte en Estado de Derecho, sometido a una legalidad que establece limitaciones al Estado. Los derechos, en suma, no son anteriores al derecho positivo, sino que son, justamente, la consecuencia de una determinada comprensión de la juridicidad. No es que la soberanía nazca limitada, sino que es ella misma la que se autolimita. Las libertades de contenido negativo deben ser comprendidas, por tanto, como un ejercicio de autolimitación de la soberanía, en tanto que las libertades políticas expresan la participación colectiva en la propia soberanía del Estado, que concede a los individuos la responsabilidad de elegir a los gobernantes[11].

---

[11] FIORAVANTI, M.; ob. cit., pp. 110 y 118-119; DE VEGA, P.; «Apuntes para una historia de las doctrinas constitucionales del siglo XX», en CARBONELL, M. (comp.); *Teoría de la Constitución. Ensayos Escogidos*, 3ª edic. , Porrúa-UNAM, México, 2005, pp. 11-12: El dogma de la personalidad jurídica del Estado no sólo permite concebir al Estado como partícipe de relaciones jurídicas con los ciudadanos y, por tanto, sujeto de derechos y obligaciones, sino que permite otorgar al Estado en cuanto persona jurídica el máximo poder, el poder supremo que Bodino bautizara con el nombre de soberanía; sobre este mismo asunto, cfr. también, RUBIO LLORENTE, F.; «La constitución como fuente del derecho», en CARBONELL, M. (comp.); *Teoría de la Constitución. Ensayos Escogidos*, cit., pp. 160-162.

La concepción teórica que da soporte a este paradigma se basa en una concepción cientificista que asimila el derecho con la realidad empírica al modo de las ciencias naturales. Al incurrir en la tentación cientificista de considerar los fenómenos sociales y políticos como fenómenos naturales, el positivismo terminó por equiparar el objeto de la ciencia jurídica con las realidades regulares y constantes que constituían el objeto de estudio de las ciencias naturales, las cuales operan mediante leyes universales, válidas para cualquier tiempo y lugar. De este lamentable error epistemológico habría de concluirse que también en el ámbito del derecho era posible articular un sistema de validez universal[12]. Este enfoque implicó, necesariamente, una actitud aséptica y neutral del jurista con respecto a su objeto de conocimiento, no susceptible, por tanto, de valoración. La realidad jurídica se concibió como un objeto ajeno a los juicios de valor y la ciencia del derecho como un conocimiento meramente empírico de carácter esencialmente descriptivo. La tarea del jurista quedó limitada así a la taxonomía, a la clasificación, a la construcción de categorías y a la exégesis, quedando expresamente proscrita cualquier proyección valorativa sobre la normatividad jurídica.

La radical separación entre derecho y moral postulada por el positivismo comportó la exclusión de los juicios de valor del ámbito de la juridicidad. El derecho, en cuanto realidad puramente empírica, quedó limitado a la experiencia sensible del derecho positivo, uno y estatal. Y el conocimiento jurídico se asoció íntimamente a esta realidad y a los presupuestos teóricos sobre los que descansaba: exclusión del mundo de los valores del ámbito de la juridicidad, confinamiento de la ciencia jurídica al ámbito del derecho positivo, identificación de la ciencia del derecho con las ciencias empíricas de carácter descriptivo y asimilación de su objeto de estudio con las realidades del mundo físico, concepción sistemática del derecho positivo basada en la supremacía de la ley como fuente del derecho y en los principios de unidad, coherencia y plenitud. La racionalidad formal del orden jurídico del positivismo legalista se exhibía, así, con apostura y prestancia durante el siglo XIX. El azaroso decurso de los acontecimientos históricos, sin embargo, no tardaría en evidenciar las graves carencias del positivismo legalista y de su modelo de constitucionalismo débil. La precariedad de este paradigma constitucional se mostró con evidencia ante la palmaria ignominia del Estado mínimo y de su escandalosa reducción formalista de los derechos que, a partir de una ominosa concepción abstracta del individuo, terminó por negar las exigencias elementales de justicia que se abrirían paso décadas más tarde

---

[12] El positivismo jurídico optó por ignorar la polémica que el pensamiento germano se había entablado por aquel entonces entre las ciencias de la naturaleza y las ciencias de la cultura protagonizada, entre otros, por Windelband, Rickert o Dilthey, aferrándose para ello en los planteamientos antihegelianos de Stahl o Schelling y pretendiendo construir un sistema ahistórico con vocación de eternidad (Cfr. DE VEGA, P.; ob. cit., p. 4-5).

bajo la forma de derechos sociales. Por otra parte, el lamentable episodio de los totalitarismos del siglo XX vino a confirmar el fracaso estrepitoso de las brillantes construcciones teóricas de la dogmática jurídica[13].

Transcurridas algunas décadas de dominio avasallador de las tesis positivistas, las grandes tesis de la dogmática jurídica comenzaron a verse desbordadas por los acontecimientos históricos, aquellos acontecimientos históricos que los paladines de la dogmática jurídica se habían empecinado en ignorar a riesgo de que la pretendida validez universal de sus construcciones pudiera verse desmentida por los acontecimientos. No tardó, ciertamente, en evidenciarse la mascarada de tan burda pretensión científica: construir el derecho al margen de los acontecimientos históricos y de las transformaciones sociales, negar la interacción entre los cambios sociales y la realidad jurídica y blindar el derecho frente a una experiencia social esencialmente dinámica y cambiante. Las reivindicaciones del movimiento obrero, alentadas durante el siglo XIX por las tesis marxistas y auspiciadas por la socialdemocracia y por las tesis del liberalismo progresista, pusieron de manifiesto que el catálogo de los derechos fundamentales no era una obra cerrada y acabada[14] y que a las proclamas puramente formales del constitucionalismo liberal, concretadas en derechos políticos o de participación y en libertades estrictamente negativas que recababan un *no hacer* por parte del Estado, había que añadir derechos-prestación que permitieran la conquista efectiva de mayores dosis de igualdad material y que se traducían en un compromiso activo del Estado en la transformación del orden social y en la remoción de obstáculos que impedían el ejercicio efectivo de las libertades. Frente al *laissez faire* del Estado liberal y su modelo de abstención en la esfera económica, el Estado social de Derecho se arrogó la facultad de intervenir en el terreno de la economía para desarrollar políticas sociales.

2. LA DEMOCRACIA Y EL ESTADO DE DERECHO EN LA TRADICIÓN CONSTITUCIONAL

El constitucionalismo contemporáneo resulta ser el fruto de la convergencia entre dos tradicionales constitucionales diferentes cuya aproximación ha dado lugar a un nuevo paradigma constitucional que se afirma con caracteres propios y que se concreta en constituciones fuertemente normativas dotadas de un amplio sistema de garantías. Las constituciones contemporá-

---

13 DE VEGA, P.; ob. cit., p. 4.

14 El aserto es del profesor Pérez Luño para quien «*el catálogo de las libertades nunca será una obra cerrada y acabada*» (PÉREZ LUÑO, A.E.: «Derechos humanos y constitucionalismo en la actualidad: ¿continuidad o cambio de paradigma?, en PÉREZ LUÑO, A. E. (ed.); *Derechos humanos y constitucionalismo ante el tercer milenio*, Marcial Pons, Madrid, 1996, p. 15).

neas han dejado de ser normas escuetas, para incorporar un amplio contenido sustancial que apunta a un ambicioso programa de reforma social. Y son, a la vez, constituciones rígidas, vedadas al insaciable expansionismo del legislador que ha de conformar su actuación a los principios y directrices constitucionales, bajo la mirada fiscalizadora de los jueces.

2.1. La dimensión transformadora del constitucionalismo y la vigencia del principio democrático

En contraste con las constituciones del XIX, que asumen la sociedad como un dato *a priori*, algo que ha de ser preservado, en la tradición revolucionaria francesa las constituciones están dotadas de un sólido carácter normativo en la medida en que se erigen como un modelo de transformación social. La constitución se convierte así en la referencia central de un proyecto colectivo de acción política que aspira a regir efectivamente la actuación de los poderes del Estado en orden a la plasmación social de los fines contenidos en la carta magna. De este modo, la constitución asume, una función eminentemente directiva que se condensa en un catálogo de derechos y en un articulado de corte marcadamente teleológico que pretende ordenar el curso de la vida social y política conforme a los preceptos que en ella se contienen. La constitución se presenta, así, con una dimensión contractualista que, a diferencia del constitucionalismo británico, pierde su impronta individualista para expresarse sobre todo como totalidad que encarna un proyecto colectivo: la nación se erige así en el elemento de referencia de este nuevo orden, en el que los intereses individuales quedan en un segundo plano. La nación se prefigura como la titular del poder constituyente y su labor va más allá de la garantía de los derechos naturales para conformarse como un proyecto colectivo de carácter político en el que priman las metas a alcanzar, los fines a los cuales debe supeditarse la acción política y la acción de gobierno[15].

En este modelo, las constituciones buscan modelar la realidad social, pues se parte de un rechazo efectivo del *statu quo* político-social, rechazo que es, precisamente, la base del fenómeno revolucionario que propicia el nacimiento de la constitución. Esa es la dimensión esencialmente revolucionaria del poder constituyente como un poder continuamente actuante que, basada en una concepción rousseauniana de la voluntad general, propicia

[15] FIORAVANTI, M.; ob. cit., p. 63-64. Este concepto de nación es, desde sus inicios, un concepto ideológico, de carácter restrictivo que presenta una impronta inequívocamente combativa. El concepto de nación implica la existencia de un enemigo que hay que combatir: el estamento de los privilegiados. Por nación debe identificarse, por tanto, al pueblo, a los amigos de la revolución, situación que, afirmada ya desde los inicios de la Revolución, se vería desbordada, en la fase jacobina, con la ampliación desmedida de los *enemigos del pueblo*, dando lugar a la fase del Terror.

que el texto constitucional quede abierto y, por tanto, al albur de los cambiantes avatares políticos y de las preferencias e intereses de los grupos mayoritarios. La tensión entre Estado de derecho y democracia se resuelve, en este caso, a favor de la segunda al otorgar a la mayoría un poder omnímodo que prevalece con frecuencia sobre el propio texto constitucional. Aquí reside precisamente la principal fragilidad del constitucionalismo que surge de la Revolución Francesa ya que, al basarse en una concepción mayoritaria de la democracia que se constituye en fuerza motriz del poder constituyente que se proyecta dinámicamente hacia el futuro[16]. Ese permanente revisionismo termina por agostar el espacio vital de los poderes constituidos[17]. La concepción revolucionaria francesa debilita de esta forma el concepto de límite que subyace al Estado de Derecho, concediendo un protagonismo decisivo al elemento democrático representado por la voluntad mayoritaria, lo cual se traduce, a nivel jurídico, en la omnipotencia del legislador como representante de la voluntad mayoritaria: la ley se convierte, así, en elemento central de la producción jurídica y el legislador queda elevado a la categoría de artífice del nuevo orden. A través de la ley, el individualismo es corregido en sentido estatalista y todo el derecho, en suma, va a tener como punto de referencia a la ley ya que ésta se convierte en el elemento de mediación entre la constitución y el ordenamiento[18]. De ahí su papel central y de ahí también que la constitución quede domeñada por un poder legislativo que carece de muros de contención. En la tradición francesa, por ende, la constitución desempeña una función esencialmente política y sus cláusulas quedan sometidas a la mediación de la ley, de modo que es a través de ella como adquieren plenitud normativa y se incorporan efectivamente al ordenamiento. La ley queda investida como la principal protagonista y la verdadera actora del orden jurídico a la cual se subordina la propia constitución. La tradición constitucional francesa deriva, de este modo, hacia una concepción acentuadamente legalista[19].

---

[16] FIORAVANTI, M.; ob. cit., p. 64.

[17] No obstante, esa laxitud de los procesos de reforma, que constituye una proverbial cualidad del constitucionalismo inspirado en el modelo posrevolucionario francés encuentra su más destacada excepción en la constitución francesa de 1791 en la que se contemplaron mecanismos que pudieran frenar los afanes reformadores de eventuales mayorías. Para ello, se establecía como condición para la reforma que tres legislaturas coincidieran en la necesidad de modificación, la cual sería efectuada mediante una asamblea de revisión compuesta por el legislativo y 249 miembros. Las constituciones posteriores, sin embargo, olvidaron adoptar este tipo de precauciones (Vid. ARTOLA, M.; *Constitucionalismo en la historia*, Crítica, Barcelona, 2005, p. 7).

[18] FIORAVANTI, M.; op. cit., p. 63.

[19] Señala Prieto Sanchís que la primacía de la ley supone la permanencia de un poder constituyente continuamente operante que encarna el poder legislativo que representa la ilimitada voluntad general rousseauniana. Esta situación dificultó severamente la estabilidad de los textos constitucionales, que encontraron graves dificultades para mantener su fuerza normativa frente a los poderes constituidos, por lo cual el constitucionalismo se resuelve en legalis-

2.2. El constitucionalismo de los límites: el imperio de la ley frente al poder de la mayoría

El constitucionalismo norteamericano, por su parte, pone el énfasis en la garantía de los límites al poder, renunciando abiertamente a un modelo programático de constitución y a la dimensión normativa o dirigente característica de las constituciones derivadas de la Revolución Francesa, para primar la dimensión limitadora de la constitución. Frente al poder constituyente francés que nace para abolir el *Ancien Régime* y para modelar, en oposición a él, una nueva sociedad acorde con los valores que propugna la ideología revolucionaria —*liberté, egalité, fraternité*—, el poder constituido norteamericano que, dicho sea en términos algo toscos, no aspira a producir alteraciones en la ordenación social sino a establecer un nuevo orden político. Ésta es, a juicio de Fioravanti, la raíz de la diferencia entre las dos tradiciones: el constitucionalismo francés se construye en una relación de permanente oposición con el antiguo régimen, al cual pretende sustituir por un nuevo orden social y político que responda a determinados valores preteridos por la sociedad estamental y el sistema de privilegios que le es inherente. La lucha por los derechos está asociada, por tanto, a la lucha contra la ignominia y la injusticia, a la ruptura definitiva con el viejo orden estamental y a la superación de los vínculos corporativos que identifican al mandato imperativo para construir un nuevo orden social. La constitución representa así un nuevo contrato social por el que los individuos adquieren la condición de ciudadanos formalmente iguales y convienen la creación del nuevo orden basado sobre los pilares de la voluntad mayoritaria, el dominio o supremacía del legislador como expresión de la unidad del pueblo y el dominio de la ley general y abstracta como primordial fuente del derecho. La revolución norteamericana, por el contrario, responde a una ruptura —la del vínculo con la metrópoli y la sumisión a la corona británica— y evoca también un pacto social por el que se crea un nuevo orden político, pero aquí no hay que abolir un antiguo régimen con la pesada carga de injusticias y oprobios.

No puede soslayarse, empero, que la revolución norteamericana desencadenó un movimiento emancipador vigoroso que se traduciría también en un orden social íntegramente nuevo que se basa en la superación de las injusticias del anterior régimen colonial pero, sea como fuere, aquí no existe la acuciante necesidad de derrocar al tirano, deshacer las injusticias y crear, desde su propia base, un nuevo orden social concebido desde premisas y principios completamente opuestos a los anteriores. El éxito de la empresa colectiva revolucionaria francesa gira en torno a la necesidad de un estado

---

mo, al atribuirse al poder político de cada momento el poder de disponer, en su más amplio sentido, el grado de cumplimiento efectivo de las cláusulas constitucionales (PRIETO SANCHÍS, L.; *Justicia constitucional...*, cit., p. 109).

fuerte que abandere la transformación social y el diseño de un nuevo orden. El componente esencial de la revolución norteamericana gira en torno a la desconfianza frente al legislador, cuyo poder ilegítimo va más allá de sus propios confines en un afán inexorablemente invasivo y expansionista. El núcleo del constitucionalismo americano se cifra precisamente en el recelo y la desconfianza frente al poder legislativo y en la necesidad de establecer límites efectivos, operativos y sólidos frente a la irresistible tentación de la tiranía de la mayoría. De ahí su inspiración antiestatalista de los derechos y libertades que son concebidos, ante todo, como parcelas de autonomía sustraídas al poder. La afirmación constitucional de los derechos fundamentales, sustancialmente idéntica en ambos casos, responde a motivaciones, exigencias y condicionamientos radicalmente diferentes[20].

El constitucionalismo estadounidense pivota sobre la supremacía de la constitución, cuyo valor normativo debe quedar a salvo de la tentación expansionista del poder legislativo: la constitución como verdadera norma jurídica y cúspide del ordenamiento. La constitución norteamericana se construye, así, sobre dos ideas fundamentales: por un lado, el concepto de límite frente al poder, que ocupa un lugar primordial en la carta magna a través de la consagración de derechos fundamentales y un sistema de equilibrio y contrapeso de poderes —*check and balances*— que trata de enervar su eventual concentración. Esta acentuada dimensión limitadora del poder ha permitido a autores como MacIlwain y Matteucci aseverar que el constitucionalismo norteamericano encarna el constitucionalismo moderno, ya que procura la limitación del poder a través del derecho[21]. La dimensión garantista de esta tradición, a su vez, se concreta en la atribución a los jueces del control de constitucionalidad de las leyes, que tiene su origen en la célebre sentencia de la Corte Suprema norteamericana, presidida por el juez Marshall, en el caso *Marbury vs. Madison* de 1803. A partir de ese momento, los jueces se convierten en los auténticos guardianes de la constitución y asumen la doble misión, en primer lugar, de juzgar la constitucionalidad de las normas jurídicas y, por tanto, su coherencia con las normas sobre producción de normas contenidas

---

[20] FIORAVANTI, M.; ob. cit., pp. 78 ss. En resumidas cuentas, para el constitucionalista italiano, «*se puede afirmar que la revolución francesa confía los derechos y libertades a la obra de un legislador virtuoso, que es tal porque es altamente representativo del pueblo o nación, más allá de las facciones o de los intereses particulares; mientras que la revolución americana desconfía de las virtudes de todo legislador —también del elegido democráticamente...— y, así, confía los derechos y libertades a la constitución, es decir, a la posibilidad de limitar al legislador con una norma de orden superior*» (p. 83); Sobre este mismo aspecto del constitucionalismo americano, cfr. también, REBUFFA, G.; ob. cit., pp. 47 ss.

[21] MacILWAIN, C. H.; *Constitutionalismo antiguo y moderno*, Centro de Estudios Constitucionales, Madrid, 1991; MATTEUCCI, N.; *La Rivoluzione americana: una rivoluzione costituzionale*, Il Mulino, Bologna, 1987; del mismo autor, *Organización del poder y libertad: historia del constitucionalismo moderno*, Trotta, Madrid, 1998; Para una perspectiva de la evolución histórica del constitucionalismo, cfr. también, entre otros: ARTOLA, M.; ob. cit.

en la constitución, y, en segundo lugar, de definir mediante la interpretación el sentido genuino de las cláusulas constitucionales. Esa es la gran novedad del constitucionalismo americano, hacer de la constitución la verdadera norma fundamental del ordenamiento sobre el cual se erige como ley suprema y la atribución a los jueces de la facultad de invalidar toda norma contraria a la constitución, aunque provenga del legislador[22].

De esta forma, en el constitucionalismo norteamericano la constitución adquiere la condición de verdadera norma suprema del ordenamiento, cuyo protagonismo y centralidad como norma fundamental del ordenamiento jurídico no son menoscabados por ninguna otra fuente del Derecho. Al erigirse la constitución en norma suprema garantizada desaparece la mediación de la ley como vehículo a través del cual la constitución se explicita en el ordenamiento y la ley se convierte en una fuente del derecho subordinada a la constitución. En el modelo constitucional norteamericano el legislador no ostenta un poder omnímodo e irresistible sino que queda sometido a la constitución y su actividad controlada por los jueces.

A diferencia del constitucionalismo de ascendencia francesa, el poder constituyente opera sólo en el momento inicial para someterse luego a los mecanismos reglados de los poderes constituidos, de manera que la constitución como norma fundamental adquiere plenitud normativa una vez promulgada. El momento constituyente no se proyecta indefinidamente en el tiempo sino que aparece cronológicamente limitado y la constitución se configura como el conjunto de normas que asegura la convivencia y el goce pacífico de la autonomía personal en el nuevo orden político cuyas reglas de organización institucional se recogen en la norma fundamental.

La tensión entre democracia mayoritaria y Estado de Derecho se resuelve ahora a favor de éste último que consigue imponer su lógica de limitación del poder frente a la potencialmente opresora voluntad mayoritaria. La rigidez constitucional, el sistema de equilibrios y contrapesos, los derechos fundamentales y el control de constitucionalidad de las normas del ordenamiento jurídico configuran un modelo constitucional en el que se garantiza la supremacía de la constitución como norma plenamente jurídica. El predominio de la función garantista que constituye la nota distintiva de esta tradición otorga a los jueces un poder insospechado derivado de la aplicación directa, no mediada, de las cláusulas constitucionales. Se afirma así la supremacía del derecho sobre la política y se limita el poder del legislador que queda sometido a la constitución bajo la atenta supervisión de los jueces. De este modo, el constitucionalismo americano —que descansa sobre la idea de supremacía constitucional y en su garantía jurisdiccional— se resuelve en judicialismo[23].

---

[22] JIMÉNEZ ASENSIO, R.; *El constitucionalismo. Proceso de formación y fundamentos del derecho constitucional*, 3ª edic., Marcial Pons, Madrid, 2005, pp. 99-100.

[23] PRIETO SANCHÍS, L.; *Justicia constitucional...*, cit., p. 108.

La tradición constitucional norteamericana, sin embargo, renuncia a la dimensión directiva de que se revestía el constitucionalismo de origen francés y declina la función transformadora y constructivista del orden social y el desarrollo de un proyecto colectivo de reformas. La función de la constitución es, por tanto, mucho más sencilla y, si se quiere, modesta, que la que se le adjudicaba en el constitucionalismo posrevolucionario francés: ahora no se trata de transformar el orden social, de superar la sociedad estamental y de abolir un orden basado en los privilegios, para modelar una nueva sociedad conforme a un proyecto político diseñado en la carta magna, sino de establecer las reglas del juego del nuevo orden político, fijando un documento de mínimos cuya virtualidad consiste en crear espacios de libertad —concebida como libertad esencialmente negativa que se plasma en derechos civiles— que permitan el más pleno ejercicio de la autonomía individual mediante el desarrollo del propio plan de vida personal y que consagra, asimismo, los derechos de participación política que aseguran el funcionamiento democrático del nuevo orden institucional.

Frente al dirigismo estatalista del modelo francés, el constitucionalismo americano trata de reducir al mínimo la intervención pública y apuesta por una sociedad autorregulada, en la que las relaciones entre los sujetos y los actores sociales se confíe a la autonomía privada[24]. El modelo norteamericano se distingue, por tanto, por una concepción más sucinta de la constitución, derivada de una renuncia abierta a la función directiva que se atribuye a la tradición constitucional francesa.

En el constitucionalismo contemporáneo, gestado a partir de la segunda posguerra, se registra una fuerte tendencia a la limitación del poder que se cifra en un reforzamiento de la dimensión garantista y del consiguiente control jurisdiccional de la constitución por parte de los jueces: el legicentrismo de las constituciones decimonónicas ha sido definitivamente superado en un contexto de pluralismo normativo que recaba la centralidad y la supremacía de la constitución. El actual paradigma constitucionalista, a su vez, une a esta dimensión garantista, derivada de la tradición americana, una inequívoca función directiva que consagra la constitución como proyecto colectivo de transformación social incorporando un denso contenido sustantivo que confiere a las constituciones contemporáneas una fuerte dimensión material. Confluyen, así, los elementos distintivos de las tradiciones constitucionales francesa y norteamericana: la dimensión directiva o normativa del texto constitucional como norma que pretende modelar una nueva realidad social más justa mediante la introducción en la constitución de cláusulas materiales o de contenido a través de normas de principio y normas programáticas. La constitución aparece así inspirada por una resuelta vocación transformadora que aspira a conformar el orden social al extenso repertorio axiológico

---

[24] REBUFFA, G.; ob. cit., p. 46.

que la constituye como verdadero proyecto colectivo. Por otra parte, el constitucionalismo contemporáneo asume también una sólida dimensión garantista que se condensa en la elaboración de documentos constitucionales rígidos, en la subordinación del legislador a la constitución y en la limitación de la voluntad mayoritaria, y que atribuye a los jueces el poder de dictaminar la invalidez de cualquier norma que no se adapte a las exigencias materiales recogidas en la constitución. Esta confluencia de las dimensiones normativa y garantista hace de la constitución la norma suprema del ordenamiento jurídico[25].

3. LA SUPREMACÍA DE LA CONSTITUCIÓN: DEL CONSTITUCIONALISMO DE REGLAS AL CONSTITUCIONALISMO DE PRINCIPIOS

Con frecuencia, se ha indicado que el pensamiento jurídico de posguerra registra un retorno del pensamiento jurídico a la conexión entre derecho y moral en un esfuerzo por restablecer el vínculo entre ambos órdenes normativos, reinsertando con ello el debate axiológico en el ámbito de la reflexión jurídica. Más aún, las nuevas aportaciones de la filosofía jurídica apuntan de la época hacia un retorno o un renacimiento de las teorías iusnaturalistas, quizás, justamente, como vía de escape frente al rígido formalismo que había exhibido el positivismo legalista anterior y que había posibilitado la reducción de la justicia a la validez —al presumirse la justicia del derecho válidamente producido conforme a las exigencias formales de competencia y procedimiento establecidas en el ordenamiento— y la supresión, consiguiente, de toda instancia crítica del derecho positivo —ya que éste, por el mero hecho de serlo, se presupone justo—. El constitucionalismo de posguerra asume, en consecuencia, la necesidad de reforzar el carácter jurídico de la constitución en varios sentidos:

3.1. La remoralización de la Constitución

En primer lugar, incorporando criterios materiales de justicia a las reglas de producción normativa establecidas en la constitución, de modo que la validez adquiere, a partir de ahora y de manera progresiva, una dimensión sustancial —no exenta, por cierto, de un arduo debate teórico entre iusnatu-

---

25 Sobre esta doble dimensión del constitucionalismo contemporáneo como *norma fundamental de garantía* y como *norma directiva fundamental*, cfr. FIORAVANTI, M.; ob. cit., pp. 127 ss. y PRIETO SANCHÍS, L.; «Neoconstitucionalismo y ponderación judicial», en CARBONELL, M.; *Neoconstitucionalismo(s)*, 2ª edic., Trotta, Madrid, 2005, pp. 125 ss. que concibe la constitución contemporánea como *constitución normativa garantizada*.

ralismo y positivismo—. Se incorporan, de este modo, a las cláusulas constitucionales, criterios materiales que redimensionan la trascendencia del texto constitucional, al transformarse los parámetros de producción normativa mediante la incorporación de exigencias de contenido que expresan, por tanto, una racionalidad material del ordenamiento jurídico que ha permitido sostener una conexión necesaria entre derecho y moral[26]. El derecho constitucional se abre, así, a las exigencias materiales de legitimidad y las hace suyas al introducirlas como criterios de la validez de las normas jurídicas. En los nuevos documentos constitucionales conviven, así, a partir de ahora, la racionalidad formal y la racionalidad material. La primera establece las exigencias procedimentales y de competencia conforme a la cual una norma jurídica puede adquirir carta de naturaleza y se expresa, asimismo, en el respeto a las garantías constitucionales de principio de carácter formal o procesal, v. gr., la igualdad ante la ley, la tutela judicial efectiva, la seguridad jurídica o la proscripción de la irretroactividad de las disposiciones sancionadoras no favorables o restrictivas de derechos individuales, entre otras; la segunda, a través de principios y normas programáticas, define el horizonte de la actuación normativa, estableciendo parámetros sustantivos a los que habrá de supeditarse la acción del legislador, cuya autonomía y omnipotencia queda, por esta vía drásticamente limitada.

Una de las novedades más relevantes del constitucionalismo de posguerra es la introducción de principios y normas programáticas. El Estado social de Derecho supone la ampliación del catálogo de los derechos a aquellos que se convino en denominar derechos económicos, sociales y culturales, derechos que, inspirados por el valor igualdad, comportan una actuación positiva del Estado como derechos-prestación para el logro de objetivos de carácter social que requieren del Estado el desarrollo de determinadas políticas. Frecuentemente, esa dimensión social del Estado que conlleva la incorporación de nuevos derechos se materializa en las constituciones mediante normas programáticas que contemplan fines de carácter social y establecen las líneas fundamentales de la acción política que ha de desarrollar el Estado en su proyecto de reforma de la sociedad. Debe advertirse que, aunque la línea de demarcación entre normas programáticas y principios es muy tenue, aquellas responden a concretos objetivos de política social que se condensan en derechos prestacionales —que implican por tanto una obligación de hacer por parte del Estado para garantizar determinados servicios o proteger frente a situaciones concretas—, mientras que los principios expresan orientaciones axiológicas generales que conciernen a la coherencia interna del ordenamiento.

Para Zagrebelsky la reiterada opinión doctrinal que enfatiza el escaso valor de las normas programáticas, debilitando su carácter normativo hasta convertirlo en meramente testimonial, constituye una simplificación carente

---

[26] PRIETO SANCHÍS, L.; *Justicia constitucional...*, cit., p. 103.

de fundamento. El punto de vista de quienes cuestionan el rango constitucional de las normas programáticas, reduciéndolas al carácter de medidas o programas políticos ajenos por tanto a la constitución es unilateral. Téngase en consideración que las normas jurídicas no sirven exclusivamente para crear posiciones jurídicas perfectas, esto es, derechos y deberes, sino que les cabe también desempeñar la función de medios para aligerar el proceso político, ampliando las bases de consenso y participación. Las normas programáticas, en su opinión, contribuyen a establecer las lindes del debate político, a definir los confines de la acción de gobierno y a concretar los objetivos sociales que deben ser perseguidos. En ese sentido, las normas programáticas sustraen decisiones al ámbito político, y sujetan la acción política a un marco social previamente determinado en las normas constitucionales de programa que indica la dirección y el proyecto social que el legislador debe llevar a cabo.

Esa es la virtualidad de las normas programáticas: reducir el espacio de la controversia con carácter previo al debate político y crear una dirección genérica, que será posteriormente concretada en acciones legislativas y de gobierno, hacia la cual el proyecto político debe orientarse. Por eso, las normas programáticas, insiste el jurista italiano, no son sustancialmente diferentes de otras normas constitucionales. El hecho de que se dirijan al legislador y que requieran decisiones concretas para alcanzar los fines constitucionales no permite concluir nada en relación con su cualidad normativa. La reducción del debate político que de ellas deriva sólo significa una diferencia de grado, no de función[27].

Los principios, a diferencia de las normas programáticas, contienen orientaciones generales de carácter esencialmente axiológico que permiten resolver determinados conflictos y que indican el camino a seguir en los desarrollos normativos del ordenamiento jurídico[28]. La estructural capacidad expansiva de los principios, cuyos confines —a diferencia de las reglas— no están delimitados con exactitud determina que, a menudo, surjan conflictos entre principios diferentes que debe ser resueltos mediante el juicio de ponderación por los jueces que han de decidir en cada caso qué principio debe prevalecer en el supuesto de conflicto entre dos o más de ellos y definir, eventualmente, qué grado de satisfacción de un principio concreto es acorde con las exigencias de la constitución. Esta situación ha alterado sustancialmente la función de los jueces, redimensionando la importancia de la interpretación que ya no puede ser reducida a la concepción lógico-deductiva que preconizaba el positivismo legalista, ya que no existe una solución aplicable con

---

[27] ZAGREBELSKY, G.; «La constitución y sus normas», en CARBONELL, M. (comp.), *Teoría de la Constitución...*, cit., p. 87 ss.

[28] Sobre la caracterización, acepciones y alcance de los principios jurídicos en general puede verse GUASTINI, R.; «Los principios en el derecho positivo», en GUASTINI, R.; *Distinguiendo. Estudios de teoría y metateoría del derecho*, Gedisa, Barcelona, 1999, pp. 142-178.

carácter definitivo, sino que el intérprete ha de construir una solución para cada caso concreto, mediante un análisis de las circunstancias de hecho y de la realidad social a las que el conflicto se refiere. Ello convierte la interpretación en una actividad inagotable ya que, como asevera Zagrebelsky, «*el punto de equilibrio se muestra siempre históricamente contingente*»[29].

Los principios jurídicos no obedecen al esquema de las reglas que determina la conducta u omisión debida en el supuesto contemplado en la misma norma. Dada la configuración genérica y abierta de los principios como orientaciones generales, éstos se presentan como normas cuya aplicación precisa de una ulterior concreción, pues las cláusulas generales que expresan no habilitan para una inmediata materialización de la prescripción normativa. Los principios, por consiguiente, poseen una importante capacidad expansiva cuyo alcance se extiende a un amplio conjunto de las normas que integran el ordenamiento. Al propio tiempo, la redacción necesariamente genérica, abierta e indeterminada de las normas de principio remite a una concreción que relacione el enunciado normativo con los casos específicos, labor que ha de efectuarse a través de la posterior elucidación legislativa del alcance normativo del principio y de la clarificación interpretativa realizada por los jueces[30].

Junto a las reglas, que disciplinan analíticamente las relaciones entre los órganos del Estado, los aspectos fundamentales de su régimen institucional, sus funciones y competencia, que integran principalmente la parte orgánica de la constitución, los principios delimitan el contenido axiológico de la norma fundamental, a los cuales deberán supeditarse todas las normas del ordenamiento. Sus orientaciones constituyen, por tanto, direcciones de contenido que indican el camino por donde el ordenamiento debe transitar, desarrollando específicamente en los diversos ámbitos de la vida social regulados por el derecho, el núcleo axiológico que representan los principios tales como el catálogo de derechos fundamentales y valores como la libertad, la justicia social, la igualdad, la solidaridad o la paz[31].

El carácter esencialmente axiológico de los principios introduce un denso contenido sustantivo en la constitución que ha permitido hablar a algunos autores de «remoralización del derecho»[32]. Es evidente, que la presencia de este tipo de normas programáticas y de principio —que amplían el ámbito de eficacia de la ley fundamental—, supone una transformación sin precedentes de las características clásicas del constitucionalismo anterior, cuyo

---

29 ZAGREBELSKY, G.; «La Constitución y sus normas» en CARBONELL, M. (comp.), *Teoría de la Constitución...*, cit., p. 86.

30 ZAGREBELSKY, G.; «La Constitución y sus normas» en CARBONELL, M. (comp.), *Teoría de la Constitución...*, cit., pp. 83 ss.; sobre las características del juicio de ponderación, cfr., por todos, PRIETO SANCHÍS, L.; *Justicia constitucional...*, cit., pp. 175-216.

31 ZAGREBELSKY, G.; *Fragilità e forza dello Stato costituzionale*, Università degli Studi Suor Orsola Benincasa-Editoriale Scientifica, 2006, pp. 34-35.

32 ZAGREBELSKY, G.; *Fragilità e forza...*, cit., p. 37.

paradigma debe considerarse superado. La plural tipología normativa constitucional comporta a la postre una transformación paradigmática que afecta a las funciones clásicas de la constitución y que se sustancia en la necesidad de una política constitucional que permita transformar las normas que carecen de operatividad inmediata en disposiciones jurídicas que concreten los fines constitucionales, creando derechos y deberes. Abundando en la diferencia entre las diferentes normas constitucionales, Zagrebelsky puntualiza que mientras que las normas organizativas deben ser *actuadas*, a las normas de principio les corresponde ser *concretadas*, en tanto que las orientaciones políticas establecidas en las normas programáticas deben ser *perseguidas*[33].

Con la introducción de los principios, el texto constitucional deja de ser una fuente de fuentes, para convertirse en la norma suprema del ordenamiento, cuyos contenidos sustantivos —nucleados eminentemente en torno al catálogo de derechos fundamentales y a sus correlativas obligaciones de acción o de omisión—, cumplen la misión de dirigir normativamente al legislador, cuya actuación queda, por ello, condicionada. La validez de las normas jurídicas depende, ahora, no de una voluntad libérrima del legislador, sometida únicamente a exigencias estrictamente formales de competencia y procedimiento —*quién manda* y *cómo manda*— que el propio legislador puede modificar con facilidad, sino también de la coherencia efectiva, judicialmente determinada, de los contenidos de la ley —*qué cosa se manda*—, con los criterios sustantivos de validación de las normas jurídicas incorporados a la constitución.

3.2. La disociación entre validez y vigencia en el Estado Constitucional

Como quiera que la norma vigente puede quedar afectada por un juicio material de invalidez, el nuevo paradigma constitucional comporta la disociación entre la vigencia y la validez, puesto que la norma jurídica puede sufrir en algún momento de su existencia, la declaración de nulidad derivada de la inconstitucionalidad material de sus preceptos. De este modo, la norma vigente se presupone válida, con la calidad de una presunción *iuris tantum* que admite en contrario la prueba irrefutable de una declaración de inconstitucionalidad. La validez ha dejado de ser, por tanto, una medida exclusivamente formal para convertirse en una doble exigencia que alcanza tanto al procedimiento y a la competencia como a los contenidos sustantivos de la norma jurídica. De ahí se desprende, necesariamente, que la validez en el constitucionalismo contemporáneo se resuelve en una dimensión débil que alcanza a la concordancia de la norma positiva con las cláusulas

---

[33] ZAGREBELSKY, G.; «La Constitución y sus normas», cit., p. 91.

materiales recogidas en la constitución —que conciernen esencialmente a los derechos fundamentales y a los demás principios constitucionales— y una dimensión fuerte que afecta al aspecto formal de la validez constitucional y que requiere la observancia de algunos de los criterios de procedimiento y competencia contemplados en la norma fundamental, conforme a lo cual una norma se juzga existente si ha sido aprobada por un órgano *prima facie* competente. No es preciso, por tanto, que cumpla con todos los criterios de validez formal establecidos en la constitución.

La dimensión débil de la validez se refiere a la correspondencia de la norma con las exigencias sustantivas contempladas en la constitución. Es preciso añadir que la inobservancia de estas cláusulas materiales no afecta a la existencia de la norma, la cual permanece vigente en tanto no se produzca una declaración de inconstitucionalidad. La ausencia de validez en sentido fuerte supone la inexistencia de la norma por la inobservancia de los presupuestos formales básicos que permiten su incorporación al ordenamiento jurídico. Para que una norma sea plenamente válida es condición necesaria que se ajuste a todas las exigencias —formales y materiales— establecidas en las normas que regulan su creación. Sin embargo, para que la norma exista en el ordenamiento basta con que responda a algunos de los criterios formales determinados en las normas de producción.

La existencia, por tanto, es una cualidad conceptualmente diferente de la validez: la ausencia de validez no impide la vigencia de una norma incorporada al ordenamiento en función de su correspondencia con los requisitos formales básicos establecidos en la constitución. Por consiguiente, la invalidez material debe considerarse como una forma débil de invalidez que no afecta —al menos inmediatamente— a su existencia, mientras que la invalidez formal ha de contemplarse como una dimensión fuerte de invalidez que habitualmente conlleva la inexistencia de la norma[34].

En cualquier caso, la disociación entre validez y vigencia o existencia, pone de relieve la fuerza normativa de la constitución, cuyos contenidos materiales, cuyos criterios axiológicos de justicia, no revisten un valor meramente programático, sino que constituyen cláusulas efectivas a las cuales ha de supeditarse cualquier norma jurídica. La ley ha dejado ya de estar exenta de ataduras, para someterse a un control de su adecuación a la constitución. Para lo cual el constitucionalismo contemporáneo introduce así una dimensión garantista mediante la generalización —con variedad de matices, recu-

---

[34] La disociación entre validez y existencia o vigencia, resulta absolutamente imprescindible desde el momento en que la mera existencia de la norma no supone la ausencia de efectos jurídicos. Importa subrayar, no obstante, que el concepto de existencia es extremadamente vago ya que no es posible precisar concretamente qué normas sobre la producción jurídica y en qué número debe observar una norma jurídica en su proceso de creación para que pueda quedar incorporada al ordenamiento y adquirir vigencia (Cfr. GUASTINI, R., *Distinguiendo...*, cit., pp. 312-313).

rriendo a modelos difusos o concentrados— del control de constitucionalidad. Tal situación, como ha indicado agudamente Fioravanti:

> «destruye el dogma liberal-estatalista de la fuerza absoluta de la ley, y crea así una situación, inconcebible para la doctrina decimonónica, en la que la validez de las normas del Estado está como suspendida, en el sentido de que depende de un juicio sobre su conformidad con la constitución y, en definitiva, con una cierta interpretación de la constitución y de los principios constitucionales»[35].

3.3. La rigidez constitucional y el principio de la mayoría

Por último, el constitucionalismo de posguerra repudia la flexibilidad de las constituciones del positivismo legalista que fueron domeñadas por la supremacía del principio de legalidad y acabaron reducidas a un papel meramente simbólico bajo la égida destructiva de la mitología estatalista del positivismo que, al dotar al Estado de personalidad jurídica y atribuirle la titularidad de la soberanía, acabó colocando al Estado más allá de la constitución y otorgando al legislador la condición de *señor del derecho*.

Frente a la versatilidad de las cartas constitucionales del positivismo y a su extraordinaria receptividad a las modificaciones, las nuevas constituciones se presentan como textos rígidos, reacios a los devaneos reformadores del cambiante poder legislativo, inaccesible a las pretensiones siempre insaciables del poder de adaptar el contenido de la norma fundamental a sus propios intereses y conveniencias. Importa subrayar que el carácter rígido de la constitución no hace sino reforzar su normatividad y proteger la dimensión sustantiva que el nuevo constitucionalismo incorpora a su articulado, mediante principios y disposiciones programáticas que indican la dirección política a seguir, incorporando criterios axiológicos sustantivos de legitimidad constitucional.

No ha de interpretarse como un fenómeno puramente circunstancial, precisamente, que el advenimiento de las constituciones rígidas se produzca tras los colosales desastres y las desastrosas hecatombes que vivió Europa en la primera centuria del siglo pasado. La formalización científica del derecho positivo y la depuración de toda suerte de contenidos de evocación iusnaturalista, la reificación positivista de la ley, su entronización como fuente hegemónica del derecho y el desplazamiento de la constitución como un elemento meramente testimonial, privado de fuerza normativa directa, desprovisto de garantías, abierto a sucesivas reformas, expresión de un poder constituyente continuamente actuante, provocaron un sensación de tribulación y de zozobra. Se hacía preciso, de alguna manera, restablecer el nexo de unión entre el derecho positivo y el mundo de los valores, para superar el positivis-

---

[35] FIORAVANTI, M.; *Los derechos fundamentales..*, cit., pp. 108-109.

mo ramplón del legalismo extremo, su culto a la forma y su exaltación del procedimiento, la arrogancia sofocante de una ciencia contaminada de tanta pureza, para inocular valores en el ámbito de esa juridicidad exclusivista del Estado, un derecho delatado inexorablemente por aquella presunción tautológica de legitimidad postulada por el positivismo ideológico.

La experiencia de la constitución de Weimar —subvertida mediante «procedimientos estrictamente democráticos» en lo que concierne a la formación de la voluntad mayoritaria— es un precedente que no puede ser olvidado: los contenidos materiales de la constitución no pueden ser barridos literalmente del ordenamiento jurídico por una mayoría avasalladora. La experiencia devastadora del totalitarismo nazi nos recuerda que es preciso proteger y garantizar los derechos de las personas que, como expresión de su dignidad, deben quedar a salvo del cambiante juego de equilibrios de la política y de las contingencias que ésta depara.

El fin de la flexibilidad de la constitución es, efectivamente, el principio de una nueva era: aquella que quiere hacer de la constitución una auténtica norma jurídica, sustrayendo a la mayoría el control absoluto del derecho y para redefinir el esquema de relaciones entre política y derecho, invirtiendo la supremacía que el modelo positivista había otorgado a la política, que queda ahora limitada por la norma suprema del ordenamiento jurídico. La política ha dejado de ser el artífice de todo el derecho para quedar subordinada a la norma fundamental del ordenamiento jurídico. Y con ella, sucumbe también el enojoso predominio de la soberanía estatal y su graciosa autolimitación. La rigidez de la constitución es, por fin, el final del legicentrismo positivista cuyo reinado llega a su fin[36]. La ley queda sometida —no sólo formalmente, sino también materialmente— a la constitución. La tensión entre democracia y constitución se resuelve a favor de esta última: el constitucionalismo contemporáneo propicia una reviviscencia de las técnicas de limitación del poder que alcanza de lleno a la versión fuerte de la democracia como expresión una voluntad general de impronta rousseauniana. La rigidez de la constitución, por tanto, ataca frontalmente «l*a convicción revolucionaria de la infalibilidad del legislador*»[37].

Por eso, las nuevas constituciones que se promulgan en la posguerra incorporan complejos e intrincados procedimientos de reforma que cercenan, ya definitivamente, aquella supremacía artera y ominosa de la ley —que, definitivamente, cede terreno—. La omnipotencia y autonomía del legislador han quedado periclitadas. La soberanía de un poder constituyente continua-

---

[36] Este predominio de la constitución como suprema instancia normativa va más allá, como ha apuntado Prieto, de un simple destronamiento de la ley, pues lo que desencadena realmente es el fin de la propia noción de soberanía como atributo de un solo sujeto (PRIETO SANCHÍS, L.; *Justicia constitucional...*, cit., p. 121).

[37] FIORAVANTI, M.; *Los derecho fundamentales...*, cit., p. 131.

mente operante tiene también sus límites. Y el denso contenido normativo que la constitución incorpora debe quedar a salvo de veleidades y devaneos reformistas de pura conveniencia. El constitucionalismo contemporáneo, al optar por modelos rígidos, está *poniendo en valor* el contenido material de la constitución y realzando su fuerza normativa, que se coloca ahora como una de las prioridades del nuevo constitucionalismo. En el trasfondo de todas estas transformaciones se está produciendo un auténtico cambio de paradigma constitucional que tiene como correlato capital una distorsión del modelo jerárquico diseñado por la teoría constitucionalista de las fuentes[38]. La rigidez constitucional es la manifestación más incontestable de la voluntad del constitucionalismo contemporáneo de hacer de la constitución la norma fundamental por excelencia, reivindicando su protagonismo como verdadera norma jurídica y cúspide del ordenamiento. La concepción de la constitución como «*mero sistema simbólico de principios ideológicos y de formulaciones políticas*»[39]ha quedado definitivamente superada. En su lugar, se proclama, ahora ya sin paliativos, la supremacía de la constitución.

4. EL ESTADO CONSTITUCIONAL Y LAS TRANSFORMACIONES DEL ORDENAMIENTO JURÍDICO

Es doctrina pacífica que la generalización del modelo de Estado social de Derecho ha suscitado profundas alteraciones, provocadas, fundamentalmente, por la incorporación de nuevos modelos de organización política y de gestión administrativa acorde con las nuevas funciones del Estado[40]. Sin duda, la irrupción de nuevas formas de legalidad imperfecta, a partir de las facultades legislativas de que goza el poder ejecutivo, ha contribuido a mermar la vigencia de aquella vieja y ya clásica concepción de la producción jurídica y de la ciencia del Derecho construida a partir de los presupuestos teóricos del positivismo legalista[41].

Al alterar los mecanismos habituales de producción jurídica con una amplia y compleja batería normativa, el Estado social de Derecho ha venido a agudizar la crisis del modelo dogmático tradicional cuya insuficiencia

---

[38] PRIETO SANCHÍS, L.; *Justicia constitucional*, cit., ibidem.

[39] DE VEGA, P.; *ob. cit.*, p. 30.

[40] Sobre los modelos de Estado de Derecho y el debate contemporáneo sobre el constitucionalismo resulta de obligada consulta la obra de DE ASÍS, R.; *Una aproximación a los modelos de Estado de Derecho*, Dykinson-Universidad de Jaén, Madrid, 1999.

[41] Sobre la crisis del Estado regulador y del modelo de constitución dirigente, puede cfr. FARIA, J. E.; *O Direito na economia globalizada*, Malheiros, Sao Paulo, 2000; LAPORTA, F.; «Teoría y realidad de la legislación: una introducción general», en MENÉNDEZ MENÉNDEZ, A. y PAU PADRÓN, A. (eds.); *La proliferación legislativa: un desafío para el Estado de Derecho*, Thomson-Civitas, Madrid, 2004, pp. 29-88.

resulta cada vez más notoria a medida que se comprueba que esas nuevas formas de normatividad estatal, con frecuencia provenientes de poderes locales, regionales o autónomos, contribuyen a crear un panorama difuso en el que los principios del ordenamiento jurídico se ponen a prueba de continuo ante la confrontación directa de normatividades difícilmente conciliables. Asistimos a lo que la doctrina ha llamado «inflación o proliferación legislativa», «desbordamiento de las fuentes del derecho» o «pulverización del derecho legislativo»[42]. Situación que, siguiendo a Ferrajoli, ha propiciado el tránsito desde el modelo paleopositivista del Estado legislativo de Derecho al modelo neoiuspositivista del Estado constitucional de Derecho como consecuencia de la propagación de las constituciones rígidas y de la garantía jurisdiccional de la constitucionalidad de las leyes[43].

---

[42] Para una caracterización general del fenómeno puede cfr. PÉREZ LUÑO, A.E.; *El desbordamiento de las fuentes del derecho*, Real Academia Sevillana de Legislación y Jurisprudencia, Sevilla, 1993; también, MENÉNDEZ MENÉNDEZ, A. y PAU PADRÓN, A. (eds.); *La proliferación legislativa: un desafío para el Estado de Derecho*, cit. Concretamente, Francisco Laporta se refiere a la múltiple caracterización de este fenómeno como «*Explosión* legislativa, *Marea* de leyes incontenible, *Avalancha* de leyes, *Inflación* legislativa, *Orgía* legisladora, *Desbordamiento* de fuentes, *Contaminación* legislativa, *Hipertrofia* legislativa, legislador *desbocado*, *cúmulo salvaje* de leyes, etc.» (LAPORTA, F.; «Teoría y realidad de la legislación...», cit., p. 63). Una interesante crítica a la exaltación de la ley en la mentalidad jurídica burguesa, sustentada por la dogmática jurídica decimonónica, es la de GROSSI, P.; *Mitología jurídica de la modernidad*, Trotta, Madrid, 2003, en el que el autor defiende una mirada crítica hacia el derecho positivo y la propia ciencia del Derecho, al tiempo que aboga por la superación de las categorías y conceptos huecos que han hipostasiado el saber jurídico, alejándolo definitivamente de la realidad, de la sociedad en la que está inmerso y de las expectativas de los individuos y grupos sociales. Nuestro autor postula un derecho que, sin abdicar de su dimensión formal y de su vocación esencialmente ordenadora, consiga compatibilizar las exigencias del *ser* y del *deber ser*, un derecho inserto en la experiencia histórica un saber encarnado que sustituya la vieja idea de legalidad en su sentido formal por una legalidad que asuma la dimensión material presente en los actuales textos constitucionales (cfr., pp. 63-64).

[43] Estos dos modelos se basan, a su vez, en tres paradigmas diferentes referidos: a) a la naturaleza y estructura del Derecho, b) a la naturaleza de la ciencia jurídica, y c) a la naturaleza de la jurisdicción (Cfr. FERRAJOLI, L.; «Pasado y futuro del Estado de Derecho», en CARBONELL, M. (ed.); *Neoconstitucionalismo(s)*, cit., pp. 13-29). Se detecta en la doctrina jurídica un intenso debate sobre la compatibilidad del neoconstitucionalismo con el positivismo jurídico, en la medida en que la incorporación de un sistema de valores al texto constitucional comporta un restablecimiento del nexo entre moral y derecho, por lo cual algunos autores entienden que el constitucionalismo contemporáneo supone una asunción de los postulados del iusnaturalismo y que, por tanto, existe una aproximación indiscutible (Zagrebelsky, p.e.). Otros autores, entre los que se encuentra Ferrajoli, consideran que esta mutación no se traduce necesariamente en una ruptura entre constitucionalismo y positivismo, aunque, evidentemente, el nuevo paradigma constitucional implica una reformulación del propio positivismo y del modelo de relación de la Ciencia del derecho con su objeto de conocimiento: la constitución y el ordenamiento jurídico (Peces-Barba, Ferrajoli). Un interesante estudio sobre este debate es el de SASTRE ARIZA, S.; *Ciencia jurídica positivista y neoconstitucionalismo*, McGraw Hill, Madrid, 1999.

Rota, como consecuencia de la sobreabundancia normativa, la unidad del ordenamiento jurídico y su propia configuración jerárquica resulta cada vez más claro que la proliferación del arsenal normativo del Estado, unida a la quiebra de los principios de generalidad e imparcialidad de la ley, conduce a una crisis del ordenamiento jurídico que se acentúa de forma irreparable en la era de la globalización.

En el contexto actual nadie puede desconocer que la erosión de la ley como piedra angular del sistema de fuentes constituye, sin duda, una de los rasgos distintivos de nuestro tiempo; por un lado, porque la proliferación del arsenal normativo del Estado de Derecho ha multiplicado exponencialmente las instancias productoras de derecho, propiciando una diversificación incontrolada de instrumentos normativos —reglamentos, ordenanzas, decretos, etc.— en manos de instancias administrativas cuya potestad normativa va mucho más allá del estricto desarrollo de aspectos puntuales previstos por vía legislativa, instancias que, de este modo, adquieren capacidad normativa autónoma. La multiplicación de instrumentos normativos a nivel estatal ha mermado, por tanto, la fuerza normativa del principio de legalidad como elemento básico en la estructuración del ordenamiento jurídico.

Esta diversificación normativa a nivel intraestatal tiene varias causas: 1°. Los objetivos y fines proclamados en la carta constitucional requieren de una acción directa de la administración que suele materializarse por vía reglamentaria, a través de un ingente caudal normativo cuya influencia directa en la vida de los ciudadanos no debe subestimarse; 2°. En segundo lugar, la intervención creciente de los tribunales constitucionales en la definición de los aspectos controvertidos del texto constitucional adquiere, cada vez con mayor nitidez, los rasgos de una función positiva o creadora que se muestra imprescindible en la concreción social de las cláusulas constitucionales; 3°. La descentralización territorial a nivel federal o autonómico, e incluso municipal, multiplica sensiblemente la magnitud del problema no sólo por la aparición de nuevos cuerpos legislativos, sino por la proliferación de instancias administrativas dispares cuya potestad normativa contribuye, sin duda alguna, a la construcción de un complejo entramado de normas cuya sobreabundancia no parece aportar precisión, seguridad y coherencia al conjunto del ordenamiento; 4°. Finalmente, la intervención directa de lo que se da en llamar «agentes sociales» en el proceso de gestación normativa, a través de la negociación *inter partes*, cuya fuerza normativa y vigencia territorial provoca un desplazamiento de la producción legislativa en la materia objeto de regulación[44].

De este modo, la pérdida del valor vertebrador de la ley como fuente primaria de producción normativa, su «desreferencialización» como criterio

---

[44] Cfr. GRIMM, D.; *Constitucionalismo y Derechos Fundamentales*, Trotta, Madrid, 2006, p. 193 ss.; también, PRIETO SANCHÍS, L.; *Constitucionalismo y Positivismo*, Fontamara, México, 1997, pp. 36-37.

dirimente de la validez formal y material de las diversas «piezas» que integran el ordenamiento jurídico, ha provocado la consagración del valor primordial de la constitución, cuyo carácter de norma suprema es ahora esgrimido como elemento articulador de la totalidad del ordenamiento jurídico. El Estado constitucional de Derecho abre, así, una nueva etapa en la evolución del propio Estado de Derecho, del modelo de organización jurídica que le es inherente y de las elaboraciones teóricas de la propia ciencia del Derecho[45].

Esa es la posición del jurista italiano Gustavo Zagrebelsky quien, con su tesis del derecho dúctil, abre la puerta a una concepción abierta del texto constitucional, algo en construcción a partir de los propios materiales normativos proporcionados por la norma fundamental. Se trataría, por tanto, no de entender la constitución como un edificio concreto, como algo acabado y concluso, sino de concebir el derecho constitucional como un conjunto de materiales de construcción con los cuales la política constitucional realiza diversas combinaciones. Y es que, como asevera el profesor italiano:

> «ya no puede pensarse en la Constitución como centro del que todo derivaba por irradiación a través de la soberanía del Estado en que se apoyaba, sino como centro sobre el que todo debe converger; es decir, más bien como centro a alcanzar que como centro del que partir. La «política constitucional» mediante la cual se persigue ese centro no es ejecución de la Constitución, sino realización de la misma en uno de los cambiantes equilibrios en los que puede hacerse efectiva»[46].

Y más adelante, Zagrebelsky añade explícitamente que el cometido más importante que la constitución ha de desempeñar es el de posibilitar la unidad y la integración a partir de la promoción de principios y valores que deben ser asumidos de forma flexible, rechazando toda concepción dogmática incompatible con la base material pluralista de nuestras sociedades. Sólo pueden ser concebidos de forma absoluta «el metavalor que se expresa en el doble imperativo del pluralismo de los valores (en lo tocante al aspecto sustancial) y la lealtad en su enfrentamiento (en lo referente al aspecto procedimental)»[47].

---

[45] Para un análisis del constitucionalismo contemporáneo o neoconstitucionalismo y sus diferentes acepciones a nivel teórico, metodológico e ideológico, cfr. COMANDUCCI, P.; «Formas de (Neo)constitucionalismo: un análisis metateórico», en CARBONELL, M. (ed.); *Neoconstitucionalismo(s)*, cit., pp. 75-98. Para una visión sintética de los más relevantes desarrollos teóricos sobre el Estado constitucional y su relación con el Estado de Derecho, resulta muy ilustrativo el tratamiento que ofrece PÉREZ LUÑO, A.E.; «Itinerarios del derecho público» en PÉREZ LUÑO, A.E., *Trayectorias contemporáneas de la Filosofía y de la Teoría del Derecho*, Innovación Editorial Lagares, Sevilla, 2003, pp. 89-101. Frente a quienes sostienen la tesis del antagonismo, el profesor de la Universidad de Sevilla preconiza una concepción del Estado constitucional como culminación del Estado de Derecho en el proceso histórico de decantación y despliegue de la racionalidad moderna.

[46] Cfr. ZAGREBELSKY, G.; *El derecho dúctil. Ley, derechos, justicia,* Trotta, Madrid, 1995, pp. 13-14. La cita procede de la página 14.

[47] ZAGREBELSKY, G.; *El Derecho dúctil...,* cit., pp. 14-15.

De esta suerte, la constitución asume un papel absolutamente decisivo en las complejas, heterogéneas y plurales sociedades contemporáneas, dado que la diversidad de intereses en conflicto desborda al propio ordenamiento jurídico y, con él, a la ley como principal fuente de producción jurídica en el Estado de Derecho. Su lugar es ocupado ahora por la constitución, como paradigma de una producción jurídica flexible y plural cuya convergencia sólo puede resultar posible a través de los principios y valores establecidos en la norma fundamental. La constitución como elemento que posibilita una unidad precaria y plural, pero imprescindible para salvar al ordenamiento de la vorágine juridificadora en la que parece sumido: el imperio de la ley ya no es garantía de racionalidad y de orden, de unidad y de paz. El trono vacío de este monarca desahuciado sólo puede ser ocupado por la constitución[48]: la supremacía de la constitución y su fuerza expansiva sobre el conjunto del ordenamiento, como verdadera norma jurídica accesible a todos los operadores jurídicos, que no requiere la intermediación legislativa, supone, de hecho, no sólo el fin del reinado de la ley, sino que, en la medida en que ataca desde su propia base la omnipotencia y la autonomía del legislador, que quedan fuertemente erosionadas, alcanza de lleno al concepto de soberanía, cuyo significado se diluye: de alguna manera, la supremacía de la constitución comporta el final de la noción de soberanía entendiendo por tal un poder efectivo, permanentemente activo, que no está sometido a control, porque él mismo es, por esencia, el poder supremo[49].

---

[48] Cfr. ZAGREBELSKY, Gustavo, *El derecho dúctil...*, cit., 1995, pp. 13-15. Por otra parte, la posición de Zagrebelsky ha sido severamente criticada en cuanto modelo de Estado de Derecho por De Asís para quien el panorama esbozado por el profesor de Turín pulveriza todos los elementos distintivos propios del Estado de Derecho al colocar los derechos, en cuanto orden normativo plural y abierto, por encima de la propia ley. Al elevar a los derechos a la condición de criterios materiales de justicia que dominan todo el ordenamiento se diluye la claridad y la univocidad de las normas, arrojando sobre el sistema jurídico una dosis nada desdeñable de incertidumbre. Por ello, De Asís concluye que la tesis de Zagrebelsky «*describe una realidad jurídica en la que supuestamente las exigencias que acompañan a la idea de sistema y la relación entre el Derecho y el Poder, desaparecen desde el significado de la Constitución. Ahora bien, se trata de una posición que en ningún momento se plantea la necesidad de integrar ese significado en el Estado de Derecho, por lo que, independientemente de su acierto o desacierto, no puede ser realmente presentado como modelo de Estado de Derecho*» (DE ASÍS, R.; ob. cit., pp. 92 ss. La cita procede de la p. 94). Otros comentarios críticos a las tesis de Zagrebelsky se contienen en *Anuario de Filosofía del Derecho*, XIII (1996), en la que se incluyen los trabajos de GASCÓN ABELLÁN, M.; «Presentación: la concepción del Derecho en *El Derecho dúctil*». ANDRÉS IBÁÑEZ, P.; «No conviene "matar" al "notario". A propósito de jurisdicción y derecho dúctil (en España)». GARCÍA AMADO, J. A.; «¿Ductilidad del Derecho o exaltación del juez? Defensa de la ley frente a (otros) valores y principios». GUASTINI, R.; «Derecho dúctil, derecho incierto» y PRIETO SANCHÍS, L.; «El constitucionalismo de principios, ¿entre el positivismo y el iusnaturalismo? (A propósito de *El Derecho dúctil* de Gustavo Zagrebelsky)».

[49] La omnipotencia del legislador queda mermada porque su actividad está sometida a un control externo de carácter judicial que actúa directamente determinando la validez mate-

Frente al modelo liberal decimonónico, la constitución aparece concebida simultáneamente como sistema de garantías y como sistema de valores: ha dejado de ser un manifiesto político para convertirse en una verdadera y precisa norma jurídica. Y esta mutación, que supone la consagración de la constitución como norma jurídica efectiva dotada de fuerza normativa para modelar al conjunto del ordenamiento, provoca la destrucción del dogma estatalista de la fuerza absoluta de la ley. La supremacía de la constitución viene a poner en cuarentena la primacía de la ley y la validez de las normas jurídicas queda supeditada ahora a los contenidos sustantivos recogidos en la constitución y a la interpretación de los principios constitucionales[50]. En consecuencia, al desplazarse el centro de gravedad de la producción normativa desde la ley, como fuente primaria de producción, a la Constitución, como norma articuladora de una multiforme y compleja variedad de normatividades, se produce un cambio sustancial en la configuración del ordenamiento jurídico y en la concepción del Derecho que le acompaña. El fin del primado de la ley no es algo meramente testimonial. Con la caída de este coloso, cae, también, todo un complejo entramado de concepciones y categorías que había ido creciendo a su sombra. Porque si la ley no es ya el elemento de referencia, ¿cómo habremos de medir, entonces, la adecuación al sistema jurídico? ¿Cómo podremos seguir amparándonos en la aplicación meramente mecánica del texto legal? ¿Y qué decir de la validez de las normas, de la coherencia y de la racionalidad jurídica en un ordenamiento fragmentado por una multiplicidad normativa que quiebra el paradigma epistemológico de la dogmática jurídica tradicional?[51]

En suma, el desplazamiento de la ley por la Constitución es algo más que un movimiento estratégico. El sistema de subordinación que instauró el principio de legalidad precisó de todo un complejo teórico que le dio soporte

rial de las leyes. La autonomía se ve reducida porque la Constitución ha dejado de ser un documento estrictamente formal para incorporar una amplia variedad de directrices y orientaciones que determinan los objetivos que el legislador ha de perseguir. (Cfr., PRIETO SANCHÍS, L.; *Justicia Constitucional...*, cit., pp. 121-122).

[50] FIORAVANTI, M.; ob. cit., pp. 128-129.

[51] La crisis del modelo constitucional está alimentada, como apunta Gomes Canotilho, por una crisis de la teoría de la constitución que se ve acosada desde arriba por las teorías filosóficas de la justicia y, por abajo, por las teorías sociológicas del derecho. Las primeras han aprovechado la crisis de la teoría constitucional para rediseñar en términos contractualistas los modelos de sociedad bien ordenada. Las segundas, acentúan la tensión entre la realidad sociológica y el idealismo inquebrantable de la teoría constitucional, enfrentando dramáticamente las exigencias de facticidad y validez, tensión que amenaza con disolver la propia teoría de la constitución. De este modo, se pone de manifiesto la imposibilidad de la teoría constitucional contemporánea para instalarse en lo que Gomes Canotilho denomina una situación clásica, esto es, aquella en la que existe un acuerdo estable acerca de categorías teóricas, aparatos conceptuales y métodos de conocimiento (Cfr. GÓMES CANOTILHO, J.J.; *Teoria de la Constitución*, Dykinson-Universidad Carlos III, Madrid, 2004, pp. 1-36).

y que, ahora, como consecuencia del desplazamiento del centro de gravedad de los ordenamientos democráticos, pierde sentido. En un breve, a la par que interesante estudio, titulado *Constitucionalismo y Positivismo*, Prieto Sanchís ha indagado sobre esta cuestión relacionada con el modelo jurídico encarnado en el Estado constitucional de Derecho:

> «La Constitución no ha venido simplemente a ocupar el papel de la ley, sino a diseñar un modelo de producción normativa notablemente más complejo, donde todos los sujetos encuentran no un orden jerárquico unívoco, sino orientaciones de sentido conflictivo que exigen ponderación»[52].

En consecuencia, el vasto complejo de transformaciones que alienta la irrupción del Estado constitucional apunta, en lo referente a la producción jurídica, a un proceso de desplazamiento del protagonismo que la ley había venido ejerciendo entre las fuentes del derecho. Simultáneamente, se registran otras dos consecuencias: la primera, en lo que concierne a la interpretación y aplicación del Derecho; la segunda, en lo tocante a la quiebra del positivismo metodológico o conceptual, pues este nuevo constitucionalismo profesa un compromiso ineludible que se refleja en un enfoque «comprometido» de los problemas que afectan a la Ciencia Jurídica[53]. Enlazando todos estos elementos aparece lo que Massimo La Torre ha denominado la «*rematerialización*» de los documentos constitucionales y que viene a expresar la idea de que la Constitución configura un «*orden de valores*» o una «*unidad material*» que para algunos es previo al derecho positivo[54]. Por esta vía, la rematerialización constitucional garantiza que el bloque axiológico incorporado a la constitución ejerza efectivamente una función legitimadora de las normas y decisiones jurídicas: en definitiva, que la función constitucional proporciona un instrumento de incalculable valor para la limitación del poder y la legitimación de las normas jurídicas, cuya validez no deriva exclusivamente de un procedimiento estrictamente formal de pro-

---

[52] PRIETO SANCHÍS, L.; *Constitucionalismo y Positivismo,* cit., pp. 35-36.

[53] PRIETO SANCHÍS, L.; *Constitucionalismo y Positivismo*, cit., p. 16. Sobre la compatibilidad del positivismo con la inclusión de contenidos de justicia o legitimidad en el Estado de Derecho, cfr. la posición de DE ASÍS, R.; *Una aproximación a los modelos...*, cit., pp. 145 ss., en el que el autor sostiene una posición que contrasta con pronunciamientos de un sector importante de la doctrina que impugna esa compatibilidad. La posición de De Asís concuerda también con las críticas que Peces-Barba formula sobre este extremo a las tesis de Zagrebelsky. En su crítica al jurista italiano, el profesor de la Universidad Carlos III se opone a la valoración de aquél sobre la quiebra del positivismo en el constitucionalismo contemporáneo y su incapacidad para abordar e interpretar las nuevas direcciones de la cultura jurídica (Cfr. PECES-BARBA, G.; Epílogo «Desacuerdos y acuerdos con una obra importante» en ZAGREBELSKY, G.; *El derecho dúctil...*, cit., pp. 157-173).

[54] Cit. por PRIETO SANCHÍS, L.; Constitucionalismo y Positivismo, cit., pp. 16-17.

ducción jurídica[55], sino que, al incorporar un sistema amplio de valores, éste queda convertido *ipso iure* en el criterio básico de legitimidad de las normas jurídicas. De ahí que el carácter central de la constitución venga a suponer una transformación sustancial en la configuración del ordenamiento y de la propia ciencia del Derecho, pues la incorporación de este núcleo sustantivo de valores al plano constitucional tiene la virtualidad de establecer criterios efectivos de validación y legitimidad de las normas jurídicas que van mucho más allá de las exigencias estrictamente formales que había formulado la dogmática positivista.

De este modo, la legitimidad deja de situarse en una perspectiva externa al derecho positivo para quedar incorporada a él mediante la introduccción de contenidos sustantivos: la función que tradicionalmente venía desempeñando el viejo iusnaturalismo racionalista es ahora arrogada por la constitución[56]. De ello se desprenden algunas consecuencias que no podemos soslayar:

1. En primer lugar, asistimos a la entronización de la constitución como la norma suprema del ordenamiento jurídico, mediante la incorporación de un sistema de valores abierto carente de reglas específicas en los supuestos de colisión o conflicto.
2. En segundo lugar, la «rematerialización» constitucional supone un compromiso axiológico sustantivo que no puede pasar desapercibido en las elaboraciones de la ciencia del Derecho. Queda así reestablecido el nexo entre moral y derecho que el positivismo en sus versiones más extremas había hecho desaparecer. A partir de ahora, el estudio científico del derecho no es una tarea meramente aséptica o neutral; de un modo u otro, el científico del Derecho adopta un enfoque ante

---

[55] Así lo indica Ansuátegui cuando afirma que «*La validez de una norma jurídica no depende sólo de la adecuación de dicha norma a los criterios formales de pertenencia establecidos por una norma superior; una norma es válida cuando, además de satisfacer esos criterios formales, reúne determinados requisitos materiales que, a fin de cuentas, no son sino expresión de la opción axiológica del Ordenamiento jurídico*» (ANSUÁTEGUI, F. J.; *Poder, Ordenamiento jurídico, derechos*, Dykinson-Universidad Carlos III, Madrid, 1997, p. 8). Sobre el significado de la validez y las diferentes posiciones doctrinales, cfr. FARIÑAS DULCE, Mª. J.; *El problema de la validez jurídica*, Civitas, Madrid, 1991.

[56] Al explicitar este planteamiento Prieto Sanchís se remite a la posición de Ferrajoli quien destaca que el constitucionalismo moderno «*ha incorporado gran parte de los contenidos o valores de justicia elaborados por el iusnaturalismo racionalista e ilustrado*». De este modo, se produce un acercamiento «*entre la legitimación interna o deber ser jurídico y legitimación externa o deber ser extrajurídico*». De ahí, continúa Prieto, las trascendentales consecuencias que este fenómeno tiene para el modelo de Estado de Derecho legislativo: «*el legislador ya no es la viva voz del soberano, legitimado para dictar normas con cualquier contenido, sino que, sin convertirse tampoco en un autómata ejecutor de la Constitución, ha de acomodar su política a las amplísimas (también ambiguas y contradictorias) exigencias constitucionales*» (Cfr. PRIETO SANCHÍS, L.; *Constitucionalismo y Positivismo*, cit., p. 17).

el objeto que estudia, y ese enfoque no puede sino estar preñado de valoraciones personales y de una actitud «comprometida» con los valores que el Estado constitucional encarna.

3. En tercer lugar, la interpretación y aplicación de las leyes ha dejado de ser ya una tarea exclusivamente mecánica, limitada, por tanto, a la función lógico-deductiva que el positivismo asignó al poder judicial. En su lugar, emerge una interpretación compleja y abierta de las cláusulas constitucionales que, por su propia naturaleza, exige una labor depurada y minuciosa en la ponderación de los bienes en conflicto. La discrecionalidad judicial se incorpora al sistema de interpretación y aplicación del Derecho desde la óptica de un conjunto de valores cuya realización exige cesiones y garantías. La labor del juez no está exenta de complejidad y requiere, sin duda, de una dosis importante de discrecionalidad. Por eso, a la ciencia del Derecho le cumple un cometido muy especial: elaborar una teoría de la interpretación constitucional acorde con las demandas de un nuevo modelo normativo más abierto y permeable. La discrecionalidad, empero, no puede contemplarse *tout court*, como una puerta abierta a la arbitrariedad, antes bien, el constitucionalismo moderno exige la razonabilidad de las decisiones judiciales como condición previa de validez y de legitimidad[57].

5. EL CONSTITUCIONALISMO DE LA INTERDEPENDENCIA: LA CRISIS DE WESTFALIA Y DE LA DOGMÁTICA JURÍDICA ESTATALISTA

La aparición del Estado constitucional no resuelve, sin embargo, los múltiples problemas que se ciernen sobre el constitucionalismo contemporáneo. Fundamentalmente, porque el escenario de pluralismo normativo que se registra en el ámbito territorial de cada Estado, se ve acrecentado de manera notoria por la proliferación exponencial de nuevos actores jurídicos en la arena global. La era de la interdependencia que inaugura la globalización es, ante

[57] Conviene recordar en este trance que la ponderación es el nuevo modelo interpretativo aplicable a los principios constitucionales pues, como ha recordado Alexy, la ponderación es la técnica a la que ha de recurrirse en la aplicación de los principios en tanto que las reglas se ajustan al modelo clásico de la subsunción. Conforme a ello, el sistema se nos presenta cerrado en la medida en que las lagunas encuentran siempre solución a través de los principios. Una actitud crítica hacia el sistema de principios y sobre las consecuencias que de él se derivan en el ámbito de la teoría de la interpretación constitucional y sobre el conjunto del ordenamiento jurídico es la sostenida por Larry Alexander, cuyas tesis en confrontación con las de Dworkin pueden consultarse en ALEXANDER, L.; *Legal Rules and Legal Reasoning*, Ashgate, Aldershot, 2000.

todo, la era del pluralismo normativo: el fin de la concepción monista de la producción jurídica y de los principios sobre los que ésta se había sustentado. Es, como ha certeramente ha observado Ferrarese, el inicio de una nueva civilización jurídica, caracterizada por la multiplicación de actores, por la irremisible pérdida de protagonismo de los Estados a nivel interno y externo, por la quiebra del ordenamiento jurídico y por la aparición de nuevas fuentes de normatividad como consecuencia de la redefinición de los límites espacio-temporales, del que surge inevitablemente un panorama poroso de pluralismo normativo que rompe la homogeneidad característica de épocas pretéritas y que, al asumir formas de interlegalidad, tiende a crear redes de legalidad, paralelas o sobrepuestas, complementarias o antagonistas[58].

El progresivo debilitamiento del Estado en el escenario internacional alcanza de lleno al principio de legalidad, que se ve acosado por las acometidas constantes de nuevas instancias de regulación. Como ya se ha recordado, sólo si nos aferramos a una perspectiva estrictamente formalista sería posible sostener que los efectos de la globalización sobre el ordenamiento jurídico resultan irrelevantes[59]. Se ha subrayado, en este sentido, que el orden internacional instaurado tras la Paz de Westfalia ha entrado en crisis, una crisis que se traduce en la pérdida creciente de protagonismo del Estado-nación como actor exclusivo del derecho internacional. Se puede decir, en líneas generales, que desde 1648 el orden internacional instaurado por el Tratado de Westfalia ha permanecido prácticamente invariable hasta la Sociedad de Naciones. Es a partir del diseño internacional que inaugura la segunda posguerra cuando comienzan a experimentarse algunos cambios cuya relevancia ha ido consolidándose con el transcurso del tiempo; cambios que apuntan a una creciente pérdida de protagonismo de la fórmula política estatal simultáneamente a la progresiva aparición de nuevos actores supra y transnacionales[60].

---

[58] FERRARESE, M.ª R.; *Le istituzioni della globalizzazione. Diritto e diritti nella società trasnazionale*, Il Mulino, Bologna, 2000, pp. 42 ss.

[59] Cfr. MERCADER UGUINA, J. R.; «Sistema de fuentes y globalización», *Revista Española del Derecho del Trabajo*, 119 (2003), pp. 667-690.

[60] Se trata de un proceso que se inicia con la creación de nuevas organizaciones internacionales de cooperación, cuya pertenencia por parte de los Estados no implica, en principio, limitación alguna de su soberanía. Ese es el caso, por ejemplo, de la Organización de Naciones Unidas, creada por la Carta de San Francisco en 1945 y, con carácter regional, del Consejo de Europa, constituido a partir de la firma del Tratado de Roma en 1950. Simultáneamente, sin embargo, el nuevo orden internacional contemplará la gestación de la Comunidad Económica Europea, a partir de los tratados constitutivos de la CECA, de la CEE y del EURATOM, que luego vendrían a integrarse en una sola estructura institucional y que, después de más de cinco décadas, afronta con decisión el horizonte cada vez menos lejano de una futura unión política (Sobre el proceso de construcción europea y el impacto de sus avances en el ámbito de la teoría del derecho y del constitucionalismo resulta extraordinariamente esclarecedor un análisis colectivo editado bajo la coordinación de McCORMICK, N.; *Constructing Legal Systems. «European Union» in Legal*

En este contexto, la concepción clásica del positivismo estatalista resulta ya abiertamente anacrónica, en la medida en que la quiebra del monismo jurídico y la pérdida de protagonismo de la ley como fuente primaria del derecho incorporan mutaciones sustanciales que no pueden ser soslayadas. La pérdida inexorable de protagonismo del Estado como actor único y exclusivo de un orden jurídico cerrado, autónomo e independiente, capaz de regular la totalidad de los aspectos de la vida social de los ciudadanos en un determinado territorio, evidencia un panorama irreversible y difuso de pluralismo normativo que se condensa en la actuación organismos de poder heterogéneos con capacidad de obligar originaria, nuevas organizaciones políticas de carácter supranacional, corporaciones transnacionales y grandes grupos económicos y financieros[61].

Sumido de pleno en este proceso, el constitucionalismo moderno ha sido sometido a críticas severas que Walker sintetiza en cinco objeciones principales: 1) en primer lugar, se argumenta que el constitucionalismo moderno, partiendo de la propia estructura proporcionada por el marco estatal que continúa siendo su principal legado, es incapaz de encarar los desafíos de los flujos transnacionales que en los ámbitos político, económico y social, escapan al poder del Estado; 2) desde otras posiciones se enfatizan, sin embargo, los peligros de lo que podríamos denominar «fetichismo constitucional», en la medida en que una indebida concentración en el constitucionalismo y en las estructuras constitucionales podría obstruir o, al menos distraer, la atención con respecto a otras vías o mecanismos institucionales cuya resultados podrían ser más efectivos; 3) se arguye, asimismo, que el modelo constitucional es, fundamentalmente, un modelo de carácter social, lo cual quiebra las exigencias de generalidad e imparcialidad inherentes al imperio de la ley; de esta forma se constata una tendencia implícita a favorecer ciertos intereses y valores en detrimento de otros, y esto supone el fracaso de la pretensión de situar todos los intereses y valores relevantes al mismo nivel y, por tanto, la imposibilidad de que todos puedan ser equitativamente considerados; 4) No faltan quienes destacan el papel del constitucionalismo como un recurso ideológico, así como el riesgo de su instrumentalización para favorecer la adquisición de cuotas crecientes de poder por parte de determinados sectores que reniegan abiertamente del constitucionalismo como compromiso con

---

Theory, Kluwer Academic Publishers, Dordrecht, 1997. A él nos remitimos por cuanto ofrece una perspectiva suficientemente amplia de los principales desafíos que afronta la teoría jurídica ante el reto de la unión política y la elaboración de un modelo constitucional). Sobre el fenómeno de la globalización, su caracterización y su impacto jurídico-político, cfr. mi trabajo *La Globalización Ilustrada. Ciudadanía, Derechos humanos y Constitucionalismo*, Dykinson-Universidad Carlos III, Madrid, 2003; sobre la incidencia de este fenómeno sobre los derechos humanos, vid. PÉREZ LUÑO, A. E.; «Los derechos humanos en la sociedad global», en PÉREZ LUÑO, A. E.; *La tercera generación de derechos humanos*, Thomson-Aranzadi, Madrid, 2006.

[61] GRASSO, P.G.; *El problema del constitucionalismo...*, cit., pp. 68-69.

ciertos *standards* normativos; 5) finalmente, en estrecha relación con las críticas anteriormente esbozadas, se plantea una serie de cuestiones concernientes al estatuto conceptual del positivismo. Desde esta perspectiva, el constitucionalismo se ha tornado un concepto extraordinariamente proteico, su ámbito significativo ha devenido cada vez más amplio y diverso, de modo que la indeterminación de su discurso, y la propia ambigüedad significativa de sus cláusulas, le hacen perder capacidad persuasiva como punto de referencia para la movilización en la práctica de un amplio consenso de la opinión pública[62].

Este nutrido repertorio de críticas no hacen sino advertir de los desafíos que el constitucionalismo ha de afrontar en la hora presente, dejando testimonio de los problemas inherentes a la definición del paradigma constitucional en un contexto de interdependencia, de globalización, y de quiebra general de modelos organizativos y, también, epistemológicos. Las alteraciones del Estado de Derecho no parecen que hayan concluido. El tránsito desde el Estado liberal al Estado social, se ha resuelto en una transformación más profunda que comporta la abrogación del Estado legislativo de Derecho por el Estado constitucional de Derecho. Sin embargo, el paradigma constitucional no constituye una fórmula acabada, un modelo definitivamente concluso. La incidencia de las vertiginosas transformaciones que nuestro mundo está experimentando en todos los ámbitos de la vida social no pueden dejar de alcanzar al Estado constitucional de Derecho. Siguiendo las propuestas de Norman Walker, suscribo la necesidad de construir un modelo renovado de constitucionalismo, capaz de afrontar estas nuevas realidades, sobre la base de criterios espaciales, temporales y normativos:

a) En primer lugar, la crisis del modelo constitucional está vinculada, desde una perspectiva espacial, al agotamiento del modelo jurídico-político instaurado tras la Paz de Westfalia. La insuficiencia del modelo constitucional viene a corroborar la finitud del Estado como instancia organizativa básica. Por ello, el nuevo constitucionalismo precisa someter a revisión este maridaje estatal que comienza a hacer aguas. No se trata de negar el espacio del orden constitucional dentro del ámbito estatal, sino de sostener la necesidad de desarrollar un constitucionalismo posnacional que debe estar abierto a un discurso constitucional pleno y a procesos también novedosos al margen de las propias instancias estatales.
b) Respecto al criterio temporal no podemos desconocer que existe una exigencia de continuidad histórica: a pesar de que el concepto de constitucionalismo ha sido radicalmente transformado, debe salvarse la

---

[62] Cfr. WALKER, N.; «The Idea of Constitutional Pluralism», EUI Working Papers, European University Institute, Florencia, Law 2002/1, p. 3.

conexión causal con sus orígenes históricos; pero ese requerimiento de continuidad histórica demanda, también, una continuidad discursiva. Debemos ser capaces de comprender el constitucionalismo no sólo como la historia de la respuesta a unas circunstancias históricas determinadas, sino como la historia de un discurso particular, un discurso sobre los valores y la racionalidad humana que, salvando los precisos pormenores de cada época, continúa estando plenamente vigente, de suerte que su riqueza significativa conecta diferentes tiempos y lugares. Podemos aquí evocar las inestimables contribuciones del constitucionalista germano Peter Häberle que destaca el valor de la constitución como producto cultural en torno al cual se forja la identidad colectiva. El constitucionalismo conecta así sus raíces históricas con las expectativas de un pueblo y entronca la cultura con las esperanzas y deseos que se proyectan hacia el futuro[63]. Ese es el valor proyectivo del texto constitucional como articulador de identidades que tan agudamente ha sido sintetizado en la tesis del patriotismo constitucional[64]. A propósito de ello, Zagrebelsky sentencia que la constitución es más que un momento histórico concreto: representa un patrimonio cultural. La experiencia histórico-constitucional que enlaza pasado y presente y mira hacia el futuro. Esa proyección temporal de la constitución obliga a una reformulación permanente de sus principios y de sus valores:

> «La «historia» constitucional no es un pasado inerte sino la continua reelaboración de las raíces constitucionales del ordenamiento que nos es impuesta en el presente por las exigencias constitucionales del futuro»[65].

c) Finalmente, ha de reseñarse que con respecto al criterio normativo existe una demanda de coherencia normativa inclusiva, cuya realización enervaría la crítica del debilitamiento normativo en beneficio de la explotación ideológica. Frente a esa laxitud de las proposiciones

---

[63] Cfr. HÄBERLE, P.; *Libertad, igualdad y fraternidad. 1789 como historia, actualidad y futuro del Estado constitucional*, Trotta, Madrid, 1998; *Teoría de la Constitución como Ciencia de la Cultura*, Tecnos, Madrid, 2000; y *Pluralismo y Constitución. Estudios de Teoría Constitucional de la sociedad abierta*, Tecnos, Madrid, 2002.

[64] Cfr. el trabajo de STERNBERGER, D.; *Patriotismo constitucional*, Universidad Externado de Colombia, Bogotá, 2001, que formula inicialmente esta tesis que ha alcanzado un eco considerable a partir de las aportaciones de HABERMAS, J., en especial a partir de su trabajo «Patriotismo de la constitución, en general y en particular», en *La necesidad de revisión de la izquierda*, Tecnos, Madrid, 1991. Las posiciones de ambos han merecido la atención de PECES-BARBA, G.; «La Constitución en la cultura política y jurídica moderna», en PECES-BARBA MARTÍNEZ, G. y RAMIRO AVILÉS, M. A.; *La Constitución a examen. Un estudio académico 25 anos después*, Marcial Pons, Madrid, 2004, especialmente pp. 61-77. En este mismo volumen, vid. también FERNÁNDEZ GARCÍA, E.; «El patriotismo constitucional», pp. 303-329.

[65] ZAGREBELSKY, G.; *Historia y Constitución*, Trotta, Madrid, 2005, p. 91.

normativas constitucionales hay que oponer la recuperación de los verdaderos límites del constitucionalismo legítimo: la definición de los *standards* mínimos que resultarían coherentes con esta ética inclusiva. Esa coherencia normativa inclusiva implica un compromiso de la teoría y de la práctica constitucionales con una concepción de la democracia altamente reflexiva que se traduce tanto en un compromiso de aceptación de las diferencias, como en un compromiso de las diferencias en la aceptación de la expresión popular mayoritaria, pero no de cualquier decisión mayoritaria sin más, sino de aquella que emana de una legalidad legítima. Existe, finalmente, una exigencia de coherencia externa: si el constitucionalismo es considerado como una forma de razón práctica, entonces habrá que hilar fino en la propia aplicación práctica de las cláusulas constitucionales, en los diseños de las proposiciones normativas y en las propias aportaciones de la teoría constitucional[66].

Estas apreciaciones desembocan en la constatación del debilitamiento de la fuerza normativa de la constitución en un contexto marcado por la interdependencia característica de los procesos desencadenados por la globalización. Se pone así de relieve la conexión de la vigencia de la constitución con el pleno desarrollo de su dimensión garantista. La crisis del papel garantista de la constitución, en opinión de Ferrajoli, es una consecuencia del fin del Estado nacional como actor único de la producción jurídica. En la medida en que se multiplican las instancias productoras de derecho y las fuentes de normatividad y se desplazan los centros de decisión, la efectividad de la constitución queda en entredicho, pues es la misma soberanía del Estado la que ha sido socavada y, con ella, la capacidad reguladora del texto constitucional y de su ordenamiento jurídico. Y esto entraña, según el jurista italiano, una doble forma de disolución de la modernidad jurídica, en la medida en que se genera un derecho comunitario de naturaleza fundamentalmente

---

[66] En otras palabras, concluye Walker, el constitucionalismo debe ser capaz de generar nuevas formas explicativas de conocimiento y regulación normativa que sean relevantes para otros discursos regulativos e imaginación política que pueda contrarrestar los efectos negativos suscitados por las críticas implícitas y explícitas por las tendencias del constitucionalismo hacia el fetichismo, la interferencia de discursos públicos institucionales y las aspiraciones de aquellos otros discursos emergentes en la configuración extraordinariamente cambiante de la autoridad global (Cfr. WALKER, N.; ob. cit., pp. 21-24). Abundando en argumentos de tenor semejante, se ha operado, en opinión de Zagrebelsky, un tránsito desde la constitución revolucionaria a la constitución pluralista «*la constitución del pluralismo contemporáneo se puede considerar positiva en cuanto que es recreada continuamente por el concurso de múltiples voluntades que, en su converger hacia ella y según los modos de esa convergencia, la redefinen continuamente en su alcance histórico-concreto. En resumen: la positividad de la constitución revolucionaria era* a priori*; la de la constitución pluralista es* a posteriori» (ZAGREBELSKY, G.; *Historia y Constitución*, cit., p. 81-82).

jurisprudencial, como consecuencia de la intervención de diversas jurisdicciones eventualmente concurrentes, al tiempo que la multiplicación de normatividades provoca el regreso a un pluralismo jurídico propio del derecho premoderno[67].

Como ha puesto de relieve Ferrajoli, la eficacia de las normas constitucionales está asociada a la existencia de garantías que aseguren su materialización social. El derecho de nuestro tiempo se ve desafiado por la ausencia de un sistema amplio de garantías, sin las cuales la eficacia de las normas queda profundamente diezmada al chocar con imperativos de tipo técnico o económico que se oponen a la fuerza normativa de los preceptos jurídicos. La ausencia de garantías no afecta a la positividad de los derechos, sino sólo a sus mecanismos de protección, de cuya inexistencia o insuficiencia sólo puede derivarse la necesidad de implementar una protección efectiva. Frente a quienes niegan la existencia de un derecho en virtud de su protección precaria, Ferrajoli reivindica, en función del principio de legalidad, la plena vigencia de los derechos positivamente establecidos y la obligación que concierne a los poderes públicos, internos o internacionales, de colmar la laguna jurídica que comporta la inexistencia de un sistema de garantías adecuado.

El principio de plenitud del ordenamiento demanda la identificación de las carencias de éste y el diseño de garantías idóneas para impedirlas. En función de ello, a juristas y legisladores les cumple el imperativo de colmar las lagunas que se produzcan en aras de la eficacia y de la completud del ordenamiento. La confusión entre derechos y garantías resulta inadmisible, pues de planteamientos de esta naturaleza se podrían derivar resultados absurdos, como la descalificación en el plano jurídico de la internacionalización de los derechos fundamentales y la constitucionalización de los derechos sociales, reducidos a simples declaraciones retóricas vacías de contenido.

Frente a la falacia realista que reduce el derecho al hecho, Ferrajoli apuesta por la articulación de un completo sistema de garantías que libere a los derechos sociales de su consideración programática y discrecional, confiados a una onerosa y compleja mediación política y burocrática[68]. Por tanto, si una norma válida carece de un adecuado sistema de garantías que asegure su cumplimiento, esa carencia debe ser considerada como una laguna del ordenamiento jurídico que ha de ser colmada[69]. Y quizás una de las más preocupantes reducciones del pensamiento jurídico contemporáneo consiste precisamente en esta desvinculación entre el reconocimiento de los derechos y la consagración de las normas constitucionales y la articulación

---

[67] FERRAJOLI, L.; «Pasado y futuro del Estado de Derecho», cit., pp. 20-21.

[68] Cfr. FERRAJOLI, L., *Derechos y garantías. La ley del más débil*, Trotta, Madrid, 1999, pp. 34, 43, 59-65 y 108-112. Sobre todas estas cuestiones, cfr. mi trabajo *La Globalización Ilustrada...*, cit., pp. 94-106.

[69] FERRAJOLI, L.; *Derechos y garantías...*, cit., pp. 62-63.

de un sistema de garantías que permitan conformar la realidad con las exigencias normativas.

Por eso, hacer frente a la *falacia garantista* —que reduce la existencia del derecho a la existencia de garantías que lo hagan efectivo—, requiere un esfuerzo del constitucionalismo contemporáneo por superar la angostura de un derecho estrictamente vinculado al ordenamiento jurídico estatal. La crisis actual del Estado ante la emergencia de los procesos globalizadores hace emerger un debate sobre las sedes del constitucionalismo y su estrecha vinculación al Estado-nación. Para Ferrajoli, la soberanía es un pseudo-concepto, una categoría antijurídica, un reducto anacrónico cuya continuidad contradice la demanda de universalización de los derechos humanos, y el Estado, un modelo de organización incapaz de articular respuestas válidas a los apremios de la hora presente. La crisis del Estado-nación se manifiesta en el desplazamiento de la soberanía, el debilitamiento del constitucionalismo, la alteración del sistema de fuentes y la erosión de la capacidad de decisión de los Estados a la hora de implementar sus políticas.

Si el Estado no es capaz de desarrollar un sistema de garantías será preciso, entonces, trascender más allá de los estrechos confines de la estatalidad para lograr espacios de cooperación y desarrollo más pleno de los preceptos constitucionales, transfiriendo los centros de decisión hacia espacios más amplios, de carácter regional, que permitan hacer frente al desafío de la inefectividad y de la ausencia de tutela y reformando convenientemente el sistema de fuentes[70]. Es preciso cuestionar el nexo histórico entre Estado y constitución. El paradigma garantista del Estado de Derecho, apunta Ferrajoli, es aplicable a cualquier ordenamiento[71]. Se afirma así la vocación universalista de un constitucionalismo acosado por el espectro de la ineficacia. Ese vínculo aparentemente indisoluble entre Estado, constitución y garantía de los derechos fundamentales se nos revela ahora como contingente.

La vertebración de un sistema adecuado para la plena materialización de las normas constitucionales quiebra los esquemas de una dogmática jurídica estrechamente vinculada al Estado-nación, cuya superación resulta ahora ya una necesidad inaplazable. La garantía de los derechos, su realización en

---

[70] FERRAJOLI, L.; *Derechos y garantías...*, cit., pp. 114-115. Este cuestionamiento de la centralidad del Estado y de su exclusividad en la producción de los ordenamientos jurídicos guarda relación directa con la severa crítica que Ferrajoli dirige al concepto de soberanía que, en su opinión, constituye un residuo premoderno cuya consistencia y legitimidad desde el punto de vista de la teoría del derecho queda en entredicho, ya que existe una antinomia irresoluble entre soberanía y derecho que se expresa, en el ámbito interno, en su conflicto con el paradigma del Estado de Derecho y el sometimiento de todo poder a la ley y, en el ámbito externo, en su contradicción con las cartas constitucionales de carácter internacional. La soberanía es una idea esencialmente antitética con el derecho ya que comporta la idea de límites y de reglas (Cfr. FERRAJOLI, L.; *Derechos y garantías...*, cit., capítulo 5: «La soberanía en el mundo moderno», pp. 125 ss.).

[71] Ferrajoli, L.; *Derechos y garantías...*, cit., pp. 114-115.

términos prácticos, requiere de la implementación de nuevos modelos jurídicos acordes con las exigencias de la interdependencia en la era de la globalización. Un nuevo saber jurídico capaz de vertebrar la demanda de universalidad de los principios constitucionales y de articular una respuesta eficaz frente a la creciente pérdida de capacidad normativa de los ordenamientos jurídicos estatales. La supervivencia del constitucionalismo, en cuanto compromiso axiológico sustantivo, frente a las embestidas del capitalismo global recaba empeños supranacionales. La vía del cosmopolitismo constitucional no puede cifrarse en la reducción de la pluralidad a una homogeneidad artificial y forzada. No se trata, por tanto, de suprimir los complejos ordenamientos jurídicos estatales, sino de articular mecanismos válidos de interpenetración e interdependencia. Frente a la vieja y ya caduca imagen de la constitución como cúspide de un ordenamiento jurídico autárquico y autosuficiente, reivindicamos una constitución como momento articulador de complejas redes de normas interdependientes, capaz de evitar que las exigencias fácticas de los cambiantes flujos normativos transnacionales no vulneren las exigencias normativas de los valores constitucionales. Un modelo de Constitución, en definitiva, basado sobre la interdependencia y no sobre la autarquía del sistema jurídico.

PARTE II
LA FUNCIÓN JUDICIAL EN EL ESTADO CONSTITUCIONAL

EL JUEZ EN EL ESTADO CONSTITUCIONAL

Antonio-Enrique Pérez Luño
Universidad de Sevilla

1. PLANTEAMIENTO: SOBRE LA EQUIVALENCIA ENTRE LOS TÉRMINOS «JUICIO» Y «DERECHO»

Uno de los más notorios libros de Martin Heidegger expresa en su título una interrogación radical: *Was heisst Denken*? (*¿Qué significa pensar*?). Porque, en efecto, la tarea principal e ineludible del filósofo consiste en clarificar el significado de su propio quehacer; es decir, de lo que representa el ejercicio del pensamiento[1].

De modo análogo, existe una cuestión básica e insoslayable para el jurista que se concreta en la necesidad de ofrecer cumplida respuesta al interrogante: ¿qué significa juzgar? La exigencia de plantear y responder a esa pregunta dimana de la equivalencia, sustentada en el pasado y en el presente, entre los términos de: «juicio» y «derecho».

El romanista Alvaro D'Ors afirma que en el Derecho romano se daba una continuidad entre las palabras *ius,* es decir, el derecho, y *iudicium*, que es el juicio. El «juicio» (*ius-dicere*) significa «declaración» de lo que es *ius*. De ello, infiere D'Ors, que: «la conexión *ius-iudicium* nos lleva a la definición de lo que es el *ius*, esto es el derecho... Allí donde hay un juicio, sea popular, sea por jueces libres o burocráticamente organizados, hay una declaración de *ius*. Lo que en tal juicio se declare justo, eso es derecho, el derecho». Para Alvaro D'Ors, esa equivalencia se ha mantenido a través de la historia y sigue siendo vigente, por lo que no duda en concluir que al seguir siendo en la actualidad los jueces los que hacen las declaraciones de lo que es derecho, «podremos definir el derecho como aquello que declaran los jueces (i*us, quod iudex dicit*)»[2].

En la cultura jurídica contemporánea se ha hecho notoria la postura del realismo norteamericano tendente a identificar la entera significación

---

[1] M. Heidegger, *Was heisst Denken*?, Max Niemeyer,Tübingen, 1954.

[2] A. D'Ors, *Una introducción al estudio del derecho,* Rialp, Madrid, 1963, pp. 108-110.

del derecho con el quehacer de los jueces. No huelga recordar, al respecto, la concluyente tesis de Roland Gray de que: «all the Law is judge-made Law»[3], para captar el peso decisivo que corresponde a la judicatura en el ordenamiento jurídico. Asimismo, se debe al célebre juez de la Corte Suprema norteamericana Oliver W. Holmes la penetrante observación de que el estudio del derecho no supone el descubrimiento de algo misterioso, sino de una realidad bien conocida, es decir, de la actuación de los jueces[4]. Desde esas premisas, el análisis del comportamiento judicial aparece como la condición necesaria para trasladar desde la penumbra y el misterio a la transparencia y la claridad el significado del sistema jurídico en su conjunto.

2. EL JUICIO COMO FUENTE JURIDICA: ¿LOS JUECES CREAN DERECHO?

La identificación del concepto general del derecho con las decisiones judiciales se enfrenta a un importante escollo jurídico y político. Se trata de la exigencia postulada por el racionalismo jurídico, que será germen del movimiento constitucionalista formulador del Estado de derecho, de establecer el principio de la división de poderes.

A tenor de ese principio, que halló nítida expresión en la doctrina de Montesquieu, se reserva a la ley, en cuanto norma general y abstracta promulgada por el Parlamento, la definición de los aspectos básicos del *status* jurídico de los ciudadanos. Por eso, se ha hecho célebre la máxima del propio Montesquieu de que los jueces deben atenerse al texto estricto de la ley y que los jueces son «la boca que pronuncia las palabras de la ley, seres inanimados que no pueden moderar ni la fuerza ni el rigor de ellas»[5].

Esta visión del juez como autómata que se limita a aplicar las consecuencias jurídicas previstas en las normas legales a los hechos que se enjuician en el proceso, obtuvo su elaboración doctrinal definitiva en la teoría de la *subsunción* elaborada por la dogmática jurídica positivista. Según postula esta teoría, la función judicial se circunscribe a encajar los hechos controvertidos en los supuestos fácticos tipificados en las leyes y aplicarles las consecuencias jurídicas en ellas previstas, de acuerdo con el consabido apotegma: «*da mihi facti, dabo tibi ius*». De ello se infiere que, desde estas premisas, se concibe la tarea del juez como la mera declaración de un derecho pre-existente (el sistema normativo legal) y no como un dato constitutivo de la definición del derecho.

---

[3] R. Gray, *The Nature and Sources of the Law,* se cita por la reimp. sobre la 2.ª ed. (1921) de Peter Smith, Gloucester, Mass., 1972, p. 125.

[4] W. Holmes, *The Path of the Law en Collected Legal Papers*. Harcourt, New York, 1920, p. 167.

[5] Montesquieu, *Esprit des lois,* XI, 5.

Esta imagen de la jurisprudencia ha calado profundamente en la cultura europea. Es probable que una de las expresiones más radicales de su sentido y consecuencias se deba a José Ortega y Gasset, quien en una reflexión merecedora de ser rescatada del olvido por parte de las tentativas de analizar las proyecciones jurídicas del raciovitalismo, expone cuanto sigue: «El que juzga no entiende. Para ser juez es preciso hacer previamente la heroica renuncia a entender el caso que se presenta a juicio en la inagotable realidad de su contenido humano. La justicia mecaniza, falsifica el juicio para hacer posible la sentencia. No es, pues, extraño que del inmenso volumen de la historia universal se puedan espumar tan pocos nombres de jueces inteligentes. Aunque personalmente lo fueran, su oficio les obligó a amputar su propia perspicacia. Este es el triste heroísmo del juez, sin el cual la convivencia humana no resultaría posible. Vaya nuestro respeto a esa dolorosa profesión; pero de paso detestemos a los que sin ejercerla se constituyen tan fácil y alegremente en jueces de afición»[6].

Es evidente que esta concepción mecanicista de la tarea judicial entraña una simplificación y falsea el alcance del proceso y su relevancia en la conformación de la experiencia jurídica. Los últimos años han supuesto un alejamiento de la tesis subsuncionista, incluso desde enfoques positivistas o, más bien, desde el denominado «postpositivismo jurídico». En cualquier caso, la pugna entre la concepción pretoriana o judicialista del derecho y la concepción legalista del mismo ha sido uno de los grandes nudos temáticos de la metodología y la ciencia jurídicas contemporáneas. La relevancia de la función judicial como fuente del derecho y sus repercusiones para la garantía de la seguridad jurídica, constituye un capítulo insoslayable de las trayectorias más recientes de la cultura jurídica[7].

Un estimulante y provechoso intento dirigido a clarificar los términos de esa polémica se debe a Genaro R. Carrió en su lúcido ensayo: «*Los jueces crean derecho*». En opinión de Carrió la actitud que se asuma respecto a ese postulado engendra dos posturas irreconciliables: «los que afirman enfáticamente que es verdadero, y los que, con igual énfasis, sostienen que es falso. Para los primeros, la posición de los segundos importa negar una característica obvia de la práctica del derecho... Para los segundos, la posición de los primeros importa desconocer una distinción tan elemental como la que existe entre las nociones de creación y aplicación de normas jurídicas, negar la evidente fuerza obligatoria del derecho y, por lo tanto, fomentar la anarquía y el caos»[8].

---

[6] J. Ortega y Gasset, «Prólogo a una edición de sus obras», en *Obras completas,* Alianza Editorial & Revista de Occidente, Madrid, 1983, vol. 6, p. 343.

[7] Cfr. A.E.Pérez Luño: *La seguridad jurídica*, Ariel, Barcelona, 2.ª ed. 1994, pp. 133 ss.; *El desbordamiento de las fuentes del Derecho*, Real Academia Sevillana de Legislación y Jurisprudencia, Sevilla, 1993, pp. 13 ss.; *Trayectorias contemporáneas de la Filosofía y la Teoría del Derecho*, Tébar, Madrid, 5.ª ed., 2007, pp. 23 ss.

[8] G. R. Carrió, «Los jueces crean derecho», en su vol., *Notas sobre derecho y lenguaje*, 6.ª reimpresión, Abeledo-Perrot, Buenos Aires, 1976, pp. 79-80.

De este trabajo se infiere la exigencia de precisar y distinguir los conceptos que integran esa expresión. Porque para entender lo que la misma significa es preciso plantear previamente: ¿qué derecho? ¿qué jueces? y ¿qué creación? constituyen el objeto de nuestros asertos. Es evidente que de la multívoca pluralidad de concepciones del derecho se derivan diferentes respuestas a esa cuestión. De igual modo, la imagen del juez depende de las múltiples concepciones jurídicas, así como de los distintos sistemas del Derecho comparado, siendo notorias las diferencias al respecto que se derivan de los sistemas romanistas, del Common Law, de los sistemas escandinavos, socialistas...

En relación con el significado que el término «crear» asume en la expresión de referencia, estimo que pueden distinguirse analíticamente hasta ocho actitudes teórico-jurídicas. Estas, clasificadas desde la versión más fuerte a la más débil de la idea de creación, responden a las tesis siguientes:

1.ª) Crear/juzgar como *demiurgia*. Si se asume el término «demiurgo» en la acepción platónica de fuerza creadora y suprema, pueden englobarse aquí las tesis reseñadas *supra* de autores como D´Ors, Gray o Holmes, para quienes no sólo los jueces crean derecho, sino que de ellos procede *todo* el derecho, es decir, que sólo los jueces son fuente del derecho.

2.ª) Crear/juzgar como manifestación del *arbitrio judicial*. En distintos momentos del desarrollo histórico del derecho y para algunos movimientos de la cultura jurídica contemporánea, entre los que pueden incluirse la Escuela del derecho libre y las versiones más radicales del denominado «uso alternativo del derecho», el juez se halla investido de la potestad de establecer normas jurídicas. Esa facultad puede ejercitarla cuando las exigencias del caso controvertido lo hacen necesario, atendiendo a su punto de vista sobre la justicia, a su idea del bien o a su sentido común[9].

3.ª) Crear/juzgar como capacidad para producir normas *ex ius naturae* o *ex natura rei*. Esta tesis coincide con la anterior en postular la legitimidad del juez para crear normas jurídicas por exigencias de justicia, pero difiere de ella en que le impone el deber de inspirar y orientar su decisión en un parámetro normativo objetivo: el derecho natural o su modalidad de la «naturaleza de las cosas». La célebre teoría de Gustav Radbruch, según la cual el juez debe oponer a la legalidad inicua el derecho supra legal, constituye un ejemplo diáfano de esta postura. El propio Radbruch en su monografía *Die Natur der Sache als juristische Denkform* (La naturaleza de la cosa como forma de pensamien-

---

[9] Cfr. J. Ansuátegui, «Creación judicial del derecho: crítica de un paradigma», en la obra *El Derecho en Red. Estudios en Homenaje al profesor Mario G. Losano,* Dykinson, Madrid, 2006, pp. 519 ss.

to jurídico)[10], estimuló una corriente doctrinal que concebía la «naturaleza de las cosas» como fuente jurídica inspiradora de las potestades creativas de la jurisprudencia[11].

4.ª) Crear/juzgar como capacidad de *integración normativa*. En las últimas décadas del pasado siglo, se puede considerar como una postura representativa de este planteamiento a la de Ronald Dworkin. Dworkin tiende a evidenciar el carácter fragmentario e insatisfactorio de las tesis que hacen reposar la validez del sistema de fuentes en criterios formales normativos. A partir de ello, se haría depender la validez de las normas concretas de su conformidad con las normas de procedimiento que en cada ordenamiento jurídico regulan la producción jurídica (teoría que es calificada por Dworkin como *test* del *pedigree*). No menos rechazable le parecen las doctrinas que reconducen la validez al dato puramente fáctico de la eficacia de las normas, es decir, al hecho de su aplicación y cumplimiento mediante una determinada práctica social. El rechazo de cada una de estas posturas le conduce también al rechazo del sincretismo de ambas, tal como se desprendería de las tesis de Hart. En la teoría del derecho como *integridad*, que sostiene Dworkin, ocupan un lugar privilegiado los principios. Según la notoria tesis de Dworkin, todo ordenamiento jurídico se halla integrado por un conjunto de principios (*principles*), medidas o programas políticos (*policies*) y reglas o disposiciones específicas (*rules*). Dworkin denomina medidas políticas a las normas genéricas (*standards*) que establecen fines que deben alcanzarse y que implican un avance en el terreno económico, político o social para la comunidad; mientras que reserva la denominación de principios a los *standards* o prescripciones genéricas que entrañan un imperativo de justicia, de imparcialidad, o de cualquier otra dimensión de la moralidad. Son los principios, en cuanto entrañan los fundamentos morales del orden jurídico y la expresión de los derechos básicos de los ciudadanos, los que aseguran la coherencia y plenitud del sistema de normas que hace posible el imperio del derecho y que, por tanto, deben ser la pauta orientadora de la labor judicial[12].

---

[10] G. Radbruch, «Leyes que no son Derecho y Derecho por encima de las leyes», en el vol. Derecho injusto y Derecho nulo, trad. cast. de J.M. Rodríguez Paniagua, Aguilar, Madrid, 1971; id., *La naturaleza de las cosas como forma del pensamiento jurídico,* trad. cast., de E. Garzón Valdés, Universidad de Córdoba, Córdoba (Argentina), 1963.

[11] Cfr. E. Garzón Valdés, *Derecho y «naturaleza de las cosas»*. Análisis de una nueva versión del derecho natural en el pensamiento jurídico alemán contemporáneo, Universidad de Córdoba, Córdoba (Argentina), 1970.

[12] R. Dworkin, *Taking Rights Seriously*, Duckworth, London, 2.ª ed.1978, (Existe trad. cast. de M. Guastavino, con Prólogo de A. Calsamiglia, Ariel, Barcelona, 1984); id., *A Matter of*

5.ª) Crear/juzgar como capacidad para *completar* el proceso normativo. Se ha producido durante las últimas décadas, una metamorfosis en el concepto de norma que tiene consecuencias inmediatas en la forma de concebir la función judicial. Hoy se tiende a sustituir la noción de norma jurídica como «norma dato», es decir, las formulaciones promulgadas por el legislador, por la de «norma resultado», que supone el momento completo y culminante de la elaboración normativa por los operadores jurídicos, en especial, por los tribunales. De ello, se desprende que para las corrientes jurídico-metodológicas actuales la norma no es el presupuesto, sino el resultado de un proceso de elaboración e interpretación en el que a la judicatura le corresponde un protagonismo incuestionable[13].

6.ª) Crear/juzgar como capacidad *excepcional* para producir normas. Esta tesis corresponde a quienes circunscriben la facultad creadora de la judicatura a las situaciones excepcionales en las que el juez puede formular normas generales, como en los supuestos de lagunas[14].

7.ª) Crear/juzgar como facultad para *elegir* el significado normativo. Esta tesis podría hallarse representada por la difundida concepción normativa de Herbert Hart, según la cual la actividad judicial se lleva a cabo a través de un proceso necesario de atribución de un sentido a las normas. Ya que, según Hart, toda norma posee una estructura abierta (*open texture*), susceptible de asumir diversos significados posibles. Entre ellos, el juez elige el que estima más adecuado a las circunstancias y esa elección implica un reconocimiento de su libertad de opción[15].

Principle, Harvard University Press, Cambridge (Mass.) and London, 1985; id., *Law's Empire*, Fontana, London, 1986, (Existe trad. cast. de C. Ferrari, revisada por E. Abril, Gedisa, Barcelona, 1988); id., *Sovereign Virtue. The Theory and Practice of Equality*, Harvard University Press, Cambridge (Mass.) and London, 2000. id., *Justice in Robes*, Harvard University Press, Cambridge (Mass.) and London, 2006, (existe trad. cast., de M. Iglesias e I. Ortíz de Urbina, Marcial Pons, Madrid, 2007).

[13] Cfr. sobre estas tendencias jurídico-metodológicas actuales, A. E. Pérez Luño, *El desbordamiento de las fuentes del Derecho*, cit., pp. 48 ss.; id., Derechos humanos, Estado de Derecho y Constitución, Tecnos, Madrid, 9.ª ed., 2005, pp. 260 ss.

[14] Ha defendido esta tesis, que es compartida por distintas concepciones jurídicas postpositivistas, Eugenio Bulygin, «Los jueces ¿crean derecho?» en el vol. col., *La función judicial*, a cargo de: J. Malem, J. Orozco y R. Vázquez, Gedisa, Barcelona, 2003, pp. 21 ss. En esta obra se desliza una errata ciertamente paradójica. La obra de Hans Kelsen, *Reine Rechtslehre* (*Teoría pura del derecho*), aparece citada por uno de esos duendes tipográficos o procesadores de textos «inteligentes», como: *Teoría fuera del derecho*, en la p. 37, nota 16. De este modo, la doctrina de Kelsen que constituye el intento más depurado de elaborar una teoría interna, es decir, «desde dentro» del derecho, aparece convertida en una doctrina «fuera» del derecho.

[15] H. Hart, *The Concept of Law*, Clarendon Press, Oxford, 1961, pp. 120 ss. (existe trad. cast. de G.R. Carrió, Abeledo-Perrot, Buenos Aires, 1963 y Nacional, México, 1980).

8.ª) Crear/juzgar como posibilidad de producir *normas individuales*. Según se desprende de la Teoría pura del derecho de Hans Kelsen, el ordenamiento jurídico se halla conformado por normas generales y abstractas, creadas por el poder legislativo y los órganos administrativos competentes para ello, y normas individuales y concretas representadas por las sentencias judiciales. Los jueces al proyectar los supuestos genéricos y abstractos previstos en las normas generales a los casos concretos, llevarían a cabo un proceso de individualización que supondría la facultad creadora de normas individuales[16].

Conviene reparar en que de las tesis reseñadas, sólo la 1.ª reivindica el monopolio judicial de la creación del derecho. En las restantes, no se pone en cuestión la compatibilidad de las funciones creadoras del juez con la existencia de otras fuentes de producción de normas jurídicas. Las tesis 2.ª, 3.ª y 4.ª suponen la versión «fuerte» de la expresión: «los jueces crean derecho»; mientras que las tesis 5.ª y 6.ª representan la versión «débil» de la misma. La tesis 5.ª sostiene que el proceso de creación de normas jurídicas exige la necesaria concurrencia de una pluralidad de actores, siendo la judicatura uno de ellos. La tesis 6.ª limita la creación judicial a supuestos excepcionales que confirman la regla general de que la producción de normas es competencia del legislador; y que a la judicatura le incumbe su aplicación. Las tesis 7.ª y 8.ª, pese a lo que pudiera sugerir su enunciado, constituyen respuestas negativas a la posibilidad de atribuir a los jueces la función creadora del derecho. La concepción de Hart no implica el reconocimiento de un poder creador en manos del juez, sino una concepción flexible y abierta del proceso hermenéutico a través del cual el juez aplica las normas. Asimismo, la postura de Kelsen no debe llevar a engaño, porque, en su significado estricto y consecuencias, no entraña algo opuesto a la teoría de la subsunción defendida por el positivismo jurídico legalista. Conviene advertir, al respecto, que para Kelsen, el ordenamiento jurídico es una estructura piramidal estrictamente jerarquizada, en la que toda norma apoya su validez en la superior. En función de esa estructura escalonada (*Stufenbau*) del orden jurídico postulada por Hans Kelsen, la pretendida «creatividad» del juez para formular normas individuales, se circunscribe a individualizar las consecuencias previstas en las normas generales, es decir, a aplicar lo previsto en las normas generales a los casos controvertidos.

Debe señalarse también que las acepciones del término «crear» se hallan inmediatamente vinculadas a las distintas concepciones del derecho

---

[16] H.Kelsen, *Reine Rechtslehre*, Franz Deuticke, Wien, 2.ª 1960, pp. 242 ss. (existe trad. cast. de R. Vernengo, UNAM, México, 1979).

y a los modelos de la judicatura de modo que los tres aspectos en los que se desglosa la expresión: «los jueces crean derecho», aunque permiten y aconsejan una distinción conceptual a efectos de clarificar su significado, se hallan involucrados necesariamente en el desenvolvimiento de la experiencia jurídica.

3. APROXIMACIÓN OSTENSIVA: EL ÁMBITO ESPACIAL DEL «JUZGAR»

«Las palabras son símbolos que —en opinión de Jorge Luis Borges— postulan una memoria compartida»[17]. La palabra «juzgar» simboliza la memoria y el presente colectivos, que postulan una pluralidad de significaciones en las que se manifiesta la multivocidad de este concepto.

En el apartado anterior se ha tenido ocasión de comprobar la diversidad de perspectivas, algunas de ellas antagónicas, que dimanan de una de las acepciones del término «juzgar»: la que hace referencia a su condición de fuente del derecho. Esa acepción, la más problemática y debatida, no agota los significados de uso de la expresión «juzgar». A la pregunta: ¿qué es «juzgar»? se puede contestar a partir de definiciones ostensivas, por denotación o extensión, mostrando una serie de ejemplos de objetos o cosas de los que puede predicarse que son o que tienen que ver con la actividad de juzgar. Así, una posible respuesta a dicha cuestión consistiría en exhibir o apelar a objetos tales como: la sede de un juzgado, de un Tribunal de una Audiencia o del propio Tribunal Supremo, para indicar que esos edificios son manifestaciones de la actividad juzgadora.

La sede en la que la actividad de juzgar se celebra es un edificio que posee una estructura determinada. Un edificio es siempre un espacio arquitectónico acotado, separado y distinto de otros espacios. Al acotar el espacio, se le da una determinada forma, que organiza los materiales y su propia estructura en función de una finalidad. Por eso, en la forma o disposición interior de un edificio se puede discernir cuál es su peculiar finalidad. La forma interior de un cuartel, de una iglesia, de una estación de ferrocarril, de un edificio de viviendas o de un juzgado, son distintas, en la medida en que son medios espaciales o arquitectónicos encaminados al desarrollo de fines diferentes. Los elementos espaciales de un edificio tienen un carácter instrumental en relación con los fines que en él se persiguen. Lo más característico del interior de un juzgado o corte de justicia es que al margen de determinados elementos funcionales (pasillos, despachos, escalinatas...), posee una o varias salas divididas en dos grandes ámbitos: el estrado, en el que desarrollan su cometido específico unos actores cuali-

---

[17] J.L. Borges, *El libro de arena*, Alianza, Madrid, 11.ª reimp., 1993, p. 37.

ficados (jueces, ministerio fiscal, partes acusadoras y acusadas, testigos, peritos, jurados...), y una sala para los espectadores que presencian el desarrollo del proceso. Esto determina que mientras los actores desempeñan y representan un papel especialmente intenso, es decir, *activo*, el público que desde el espacio de la sala presencia el desenvolvimiento del proceso, asume una función *pasiva*. En definitiva, el ámbito espacial que sirve de escenario al juicio, tiene unas características propias y engendra unas representaciones mentales que permiten asociar la noción del proceso judicial con unos determinados edificios[18].

Ese intento de ofrecer una respuesta a lo que significa juzgar a partir de su identificación con el ámbito espacial en el que el juicio se desarrolla, se realiza, a través de lo que se ha denominado *supra, definiciones ostensivas*. Las definiciones ostensivas (del latín *ostendere*, que significa mostrar), tienen a su favor la fuerza de su evidencia, de operar con realidades experienciales y tangibles y no sobre meras elucubraciones teóricas. Este procedimiento definitorio no se halla exento de algunos riesgos y limitaciones. Porque, las definiciones ostensivas se basan en uno, o en una serie de ejemplos sin que su alcance pueda extenderse arbitrariamente más allá de los mismos. Ello condiciona las pretensiones de generalidad de este método definitorio. Ya que, en efecto, el repertorio de cosas, o sea, de espacios físicos o edificios relativos al «juzgar» que aquí, a modo de ejemplo, se apuntaban, no es cerrado. De ahí, que no escape a la observación más superficial el carácter incompleto del inventario. De otro lado, lo que justifica la relación entre esas muestras o experiencias ostensivas de cosas que son o tienen que ver con el juicio es la presencia en todas ellas de notas o propiedades referidas al concepto de lo que es un proceso judicial. Pues resulta evidente que esas sedes o edificios judiciales, precisamente se relacionan con la noción de juzgar, en la medida en que existe una idea previa de aquello en lo que un juicio consiste. En otros términos, en contra de lo que parece evocar, la evidencia ostensiva no es un *prius,* sino un *posterius;* no constituye el antecedente, sino la consecuencia de proyectar sobre determinados segmentos de la experiencia un concepto o idea previamente establecido o, al menos, intuido. En suma, la evidencia sobre la que reposan las definiciones ostensivas no es algo que surja espontáneamente, sino el resultado de un determinado proceso reflexivo, sea o no consciente[19].

---

[18] Estimo de interés establecer una analogía entre el ámbito espacial del juicio y las sugerentes observaciones que sobre la arquitectura del teatro avanza José Ortega y Gasset, en su ensayo «Idea del teatro», en *Obras completas,* cit., vol. 7, pp. 441 ss.

[19] Cfr. A.E. Pérez Luño, *Teoría del derecho. Una concepción de la experiencia jurídica,* con la colab, de C. Alarcón, R. González-Tablas y A. Ruiz de la Cuesta, Tecnos, Madrid, 7.ª ed., 2008, pp. 29 ss.

4. LA ACCIÓN DE JUZGAR Y SUS DIMENSIONES

En las reflexiones que anteceden se ha tratado de acotar el ámbito significativo del juicio. Las diferentes posturas doctrinales y soluciones normativas de los sistemas jurídicos sobre el papel de la función judicial en relación con las fuentes del derecho, ha permitido una aproximación a algunos de los elementos caracterizadores de la propia noción de juzgar. Asimismo, la aproximación ostensiva al significado de juzgar, ha contribuido a perfilar las representaciones que a ese concepto se asocian. Estas dos perspectivas de enfoque responden a un doble interrogante que, convencionalmente, puede denominarse funcional y estructural. La pregunta *funcional* se expresa así: «¿para qué sirve juzgar?» y se contesta en las múltiples tesis sobre la función creadora de la judicatura. La cuestión *estructural* alude a: «¿dónde acontece la función de juzgar?» y se explica con la referencia a las sedes o establecimientos donde se celebra el juicio. Queda, no obstante, por plantear una tercera pregunta, que afecta a un tema radical, que puede calificarse de *ontológica* y quedar formulada en estos términos: «¿qué es juzgar?». Se trata de discernir los elementos constitutivos de esa acción humana en la que el juicio se explicita, cuestión que será abordada aquí.

Conviene no resbalar sobre un aspecto que, aunque en apariencia pueda parecer trivial, es de la máxima importancia. Se trata de que el juicio es un acto humano. Afirmar esto supone una cierta conquista en la evolución de la cultura jurídica. Implica sustraer la acción de juzgar de cualquier connotación mítica, mágica o religiosa. A partir de un determinado desarrollo histórico de la experiencia jurídica, el juicio no se hace depender del azar, de hechos fortuitos, de causas esotéricas inefables o de una voluntad presunta de los dioses. Deja de ser el producto de oráculos, cuyo sentido se atribuye a sibilas o miembros de una casta sacerdotal, en régimen de monopolio.

En los sistemas jurídicos modernos: «la labor de los jueces —en palabras de Genaro R. Carrió— no se desarrolla en el misterio sino a la vista de todo el mundo, y constituye un aspecto central del funcionamiento de cualquier sociedad organizada. Los miembros de la magistratura no se reclutan entre los iniciados de alguna secta esotérica... los fallos judiciales se publican...»[20]. Si se parte de esa naturaleza inequívoca y específicamente humana del juicio, convendrá clarificar los elementos básicos que en la misma se involucran. En este sentido, cabe establecer que la acción de juzgar se desglosa en tres procesos que tienen que ver con actividades básicas del quehacer humano: la percepción, la intelección y la decisión.

---

[20] G. R. Carrió, «Los jueces crean derecho», cit., pp. 80-81.

4.1. El acto de juzgar como percibir

Como otras actividades propias del desarrollo de la vida humana, la acción de juzgar se explicita a través de determinadas funciones o expresiones de los sentidos. En los sistemas jurídicos del pasado y del presente hallamos continuas referencias a esa dimensión del proceso judicial manifestada a través de percepciones y expresiones sensoriales.

Constituye un dato insoslayable de la acción de juzgar su referencia a las percepciones sensoriales de la vista y del oído, así como a la expresión oral de ideas o sentimientos. En las normas procesales, de los distintos sectores del ordenamiento jurídico, aparecen constantes referencias a esos aspectos sensoriales. Así, con relación a la componente *visual* del proceso, pueden reseñarse, sin pretensión alguna de exhaustividad, remisiones tales como: celebración de vistas, señalamiento de vistas, suspensión de vistas, inspección ocular, visto para sentencia... A la percepción *auditiv*a del juicio se alude en expresiones como: Audiencia, audiencia previa al juicio, audiencia pública, audiencia al rebelde, auditor, oidor... Hacen referencia a la dimensión *oral* del proceso nociones tales como juicio oral, informes orales, deposición oral, testimonio oral, careo, confesión del procesado y personas civil o criminalmente responsables, concesión de la última palabra al procesado...

En la tradición jurídica romanista, la dimensión perceptiva y expresiva del proceso se ha reflejado en múltiples aforismos y brocardos. Entre ellos, merecen ser reseñados algunos: «*Audiatur et altera pars*» (»Óigase también a la otra parte»); «*Exhibere est facere in publico potestatem, ut ei qui agat experiundi sit copia*» (»Exhibir es presentar ante el magistrado para que el demandante pueda ejercitar su acción»); «*Manifesta non indigent demonstratione vel probatione*» (»Las cosas evidentes no necesitan demostración o prueba»); «*Uti lingua nuncupassit, ita ius esto*» (»Según las palabras pronunciadas, así será el derecho»); «*Quum in verbis nulla ambiguitas est, non debet admitti voluntatis quesito*» (»Cuando no hay ambigüedad ninguna en las palabras, no debe admitirse cuestión sobre la voluntad»)...[21].

Incurriría en un exceso de prolijidad y se apartaría del objeto de estas reflexiones, el intento de una consideración demorada en pormenores sobre las distintas manifestaciones y alcance de la dimensión perceptiva del juzgar.

---

[21] Cfr. R. Domingo, (Dir.), J. Ortega y B. Rodríguez-Antolín, *Principios de Derecho Global. Aforismos jurídicos comentados*, Thomson/Aranzadi, Cizur Menor (Navarra), 2003; J.Iglesias Redondo, *Repertorio bilingüe de definiciones, reglas y máximas jurídicas romanas,* Civitas, Madrid, 1986; J. Mans, *Los Principios Generales del Derecho*, Bosch, Barcelona, 1979. En la obra *Dichos jurídicos y éticos tradicionales,* Civitas, Madrid, 1986, compilados por M. G. Martínez, se recogen numerosas máximas referentes a las percepciones sensoriales del juez. Como ejemplo, puede citarse la siguiente: «Ojos de jueces, lengua de abogado y pies de pleiteante, llevan lo suyo adelante», p. 140.

A los efectos de este análisis, estimo que será suficiente aludir a algunos episodios y tesis doctrinales en los que se corrobora esta dimensión del quehacer judicial.

a) Entre los episodios históricos en los que se manifiesta la componente «visual» del juicio, ha adquirido especial celebridad el denominado «juicio de Friné», al que aludieron numerosos clásicos greco-latinos y que en la tradición cultural de occidente ha inspirado diversas manifestaciones pictóricas y escultóricas. Friné era una cortesana que adquirió fama por su belleza escultural (en este caso no se trata de una metáfora, ya que fue la modelo predilecta de Praxíteles) en la Atenas del S.IV a.C. Inducida por sus admiradores a emular a la diosa Afrodita (la Venus romana), fue acusada de impiedad. Esta acusación poseía notable gravedad hasta el punto de haber determinado el proceso y condena de Sócrates. En el juicio, asumió la defensa de Friné el retórico Hipereides, quien ante la dudosa eficacia de sus argumentos exculpatorios, la exhortó a que se desprendiera de su clámide y mostrara su cuerpo desnudo ante el Tribunal. Ante la rotundidad de esta visión los jueces unánimemente decidieron absolver a Friné[22].
b) En lo que respecta a la dimensión «auditiva» del juzgar resulta del mayor interés la investigación del historiador del derecho Carlos Petit, en su relevante obra *Iustitia Gothica*. En ella, dedica un Capítulo titulado: *De audientia iudiciali* a exponer los principales aspectos que revestía esta dimensión del proceso en el ordenamiento jurídico visigodo. La tarea de juzgar en el ámbito del Derecho visigodo ofrece un relevante ejemplo del carácter nuclear que los aspectos auditivos revisten en el proceso. El desenvolvimiento del sistema procesal visigodo registra una decantación desde su primitivo sesgo popular hacia una progresiva tecnificación. El primero, estuvo personificado en la audiencia pública que representa la asamblea colectiva germánica, con la que se quiere que la auditoría judicial se halle inserta en una atmósfera de auditores populares colectivos. Esta fase será progresivamente abandonada en la medida en que, la penetración del Derecho romano en el visigodo se traduzca en una sustitución de los auditores populares por auditores técnicos (juristas o eclesiásticos), los cuales actuarán como colaboradores del juez y serán designados por él[23].

---

22 Cfr. J. M. Pérez-Prendes, «El mito de Friné», en *Cuadernos de Historia del Derecho*, 1999, n.6, pp. 211 ss.

23 C. Petit, *Iustitia Gothica. Historia Social y Teología del Proceso en la Lex Visigothorum*, Publicaciones de la Universidad de Huelva, Huelva, 2002, pp. 243 ss.

La institución del jurado pudiera considerarse como una reminiscencia en los sistemas jurídicos actuales de la dimensión popular de la audiencia en el proceso. No huelga tampoco recordar que la componente auditiva del juzgar representa la otra cara de la oralidad del proceso. Se escucha porque se habla. Lo que se oye en el procedimiento judicial es, por tanto, lo que en él se dice. De ahí, que cualquier reflexión sobre las percepciones sensibles auditivas del juicio tengan como referencia y se prolonguen necesariamente en los aspectos orales del proceso.

c) Compendian la inquietud constante, en los sistemas jurídicos y en la doctrina, por cuanto atañe a la *oralidad* del proceso, las sugerentes observaciones del profesor Manuel Olivencia, mercantilista de denso prestigio, expuestas en sus estudios sobre: *Lenguaje y Derecho*. La oralidad del proceso constituye un rasgo distintivo y una garantía jurídica de nuestra tradición cultural. Asumiendo ese significado garantista, la vigente Constitución española prescribe que: «El procedimiento será predominantemente oral, sobre todo en materia criminal «(art 120.2). Asimismo, se corrobora ese principio constitucional de la oralidad en la Ley Orgánica del Poder Judicial (art. 220.1). Pese a lo dispuesto en esos textos, el profesor Olivencia muestra sus alarmas ante una progresiva suplantación de la oralidad por los procedimientos escritos. «Lo cierto es que la oralidad procesal está en regresión y la oratoria forense, arrumbada en el desván de los trastos inútiles». Olivencia reivindica la importancia del informe forense que es, la principal pieza oratoria del debate procesal. Tal informe se realiza en la vista oral de los procesos penales, en los que lo realiza el fiscal, la defensa y, en su caso, la acusación particular. Informes orales que se plantearán también en los supuestos de casación y revisión. No obstante la regresión de la oralidad supone, en opinión de Olivencia, un signo preocupante de la orientación de las vigentes normas procesales del ámbito civil y contencioso-administrativo. Concluye Olivencia señalando que: «Estamos asistiendo a una crisis de la oralidad, acuciada por el retraso en la Administración de Justicia, pero que tiende a perpetuarse como solución definitiva. Víctima de una justicia tardía y con prisas, el informe de Abogados no sólo se reduce a casos contados, sino, dentro de éstos, a una duración con frecuencia insuficiente, impuesta por la urgencia, que lo convierte en una actuación incómoda para el orador y para el Tribunal y pone en grave riesgo su calidad y su utilidad»[24].

---

[24] M. Olivencia Ruiz, «Lenguaje y Derecho», en sus *Escritos Jurídicos,* Fundación El Monte, Sevilla, 2005, vol. I, pp. 511 y 515.

4.2 El acto de juzgar como razonar

Del carácter inequívocamente humano del juicio se desprende que uno de sus rasgos constitutivos deba ser la racionalidad. La razón es la facultad humana por excelencia, aquella que distingue al ser humano de otros seres y le confiere, precisamente, el atributo de la humanidad. Pero una vez admitida la decisiva importancia de la razón en la actividad del juez, se plantea un arduo debate metodológico sobre el tipo de racionalidad al que debe adscribirse la tarea de juzgar. Es un debate que ha discurrido en paralelo al de las ya reseñadas disputas de la ciencia y la filosofía del derecho en torno a la capacidad creadora del juez. Algunos de los argumentos que aquí se invocan se solapan con los avanzados en aquella polémica, aunque en esta las posiciones pueden reconducirse a dos. La primera, se halla representada por quienes consideran que el acto de juzgar es una manifestación de *racionalidad pura,* o sea, una actividad estrictamente lógica a través de la cual el juez es capaz de conocer o identificar la norma aplicable al caso controvertido. Quienes defienden esta tesis, comparan la actividad del juez con un *silogismo* en el que la premisa mayor está representada por el sistema de fuentes del derecho; la premisa menor, por las circunstancias del caso enjuiciado; y la conclusión es un acto lógico por el cual el juez, una vez identificada la norma pertinente dentro del sistema de fuentes, la aplica a la solución del caso que es objeto del proceso. Se trata, de un mecanismo que explicita el procedimiento de la subsunción, al que se ha aludido *supra*. La segunda opción concibe la actividad judicial como expresión de la *racionalidad práctica*, es decir, la reputa un proceso discursivo tendente a inferir las «buenas razones», argumentos o motivos relevantes tendentes a establecer la norma jurídica más oportuna para resolver el proceso.

La *Methodenstreit* de la filosofía y la teoría del derecho en las últimas décadas, ha tenido uno de sus aspectos más relevantes en estas dos tesis opuestas sobre lo que significa juzgar en relación con el ejercicio de la racionalidad judicial.

a) Las teorías propugnadadoras de la posibilidad de aplicar modelos de *racionalidad lógico-formal* al derecho, han defendido, con decidido énfasis, la concepción del juicio como un acto de estricta racionalidad.

Estas tesis se basan en los aspectos técnicos del lenguaje jurídico, así como en la coherencia y sistematicidad de los ordenamientos jurídicos. Esta dimensión lógica de los sistemas normativos jurídicos permite proyectar para su conocimiento y aplicación determinadas premisas lógico-formales mediante las que el juez identifica la norma aplicable al caso. La función judicial se desarrolla, de este modo, en términos de estricta previsibilidad lógica que redundan en la garantía del valor de la seguridad jurídica[25].

Las tendencias logicistas sobre el significado de juzgar se han visto potenciadas, en estos últimos años, por la posibilidad de proyectar la informática al derecho. Tal posibilidad se halla condicionada por las características del lenguaje jurídico. En los sistemas jurídicos evolucionados, el lenguaje normativo ha adquirido un notable grado de precisión, lo que en opinión de los defensores de la proyección de la lógica formal y de la informática al derecho, constituye un dato que avala y facilita tales aplicaciones. No se pueden ocultar, sin embargo, la existencia de dificultades para hacer del lenguaje jurídico un lenguaje exacto, unívoco y lógicamente riguroso. Esas dificultades no se circunscriben a su componente natural, ya que incluso los conceptos y categorías que integran el lenguaje jurídico técnico, a diferencia de cuanto sucede en las ciencias exactas, no siempre son utilizados en el mismo sentido, aun en el seno de un mismo ordenamiento jurídico, lo que comporta importantes problemas con vistas a su formalización. Un lenguaje técnico se halla integrado por un conjunto de términos dotados de un significado preciso. Esa precisión se logra a través de las consiguientes definiciones, dirigidas a dotar de un sentido unívoco y estricto a los términos de tal lenguaje. Las nociones de «hipoteca», «enfiteusis», «contrato», «licitud»... son algunos de los términos técnicos del lenguaje jurídico. Pero no todas las expresiones del lenguaje técnico del derecho tienen un significado exclusivamente jurídico. Abundan en el lenguaje jurídico supuestos de polisemia (acción, cuadrilla, capacidad, persona...) en los que una misma palabra podrá pertenecer al lenguaje natural o jurídico según su contexto de uso.

La *lógica deóntica,* más allá de la pluralidad y heterogeneidad de sus acepciones, implica la posibilidad de extender las inferencias lógicas no sólo a las descripciones, sino a las prescripciones; es decir, permite construir una lógica de normas. En este sentido, el ordenamiento jurídico representa el contexto coherente y sistemático en cuyo seno pueden establecerse un sistema de conexiones, deducciones y decisiones lógicas. Todo ello, es muy relevante para la informatización del lenguaje jurídico en un doble sentido: porque a mayor estructuración lógica del lenguaje jurídico, será más fácil su formalización informática; y porque la posibilidad de proyectar reglas lógicas sintácticas de las normas permite facilitar las operaciones del ordenador. No en vano, las computadoras no utilizan conceptos semánticos, sino rela-

---

[25] Cfr. A.E. Pérez Luño, *La seguridad jurídica,* cit., pp. 78 ss y 133 ss.. Para una panorámica general de los distintos modelos de proyección de la lógica formal a la argumentación jurídica, vid. M. Atienza, *El Derecho como argumentación,* Ariel, Barcelona, 2006, pp. 109 ss. Asimismo, ha elaborado una exposición de las distintas concepciones formalistas del derecho: F. Llano Alonso, *El formalismo jurídico y la teoría experiencial del derecho,* con Prólogo, de A. E. Pérez Luño, Tirant lo Blanch, Valencia, 2009, pp. 32 ss.

ciones sintácticas. Los operadores deónticos (mandado, prohibido y permitido) posibilitan en definitiva, establecer relaciones de compatibilidad, coherencia y deducción dentro del contexto del ordenamiento jurídico, que pueden ser formalizadas en lenguaje informático.

Al promediar la década de los setenta del pasado siglo, se conforma uno de los sectores más dinámicos y en constante evolución de la Informática jurídica metadocumental o decisional, el que se refiere a la aplicación al derecho de la inteligencia artificial (IA) y los sistemas expertos (SE). La inteligencia artificial alude al conjunto de actividades informáticas que si fueran realizadas por el hombre se considerarían producto de su inteligencia. La propia amplitud de estas operaciones, que abarcan desde la comprensión de lenguajes naturales, el reconocimiento de imágenes o sonidos, hasta una amplia y diversa gama de juegos y simulaciones, ha determinado una necesidad de acotar y delimitar su ámbito. A ello también ha contribuido la contradicción que supone predicar de entidades ajenas al hombre el rasgo humano por excelencia, o sea, la inteligencia. De ahí que hoy se aluda preferentemente a lo que es el sector más importante de la inteligencia artificial el que se refiere a los sistemas expertos. Tales sistemas incorporan, de una manera práctica y operativa, el conocimiento que posee un experto en la materia de que se trate. Consisten en programas que reproducen las actuaciones que ha previsto el experto que los diseña. Entre los sistemas expertos más notorios de nuestros días se encuentran los dirigidos al diseño artístico o arquitectónico, la localización de yacimientos minerales y el diagnóstico médico. El paralelismo entre el diagnóstico clínico y el dictamen o razonamiento del juez han propiciado una copiosa bibliografía sobre experiencias de aplicación de los SE a la actividad judicial. Se indica que al igual que el médico dictamina en función de alojar los síntomas de la enfermedad en un cuadro de patologías, el juez mediante el silogismo de la subsunción atribuye a unos hechos tipificados las consecuencias jurídicas previstas en la norma. En función de ello han proliferado en estos años una serie de proyectos y prototipos de **s**istemas expertos jurídicos (SEJ) en materias tales como liquidaciones tributarias, cálculo de indemnizaciones por accidentes laborales o de tráfico, predicción de las consecuencias jurídicas de impactos medioambientales, condiciones de adquisición de la nacionalidad y Derecho de familia, en concreto, matrimonio y divorcio. Estos sistemas más que a suplantar la racionalidad judicial, como indebidamente pretendieron algunos radicales ingenuos de la informática jurídica, se plantean hoy como medios auxiliares y, en cierto modo, confirmadores de la actividad lógica del juez[26].

---

[26] Cfr. A.E. Pérez Luño, *Cibernética, Informática y Derecho. Un análisis metodológico,* Publicaciones del Real Colegio de España, Bolonia, 1976 pp. 83 ss.; id., *Manual de informática y derecho,* Ariel, Barcelona, 1996, pp. 179 ss.; id., *Ensayos de Informática Jurídica,* Fontamara, México,.1996, pp. 107 ss.; id., ¿Ciberciudadaní@ o ciudadaní@com?, Gedisa, Barcelona 2004, pp. 57 ss.

b) Pionero en la restauración del interés jurídico por la *racionalidad práctica*, así como por sus repercusiones en el quehacer judicial, fue Theodor Viehweg, quien concibe la «tópica» como el método dialógico que orienta el razonamiento del juez hacia la decisión de los casos, o problemas concretos, en los que se expresa el derecho[27]. Deben también mencionarse los estudios sobre la nueva retórica debidos a Chaim Perelman, tendentes a mostrar la estructura argumentativa del razonamiento judicial[28]; así como la revalorización de la razón práctica, denominada por Luis Recaséns Siches «logos de lo razonable», en la interpretación y aplicación del derecho por parte de la judicatura[29].

La relevancia general de la racionalidad práctica en los sistemas normativos ha sido objeto de un estudio de Joseph Raz, en el que concibe las «razones» (*reasons*) como relaciones entre hechos y personas, siempre que se trate de hechos con proyección normativa en cuanto que determinen la actuación debida. Raz, más que de la filosofía práctica valorativa tendente a mostrar los valores que deben perseguirse y las razones orientadoras de la acción, prefiere centrar su atención en el análisis práctico-conceptual de categorías tales como la del valor, norma, acción y de la naturaleza de las reglas de inferencia que gobiernan el razonamiento práctico. Para ello, propugna una filosofía general de la razón práctica, que estudiaría conceptos comunes a las diversas disciplinas prácticas (derecho, moral y política), tales como los de regla y sistema normativo. Corolario de tal premisa es su convicción de que es posible y necesario desarrollar una lógica unificada de los conceptos normativos, y que la parte básica de esa lógica no es la lógica deóntica, sino la lógica de las razones para la acción, entre las que ocupan un lugar cualificado las que tienden a dirigir la acción de juzgar[30].

En el marco de tales inquietudes es también digno de mención el esfuerzo de Josef Esser con referencia a la necesidad de que el juez tenga presentes las expectativas de la colectividad para que el resultado de la función hermenéutica, que posee una insoslayable dimensión práctica, goce de un

---

[27] Th. Viehweg, *Topik und Jurisprudenz,* Beck, München, 1953. (De esta obra existe trad. cast. de L. Díez Picazo, *Tópica y jurisprudencia,* Taurus, Madrid, 1964).

[28] Ch. Perelman, *Traité de l'argumentation. La nouvelle rhétorique*, en col. con L. Olbrechts-Tyteca, Editions de l'Université de Bruxelles, Bruxelles, 1970.

[29] L. Recaséns Siches, *Nueva filosofía de la interpretación del Derecho,* Fondo de Cultura Económica, México, 1956; id., *Experiencia jurídica, naturaleza de la cosa y Lógica «razonable»*, Fondo de Cultura Económica & UNAM, México, 1971.

[30] J. Raz, *Practical Reason and Norms,* Hutchinson, London, 1975. (De la segunda edición de esta obra que data de 1990 existe trad. cast. de J. Ruiz Manero, Centro de Estudios Constitucionales, Madrid, 1991).

amplio consenso social[31]. John Hart Ely insistirá, a su vez, en la necesidad de que la decisión judicial se vea limitada por la exigencia de ponderar los intereses de los afectados, sobre la base de una consideración igual de sus personas[32].

En la dimensión institucional de las pautas de racionalidad práctica de la función judicial han hecho especial hincapié Neil MacCormick y Ota Weinberger. Los sistemas jurídicos contemporáneos requieren un alto grado de racionalidad tanto en su estructura normativa, como en los procedimientos de aplicación del Derecho. La racionalidad práctica desempeña una importante función de garantía de la adecuación de las decisiones judiciales a consecuencias socialmente deseables y racionalmente fundadas. Mediante el ejercicio de la racionalidad práctica, los jueces tienden a apoyar sus decisiones en criterios universalizables; es decir, rebasan objetivos particulares para perseguir aquellos valores generalizados e institucionalizados en la práctica social, que legitiman la observancia del derecho[33].

c) Especial mención merece el empeño de Robert Alexy por sugerir reglas y procedimientos tendentes a garantizar la racionalidad de la argumentación jurídica, ofreciendo un cauce *mediador* entre las dos posturas hasta aquí reseñadas. Alexy pretende evitar, de este modo, que las ineludibles valoraciones del juez degeneren en juicios de valor subjetivos y arbitrarios. La referencia a las normas materiales y procesales aplicables al caso, la obligada consideración de los precedentes, así como las pautas orientadoras de la Dogmática jurídica institucionalmente cultivada, constituyen el horizonte en el que se proyecta la racionalidad práctica en el derecho.

Quizás el mérito principal de las investigaciones de Alexy resida en su esfuerzo por establecer un acercamiento entre la argumentación jurídica a partir de la *racionalidad práctica* y el *análisis lógico y lingüístico* del razonamiento judicial. Alexy comparte con los teóricos de la argumentación la idea de que la racionalidad jurídica no puede reducirse a esquemas de la lógica formal. No obstante, la racionalidad de la argumentación jurídica no deja de ser una forma de «racionalidad», que debe obedecer a premisas de corrección y rigor. El elemento básico para conseguirlo es el procedimiento.

---

31 J. Esser, *Vorverständnis und Metodhenwahl in der Rechtsfindung,* Atheneum, Frankfurt a.M., 1970.

32 J. Hart Ely, *Democracy and Distrust. A theory of Judicial Review,* Harvard University Press, Cambridge (Mass.) and London, 1980.

33 N. MacCormick y O.Weinberger, *An Institutional Theory of Law,* Reidel, Dordrecht, 1986. Del Capítulo XI de esta obra sobre *Los límites de la racionalidad en el razonamiento jurídico,* existe trad. cast. de M. Atienza y J. Ruiz Manero incluida en el vol. a cargo de J. Betegón y J.R. de Páramo, *Derecho y Moral. Ensayos analíticos*, Ariel, Barcelona, 1990, pp. 9 ss.

El razonamiento del juez no responde al azar o a la arbitrariedad, sino a «razones» que actúan como modelos justificativos de la creación, la interpretación y la aplicación de normas. Esas justificaciones no sólo se basan en factores estáticos (la conformidad de las premisas con el contenido de reglas jurídicas positivas o metapositivas —Derecho natural—; o la estricta deducción entre las premisas y sus consecuencias...); sino principalmente en un elemento *dinámico*: el procedimiento argumentativo.

Robert Alexy ha acogido, desarrollado y proyectado al derecho las tesis sobre el discurso práctico y la teoría consensual de la verdad debida a Jürgen Habermas. Según Alexy un discurso práctico es racional cuando satisface las condiciones de una argumentación práctica racional. Cuando estas condiciones se cumplen, el resultado del discurso es correcto. La teoría del discurso es, por tanto, una teoría procedimental de la corrección práctica. Las condiciones que garantizan la racionalidad del procedimiento del discurso son resumidas por Alexy en un sistema de reglas que guían la actividad de la racionalidad práctica. Estas reglas responden a una doble exigencia:

1) Las que garantizan la corrección *estructural* de los argumentos y que imponen, entre otras cosas, su no contradicción, la claridad lingüístico-conceptual, la veracidad de las premisas empíricas utilizadas, la exhaustividad deductiva de los argumentos, la consideración de las consecuencias, la valoración comparativa de los argumentos.
2) Las que garantizan la *imparcialidad del procedimiento* argumentativo y que hacen referencia al reconocimiento del derecho a participar en el discurso en condiciones de libertad y de igualdad (cualquier persona capaz puede intervenir en el discurso, plantear sus puntos de vista, deseos y necesidades; a ningún dialogante se le puede impedir que ejercite sus facultades reconocidas en las reglas del discurso, mediante una coacción establecida, exterior o interior al discurso)[34].

Las tesis de Robert Alexy, en lo que conciernen al significado de la labor judicial, permiten, a mí entender, inferir una doble consecuencia:

1.ª) Que la teoría de la argumentación judicial ha supuesto, en cierto modo, un desplazamiento desde la hoy cuestionable coherencia del ordenamiento jurídico, a la coherencia, en términos de racionalidad discursiva, de las decisiones jurisprudenciales.

---

[34] R. Alexy, «Die Idee einer prozeduralen Theorie der juristischen Argumentation», en *Rechtstheorie,* 1981, n.º 2, pp. 178 ss.; id., *Theorie der juristischen Argumentation,* Suhrkamp, Frankfurt a.M., 1978. (Trad. cast. de M. Atienza e I. Espejo, Teoría de la argumentación jurídica, Centro de Estudios Constitucionales, Madrid, 1990), pp. 213 ss. Cfr. M. Atienza, *Las razones del Derecho. Teorías de la argumentación jurídica,* Centro de Estudios Constitucionales, Madrid, 1991, pp. 177 ss.

2.ª) Que la teoría de la argumentación racional de Alexy no es ideológicamente neutral. Los presupuestos del procedimiento discursivo son la libertad y la igualdad, o sea, los valores básicos del Estado de derecho y a su vez, la teoría del consenso obtenido a través de la argumentación racional constituye el fundamento legitimador de la legalidad del Estado de derecho. De este modo, se advierte una cierta circularidad en esta concepción argumentativa: la argumentación exige la presencia de determinados derechos para garantizar su propia racionalidad e imparcialidad; y los derechos fundamentales requieren de la argumentación para poder ser interpretados y aplicados por los jueces a las situaciones concretas[35].

Las tesis de Alexy han sido un fértil estímulo para la superación de las doctrinas propugnadoras de una fractura entre las dimensiones lógico-formal y práctica del razonamiento jurídico. La rebelión, surgida al promediar el pasado siglo, contra los excesos del logicismo formalista en el derecho pagó, a su vez, tributo al exceso. El ardor polémico con el que denunciaron la unilateralidad de los empeños teóricos que reducían todo el razonamiento jurídico a un conjunto de procesos y categorías lógico-formales, le condujo a negar los ingredientes lógicos y sistemáticos que insoslayablemente integran también la argumentación de los juristas. Hoy se considera más ajustado a la realidad reconocer la interdependencia de esas dos dimensiones y su presencia necesaria y conjunta en una visión comprensiva de los argumentos jurídicos.

Síntoma ejemplar de esos nuevos rumbos metodológicos es el enfoque de Manuel Atienza, que ha trazado una completa síntesis de los procesos lógico-formales, materiales y pragmáticos que conforman la argumentación jurídica. Sin desconocer la relevancia de estos últimos, Atienza propone una evaluación de las aportaciones de la lógica formal al razonamiento jurídico que persigue evitar las dos polaridades extremas, e igualmente insatisfactorias, respecto a la incidencia de la lógica formal en el derecho. La primera de ellas, se halla representada por las tesis que postulan la posibilidad de formalizar absoluta e integralmente todos los procesos discursivos conformadores de los argumentos jurídicos. La segunda, respondería a la actitud de quienes, como se ha tenido ocasión de reseñar *supra*, infravaloran o niegan cualquier proyección lógico-formal en la esfera de los razonamientos jurídicos.

---

[35] R. Alexy, *Theorie der Grundrechte,* Suhrkamp, Frankfurt a.M., 1986, de la que existe versión cast. de E, Garzón Valdés, revisada por R. Zimmerling, Centro de Estudios Constitucionales, Madrid, 1993.; id., *Begriff und Geltung des Rechts,* Steiner, Freiburg/München, 1992, de la que existe versión cast. de J. M. Seña, Gedisa, Barcelona, 1994; id., *Derechos sociales y ponderación,* ed., cast. a cargo de R. García Manrique, vol., col., en el que se recogen también colaboraciones de varios autores, Fundación Coloquio Jurídico Europeo, Madrid, 2007.

Estima Atienza que contra lo que hay que estar en la argumentación jurídica no es obviamente contra la lógica, lo que sería caer en un absurdo, sino contra sus pretensiones imperialistas. El análisis lógico de los razonamientos jurídicos no es una labor que pueda considerarse ya finalizada. Queda abierta la tarea de una proyección de la lógica sobre la pluralidad de los enunciados jurídicos, que dé cuenta de la variedad de elementos que integran una concepción amplia del derecho. Invoca Atienza el paralelismo, aducido en ocasiones, entre la gramática y la lógica. Para escribir bien no basta con conocer las reglas de la gramática, pero conocerlas es de gran ayuda. De modo análogo, el jurista que tiene que argumentar en el derecho, no será un buen jurista simplemente por conocer algo de lógica, pero ese conocimiento es de una inestimable ayuda en determinados contextos.

Atienza cifra dichas aportaciones en tres ámbitos:1) Ofrecer esquemas de análisis, que ayudan a ordenar los argumentos y a evaluar, *prima facie*, su posible bondad. El conocimiento de la lógica contribuye a la claridad de la argumentación. 2) Contribuir a facilitar la interpretación y la conceptualización. La lógica proporciona un lenguaje formal al que poder traducir los argumentos del lenguaje natural. Permite así, dotar a la expresión de los argumentos jurídicos de un lenguaje riguroso, evitando las contradicciones, incoherencias, ambigüedades... Con ello, no quedan resueltos todos los problemas que concurren en la interpretación del derecho, pero se contribuye a evidenciarlos. 3) Proporcionar un criterio para el control de los argumentos. Para la lógica deductiva, la mayor parte de los argumentos que efectuamos en la vida cotidiana y en la jurídica, son entimemáticos, esto es, no explicitan todas sus premisas. La lógica deductiva es un método que permite detectar las premisas que faltan y controlar la calidad de los argumentos, pues nos lleva a plantearnos la cuestión de hasta qué punto esas premisas implícitas son o no aceptables[36].

Este enfoque, estimo, que es susceptible de ser proyectado a la esfera de la argumentación judicial. También en ella el razonamiento del juez encuentra un provechoso apoyo en la lógica formal en tres momentos: 1.º) El de la actividad judicial tendente a la elaboración rigurosa, es decir, ordenada, coherente y clara de sus argumentaciones. 2.º) El de la expresión lingüística de esos argumentos, a través de un lenguaje preciso y depurado de términos ambiguos u oscuros... Con ello, se facilita la interpretación del significado de

---

[36] M. Atienza, *El Derecho como argumentación*, cit., pp. 179-180. A partir de las formulaciones de Vico, he propugnado también un planteamiento integrador d e las dimensiones lógico-formal y práctica del razonamiento jurídico, en mis trabajos: «Razonamiento jurídico y razonamiento cibernético», en mi libro: *Cibernética, Informática y Derecho. Un análisis metodológico,* Publicaciones del Real Colegio de España, Bolonia, 1978, pp. 83 ss.; «Giambattista Vico y el actual debate sobre la argumentación jurídica», en *Cuadernos sobre Vico*, n. 5-6, pp. 123 ss.; «Un modelo histórico de argumentación jurídica: Giambattista Vico», en *Revista de Ciencias Sociales,* (Universidad de Valparaíso-Chile), n.º 45, pp. 15 ss.

las sentencias. 3.º) El que concierne a la congruencia interna de las cadenas argumentativas que vertebran el razonamiento judicial y que constituyen el nervio de la motivación de las sentencias.

En la jurisprudencia española, en especial en la del Tribunal Constitucional, al igual que en la de otros Estados de derecho de nuestro entorno político-cultural, se advierte el preponderante papel que asume la argumentación racional como garantía de la seguridad jurídica de los ciudadanos. En el marco de la amplia, casi constante referencia del TC a la fundamentación racional de sus argumentos y en relación con aspectos que inciden en la argumentación iusfundamental, se pueden distinguir tres postulados básicos:

1.º) La argumentación racional se considera como requisito básico para la *tutela efectiva* de los derechos fundamentales. Existe una abundante jurisprudencia en la que expresamente se alude a la motivación, en términos de argumentación racional de las decisiones, como elemento nuclear del derecho constitucional a la tutela efectiva. Así, nuestro máximo intérprete de la Constitución proclama que: «Es doctrina reiterada de este Tribunal Constitucional que la tutela judicial efectiva, consagrada en el artículo 24.1 CE, comprende el derecho a obtener una resolución fundada en Derecho, como garantía máxima —dada la esencia de la función jurisdiccional— frente a la arbitrariedad e irrazonabilidad en la actuación de los poderes públicos» (STC 131/1990, FJ l.). Doctrina reiterada, entre otras, en la sentencia que sostiene: «La obligación de motivar las sentencias que el art. 120.3 CE impone a los órganos judiciales, puesta en conexión con el derecho a la tutela judicial protegido por el art. 24.1 de la Constitución —entendido como derecho a una resolución jurídicamente fundada—, conduce a integrar en el contenido de esta garantía constitucional el derecho del justiciable a conocer las razones de las decisiones judiciales y, por tanto, el enlace de las mismas con la ley y el sistema general de fuentes, de la cual son aplicación» (STC 14/1991, FJ 2).

2.º) La argumentación judicial se concibe como un ejercicio de *racionalidad* tendente a evitar decisiones *arbitrarias*. Un buen número de sentencias de nuestro TC coinciden en exigir una motivación basada en razonamientos argumentativos de las decisiones judiciales, como medio para evitar resultados contradictorios o ilógicos. Ello implica que los jueces deberán justificar racionalmente sus resoluciones y sentencias. Baste como muestra cuanto el TC expresa en los siguientes párrafos: «Es doctrina reiterada de este Tribunal Constitucional que una aplicación de la legalidad que sea arbitraria, manifiestamente irrazonada o irrazonable no puede considerarse fundada en Derecho y lesiona, por ello, el derecho a la tutela judicial... Así ocurre en los casos en los que... la resolución judicial contiene contradicciones internas o errores lógicos que hacen de ella una resolución manifiestamente irrazonable por contradictoria y, por ello, carente de motivación» (STC 184/1992, FJ 2)[37].

3.º) La exigencia de argumentación racional no garantiza el *acierto de la decisión judicial.* El TC advierte que el procedimiento argumentativo contribuye a que las decisiones judiciales se elaboren según pautas de racionalidad formal, pero sin que ello necesariamente entrañe que el resultado de esas inferencias racionales represente la justicia material Como ejemplo significativo de esta orientación, puede valer cuanto se indica en la siguiente decisión del TC, en la que se sostiene que «el derecho a la tutela judicial reconocido en el artículo 24.1 CE conlleva el derecho a obtener una resolución fundada en derecho en relación a la pretensión formulada ante el Juez competente, el cual debe aplicar de manera motivada las normas jurídicas aplicables y resolver razonadamente la cuestión que se le plantea, pero el artículo 24.1 CE no garantiza el acierto del órgano judicial en cuanto a la solución del caso concreto» (STC 55/1993, FJ 5).

4.3. El acto de juzgar como decidir

Existen múltiples actividades humanas en las que se involucran percepciones y razonamientos, sin que las mismas posean relevancia jurídica. Lo que caracteriza el acto de juzgar es el que esas percepciones y razonamientos se dirijan a obtener unas determinadas consecuencias jurídicamente relevantes. Por ello, las sentencias o fallos judiciales se denominan también: «decisiones». El juez, tras percibir determinadas situaciones a través de sus sentidos, y tras su pertinente discernimiento racional establece lo que en derecho procede para resolver un conflicto, reconocer un derecho o imponer una obligación. La decisión judicial exige, por tanto, un acto de voluntad por parte del juez a través del cual se pone fin a un proceso, mediante el establecimiento de lo que en derecho procede. Fija, de esta forma, la conclusión de una causa y lo que es, en términos procesales, la «verdad jurídica», provisoria o definitiva, según asuma o no la calidad de cosa juzgada[38].

---

[37] Cfr.: M. Atienza, *El Derecho como argumentación*, cit., pp. 154 ss.; R. de Asís, *El juez y la motivación en el derecho*, Dykinson, Madrid, 2005, pp. 77 ss. J. Malem, *El error judicial y la formación de los jueces*, Gedisa, Barcelona, 2008, pp. 27 ss.; .; A. Nieto, *El arbitrio judicial*, Ariel, Barcelona, 2000, pp. 17 ss.; L. Prieto Sanchís, *Justicia constitucional y derechos fundamentales*, Trotta, Madrid, 2003, pp. 175 ss.

[38] Sobre la noción de «verdad jurídica» en los supuestos de cosa juzgada, cfr. A.E. Pérez Luño, *La seguridad jurídica*, cit., p. 115 ss.

Sobre el significado histórico y actual de las decisiones judiciales, resulta de innegable mérito la reflexión avanzada por Luis Recaséns Siches, quien ofrece una síntesis crítica de alguna de las teorías más relevantes en esta materia. Las doctrinas de Theodor Viehweg, Joseph Esser, Ottmar Ballweg, Michel Villey, Julius Stone... han sido analizadas con atento interés por parte de Recaséns para establecer algunas consecuencias de incuestionable calado en esta esfera. Según Recaséns, el mérito de estos autores reside en que ofrecen la visión más profunda y más aguda sobre la naturaleza de la decisión judicial, orientada hacia la solución práctica de los conflictos jurídicos.

Existe una buena razón que excluye la posibilidad de que la decisión judicial sea lograda por una inferencia deductiva: quizá ninguna de las reglas usadas por los jueces permita inferir de ella la solución correctamente adaptada al litigio. Las reglas orientadoras de la decisión, en el devenir del proceso, habían sido construidas por obra de los jurisconsultos que trabajaban sobre la base de precedentes, sobre casos más o menos similares, y no sobre el fundamento de principios de la razón pura deducidos de una ley racional supuestamente conocida de antemano. O bien, ninguno de esos precedentes era *exactamente* idéntico al caso que se debía juzgar. Ahora bien, el derecho se había definido como la solución concreta apropiada al caso singular, según la naturaleza de éste. Consiguientemente, esta solución no podía ser extraída exclusivamente de la regla, prevista para casos diferentes; y, por eso, era necesario finalmente que la solución tomase en cuenta otras fuentes. El juez no decide solo, como el matemático o como el sabio de gabinete, o como el lógico moderno. La búsqueda de la decisión, se hace por varias gentes. De hecho, es *polifónica*. En el escenario jurídico donde se forma la solución del derecho, están necesariamente presentes los abogados de las dos partes, también el representante de la sociedad, es decir el fiscal, los representantes legales de los terceros que pueden tener un interés en el proceso; y el juez, quien resuelve. La luz surgirá del debate entre los alegatos contrarios. En lugar de la *invención* de leyes abstractas, el derecho era, en otro tiempo, la *controversia,* y debe seguir siéndolo.

Las reglas sirvieron como medios para acercarse a la solución definitiva. En el fondo, la solución se desprende de la naturaleza de cada caso concreto. El juez, hoy lo mismo que antaño, no procede por vía de silogismos. Lo que hace es añadir después ficticiamente la apariencia de una forma seudosilogística. Sabemos muy bien que el trabajo efectivo de juez consiste hoy lo mismo que ayer en buscar la solución de derecho por la vía de la dialéctica; en elegir la regla adecuada entre las reglas legislativas alegadas por los litigantes, reglas que no son concordes y que no constituyen en modo alguno un orden jurídico homogéneo. Consiste, cuando ello es necesario, en ir más allá de la regla legislativa; en forjar nuevas reglas, en pronunciar una sentencia adecuada al caso concreto, el cual es siempre nuevo. Si en la decisión del derecho por el juez existe siempre esa parte viva e imprevisible, entonces es ilusorio edificar una ciencia axiomática del derecho. Recaséns sostiene que *hay menos seguridad cuando se vive dentro de la ficción de un régimen deductivo,* que cuando se reconoce, a todas luces, el procedimiento de la controversia; y cuando se tiene conciencia de que el tema medular de la decisión judicial es el ejercicio de la dialéctica, o arte del diálogo o del debate[39].

He demorado en pormenores la exposición del planteamiento de Recaséns por entender que ofrece una visión paradigmática de los principales aspectos históricos y actuales de la decisión judicial. Debo, no obstante, puntualizar algunos asertos de ese enfoque que no me siento inclinado a suscribir. Porque el temor que a Recaséns, en su etapa de madurez, le suscita cualquier recaída en el logicismo o en el formalismo jurídico, le lleva a un error táctico, que es también un error substancial. La pretensión de erradicar de la decisión judicial cualquier atisbo de logicismo formalista le conduce a confundir los términos del problema. Pues de la naturaleza concreta que es propia de cualquier decisión judicial, por tratarse de un acto de aplicación individualizada de reglas generales y abstractas al caso controvertido, no se deriva que tal proceso sea *sólo* un acto de voluntad de carácter vital o experiencial, ajeno a cualquier inferencia lógica o elaboración sistemática. De cuanto hasta aquí se ha expuesto se desprende que la decisión judicial es una actividad subsiguiente a determinadas percepciones sensitivas, así como a determinados ejercicios de racionalidad. Desgajar la decisión judicial de su previa fundamentación racional equivale a convertir la voluntad del juez en voluntarismo; su decisión en decisionismo. El afán por sustraer el acto de voluntad en que la decisión del juez consiste de cualquier presupuesto y fundamento lógicos corre el riesgo de desembocar en el extremo contrario y, por tanto, en un extremismo: el del arbitrio judicial (cuestión a la que se aludirá *infra*).

Debe también reseñarse que, en fecha más reciente, algunas de las inquietudes expresadas por Recaséns en torno a la decisión judicial, han hallado nuevas formulaciones y planteamientos renovados. Entre los mismos, es preciso aludir a una tesis de Ronald Dworkin que ha suscitado amplio debate y polémica. La teoría de la aplicación judicial del derecho, que Dworkin sostiene, parte de un objetivismo ético-jurídico entendido como posibilidad de derivar principios materiales válidos para solucionar los procesos judiciales a partir de una supuesta «única respuesta correcta»: *One right answer* (frente a la tesis escéptica de que «no existe respuesta correcta»: *No right answer*) de los casos difíciles, la teoría de Dworkin imagina un mítico juez Hércules, que es capaz de descubrir la «única» respuesta jurídicamente adecuada a la solución de cada caso[40].

---

[39] L. Recaséns Siches: *Experiencia jurídica, naturaleza de la cosa y Lógica «razonable»*, cit., pp. 424 ss.; id., *Nueva filosofía de la interpretación del Derecho,* pp. 270 ss.

[40] R. Dworkin, *Taking Rights Seriously,* cit. pp. 116 ss.

Esta teoría de la actividad judicial choca con algunos de los presupuestos metódicos e ideológicos más arraigados en el pensamiento jurídico contemporáneo. Porque, hoy se reivindica, desde diferentes enfoques, la apertura y pluralismo metódico, frente a cualquier tipo de monopolio metodológico. Lo que lleva a concebir los procesos hermenéuticos del derecho como una instancia crítica, dinámica y abierta a una serie de alternativas y a un pensamiento de posibilidades (Möglichkeitsdenkens), que no sería sino el correlato metódico de la apuesta política en favor de una sociedad abierta y pluralista[41].

En relación con las decisiones judiciales, supone una implícita crítica a la tesis de Dworkin, la perspectiva metodológica del enfoque de Jon Elster. En su obra *Juicios salomónicos* ha insistido en las dificultades de una decisión estrictamente racional de los procesos judiciales. Ello se debe a la imposibilidad de hallar una única solución racional de determinados conflictos y/o y a la imposibilidad de que la pretendida solución racional pueda realizarse[42]. Se infiere de ese planteamiento la propia ambigüedad que entraña la pretensión de una única decisión correcta. La idea de «corrección» será distinta desde las diferentes partes que concurren en el proceso, o desde la propia defensa del interés público que compete al Ministerio Fiscal. De otro lado, esa idea de «corrección» conducirá a diferentes decisiones o fallos según se la conciba desde el parámetro de los principios o desde el de las consecuencias, desde premisas deontológicas o utilitarias.

Una interesante aportación reciente al significado de la decisión judicial se debe a la teoría de las normas jurídicas propuesta por Herbert Hart. Como es sabido, este prestigioso teórico del derecho inglés distingue entre lo que denomina: *normas primarias*, que son aquellas que imponen deberes; y *normas secundarias,* que son las que establecen determinados poderes de actuación. Estas últimas cumplen una importante función tendente a garantizar *seguridad jurídica,* las normas que Hart denomina: *«normas de adjudicación»*. Estas normas, en una sociedad evolucionada se atribuyen a unos órganos con facultades para *determinar* si los comportamientos son o no conformes a las normas primarias y para *ejercer* eficazmente la presión contra quienes incumplen las normas. Por ello, estas normas responden a la necesidad de crear unas normas *secundarias* que establezcan un procedimiento para decidir cuándo se transgreden las normas *primarias* y cómo se materializa la reacción social contra el transgresor. Contra la *inseguridad en la aplicación de las normas*, el remedio es una regla (secundaria) de adjudicación. Se infiere de la tesis de Hart, la atribución a los jueces de una sociedad moderna de

---

41 Cfr., A.E. Pérez Luño: *El desbordamiento de las fuentes del Derecho,* cit. pp. 32 ss.; Derechos humanos, Estado de Derecho y Constitución, cit. pp. 255 ss.

42 J. Elster, *Juicios salomónicos. Las limitaciones de la racionalidad como principio de la decisión.* trad.cast. C. Gardini, Gedisa, Barcelona, 1995, pp. 11 ss.

un papel conformador del sistema jurídico al contribuir a través de sus decisiones a adjudicar las consecuencias jurídicas pertinentes a las actuaciones cívicas que poseen trascendencia para el derecho[43].

La tesis de Hart posee la virtualidad de incidir en el necesario entronque de la decisión judicial en el sistema normativo. Tal exigencia se manifiesta en un doble plano: de una parte, los poderes de adjudicación del juez proceden del sistema de fuentes normativas vigentes en un determinado ordenamiento jurídico; de otra, la potestad judicial de adjudicar facultades y obligaciones, se desarrolla a partir de las normas de procedimiento y las normas substantivas vigentes en el ordenamiento jurídico de que se trate. Esta observación resulta imprescindible para situar la decisión judicial en sus debidos términos. En efecto, la crítica al logicismo de la decisión judicial, no debe confundirse con la impugnación del carácter normativo de tal decisión: una cosa es que la decisión del juez no se traduzca en un acto de estricta lógica formal y otra diferente que ese acto decisorio se realice al margen de las normas del sistema jurídico en el que se produce. De igual modo, tal como se tuvo ocasión de apuntar *supra*, el debate sobre la significación creadora de las decisiones judiciales, no significa situar las sentencias al margen del ordenamiento jurídico. Precisamente ese debate representa la manifestación de una pluralidad de concepciones sobre el sentido del derecho y el concepto del derecho.

De lo anterior se infiere la negación de cualquier tentativa de identificar la decisión judicial con la arbitrariedad decisionista del juez. Para no incidir en los meandros doctrinales de la vieja controversia sobre la procedencia y alcance del arbitrio judicial, que supondría rebasar los límites de esta reflexión, estimo de interés recordar un texto en el que de forma concluyente y diáfana se expresa la incompatibilidad de cualquier decisión judicial arbitraria con el Estado de derecho. En el *Catecismo político, arreglado a la Constitución de la Monarquía española*, los liberales gaditanos en su afán de promover la pedagogía cívica del texto doceañista dedicaron la Lección XIV de esa obra a la temática: «*De la administración de justicia*». En dicho capítulo y respondiendo a la pregunta de si es procedente que el juez pueda actuar contra cualquier ciudadano a su antojo, se responde en estos términos inequívocos: «Si los jueces tuviesen esta facultad, sería inútil la división de potestades, pues la arbitrariedad que se evita con ella en el Rey, se trasladaría a los jueces, y entonces en lugar de un solo déspota tendríamos tantos déspotas como jueces»[44].

---

[43] H. Hart, *The Concept of Law*, cit., pp. 132 ss.

[44] *Catecismo político, arreglado a la Constitución de la Monarquía española*, se cita por la ed. facsímil a cargo de J. Calvo (A partir del texto Reimpreso por Quincozes, Málaga 1820), Facultad de Derecho de la Universidad de Málaga, Málaga, 1992, p. 64.

5. CONCLUSIÓN: LAS TRES DIMENSIONES DEL JUZGAR Y EL TRIDIMENSIONALISMO JURÍDICO

Los tres aspectos o dimensiones en los que es posible desglosar conceptualmente la actividad de juzgar, se hallan necesaria e inescindiblemente involucrados en la experiencia jurídica del proceso. Las distinciones analíticas avanzadas en los apartados anteriores han tendido a clarificar, en el plano metódico-jurídico, los distintos momentos y actividades que concurren en la tarea de juzgar. No parece ocioso insistir ahora, al retomar el hilo conductor y concluir estas consideraciones, en la necesidad de concebir el «juzgar» como la síntesis de unas actividades de percepción, de argumentación racional y de decisión. La falta de cualquiera de estas dimensiones determinará el carácter incompleto o defectuoso del juicio. Su concurrencia en el proceso podrá, no obstante, acomodarse a los diferentes supuestos que se han reflejado en los distintos parágrafos de esta investigación.

La triple dimensión del juzgar invita a establecer nexos de analogía respecto a la concepción del tridimensionalismo jurídico. La experiencia jurídica posee una significación compleja y problemática que no consiente fáciles y artificiosas simplificaciones. Toda sociedad, con independencia de su amplitud y grado de evolución, precisa regular las relaciones entre sus miembros mediante normas que posibiliten la convivencia. El término «derecho» suele aludir a las *conductas* dirigidas a crear, aplicar o cumplir esas normas; al resultado de esa actividad formalizada en un conjunto de *normas* o reglas sociales de comportamiento; así como a los *valores* para la convivencia que inspiran, o a cuyo logro se orientan, esas conductas y normas; y todo ello en un ámbito *históricamente* delimitado. El derecho consiste, precisamente, en esa experiencia de vida colectiva que se puede definir como: *conjunto de acciones sociales creadoras «de» o reguladas «por» normas, que deben establecer un orden justo en un determinado contexto histórico.* El derecho posee una incuestionable significación social, normativa y axiológica, pero no puede reducirse unilateralmente ni al hecho social, ni a la norma, ni al valor. Por eso las tentativas doctrinales encaminadas a lograr las más altas cotas de claridad, rigor y sistematicidad en función de negar las dimensiones social y valorativa del derecho para circunscribirse a su faceta sistemática y normativa, terminan siendo una pura abstracción.

Las tres dimensiones o planos del derecho se interfieren e implican entre sí de forma necesaria. Aislarlos, como si no existiera comunicación entre ellos, en función de un criterio «estético» de perfección o armonía del sistema lógico-formal, no sólo es erróneo desde el punto de vista metodológico, sino también peligroso desde el político. Ya que la coherencia lógica y el rigor sistemático de un ordenamiento jurídico no representan por sí solos una garantía de la legitimidad o justicia de sus contenidos normativos. En cualquier experiencia jurídica se advierten esas tres dimensiones básicas del derecho. En un proceso penal por homicidio sobrevenido como consecuencia de un accidente de tráfico, se parte de un *hecho* de la vida humana: la muerte de una persona a consecuencia de un atropello; supuesto que ha sido regulado (tipificado) por las *normas* del Código Penal; y ello en función de que la vida humana se considera un *valor* que el ordenamiento jurídico debe proteger.

Es cierto que la historia registra numerosos ejemplos de sistemas de derecho positivo alejados o abiertamente contrarios a la justicia y que incluso en los ordenamientos jurídicos legítimos (Estados de derecho) pueden darse episodios de injusticia. Pero, precisamente, se pueden calificar esas experiencias de injusticia como tales, porque existe un ejercicio de racionalidad intersubjetiva que tiende hacia el derecho correcto. Si no existiera una experiencia racional paradigmática del derecho justo, no podrían detectarse sus formas turbias, deficientes o degradadas. En el orden jurídico los episodios de injusticia son formas parasitarias de la perfección. Porque, los ejemplos injustos del derecho existen gracias a que existe en los hombres la convicción racional de que es posible y deseable organizar la vida social no sólo en términos de orden y coacción, sino según reglas que salvaguarden las libertades y el bienestar colectivo, es decir, según los principios de un derecho justo[45].

La condición tridimensional del derecho invita a conjeturar la posibilidad de que esa condición sea corroborada a través de las tres dimensiones en las que se desglosa el juzgar. Porque, resulta obvio que la significación sensitiva y perceptiva del juicio alude a *hechos* conformadores de experiencias jurídicas. La componente racional en la que todo juicio pretende fundarse, se trata de un *valor* y, por tanto, consiste en una aspiración hacia el juicio justo. Asimismo, la actividad decisoria en la que el juzgar consiste debe realizarse en el seno de sistemas y estructuras *normativas*, que la preserven de la arbitrariedad.

La tarea de juzgar representa un aspecto básico e insoslayable de la experiencia jurídica. Contribuir a clarificar su significado ha sido el principal propósito de estas reflexiones. Al concluirlas estimo que del itinerario reflexivo que se ha seguido hasta aquí. Pueden inferirse algunas consecuencias:

1.ª) Que el intento de responder a la pregunta: ¿qué significa juzgar? reenvía a otras dos cuestiones concomitantes: el problema de la creación judicial del derecho y los ingredientes constitutivos del juicio.

2.ª) Que de las distintas concepciones jurídicas sobre la dimensión creativa de la función judicial, de las que se ha esbozado un mapa de

---

45 Cfr. A.E. Pérez Luño, *Lecciones de Filosofía del Derecho. Presupuestos para una filosofía de la experiencia jurídica,* Mergablum, Sevilla, 9.ª ed., 2006, pp. 43 ss.; id., *Teoría del derecho,* cit. pp. 38 ss.

modelos teóricos, sólo dos resultan abiertamente incompatibles con el Estado de derecho: el modelo demiúrgico y las doctrinas que postulan el arbitrio judicial.

3.ª) Que el valor teórico-jurídico de los seis modelos restantes que integran esa propuesta taxonómica se halla en directa relación con su capacidad explicativa para describir la tarea de juzgar en los distintos sistemas del constitucionalismo comparado. Ello no es óbice para que la Filosofía jurídica pueda proponer modelos prescriptivos de lo que estime debe ser el paradigma ideal de la función de juzgar en el Estado de derecho.

4.ª) Que para elucidar el sentido del juicio me parece más fértil la investigación de los procesos vertebradores de la decisión judicial, que la reincidencia en los consabidos debates sobre si los jueces crean o no derecho. Esta opción metódica permite plantear el significado del juicio como resultado de un proceso en el que se articulan las percepciones sensitivas, el razonamiento y la voluntad, normativamente encauzada, del juzgador.

5.ª) Que el ámbito normativo, en el que la decisión judicial se inscribe y se explicita, no agota su significado pleno. La decisión del juez es una manifestación de justicia procesal, es decir, una tarea realizada desde las normas vigentes en un ordenamiento jurídico. Pero eso no exime al juez de la búsqueda de la solución correcta del caso concreto, en términos de justicia material. Justicia formal y justicia material deben implicarse plena y simultáneamente en la tarea de juzgar. Esta propuesta se aparta de algunas de las decisiones de nuestro Tribunal Constitucional que, como se ha tenido ocasión de exponer supra sustentan que la exigencia de motivación racional de las decisiones judiciales se circunscribe a la correcta aplicación del derecho, sin que se extienda al acierto, en términos de justicia material, del caso concreto.

Más acorde con una interpretación sistemática de nuestro vigente texto constitucional me parece la tesis contraria, la que auspicia la conexión del valor superior de la justicia, entendida en su acepción material, que dimana del art.1.1. de la C.E. con su versión formal, que se concreta en las garantías procedimentales prescritas en el art. 24 de la propia CE.

Aún no siendo la opción hermenéutica prevalente en la jurisprudencia del TC, la tesis aquí propuesta se halla avalada por alguna de sus decisiones. Así, la que proclama que: «el principio de justicia (art. 1.1) y, por extensión, el de la fuerza vinculante de los derechos fundamentales (art. 53.1 CE) lleva a extremar la preocupación por la justicia del caso concreto y a declarar la invalidez de todos los actos de los poderes públicos que los desconozcan, o que sean resultado de un procedimiento... en el curso del cual hayan sido ignorados» (STC 63/1982, FJ 3).

La importancia de la dimensión axiológica del juicio ha sido destacada por Ronald Dworkin en su último libro cuyo título, muy significativo a los efectos de esta exposición es *Justice in Robes* (*La justicia con toga*). En esa obra Dworkin narra el episodio en el que célebre juez Oliver Wendell Holmes, magistrado del Tribunal Supremo americano, invitó a un joven a acompañarle en su coche. Cuando el joven se apeó saludó al juez y a modo de reconocimiento y despedida, le dijo: «Haga justicia, magistrado». Holmes paró el vehículo y se dirigió al joven y le dijo: «ese no es mi trabajo». Dworkin reprocha el que cualquier juez no tenga como misión básica y radical el hacer justicia. Para Dworkin la tarea de juzgar no consiste en la mera aplicación del derecho positivo, sino en la búsqueda de la sentencia justa. Los jueces, en opinión de Dworkin, no deben limitar su quehacer a la mera identificación de las normas aplicables a cada proceso. De modo especial, en aquellos casos en los que de esa aplicación se derivarían consecuencias abiertamente injustas o ineficaces, deben remitirse a los principios en los que se insertan los grandes valores morales y políticos de la comunidad, para propiciar la sentencia justa[46].Si bien se miran, estas recientes inquietudes formuladas por el célebre jurista norteamericano Dworkin, no hacen sino reformular la vieja máxima tomista a tenor de la cual: «*Iudex est interpres Iustitiae*»[47].

---

[46] R. Dworkin, *Justice in Robes*, cit., pp. 1 y 25 ss.

[47] Tomas de Aquino, *Summa Theologiae*, II-II, q. 67, a.3c.

JURISDICCIÓN CONSTITUCIONAL Y PARTICIPACIÓN CIUDADANA: O DE CÓMO «TRADUCIR» DEMOCRÁTICAMENTE EL DERECHO[1*]

José Luis Bolzán de Morais[**]

1. INTRODUCCIÓN

El dilema de la traducción del Derecho, entendida ésta, a los fines de esta reflexión preliminar como una(s) de la(s) forma(s) de y para trasponer el texto jurídico, en particular el texto legal: 1) de un lugar —de producción— a otro —de aplicación—; 2) de un tiempo —promulgación— a otro —implementación—; y 3) de un ambiente —técnico— a otro —común— se presenta para los juristas como un desafío que tiene que ser afrontado con premura, pudiendo asumir diferentes vestiduras.

Así, pretendemos, a partir de la convocatoria de los organizadores de maíz por una asociación —CAINA— con las características que le son propias, apuntar algún camino posible para vislumbrar, desde el entorno ahora delimitado, las condiciones y posibilidades para una *traducción democráticamente ampliada del Derecho*, eligiendo un ejemplo que se puede tornar paradigmático en este *desideratum*, cual es, las audiencias públicas inauguradas por el Supremo Tribunal Federal desde 2007.

---

[1] El presente trabajo consiste en una reflexión a partir del trabajo titulado «A jurisdiçao constitucional e o caso da ADI 3510: do modelo individualista —e liberal— ao modelo coletivo —e democratico— de processo», escrito por este autor junto con las Profesoras Doctoras Ángela Araújo da Silveira Espíndola y Jânia Maria Lopes Saldanha.

[*] Traducción de Alfonso de Julios-Campuzano.

[**] Doctor en Derecho por la Universidad Federal de Santa Catarina/Universitè de Montpellier, Master en Ciencias Jurídicas por la Pontificia Universidad Católica de Río de Janeiro, Profesor del Programa de Posgrado en Derecho de la Universidade do Vale do Rio dos Sinos (UNISINOS), Posdoctorado en la Universidad de Coimbra, letrado del Estado de Rio Grande do Sul. Se vincula al grupo de investigación «Teoría del Proceso» al que pertenecen las autoras y al grupo de investigación «Estado y Constitución», coordinado por el autor, cuyo objetivo es fomentar la realización de investigaciones que permitan el diálogo y la producción conjunta entre los dos grupos, ante la afinidad de sus temáticas y la necesaria premisa transdisciplinar que atraviesa a la materia.

Para ello, tomamos prestadas algunas referencias aportadas por Evandro Menezes de Carvalho[2]:

(...)

O termo «traduzir» é um composto prefixado que tem como fonte latina a expressão transducere, do prefixo trans- («através») aplicado ao verbo ducere («conduzir»). Outro paralelo pode ser feito com o verbo latino transferre, de ferre, «levar», «trazer». Ambas as expressões transmitem um sentido de «transferência», de «transporte», de «levar ou trazer por meio de», o que autoriza propor uma definição de tradução como sendo o traspassar das fronteiras de um texto por meio da condução de seus significados para o território das formas expressivas de uma outra língua. A situação-tipo em que a tradução se impõe é aquela em que há um bloqueio parcial ou total na relação comunicativa emissor / receptor. Tal bloqueio decorre de interferências na comunicação provocadas por variações lingüísticas. É o caso, geralmente, de o receptor não ter um conhecimento satisfatório do vocabulário empregado pelo emissor...

(...)

A superação do bloqueio na comunicação dá-se com a retomada da relação emissor-receptor por meio de um novo ato comunicativo, o ato tradutório. É por isto que devemos considerar a tradução não apenas como um mero intercâmbio de signos lingüísticos ou um simples processo de transcodificação do texto original, pois o tradutor não deve negligenciar que a tradução é destinada também a estabelecer novos processos de comunicação. O tradutor é o emissor do texto a ser produzido na língua de chegada, viabilizando a comunicação entre dois sujeitos. Por intermédio da tradução, uma segunda relação comunicativa substitui a primeira, buscando estabelecer uma aproximação entre os conteúdos das línguas em presença. É um processo de comunicação bilíngüe que leva em conta a dimensão cultural dos falantes. (p. 186)

Traduz-se cultura e não apenas signos lingüísticos.(p. 187)

[...] o significado não se encontra para sempre depositado no texto, à espera de que um leitor adequado o decifre de maneira correta. O significado de um texto somente se delineia, e se cria, a partir de um ato de interpretação, sempre provisória e temporariamente, com base na ideologia, nos padrões estéticos, éticos e morais, nas circunstâncias históricas e na psicologia que constituem a comunidade sociocultural —[...]— em que é lido. O que vemos num texto é exatamente o que nossa "comunidade interpretativa" nos permite ler naquilo que lemos... [...] Assim, nenhuma tradução pode ser exatamente fiel ao "original" porque o "original" não existe como um objeto estável, guardião implacável das intenções originais de seu autor (grifo nosso).[24]

---

[2] Ver, de este autor, «Diplomacia y multilingüismo en el Derecho Internacional», Revista Brasileira de Política Internacional, 49, 2006, 178-195.

Isto é assim porque não há no discurso original um significado que se refira a si próprio, mas sim a algo que está "fora" dele mesmo, qual seja, a realidade culturalmente constituída. Logo, será frustrada toda tentativa de tradução que tente reproduzir a totalidade de sentido do discurso "original", exatamente porque não há esta "totalidade", posto que não há texto que esteja imune a diversas leituras.

Não se transporta um significado do discurso original sem correr o risco de promover alguma alteração em seu sentido. Para James Boyd White, no processo de tradução «sempre há ganho e perda, sempre há transformação; o "significado original" do texto não pode ser nosso significado, pois ao reformula-lo em nossos termos, em nosso mundo, não obstante o quão fielmente ou literalmente, nós produzimos algo novo e diferente».[25] A própria atividade de tradução de discursos jurídicos não escaparia imune a estas modificações na transposição de significados jurídicos, exigindo do tradutor uma contínua reflexão sobre o discurso a ser traduzido e sobre o contexto legal no qual o mesmo se insere.

Isto não implica que o discurso jurídico possa ser recriado livremente em outro idioma, mas, sim, que é improvável uma tradução capaz de exprimir com exatidão todos os significados por ele veiculados, ou que reproduza "fielmente" a intenção do autor. Isto porque na passagem de uma língua para outra tende-se a mudar de um universo referencial para outro, podendo envolver realidades distintas, de cultura a cultura. A apreensão do texto original deve ser efetuada tendo por pano de fundo o quadro referencial da língua/cultura de chegada, fazendo com que o produto final —o texto da tradução— possa conter expressões cujos sentidos não coincidem exatamente com o discurso de origem. Aquilo que parece culturalmente bem definido em uma língua pode apresentar-se obscuro ou ambíguo em uma outra. Por estes motivos é que a tradução jurídica, mesmo vinculada (em maior ou menor grau) ao texto original, recria um novo texto em uma outra língua. O êxito do ato de tradução depende da competência referencial e lingüística do tradutor que deve estar consciente dos riscos deste ato sobre vida dos destinatários do direito traduzido.

[24] ARROJO, Rosemary. Tradução, desconstrução e psicanálise. Rio de Janeiro: Imago, 1993, p. 19.
[25] WHITE, James Boyd. Justice as translation, Op. cit., p. 241.

Esto es, el Derecho —en particular como derecho positivo/legislado- predominante/hegemónico a partir de la modernidad, precisa ser *traducido*, sea de un contexto lingüístico a otro, como ocurre con el derecho internacional, por ejemplo, sea en el mismo contexto lingüístico, puesto que hay *varias lenguas en la misma lengua*, no sólo en razón de las diferentes formas lingüísticas utilizadas sino, también, porque es necesario dar acceso a él a través de la intermediación del lenguaje en el espacio, en el tiempo y en la cultura, sobre todo cuando se trata de utilizarlo para producir respuestas para los problemas concretos que se viven en las sociedades contemporáneas.

Y en este *universo problemático* quiero pensar un aspecto que puede contribuir al debate sobre la búsqueda de una *traducción «satisfactoria»* del

Derecho, teniendo en consideración las implicaciones de dos *presupuestos* extraídos de la Constitución de la República de 1988.

El primero, aquél que asume y organiza Brasil como Estado Democrático de Derecho y, con ello, incorpora a la fórmula político-institucional brasileña aquello que era presentado explícitamente en el modelo constitucional portugués revolucionario —la *transformación social* como proyecto de realización efectiva de las deudas modernas, en particular, aquellas vinculadas al rescate de la ciudadanía democrático-social presente en el art. 1° de la Carta Política.

El segundo, aquel que incorpora, al orden democrático reinstaurado, la idea de una democracia de nuevo cuño, la cual no se asienta exclusivamente en fórmulas de representación política sino que agrega a éstas instrumentos que repercuten en la idea de *participación popular directa* en todos los ámbitos y ambientes del proceso decisorio público en todos los espacios de la federación y en todas las formas de actuación de la actividad estatal, organizada ésta mediante el tradicional modelo tripartito de la especialización de las funciones del Estado. Dicho de otra forma: la toma de decisión democrática está fundada en la *participación* dirigida al Estado en su *unidad compleja y especializada.*

Lo que sugiero, por tanto, es la necesidad de traducir el Derecho desde un *proceso participativo* que considere el texto de la ley como punto de partida y de llegada para la construcción de esta nueva sociedad, sin maniatar a las nuevas generaciones por las antiguas —fundadoras del texto constitucional— pero, también, sin permitir retrocesos en relación al pasado *victorioso.*

Nuestra tesis, sucintamente formulada, se vincula en este momento a la idea de que es necesario inaugurar una *nueva fase* para la función jurisdiccional del Estado, que comienza en la tarea de controlar la constitucionalidad y, dentro de ella, por su actuación como Corte Constitucional. Y en esta mudanza se sugiere la necesidad de hacer incidir también en el espacio de la jurisdicción al *principio democrático participativo* como transformación metodológica de su forma de actuar. O sea, es preciso que la jurisdicción constitucional fomente la participación ciudadana por medio de la cual se pueda vehicular la posibilidad de construcción efectiva de una sociedad justa y solidaria y apta para responder a los dilemas contemporáneos en toda su complejidad.

Ello se da en un contexto de *judicialización de la política* —ante la crisis y la insuficiente satisfacción de intereses reconocidos, una mayor democratización en el acceso a los medios jurisdiccionales y un fortalecimiento de la ciudadanía, se percibe un creciente recurso a la jurisdicción como *locus* privilegiado para el tratamiento de conflictos—, *constitucionalización de los litigios* —éstos comprenden, cada vez más, *temas constitucionales, su hermenéutica y aplicación*— y que favorece y fortalece un *protagonismo judicial* viabilizado por un *activismo judicial* problemático.

Hay, por tanto, una necesidad de pensar instrumentos que cualifiquen la actuación del *sistema de justicia* —entendido como el conjunto de actores, estructuras e instituciones que permiten el tratamiento de conflictos en el ámbito de la función jurisdiccional del Estado—, pensando la jurisdicción y su *metodología* de actuación.

La pregunta que queda, entonces, es la de *¿cómo proceder a la traducción del Derecho en este contexto?* ¿Será que los modelos y métodos procesales tradicionales no son suficientes y eficientes para responder a esta demanda creciente, cualitativamente diferenciada y subjetivamente prolongada?

O incluso nos podríamos preguntar: ¿cómo repercute la Constitución en el proceso?

Hay que *reprogramar* el proceso para responder a eso, para que la decisión resulte de una *elaboración* mejorada de la misma.

¿Qué hay de *nuevo* en esta perspectiva? ¿De qué forma la introducción de estos mecanismos puede provocar una escisión profunda en los métodos tradicionales de *decir el Derecho*? ¿Cómo hacer viable la participación efectiva de la sociedad en la construcción de respuestas correctas y constitucionalmente adecuadas?

Hay que pensar en eso no sólo desde el interior de la doctrina procesal, sino sobre todo a partir de una contemplación ampliada, construyendo un conocimiento que articule la Ciencia Política, la Teoría del Estado, la Teoría de la Constitución, el Derecho Constitucional y la Teoría del Derecho con el Derecho Procesal. Sólo así será posible cimentar una nueva contemplación del tema y de sus circunstancias para que no se quede en mero artificio de imitación y encubrimiento de las insuficiencias de una procesalística que no se libera de las amarras de un saber dogmatizado y delimitado por una postura liberal-individualista.

2. LA JURISDICCIÓN CONSTITUCIONAL Y EL MODELO INDIVIDUALISTA DE PROCESO: EL CIERRE A LA DEMOCRATIZACIÓN

Ante este cuadro, resumidamente presentado con anterioridad, la apelación, cada vez más frecuente, a la jurisdicción constitucional, en su forma directa y concentrada, indica un síntoma y un efecto.

El síntoma tiene una triple cara. Por un lado, cuanto más se recurre al Tribunal encargado de controlar la constitucionalidad de las leyes, más evidente se hace que el legislador puede estar haciendo uso de sus competencias, tanto formales como materiales, en sentido contrario a lo dispuesto por la Carta Constitucional. Por otro lado, puede significar una disonancia entre los contenidos acordados y prometidos realizar en sede constitucional y su realización práctica a niveles satisfactorios en el ámbito del *mundo de la vida*. Finalmente, indica que los legitimados para provocar la intervención de la jurisdicción constitucional, en el caso restringido del control concentrado, están atentos a la fuerza normativa de la Constitución y que el respeto a ella es condición de supervivencia del régimen democrático.

El primer efecto es que un desplazamiento tal del debate/combate lleva a lo que se acordó tratar como *judicialización de la política*, que implica la transformación del espacio jurisdiccional en un ambiente privilegiado de discusión política y posibilita un crecimiento significativo de visibilidad de la actividad jurisdiccional. Así, las prácticas judiciales conquistan el espacio mediático, del mismo modo que sus actores, permitiéndose, con ello, algo parecido a una *revisión popular* del contenido de las decisiones. A alcanzar ese objetivo han contribuido decisivamente la informatización del proceso en razón de la ley 11.419 de 2006, el sitio electrónico de la Corte Suprema y la Televisión *Justiça*, que han hecho del Poder Judicial brasileño uno de los más transparentes del mundo occidental.

El segundo efecto, al menos en el plano teórico es que cuanto más se abre a la sociedad la jurisdicción constitucional, más legitimidad tiende a agregar a su actividad y, con ello, podrá obtener un mayor grado de confianza y respeto en el medio social. Al mismo tiempo, se tornará más permeable a los influjos y reflujos de las dinámicas e idiosincrasias sociales sin que, por ello, se esté suponiendo la posibilidad de ruptura del pacto político-constitucional en contradicción con el proyecto finalista que en él se contiene o se proyecte cualquier posibilidad de promover una relectura de la *tradición* del constitucionalismo y de la cultura que le constituye.

Así, estamos ante una transformación supuesta por el propio orden constitucional patrio. Piénsese, como aquí se supone, que el ambiente de la jurisdicción no queda inmune a lo que marca la fórmula constitucional de la democracia en el Brasil (re)inaugurado en 1988. O sea, no se puede pensar la jurisdicción como un espacio ajeno a las mudanzas paradigmáticas del *proceso* democrático.

El proceso constitucional, en este sentido, innova y se adecua al proyecto de democracia constitucional, marcado éste por una lógica constructiva y participativa en la elaboración de las respuestas públicas, rompiendo con el modelo tradicional de proceso puesto que reposa sobre la perspectiva del resultado más amplio desde el punto de vista de los afectados por la decisión (2.1). No sólo eso: provoca la apertura de la jurisdicción constitucional a la sociedad, justamente lo contrario al cierre democrático que las estructuras ordinarias del proceso conforman (2.2).

2.1. La jurisdicción constitucional y la constitucionalización del proceso

El inexorable aumento de la complejidad de las relaciones en el mundo contemporáneo ha fomentado un juego cruzado entre los diversos niveles de poder existentes, en cuyo contexto el modelo estatal es sólo uno más. La re-fundación[3] del Estado es, así, una propuesta abierta, ante la pluralidad de fuentes, de poderes y de valores.

El caso del constitucionalismo, en ese sentido, es emblemático, toda vez que agregó valores universales[4] al espacio puramente estatal. En ese sentido, las constituciones de innumerables Estados del mundo occidental, progresivamente y como resultado de un mismo proceso de transformación que tuvo inicio en la segunda mitad del siglo XX, incorporaron elementos nuevos para regir la vida intraestatal, ante la influencia de los movimientos en favor de la democracia y por el fin de cualquier tipo de totalitarismo.

El surgimiento de la jurisdicción constitucional se produjo al mismo tiempo que se establecía la garantía de aquellos valores, transformados en derechos. No sería admisible que las constituciones estableciesen valores para regir la vida en sociedad y no fijasen mínimamente las condiciones de acceso a su realización y respeto. El recurso al juez sería por ello mismo inevitable, toda vez que para garantizar la integridad de la Constitución se hacía necesario dotar al juzgador de poder —y cultura constitucional— suficiente para apartar cualquier inconstitucionalidad o amenaza de inconstitucionalidad.

A la vista de ello, el derecho procesal fue elevado a la categoría constitucional en la mayoría de las cartas constitucionales. Innumerables principios del proceso fueron insertados en el conjunto de los derechos fundamentales, como el derecho de acceso a la Justicia, en proceso público, dirigido por jueces imparciales e independientes. También, se incorporó un conjunto de derechos garantes de las libertades públicas, derechos que podrían ser invocados ante la Justicia por medio de acciones apropiadas a su mejor ejercicio[5].

No era, sin embargo, suficiente. Se hacía necesario que las cartas constitucionales previesen cómo y por qué caminos procedimentales sus jueces realizarían la tarea de controlar la constitucionalidad de los actos de los legisladores y de los administradores, en el juego cruzado de competencias tan propio de los sistemas federales. En el caso brasileño se adoptó el sistema mixto de control de constitucionalidad que atribuye a los jueces el poder de realizar ese control tanto en casos concretos, como directamente, en un proceso que se denomina objetivo, porque está ausente del interés

---

[3] Una propuesta prescriptiva, en este sentido, puede encontrarse en LÓPEZ CALERA, Nicolás María, *Yo, el Estado*, Madrid, Trotta, 1992, pp. 81-116. También, en GARCÍA PELAYO, Manuel, *Las transformaciones del estado contemporáneo,* Madrid, Alianza, 1982.

[4] De ello trata Peter Häberle cuando se refiere a la Constitución como cultura, como un arquetipo que tiene como elementos fundamentales la dignidad humana y la soberanía popular (HÄBERLE, Peter, *Teoría de la constitución como ciencia de la cultura,* Tecnos, Madrid, 2000, p. 33).

[5] En el caso brasileño, los principios constitucionales procesales y las acciones constitucionales para las garantías de las libertades públicas están contemplados en el artículo 5º de la Constitución Federal de 1988.

individual y del litigio de matiz privado, ambos característicos de la matriz clásica del proceso.

Sin embargo, si los jueces nacionales son encargados de realizar el control de la plenitud y eficacia de la Constitución, aún permanecen ligados al modelo liberal-individualista de proceso que, frustrados los esfuerzos reformistas de la última década, continúa conformando un tipo de jurisdicción inefectiva y burocrática, rehén de la limitación subjetiva, de la restricción de la prueba y de la extensión de la cosa juzgada sólo a las partes.

2.2. El modelo individualista de proceso como retrato del modelo de estado: el cierre a la democratización

Por cierto que más allá de prever un camino —el control de constitucionalidad— en el cuerpo de las cartas constitucionales, se hacía necesario identificar antes quién es el Estado, cuál es su perfil, cuál su objetivo y cuál su función en el contexto de una sociedad determinada. O mejor, elegir un tipo de Estado que se pretende coherente con las exigencias de un nuevo siglo y con la emergencia de una nueva sociedad. De ahí la vacuidad de la observación de Mirjam Damaska al afirmar que «la pregunta no es sólo qué tipo de procedimiento queremos, sino también qué tipo de organización del Estado poseemos»[6].

De este modo, antes de investigar sobre qué tipo de jurisdicción o de proceso judicial se pretende para una determinada sociedad, resulta inevitable observar cuál es el perfil del Estado. Eso implica afirmar que el derecho, más allá del simple texto de la ley, tiene su sustancia modelada por la Constitución y que el juez, por encima de su consideración como funcionario público y del objetivo de la resolución de un conflicto intersubjetivo, es un agente de poder que, a través de la interpretación/hermenéutica de la ley y del control de constitucionalidad, hace valer los principios constitucionales que están siempre por detrás de toda y de cualquier ley. En esta perspectiva, toda decisión debe partir de los principios constitucionales y de la implementación de derechos fundamentales, ejerciendo el Poder Judicial un papel de extrema importancia para la consolidación de los valores inscritos en la Constitución.

Resta, por tanto, la conclusión de que la función nítidamente jurisdiccional no se contenta con el modelo de solución de controversias —de cariz eminentemente privado, individualista— sino que lo supera para atender a los valores constitucionales. Sólo tras identificar el Estado que se posee es posible realizar elecciones. Y la opción elegida, a corto plazo, ha sido por la reforma legislativa y no por la refundación estructural del proceso (o del Estado), lo que ha corroborado aquella matriz clásica del proceso.

---

[6] DAMASKA, Mirjam, *Las caras de la justicia y el poder del estado,* Santiago, Jurídica de Chile, 2000.

Ahora, el Estado, en el contexto brasileño, es un Estado que se denomina «democrático de derecho» y sin embargo se comporta como un Estado «liberal de derecho» (así se concluye de sus textos legales y de las preocupaciones eminentemente individualistas o rehenes de la *lex mercatoria*). Por tanto, ese Estado aún padece las crisis del Estado social sin que haya llegado a alcanzar nunca el contenido de éste.

La preocupación exclusiva con las normas de derecho procesal, desligada de la perspectiva histórica y cultural, tiene que ver con que durante mucho tiempo fueron ignorados tres elementos: a) el aumento de bienes a ser tutelados; b) el aumento de los sujetos de derecho; y c) la ampliación del tipo de *status* de los sujetos[7]. Aumento de bienes a ser tutelados ante la emergencia de nuevos derechos, como los derechos sociales, derechos de solidaridad, los derechos transindividuales, relativos a la bioética y al bioderecho, los derechos provenientes de la realidad virtual, entre otros. Derechos esos carentes no sólo de amparo legal, de eficacia jurídica, sino, sobre todo, carentes de eficacia social, o sea, de efectividad ante su violación o ante la amenaza de violación. Aumento de sujetos de derecho frente las constantes reorganizaciones de la sociedad, fértiles en la reproducción de nuevos actores jurídicos. Ampliación del tipo de *status*, porque por cuenta de los nuevos derechos y de los nuevos actores, ya no es posible insertarlos más en la tradicional división entre público y privado.

En suma, sea en la órbita del derecho nacional, como en la del regional o en la del internacional, los problemas jurídicos exigen respuestas democráticas que tengan en cuenta la aparición de los nuevos derechos. Sin embargo, las respuestas que tenemos a nuestra disposición son de orden individualista, de perfil liberal-normativista. Se configura, así, un profundo desajuste entre deseos y posibilidades. El profundo deseo de tener acceso efectivo y sustancial a la jurisdicción para solucionar conflictos de naturaleza colectiva. Y las difíciles posibilidades que el aparato procesal y procedimental tiene de solucionar las lesiones o amenazas de lesiones a los derechos humanos, pues éstos se sitúan más allá de la perspectiva individualista y aquel (el aparato procesal y procedimental) continúa vinculado a la matriz clásica del derecho procesal[8].

---

[7] Una exploración más completa sobre el asunto que afirma la variabilidad de los derechos en cuanto categorías, por tanto, no ahistóricas o atemporales, puede ser encontrada en la obra, ya clásica, de Norberto Bobbio (*A era dos direitos*). Ya no es posible negar que los derechos se modifican y continúan modificándose con la mudanza de las condiciones históricas (derechos que fueron considerados absolutos a finales del siglo XVIII, como la propiedad, fueron sometidos a radicales limitaciones en las declaraciones contemporáneas) y el derecho procesal, necesariamente, deberá mostrarse impactado, sensibilizado, ante esa dinamicidad del derecho y de la realidad social.

[8] Atento a esa problemática y sin despreciar las experiencias de tutela jurisdiccional de los derechos e intereses transindividuales de diversos países, se está abriendo un nuevo camino

Analizando la estructura procesal en el contexto de la tradición jurídica del *Common Law*, Owen Fiss afirma, con propiedad, que «the function of a judge is to give concrete meaning and aplication to our constitucional value»[9], es decir, al Poder Judicial compete la atribución de sentido y significado a los valores constitucionales. No se trata, obviamente, de convertir al Poder Judicial en parte activa en la política de grupos de interés o en abogado de las minorías, pero tampoco podemos concebir un Poder Judicial silente, «neutro» ante amenazas a valores constitucionales[10]. La tarea de la jurisdicción no es declarar lo «cierto» o lo «errado» o simplemente atribuir significado a la ley, sino realizar, en el caso concreto, lo que fue prometido por la Constitución. Para que eso ocurra es menester que las estructuras procesales sean capaces de ofrecer un método que haga viable la concreción de aquel objetivo.

Asumir la jurisdicción en la perspectiva de la implementación de los valores constitucionales, más allá del modelo de solución de controversias arraigado en una visión individualista, es rechazar el modelo normativista-legalista, así como el modelo del funcionalismo jurídico[11], en nombre de una perspectiva polarizada en el hombre-persona, sujeto de la práctica problemática a ser enjuiciada y asumido como la reafirmación/recuperación del sentido de la práctica jurídica como *iuris-prudentia*. De ahí que se resalte la importancia del papel y de la actuación del juez para la concreción de los valores constitucionales.

De otro modo, es necesario considerar que la actividad de la jurisdicción está aún predominantemente marcada por la decidibilidad. En este sentido, es irrenunciable la lección de François Ost según la cual decidir es producir tiempo. Y si la jurisdicción decide por medio del derecho procesal, es vital reconocer que éste requiere una nueva programación para adecuarse a las exigencias contemporáneas[12], lo que pasa mínimamente: a) por una revisión

---

en el orden nacional y regional, con vistas a crear un modelo original, anexo a las reglas preexistentes en los ordenamientos iberoamericanos, que perfecciona y complementa: el Código de Proceso Civil Colectivo, inspirado en el Código Tipo Iberoamericano. En este diseño, no hay una característica exclusivamente nacional, sino un verdadero sistema iberoamericano de procesos colectivos, armónico y completo, que asume como desafío la transformación de un proceso individualista en un proceso social.

[9] FISS, Owen, «The forms of justice», Harvard Law Review, 1, 93/4, 1979.

[10] Según Owen Fiss «judges have no monopoly on the task of giving meaning to the public values of the Constitution, but neither is there reason for them to be silent. They too can make a contribution to the public debate and inquirity» (FISS, Owen, «The forms of justice», Harvard Law Review, 1, 93/2, 1979).

[11] Sobre la crítica al funcionalismo ver: CASTANHEIRA NEVES, Antonio, «Entre o «legislador» a «sociedade» e o «juiz» ou entre «sistema», «funçao» e «problema»», Boletim da Faculdade de Direito da Universidade de Coimbra, nº.74, 1998.

[12] En ese sentido, son significativos los «quatro tempos do Direito» de François Ost. Cuando este autor establece el tejido jurídico que envuelve la «memória, o perdao, a promessa

de los principios de la demanda y dispositivo; b) por una revisión de la clásica noción de parte procesal asociada exclusivamente a los implicados en el litigio descrito por el juez, con la consiguiente restricción de la posibilidad de ampliación, tanto del lado activo como del pasivo, a las hipótesis de intervención de terceros; c) por una nueva lectura del principio de iniciativa probatoria, aún preponderantemente restringida a la iniciativa de parte, aunque el sistema procesal confiera iniciativa probatoria al juzgador; y d) por una crítica profunda al sistema de la cosa juzgada *inter partes*.

Se trata, en realidad, de provocar un verdadero ejercicio de traducción intertemporal que exige del jurista un cambio de mentalidad para acoger un proceso diferente, en el que la decisión que se ha de tomar sea resultado de una construcción. La jurisdicción constitucional del Supremo Tribunal Federal (STF) proporciona esa posibilidad. De eso tratamos en el siguiente apartado.

3. JURISDICCIÓN CONSTITUCIONAL Y MODELO DE PROCESO: EL CASO DE LAS AUDIENCIAS PÚBLICAS EN EL STF Y EL PERFIL POSBUROCRÁTICO DEL PROCESO

Hablar de jurisdicción constitucional en su perspectiva colectiva es, desde luego, hablar de otro modelo de jurisdicción, sea en cuanto a su estructura de actuación, sea en cuanto a la competencia de sus jueces, sea en cuanto a su sentido.

En cuanto a la estructura de actuación difiere del proceso civil clásico, porque está marcada, sobre todo, por la competencia colegiada para decidir acciones originarias, la excepción de las hipótesis en que el ponente, aisladamente, puede responder del destino del proceso.

En lo que se refiere a la competencia, el modelo transgrede las materias comunes que la jurisdicción está habituada a enfrentar, para atreverse con temas de significativa repercusión social y de envergadura política, muy propio de los casos en que el STF es instado para decidir acerca del respeto a la Constitución. Justamente por eso su jurisdicción está abierta a la sociedad, permitiendo su entrada, por medio de representantes, en el proceso de control directo.

Por último, en lo que se refiere a su sentido, es preciso reconocer que solamente a través de esa jurisdicción abierta a la sociedad el proceso responderá a las exigencias republicanas de su ejercicio democrático, en cuan-

---

e o requestionamento», los tiempos del Derecho, es posible comprender que también en el campo del proceso las mudanzas del texto procesal no sólo exigen transformación, sino que, antes, imprimen un malestar que solamente podrá ser superado en la medida en que reconozca que la mudanza no se da en el vacío, sino en el marco de una reforma de paradigmas que comprende un repensar filosófico, sociológico y político (OST, François, *O tempo do direito*, Lisboa, Piaget, 2000).

to poder del Estado que tiene por finalidad principal concretar los valores constitucionales.

Así, el proceso constitucional, del que las acciones de control concentrado de constitucionalidad son sólo una parcela, implica pensar la jurisdicción, el proceso, y por qué no, el derecho procesal, desde la perspectiva iuspublicista[13]. El primero teniendo como fundamento el papel de la jurisprudencia y de los precedentes. El segundo, comprometido con el legicentrismo. El primero, de perfil colectivo, del que son ejemplo las *class action* del derecho americano, con extensión de la cosa juzgada *erga omnes* o *ultra partes*. El segundo, de perfil individualista, cuyo paradigma es el proceso de conocimiento de rito ordinario, con limitación de la cosa juzgada a las partes individuales de la acción.

Pero la jurisdicción constitucional brasileña, en lo que se refiere al control concentrado, abre vía a la perspectiva colectiva del proceso, sea por los legitimados para ejercer la acción, sea por los efectos de las decisiones que emite (3.1). Tal iuspublicismo, sin embargo, no se agota en esas posibilidades. La apertura del proceso a la participación de otros sujetos, más allá de las partes del proceso o, como máximo, a las figuras de intervención clásicas, inaugura una nueva fase, al permitir el diálogo de la Justicia con la sociedad a través del proceso (3.2).

3.1. Jurisdicción constitucional y modelo colectivo de proceso: el sistema directo de control de constitucionalidad

Como se ha referido, la Constitución Federal de 1988 instituyó el sistema mixto de control de constitucionalidad de las leyes en Brasil. La vía difusa, que permite a cualquier juez no aplicar una ley que considere contraria a la Constitución. La vía concentrada, instrumentalizada por medio de acciones específicas para ello.

Para los límites de este trabajo interesan algunos aspectos concernientes a las acciones de control concentrado. Su procedimiento está regido por la Ley 9868/99 que regula el proceso de las acciones directas de inconstitucionalidad y declaratoria de constitucionalidad, así como la Ley 9882/99 que regula el proceso de la acción por incumplimiento de precepto fundamental. En ambas se aprecia la huella de la actuación del Supremo Tribunal Federal que es la de actuar en un proceso objetivo, sin las tradicionales partes de los procesos de naturaleza individualista, cuya eficacia de las decisiones puede tener diferentes matices[14].

---

[13] Consultar, en este sentido, MERRYMAN, John Henry, *La tradición jurídica romano-canónica*, México, Fondo de Cultura Económica, 1997.

[14] Como, por ejemplo, la declaración de nulidad parcial de una ley infraconstitucional, la declaración de nulidad parcial sin reducción de texto, la interpretación conforme a la Cons-

La existencia de un eficiente sistema de control de constitucionalidad de las leyes infraconstitucionales atiende a la demanda social de que el Poder Judicial esté alineado y comprometido con los patrones democráticos mínimos preconizados por los Estados contemporáneos.

En ese particular, se hace necesario analizar la falibilidad y limitación del conocimiento jurídico puro, toda vez que por más elementos probatorios documentales que el proceso de control de constitucionalidad tenga y por más conocimientos inter/transdisciplinares[15] que los juzgadores posean, no siempre reunirán en sí conocimiento suficiente para decidir con base en criterios argumentativos razonables la materia en cuestión.

Por tal razón, la Ley 9868/99 innova sensiblemente en este aspecto al prever la posibilidad de manifestación en el proceso de otros órganos y entidades, como es el caso del *amicus curiae*, según prevé el art. 7.2, para el caso específico de la acción directa de inconstitucionalidad.

Ambas Leyes avanzan aún más al abrir definitivamente el proceso de control directo de constitucionalidad a la participación de la sociedad. Tanto el art. 9.1, relativo a la acción directa de inconstitucionalidad, como el art. 20.1, que se refiere a la acción declaratoria de constitucionalidad, ambos de la Ley 9868/99, así como el art. 6.1 de la Ley 9882/99 que regula el proceso de la acción por incumplimiento de precepto fundamental, atribuyen al ponente de la causa el poder, entre otros, de celebrar audiencia pública para oír el parecer de personas con experiencia y autoridad en la materia.

Se trata del reconocimiento legislativo del que hace mucho se discute en sede doctrinal, o sea, de que el juzgador del presente debería abrirse a la sociedad para, junto a ella, buscar recursos para la formación de su criterio, lo que podría constituirse en un factor aún mayor de legitimidad del propio Poder. De hecho, ese es un objetivo más amplio del propio Estado Democrático de Derecho, cuya legitimidad aumenta en la misma proporción en que abre canales de comunicación con la sociedad en todas sus esferas de actuación. Las iniciativas del Poder Judicial que canalizan el diálogo con la sociedad expresan esa voluntad estatal de legitimarse por medio del ejercicio de la democracia directa.

Procurando alcanzar ese objetivo y construir colectivamente sus decisiones, el Supremo Tribunal Federal, de forma pionera, realizó la primera audiencia

---

titución (MENDES, Gilmar Ferreira, «As decisoes de controle de constitucionalide de normas e seus efeitos», Revista da escola nacional da magistratura, 2007, pp. 21-88).

[15] Si el tema de la interdisciplinaridad es relativamente nuevo en la formación del jurista, hace mucho tiempo que es objeto de análisis por parte de los educadores. La vasta obra de Edgar Morin es un norte para que sea comprendida la necesidad del pensador, sobre todo en el área de las humanidades, en la cual el derecho está inserto, de observar y comprender el mundo no ya en el horizonte de la linealidad, sino en el de la complejidad, la cual exige conexiones e interconexiones con otras áreas del conocimiento humano (Vid. MORIN, Edgar, *Ciência com conciencia*, Rio de Janeiro, Bertrand Brasil, 2002).

pública en el contexto de la acción directa de inconstitucionalidad n.º 3510. Recientemente, en el ámbito de la acción por incumplimiento de precepto fundamental n.º 101, que se refiere a la importación por Brasil de neumáticos recauchutados, por segunda vez en su historia, el STF abrió sus puertas para oír a la sociedad. Es de ese modelo de jurisdicción de lo que trata el siguiente apartado.

3.2. El caso de las audiencias públicas en el STF y el modelo posburocrático de proceso

Entre el sueño de la Justicia perfecta y aquella que de hecho existe, la creatividad humana fructifica y hace surgir, progresivamente, nuevos instrumentos procesales para atribuir más eficiencia a la tutela jurisdiccional, intentando aproximarse al mito de aquella perfección. Las acciones anteriormente referidas son buenos ejemplos de esa búsqueda.

Doble experiencia de apertura del Poder Judicial a la sociedad que, de algún modo, incorpora en su procedimiento prácticas políticas de la verdadera democracia participativa, asumiendo en la línea del pensamiento de Castanheira Neves[16], que el sentido final del derecho lo da la Constitución y que la juridicidad, ante eso, acaba por identificarse con el constitucionalismo. Y es que el universo jurídico es un universo complejo que un saber mecanicista y técnico no puede hacer comprensible. Esa es la ilusión positivista, toda vez que los diversos positivismos, en su búsqueda del cientificismo, rechazaron incorporar al derecho «o poder normatizador do espírito»[17].

La primera demanda trata del estudio de la inconstitucionalidad del artículo 5º de la Ley de Bioseguridad que permite la utilización de células madre embrionarias para fines terapéuticos y de investigación[18]. La segunda[19] trata de la discusión acerca de la prohibición de importación por Brasil de neumáticos usados. Las materias objeto de ambos procesos son de aquellas que tienen en sí mismas un alcance transdisciplinar. En el caso de la ADI[*] 3510 es evidente que comprendió no sólo aspectos jurídicos, sino también otras dimensiones, como la religiosa, la moral y la científica, temáticas muy presentes en los argumentos esgrimidos por los magistrados con motivo de su enjuiciamiento[20]. Discusiones acerca del inicio de la vida humana, de los

---

[16] CASTANHEIRA NEVES, Antonio, *A crise atual da filosofia do direito no contexto da crise global da filosofia*, Coimbra, Coimbra, 2003, p. 109.

[17] GOYARD-FABRE, Simone, *Os fundamentos da orden jurídica*, Sao Paulo, Martins Fontes, 2002, pp. 360-361.

[18] El enjuiciamiento se produjo el 05.04.2008.

[19] Disponible en el sitio del STF (http://www.stf.gov.br).

[*] N. del T.: Las siglas corresponden a la *Açao Direta de Inconstitucionalidade*.

[20] La exposición íntegra de los votos puede encontrarse en el sitio del STF, junto a los registros de la ADI 3510.

límites que la jurisdicción debe/puede imponer a la ciencia, en el marco de disciplinas que hasta hace poco tiempo eran totalmente desconocidas por la comunidad jurídica, como la bioética y el bioderecho, rompen definitivamente con el universo unidimensional de lo jurídico. La concepción tradicional de jurisdicción deja de estar reducida al papel de reafirmar compulsivamente la ley y de solucionar conflictos, para adquirir *status* de poder comprometido con la concretización de la Constitución.

La ADPF[*] n.º 101, con motivo de su enjuiciamiento, exigirá de la Corte Suprema la realización de un discernimiento profundamente transdisciplinar y mostrará la tensión entre los intereses del mercado y los derechos humanos. Del mercado, porque implica políticas comerciales internacionales hegemónicas de los países ricos y de empresas transnacionales que ven en los países en desarrollo, como Brasil, un espacio fértil para la venta de sus productos. Intercambios mercantiles que, según Dufour[21], tienden a des-simbolizar[*] el mundo, pues el valor simbólico es desmantelado en beneficio del valor monetario. De los derechos humanos, por cuanto que el carácter difuso de los intereses implicados pone de relieve los riesgos al medio ambiente y a la salud pública, que la importación de neumáticos usados[22] son potencialmente capaces de generar.

En ambas acciones se llevaron a cabo audiencias públicas[23] para que el STF pudiese reunir, en conexión con la sociedad, recursos para la formación de su criterio. Tales audiencias públicas poseen un valor simbólico y un valor real. Simbólico, en el marco de la apertura del Estado, en todas sus esferas de actuación, al diálogo con la sociedad, resultado de una cultura constitucional participativa y ciudadana. Diálogo que es condición de legitimidad del

---

[*] N. del T.: las siglas corresponden a la *Argüicao de Descumprimento de Preceito Fundamental.*

[21] DUFOUR, Dany-Robert, *A arte de reduzir as cabeças*, Rio de Janeiro, Companhia de Freud, 2005.

[*] N. del T.: Dado que el autor utiliza un neologismo en la lengua vernácula, se opta aquí por mantenerlo en nuestra lengua para conservar el sentido prístino de la expresión original. Regla que, por otra parte, se ha seguido también en otros casos —quizás menos llamativos— a lo largo del texto.

[22] El TPR (Tribunal Permanente de Revisión) del MERCOSUR resolvió una controversia sobre el mismo tema que implicaba a Argentina y Uruguay. Consúltese el Laudo n.º 1/2005 disponible en: http://www.mercosur.int. Para un análisis crítico sobre este tema, cfr.: SALDANHA, Jânia Maria Lopes, «Direitos humanos e Mercosul: do marco regulatório ao papel da Justiça, en BONESSO DE ARAÚJO, Luiz Ernani y PODETTI, Humberto, *Integración a derecho*, Buenos Aires, Ediar, 2007, pp. 127-193.

[23] La de la ADI 3510 se realizó el 20 de abril de 2007. El ponente fue el magistrado Ayres Britto. La de la ADPF 101 se realizó el 27 de junio de 2008, teniendo como ponente a la magistrada Carmen Lúcia. El rol de participantes de la sociedad, en ambas acciones está disponible en: http://www.stf.gov.br.

Poder Judicial, contrario a la intolerancia, que puede ser su peor vicio[24]. Real, porque las audiencias públicas realizadas en el marco de la acción de control de constitucionalidad abren un valioso espacio de diálogo de la jurisdicción constitucional con segmentos de la sociedad. Etapas de un proceso que conduce al reconocimiento progresivo de la pluralidad y al ejercicio de la democracia directa por la participación de la colectividad en la toma de decisiones.

La idea de que la sociedad puede contribuir al esclarecimiento de materias de cuño transdisciplinar, posibilitando que el enjuiciamiento sea resultado de una construcción colectiva que enriquece la(s) regla(s) jurídica(s) en discusión, asegurando que sea alcanzada una segunda o incluso una tercera dimensión de comprensión, deja definitivamente de ser extraña y pasa a ser familiar a los procedimientos de la Corte Constitucional. Precedentes inspiradores de una continua audacia de la actuación de la Corte Constitucional[25].

En ese escenario cabe preguntarse si la audiencia pública contribuye, de hecho, a aproximar el Poder Judicial a la sociedad en el marco de la realización de algunos principios procesales conocidos, pero que hasta entonces reposaban en el restringido campo de los procesos de naturaleza individualista.

Sin duda, en lo que se refiere a la democratización del proceso, esa acción ofrece una lección significativa. El artículo 9.1 no impone al ponente la obligación de oír a la sociedad. La iniciativa demuestra que el STF reconoce sus limitaciones cognitivas y que necesita a la sociedad para la obtención de datos, de conocimientos fundamentales para la toma de ciertas decisiones. Irrumpe así el proceso en una nueva perspectiva, denunciando la transición paradigmática de la posmodernidad, cargado de singularidad y, por ello, incompatible con cualquier pretensión de perpetuación de principios y valores[26].

En un tiempo en el que se pretende que el proceso sea rápido, informal y simple, aumentar el número de sujetos que participan en él imprime un movimiento contrario a las aspiraciones contemporáneas de celeridad de la Justicia, porque añade mayor complejidad al acto de juzgar.

Pero tal vez sea preciso reconocer que la cultura de la urgencia y de la realidad virtual sustituida por lo inusitado del encuentro y de la oralidad, permite que se preste una Justicia con mayor calidad y compromiso social. Y es que la realidad virtual, según Benasayag[27], y la rapidez que a ella está asociada es, invariablemente, el mundo de lo intangible. Lo real es lo inopor-

---

[24] Vid. BUCCI, Eugênio, Ponencia: Intolerância, en *Ciclo de debates «Vida, vício, virtudes»*, Promoción de la Casa do Saber, Rio de Janeiro, Curadoria de Adauto Novaes. Disponible en http://www.academia.org.br.

[25] TRIBE, Laurence; DORF, Michael, *Hermenêutica constitucional*, Belo Horizonte, Del Rey, 2007, p. 92.

[26] De ahí deriva, para algunos pensadores, la imposibilidad de la universalidad de la idea del propio derecho. Véase, SUPIOT, Alain, *Homo juridicus*, Sao Paulo, Martins Fontes, 2007.

[27] BENASAYAG, Miguel, *La fragilité*, Paris, La Découverte/Poche, 2007, p. 12.

tuno, lo opaco, lo que inquieta justamente por clamar por un lugar en la cultura de la transparencia. Es justamente ese lugar el que concedió a lo real el STF al permitir que la sociedad, por diversos representantes, pudiese hablar en los procesos, tornándolos, con ello, espacios de reflexión, de pensamiento y de crítica.

La ADI 3510 revitalizó un valioso principio procesal que es el de oralidad. Como se sabe, la tradición oral, si no impide, al menos dificulta la elaboración científica, en la medida en que se vincula a la experiencia singular de un lugar, de un medio y de un caso en su singularidad. Se invierte así la tradición escrita y su lógica de conservación y de normalización. De ahí la resistencia a ella. Pero los votos[28] presentados por los magistrados del STF demuestran, irreductiblemente, que la contribución oral de la sociedad en el proceso fue tenida en cuenta en las razones de la decisión.

Se asiste a un Poder Judicial que muda de estructura y de metodología. Asume un perfil *posburocrático*[29] de solución de conflictos, ya que cuenta con la participación de otros actores además del juez. Y, siendo informal, relativiza las formas y prioriza el consenso. La burocratización de la función judicial atiende a un programa político de racionalización del *modus operandi* de los órganos judiciales que es uno de los aspectos fundamentales del iluminismo. Ello supuso un paso adelante en la línea de la funcionalización[30] del derecho y de la justicia, los cuales pasaron a realizar una vasta gama de intereses extraños a la propia idea de justicia. En cierto modo perdieron su esencia porque fueron apartados de la justicia. Y la ritualización vacía, en el caso del proceso, se apartó de sus finalidades reales. En el fondo, el modelo tradicional de proceso, del cual la jurisdicción del STF tiende a distanciarse, asumió siempre la *performance* del individualismo y del proceso privado.

De la práctica de las audiencias públicas, que parecen asumir un lugar permanente en el procedimiento de control concentrado de constitucionalidad, resulta una modificación no sólo estructural, sino también en la propia legitimidad del Supremo Tribunal Federal ante la sociedad. Uno de los resultados más claros de este nuevo escenario es la participación popular en el proceso, escenario abierto al diálogo y a la construcción colectiva de las decisiones, que se constituye en un poderoso medio para perfeccionar el propio

---

[28] Véase, especialmente, el tenor de los votos de los magistrados Ayres Britto y Carmen Lúcia.

[29] En ese sentido, consultar: SALDANHA, Jânia Maria Lopes; GOMES, Joséli Fiorin, *A luta entre Zeus e os Titas: um olhar sobre o enfrentamento da morosidade e da inefetividade no proceso civil brasileiro partindo do uso e desenvolvimento do Direito Responsivo na experiência do Juizado Especial Cível de Santa Maria –RS*, Estudio realizado en el año 2004 en el ámbito de la investigación titulada «A experiência do Juizado Especial Cível de Santa Maria: tornando prática o Direito Responsivo e garantindo a Acesso á Justiça», financiada por la FAPERGS.

[30] CASTANHEIRA NEVES, Antonio, *A crise atual da filosofia do direito no contexto da crise global da filosofia*, cit., p. 93.

proceso político por el cual la sociedad manifiesta su consentimiento a los poderes constituidos.

¿Sería esa una concepción necesaria para comprender que la jurisdicción acompaña las propias modificaciones del Estado emprendidas en el marco del modelo de democracia instituido por la Constitución Federal de 1988? La respuesta es compleja: ciertamente, el Poder Judicial en general, y la Corte Suprema en particular, deben ser considerados como instancias coordenadas del poder estatal, en cuanto integrantes de un sistema político más amplio[31]. El dominio propio de la democracia implica que se asuma que el consentimiento y la participación son el fundamento de su legitimidad. Forman parte de la unidad en que se debe constituir el Estado y no pueden ser ejercidos separadamente en instituciones aisladas unas de otras, pues la esencia de la propia democracia es que ambos existan y sean ejercidos en el sistema estatal como un todo.

No es ilusorio pensar que la historia del siglo XX es la historia de la burocratización en todos los campos organizativos, inclusive el de la actuación estatal y, particularmente, el del Poder Judicial. Para romper con esa etiqueta el desafío de las democracias contemporáneas es la capacidad que las instituciones estatales tienen de ejecutar su función social en el ámbito del sistema democrático que las creó y donde ellas encuentran su razón de ser. Así, la participación de la sociedad civil en las audiencias referidas, le permitió opinar, en general técnicamente, sobre temas que conciernen y que son interés de toda la colectividad. Un impulso a la pregonada decadencia de la democracia moderna y sus vinculaciones con Estados de perfil autoritario[32], pues las discusiones que el proceso legislativo propicia no siempre son suficientes para apartar la duda de la constitucionalidad de la ley.

El refinamiento del Poder Judicial resulta, a menudo, de la idoneidad que es capaz de desarrollar para desempeñar su función social, que es la de dar efectividad y atribuir sentido concreto a los valores consagrados por la Constitución Federal, a través de la actuación de jueces abiertos al diálogo.

La posibilidad de «oír» a sectores de la sociedad que la audiencia pública propicia en el ámbito de las acciones de control directo y concentrado de constitucionalidad, rompe la cadena de formas y actos que burocratizan la relación procesal para acoger a otras personas que no reúnen en sí la condición de parte o de tercero interviniente, pero que se encuentran en una posición fáctico-jurídica que les permite participar «sin ser parte» por las condiciones que reúnen para influir en la formación del criterio de quien deberá juzgar. La realidad social a ser analizada hoy y que demanda reformas es infinitamente más compleja que la del tiempo en que fueron construidos y codificados los principales institutos del derecho procesal. Por tanto,

---

31 FISS, Owen, *Um novo processo civil*, Sao Paulo, RT, 2004, p. 114.

32 Como recuerda AGAMBEN, Giorgio, *Homo sacer*, Belo Horizonte, UFMG, 2004, p. 17.

parecía inevitable e incluso deseable que llegase el tiempo en que el Poder Judicial reconociese sus limitaciones y se volviera hacia la sociedad para construir con ella la decisión.

4. CONSIDERACIONES FINALES

La propuesta lanzada no es exactamente una invitación a la exploración de vías inéditas, sino más bien una mirada inédita hacia cuestiones que desde hace tiempo demandan una atención especial y un compromiso entre lo posible y lo ideal, como refiere Lipovetsky. Una nueva forma de actuar del derecho exige una nueva forma de actuar (y comprender) la jurisdicción y nuevas actitudes de los juristas. Así, el tránsito desde el Estado absoluto al Estado liberal, con la formación del Estado de Derecho, significó no sólo una profunda alteración en las formas, sino que implicó también transformaciones en las concepciones de derecho y de jurisdicción[33].

El momento histórico-jurídico actual nos permite comprender que la consolidación del Estado Democrático de Derecho está carente de una jurisdicción constitucional erigida sobre la base de la participación ciudadana. La realización del derecho, como se sabe, no se agota en la simple aplicación de las normas jurídicas. Tampoco la jurisdicción estatal se resume en la «pacificación de los conflictos sociales». La realización/concreción de los derechos humanos, en el contexto del Estado Democrático de Derecho, exige una mediación normativa jurídicamente constitutiva entre el texto de la ley y la decisión judicial. Y eso implica afirmar que la jurisdicción estatal, más allá de la resolución de los conflictos, es uno de los responsables de la promoción de los principios político-constitucionales.

De este modo, ya no hay cómo posponer más el proyecto de refundación de las bases decisorias judiciales abrigadas por el proceso jurisdiccional. El proceso jurisdiccional tiene que vincularse formal y sustancialmente a los principios políticos constitucionales para tener éxito ante los incontables e imprevisibles desafíos contemporáneos.

El camino escogido parte, por tanto, del reconocimiento y valorización del contenido de los derechos humanos —percibidos como entidades culturalmente históricas—, identificando la fragilidad de su concretización en los tiempos contemporáneos. En esta línea no se puede dejar de destacar la importancia del ente estatal y de la perspectiva social en la reflexión sobre el problema de la concretización de los derechos, imponiendo una redimensionalización de las prácticas procesales. Redimensionalización ésta que no se agota, como se ha dicho, en la construcción metódica o en el análisis descrip-

---

[33] Consultar, en este sentido: FERRAJOLI, Luigi, «Pasado y futuro del Estado de Derecho», en CARBONELL, Miguel, *Neoconstitucionalismo(s)*, Madrid, Trotta, 2003.

tivo, sino que, antes bien, representa un proceso jurisdiccional que se impone en cuanto práctica juzgadora-decisoria para una reflexión crítica orientadora capaz de responder al desafío de la complejidad de los problemas contemporáneos.

La matriz individualista precisa ceder ante las exigencias de solidaridad y democracia participativa y la actuación jurisdiccional no se puede mantener ajena a ese nuevo escenario. La indagación sobre los contornos de la justicia y sobre el funcionamiento de los tribunales atraviesa la humanidad desde la Grecia Antigua, como se observa en la comedia de Aristófanes «Las avispas». Del mismo modo, el desencanto por la función judicial y el descrédito del juez-avispa se proyecta a la actualidad. Es preciso, por tanto, encontrar una alternativa entre el dogmatismo y el escepticismo, asumiendo para ello que el jurista ostenta la condición de sujeto de la historia de las instituciones jurídicas y, entre ellas, de la jurisdicción y del proceso.

Si, de hecho, el modelo de proceso y el modelo de jurisdicción estatal no dejan de expresar un perfil cultural y un patrón de organización estatal, el debate en torno a la audiencia pública lleva consigo una nueva perspectiva para el proceso jurisdiccional, evidenciando una transición paradigmática y la incompatibilidad del derecho con cualquier fijación (estanca) de principios y valores.

La construcción de una jurisdicción y un proceso atentos al paradigma del Estado Democrático de Derecho, a la concretización de los derechos y al «acontecer» de la Constitución precisa superar el peso cultural del modelo individualista de proceso. Asumir esa preocupación es condición de posibilidad para la defensa de la jurisdicción estatal y de la democracia participativa sin ignorar el contexto histórico en que la sociedad moderna —compleja y pluralista— se encuentra. Las audiencias públicas no son, es obvio, la panacea para todos los problemas de construcción del Estado Democrático de Derecho y de concretización de la democracia participativa, pero abren ciertamente un espacio apreciable para la problematización de la realización del derecho y para una concienciación metodológica más allá del positivismo y del individualismo.

REFERENCIAS BIBLIOGRÁFICAS

AGAMBEN, Giorgio. *Homo sacer: o poder soberano e a vida nua*. Belo Horizonte: UFMG, 2004.

ARENDT, Hannah. *Entre o passado e o futuro*. 6. ed. São Paulo: Perspectiva, 1997.

BANDEIRA DE MELLO, Celso Antônio. *Conteúdo Jurídico do Princípio da Igualdade*. 3. ed. São Paulo: Malheiros, 1999.

BAPTISTA DA SILVA, Ovídio Araújo. *Da função à estrutura*. en prensa.

BAPTISTA DA SILVA, Ovídio Araújo. *Jurisdição e execução na tradição jurídica romano-canônica*. 2. ed. São Paulo: RT, 1998.

BENASAYAG, Miguel. *La fragilité.* Paris: La Découverte/Poche, 2007.
BOBBIO, Norberto. *A era dos direitos*. 6. ed. Rio de Janeiro: Campus, 1992.
BOLZAN DE MORAIS, José Luis. As crises do estado contemporâneo. En: VENTURA, Deisy de Freitas Lima (org). *América latina:* cidadania, desenvolvimento e estado. Porto Alegre: Livraria do Advogado, 1996.
BOLZAN DE MORAIS, José Luis. *As crises do estado e da constituição e a transformação espacial dos direitos humanos*. Porto Alegre: Livraria do advogado, 2002.
BOLZAN DE MORAIS, José Luis. *Do direito social aos interesses transindividuais*: o estado e o direito na ordem contemporânea. 2. ed. Porto Alegre: Livraria do Advogado, 2007.
BRASIL, Ley 9.434, de 4 de febrero de 1997. Ley de Biosseguranҫa. Disponible en: <http://www.planalto.gov.br/ccivil/_Ato2004-2006/2005/Lei/L11105.htm>. Acceso el 9 jun 2007.
BUCCI, Eugênio. Palestra: Intolerância. *En: Ciclo de debates «Vida, vício, virtudes».* Promoción de la Casa do Saber, Rio de Janeiro. Curadoria de Adauto Novaes. Disponible em: <www.academia.org.br>
CALERA, Nicolás María López. *Yo, el estado.* Madri: Trotta, 1992.
CASTANHEIRA NEVES, Antonio. *A crise atual da filosofia do direito no contexto da crise global da filosofia*: *tópicos para a possibilidade de uma reflexiva reabilitação.* Coimbra: Coimbra, 2003.
CASTANHEIRA NEVES, Antonio. Coordenadas de uma reflexão sobre o problema universal do direito – ou as condições da emergência do direito como direito. In: RAMOS, Rui Manuel de Moura [et al] (org.). *Estudos em homenagem à Professora Doutora Isabel de Magalhães Collaço*. Coimbra: Almedina, 2002.
CASTANHEIRA NEVES, Antonio. Entre o «legislador», a «sociedade» e o «juiz» ou entre «sistema», «função» e «problema»: os modelos actualmente alternativos da realização jurisdicional do direito. *Boletim da Faculdade de Direito da Universidade de Coimbra*, 74, 1998.
CASTANHEIRA NEVES, Antonio. *Metodologia jurídica*: *problemas fundamentais.* Coimbra: Coimbra, 1993.
DAMASKA, Mirjan. *Las caras de la justicia y el poder del estado.* Santiago: Jurídica do Chile, 2000.
DELMAS-MARTY, Mireille. *Les forces imaginatives du droit (II). Le pluralisme ordonné.* Paris: Seuil, 2006.
DENTI, Vittorio. *Un progetto per la giustizia civile.* Bologna: Società Editrice Il Mulino, 1982.
DUFOUR, Dany-Robert. *A arte de reduzir as cabeças*: *sobre a nova servidão na sociedade ultraliberal.* Rio de Janeiro: Companhia de Freud, 2005.
FARIA, José Eduardo (org.). *Direitos humanos e globalização econômica*: *implicações e perspectivas*. São Paulo: Malheiros. 1996.
FARIA, José Eduardo. Direitos humanos e globalização econômica: notas para uma discussão. *Estudos avançados*, São Paulo, v. 11, n. 30, 1997. Disponible en: <http://www.scielo.br/scielo.php?script=sci_arttext&pid=S0103401419970002000004&lng=en&nrm=iso>. Acesso el 20 jul 2008.
FERRAJOLI, Luigi. *Direito e razão: Teoria Geral do Garantismo*. São Paulo: RT, 2002.
FERRAJOLI, Luigi. Pasado y futuro del Estado de Derecho. En: CARBONELL, Miguel. *Neoconstitucionalismo(s)*. Madrid: Trotta, 2003.

FISS, Owen. The forms of justice. *Harvard law review 1*, 93/4, 1979.
FISS, Owen. *Um novo processo civil: estudos norte-americanos sobre jurisdição, constituição e sociedade*. São Paulo: RT, 2004.
GARCÍA-PELAYO, Manuel. *Las transformaciones del estado contemporâneo*. Madrid: Alianza Editorial, 1982.
GOYARD-FABRE, Simone. *Os fundamentos da ordem jurídica*. São Paulo: Martins Fontes, 2002.
HÄBERLE, Peter. *Hermenêutica constitucional*: *a sociedade aberta dos intérpretes da Constituição*. Porto Alegre: Safe, 1997.
HÄBERLE, Peter. *Teoria de la constitución como ciencia de la cultura*. Madrid: Tecnos, 2000.
HESSE, Konrad. *A força normativa da constituição*. Porto Alegre: Safe, 1991.
LASSALLE, Ferdinand. *A essência da constituição*. Rio de Janeiro: Liber Juris, 1985.
MARINONI, Luiz Guilherme. A jurisdição no Estado contemporâneo. *En:* — (Org.). *Estudos de direito processual civil*. São Paulo: RT, 2005.
MENDES, Gilmar Ferreira. As decisões de controle de constitucionalidadede normas e seus efeitos. *Revista da escola nacional da magistratura*. Brasília: Escola Nacional da Magistratura, 2007.
MERRYMAN, John Henri. *La tradición jurídica romano-canónica*. México: Fondo de Cultura Econômica, 1997.
MIRANDA, Jorge. *Constituição e cidadania*. Coimbra: Coimbra, 2003.
MIRANDA, Jorge. *Curso de direito internacional público*. 3. ed. rev. y actualizada. Lisboa: Principia, 2006.
MIRANDA, Jorge. Sobre o direito constitucional comparado. En: *Revista de direito constitucional e internacional*: *cadernos de direito constitucional e ciência política*. São Paulo, v. 14, n. 55, 2006, p. 243-260, Abr./Jun. 2006.
MIRANDA, Jorge. *Teoria do estado e da constituição*. Rio de Janeiro: Forense, 2002.
MORIN, Edgar. *Ciência com consciência*. Rio de Janeiro: Bertrand Brasil, 2002.
OLIVEIRA, Carlos Alberto Alvaro. Poderes do juiz e visão cooperativa do processo. En: *Revista AJURIS*. Porto Alegre, n. 90, 2003.
OST, François. *O tempo do direito*. Lisboa: Piaget, 2000.
PIOVESAN, Flávia. (org.); SARMENTO, Daniel (org.); IKAWA, Daniela (org.). *Igualdade, diferença e direitos humanos*. São Paulo: Lumen Juris, 2008.
PIOVESAN, Flávia. Ações afirmativas e direitos humanos. *Revista da Faculdade de Direito. Universidade de São Paulo*, v. 1, p. 36-43, 2006.
PIOVESAN, Flávia. *Direitos humanos e o direito constitucional internacional*. 7. ed. São Paulo: Saraiva, 2006.
SALDANHA, Jânia Maria Lopes. Direitos humanos e Mercosul: do marco regulatório ao papel da Justiça. In: BONESSO DE ARAÚJO, Luiz Ernani. PODETTI, Humberto (org.). *Integracion a Derecho*. Buenos Aires: Ediar, 2007.
SALDANHA, Jânia Maria Lopes. *O desvelar (alethéia) da sumariedade como condição de possibilidade para uma prestação jurisdicional efetiva: Uma tentativa de substancialização do direito processual civil*. Tese. Tomo II. São Leopoldo: UNISINOS, 2004.
SALDANHA, Jânia Maria Lopes; ESPINDOLA, Angela Araújo da Silveira. A jurisdição constitucional e o caso da ADI n 3.510: do modelo individualista e liberal ao modelo coletivo e democrático de processo. En: Revista de Processo, São Paulo: Revista dos Tribunais, v. 32, n. 154, p. 265-283, dez. 2007.

SALDANHA, Jânia Maria Lopes; GOMES, Joséli Fiorin. *A luta entre Zeus e os Titãs: um olhar sobre o enfrentamento da morosidade e da inefetividade no processo civil brasileiro a partindo uso e desenvolvimento do Direito Responsivo na experiência do Juizado Especial Cível de Santa Maria - RS*. Santa Maria, 2004.

SARLET, Ingo. *A eficácia dos direitos fundamentais*. 6. ed. Porto Alegre: Livraria do Advogado, 2006.

STRECK, Lênio Luiz. *Hermenêutica jurídica e(m) crise*: uma exploração hermenêutica da construção do direito. 7. ed. Porto Alegre: Livraria do advogado, 2007.

STRECK, Lênio Luiz. *Jurisdição constitucional e hermenêutica*: uma nova crítica do direito. 2. ed. rev y ampl. Rio de Janeiro: Forense, 2004.

STRECK, Lênio Luiz. *Verdade e consenso*: constituição, hermenêutica e teorias discursivas. 2. ed. rev y ampl. Rio de Janeiro: Lumen Juris, 2007.

SUPIOT, Alain. *Homo juridicus*: ensaio sobre a função antropológica do direito. São Paulo: Martins Fontes, 2007.

TARUFFO, Michelli. L"obbligo di motivazione della sentenza civile tra diritto comune e iluminismo. *En: Rivista di diritto processuale.* Milán, 1974.

TRIBE, Laurence; DORF, Michael. *Hermenêutica constitucional.* Belo Horizonte: Del Rey, 2007.

TRINDADE, Antonio Augusto. *O direito internacional em um mundo em transformação*. Rio de Janeiro: Renovar, 2002.

TRINDADE, Antonio Augusto. *Tratado de direito internacional dos direitos humanos*. 2. ed. Porto Alegre: Safe, 2003.

LA DIMENSIÓN CONSTITUCIONAL DEL PROCESO BRASILEÑO

LA APERTURA DEMOCRÁTICA DEL SUPREMO TRIBUNAL FEDERAL BRASILEÑO POR MEDIO DE LAS AUDIENCIAS PÚBLICAS Y LA CONCRETIZACIÓN DE LOS DERECHOS FUNDAMENTALES SOCIALES[1*]

Jânia Maria Lopes Saldanha[2]
Têmis Limberger[3]

INTRODUCCIÓN

Como Estado democrático de Derecho que se designa a partir de 1988, conforme al artículo 1° de su Constitución promulgada aquel año, Brasil posee previsión constitucional de derechos humanos fundamentales y mecanismos de garantía. La preocupación común que tiene (o debería tener) el Estado es con relación a la concretización del texto constitucional, toda vez que éste por sí solo no basta, son necesarios medios para aplicarlo, y para que esta aplicación se dé de forma adecuada.

Los ciudadanos detentadores de derechos y garantías fundamentales asegurados por su Constitución nacional no los tienen concretizados en la medida en que la legislación infraconstitucional y el proceso por medio del que la jurisdicción los hace efectivos no se ajustan a las previsiones constitucionales. De ahí la importancia de la constitucionalización del derecho. En este trabajo nuestro análisis se centra en lo que se refiere a hacer respetar la

---

[1] Este artículo fue producido en el ámbito de dos proyectos de investigación. El primero, coordinado por la primera autora, titulado «Entre el neoliberalismo y la democratización: Los informes del Banco Mundial y los (im)pactos para la reforma del Poder Judicial brasileño confrontados con el imperativo de la disfuncionalidad estructural», bajo los auspicios del CNPq —Consejo Nacional de Investigación de Brasil—. El segundo, coordinado por la segunda autora, denominado «Administración Pública e implementación de políticas como forma de concretización de los derechos sociales: posibilidades y límites del control judicial».

[*] Traducción de Alfonso de Julios-Campuzano.

[2] Doctora en Derecho por la UNISINOS. Master en Integración Latinoamericana. Profesora del Programa de Postgrado y del Curso de Licenciatura en Derecho de la UNISINOS. Profesora del Curso de Derecho de la UFSM. Abogada.

[3] Doctora en Derecho por la Universidad Pompeu Fabra de Barcelona. Master en Derecho por la UFRGS. Licenciada en Derecho por la UFRGS. Profesora del Programa de Postgrado en Derecho de la UNISINOS. Miembro del Ministerio Fiscal del Estado de Rio Grande do Sul.

Constitución por medio de la jurisdicción constitucional y del derecho procesal constitucional (parte 1).

Por otra parte, la constitucionalización del proceso, en una superación de su modelo individualista tradicional, permite una apertura a la participación democrática efectiva de la sociedad que, en Brasil, aunque reciente y restringida, se viene produciendo a través de audiencias públicas realizadas en el Supremo Tribunal Federal en el ámbito, principalmente, de procesos para el control de constitucionalidad, siendo que esta nueva práctica posibilita una prestación jurisdiccional más adecuada a la complejidad de las materias que actualmente se han presentado a la jurisdicción (parte 2).

1. LA CONSTITUCIONALIZACIÓN DEL PROCESO BRASILEÑO

Inicialmente, es obligado mencionar la influencia de los marcos normativos internacionales en lo que concierne a la incorporación de los derechos fundamentales humanos por las Constituciones de cada Estado. Fueron las previsiones internacionales, más precisamente y con mayor contribución la Declaración Universal de los Derechos Humanos de 1948 para los Estados-miembros de la Organización de las Naciones Unidas, la Convención Americana sobre Derechos Humanos de 1969 para Estados americanos y la Convención Europea de los Derechos del Hombre de 1950 para Estados europeos, las que hicieron que los Estados-Nacionales, además de internalizar tales actos, incluyesen en sus Constituciones esos derechos y estableciesen constitucionalmente formas de garantizarlos.

La Constitución brasileña de 1988 al mismo tiempo que previó los derechos fundamentales, hizo surgir la jurisdicción constitucional, vista la necesidad de proporcionar condiciones de acceso y respeto a los valores incluidos por la Constitución (1.1).

Tamaña fue la importancia creciente transferida a la Constitución a partir de 1988, que los diversas ramas del Derecho pasaron y aún pasan por una «relectura»[4], con la finalidad de incorporar los valores constitucionales y se conformen a ellos, como lo hizo el derecho procesal en lo que podemos denominar derecho procesal constitucional (1.2).

1.1 Jurisdicción constitucional en tiempos de neoconstitucionalismo

Aunque el modo de protección social fue insertado en Brasil a partir de la década de los años treinta del siglo pasado, la constitucionalización de los

[4] CAMBI, Eduardo. *Neoconstitucionalismo e neoprocessualismo: direitos fundamentais, políticas públicas e protagonismo judiciário.* São Paulo: Editora Revista dos Tribunais, 2009, p. 17.

derechos sociales como derechos fundamentales es una novedad de la Constitución Federal de 1988 y encuentra correspondencia en los principios del Estado democrático de Derecho que, refinado, expresa una nueva fase del constitucionalismo: el neoconstitucionalismo. En esa nueva forma de expresión del Estado contemporáneo, dicen los defensores del neoconstitucionalismo que éste busca explicar la rematerialización[5] de las Constituciones con base en la (re)incorporación de contenidos sustantivos de carácter moral con el fin de limitar la actuación de las instituciones públicas y privadas.

La jurisdicción constitucional trae consigo, como uno de los principales fundamentos, el principio de la supremacía de la Constitución, pues de la forma como ésta se sitúa en el ordenamiento jurídico, en grado de superioridad, es necesario que haya mecanismos de control de constitucionalidad, que se atribuyen al Poder Judicial. Así se impone, como consecuencia de ello, la sumisión de la actividad legislativa a la judicial, que actúa para proteger la Constitución y para asegurar el Estado democrático de Derecho, lo que tiene como condición de existencia plena la efectividad constitucional.

En el escenario del neoconstitucionalismo, el llamamiento, cada vez más frecuente, a la jurisdicción constitucional, en su carácter directo y concentrado, indica un síntoma y un efecto. El síntoma tiene dos aspectos principales. De un lado, cuanto más es convocado el Tribunal encargado de controlar la constitucionalidad de las leyes, más evidente es que el legislador podrá hacer uso de sus competencias, tanto formales como materiales, vulnerando los preceptos de la Carta Constitucional. Por otro, indica que los legitimados a instar la jurisdicción constitucional, en el caso restringido del control directo y concentrado, están atentos a la fuerza normativa de la Constitución y que el respeto a ella es condición de supervivencia del régimen democrático. El efecto, al menos en el plano teórico, es que cuanto más se abre la jurisdicción constitucional a la sociedad, más legitimidad tiende a agregar a su actividad y, con ello, mayor grado de confiabilidad y respeto podrá obtener del medio social.

Se hizo necesario, para garantizar la efectividad[6] a los derechos sociales, que las Cartas Constitucionales previesen cómo y por qué caminos procedimentales sus jueces realizarían la tarea de controlar la constitucionalidad de los actos de los legisladores y de los administradores, en el juego cruzado de competencias muy propio de los sistemas federativos a lo *Montesquieu*. La

---

[5] SANCHÍS, Luis Prieto. Principia iuris: uma teoria do direito no (neo)constitucionalista para o Estado constitucional. *En:* CARBONELL, Miguel; JARAMILLO, Leonardo García. *El Canon neoconstitucional*. Bogotá: Universidad Externado, 2010, p. 280.

[6] Resaltándose la distinción entre eficacia y efectividad, la primera tiene relación con la concretización del «programa condicional», y la segunda con la concretización de la finalidad de la norma, según CAMBI, Eduardo. *Neoconstitucionalismo e neoprocessualismo: direitos fundamentais, políticas públicas e protagonismo judiciário*. São Paulo: Editora Revista dos Tribunais, 2009, p. 18.

respuesta, en el caso brasileño, fue dada por la adopción del sistema mixto de control de constitucionalidad[7] que atribuye a los jueces poderes para realizar ese control tanto en casos concretos, como directamente, en un proceso que se denomina objetivo, porque están ausentes en él el interés individual y el litigio, ambos distintivos de la matriz clásica del proceso.

No obstante, si bien los jueces nacionales son encargados de realizar el control de la eficacia de la Constitución, permanecen aún en gran parte atados al modelo liberal-individualista de proceso toda vez que, fracasados los esfuerzos reformistas de la última década, continúan conformando un tipo de jurisdicción inefectiva y burocrática, rehén de la limitación subjetiva, de la restricción de la prueba y de la extensión de la cosa juzgada, características éstas que diseñan exactamente el control difuso de constitucionalidad.

La jurisdicción constitucional en su control concentrado de constitucionalidad, ha alcanzado en los últimos años una dimensión aún más constitucional, pues es democrática, en la medida en que se abre a la participación de la sociedad. Con relación al proceso considerado en sentido amplio, la constitucionalización ha hecho efectivas principalmente las garantías constitucionales referentes al proceso.

1.2 Derecho procesal constitucional: Nuevas metodologías y nuevos institutos para el proceso

El derecho procesal, en vista de lo ya expuesto, ha sido elevado a la categoría constitucional en la mayoría de las Cartas Constitucionales, ya sea porque innumerables principios del proceso fueron insertados en el conjunto de los derechos fundamentales —como el derecho de acceso a la Justicia, en proceso público, conducido por jueces imparciales e independientes—, ya sea porque un conjunto de derechos garantes de las libertades públicas podría ser invocado ante la Justicia por medio de acciones apropiadas a su mejor ejercicio.[8]

La jurisdicción que teníamos hasta aproximadamente una década atrás, antes de que hubiéramos desarrollado más profundamente teorías sobre el proceso constitucional y empezado a aplicarlas, debido a que estaba estructurada[9] de acuerdo con el modelo liberal-individualista, no hacía un uso

---

[7] Ver STRECK, Lenio Luiz. *Jurisdição constitucional e hermenêutica. Uma nova crítica do Direito.* Porto Alegre: Livraria do Advogado, 2002, p. 225-282.

[8] En el caso brasileño, los principios constitucionales procesales y las acciones constitucionales para la garantía de las libertades públicas están insertados en el artículo 5º de la Constitución Federal.

[9] Cuando se observa con atención la crisis del poder judicial, se verifica que ésta encuentra raíces en la estructura judicial, y no en problemas funcionales, pues dicho poder funciona bien de acuerdo con el modelo que lo ha estructurado. En BAPTISTA DA SILVA, Ovídio Araújo.

adecuado de los institutos que la nueva Constitución había creado[10], modificándolos en su esencia para servir a la finalidad del modelo.

El derecho procesal constitucional, en sentido opuesto al proceso tradicional y en un intento de superarlo, pretende hacer que la jurisdicción revise la interpretación que ha dado a los institutos constitucionales procesales —procesales constitucionales—, sirviéndose de la hermenéutica, a fin de ensanchar los resultados derivados de la actividad de la jurisdicción constitucional en el control de constitucionalidad que desempeña.

En el plano decisorio, al referirnos a un proceso ajustado a la Constitución, se aprecia la concretización de derechos en lo que concierne a la demanda, en la medida en que de esta forma se impone el necesario límite al solipsismo. La decisión arbitraria o revestida de elementos personales del juez seguramente impide la concretización de la Justicia. No restringido a la actividad de simple subsunción del hecho a la norma, tampoco valiéndose de la discrecionalidad, el juez, en un ejercicio de hermenéutica, construye la decisión haciendo una interpretación de acuerdo con los valores constitucionales.

Hablar de jurisdicción constitucional en su perspectiva colectiva es, sin duda hablar de otro modelo de jurisdicción, ya sea en cuanto a su estructura de actuación, ya sea en cuanto a la competencia de sus jueces, ya sea en cuanto a su sentido.

En cuanto a su estructura de actuación, difiere del proceso civil clásico, porque está marcado, sobre todo, por la competencia colegiada para decidir acciones originarias, con la excepción de las hipótesis en que el ponente, aisladamente, puede responder por el destino del proceso.

En lo que se refiere a la competencia, el modelo transgrede las materias comunes a las que la jurisdicción está habituada a enfrentarse, para encontrarse con temas de significativa repercusión social y de envergadura política muy propios de los casos en que el Supremo Tribunal Federal es instado a decidir acerca del respeto a la Constitución. Justamente por ello la jurisdicción constitucional está abierta a la sociedad, permitiendo la intervención de ésta, por medio de representantes, en el proceso de control directo.

Por último, con relación a su sentido, es necesario reconocer que solamente por medio de esa jurisdicción abierta a la sociedad el proceso responderá a las exigencias republicanas de su ejercicio democrático, como poder del Estado que tiene por finalidad principal concretar los valores constitucionales.

Da função à estrutura. *En:* STRECK, Lenio Luiz; BOLZAN DE MORAIS, José Luis (Orgs.). *Constituição, Sistemas Sociais e Hermenêutica: Anuário do Programa de Pós-Graduação em Direito da Universidade do Vale do Rio dos Sinos.* Porto Alegre: Livraria do Advogado, 2008.

[10] STRECK, Lenio Luiz. *Jurisdição Constitucional e Hermenêutica: Uma Nova Crítica do Direito.* Porto Alegre: Livraria do Advogado, 2002, p. 84.

Así, el proceso constitucional, del que las acciones de control concentrado de constitucionalidad[11] son solo una parcela, implica pensar la jurisdicción, el proceso y, por qué no, el derecho procesal, bajo la perspectiva iuspublicista. Este modelo lo aproximaría, en buena medida, al de la tradición común y lo alejaría del modelo de la tradición civil, del que el proceso brasileño es heredero.[12] El primero, teniendo por sustento el papel de la jurisprudencia y de los precedentes. El segundo, comprometido aún con el legicentrismo. El primero, de perfil colectivo, del que son ejemplo las *class action* del derecho americano, con extensión de la cosa juzgada *erga omnes* o *ultra partes*. El segundo, de perfil individualista, cuyo paradigma es el proceso de conocimiento de rito ordinario, con limitación de la cosa juzgada a las partes individuales de la acción.

2. LA CORTE SUPREMA BRASILEÑA Y LA APERTURA A LA SOCIEDAD: UNA EXPERIENCIA AJUSTADA A LA DEMOCRACIA

El modelo de proceso de nuestro derecho procesal está, por tradición, dirigido a atender derechos e intereses privados, según una concepción individualista del proceso, que se inserta en el paradigma racionalista que ha orientado el derecho procesal[13]. Esta comprensión individualista[14] ya no es adecuada para posibilitar una prestación jurisdiccional efectiva, porque el proceso no se limita ya a cuestiones privadas entre las partes, propias del mundo más simple carácterística de tiempos ya remotos.

En el presente momento, la complejidad atraviesa diagonalmente las materias que llegan al Poder Judicial, las cuales tienen relación con toda una colectividad de ciudadanos. Nada más apropiado, entonces, que permitir que la sociedad participe en el proceso decisorio, toda vez que las decisiones repercutirán sobre efectos que sobrepasan los límites de la esfera *interpartes*. A través de audiencias públicas (2.1), promovidas por el Supremo Tribunal Federal, se abren a la sociedad los procesos para que especialistas y personas que tengan conocimiento y autoridad en las materias que están siendo juz-

---

[11] Que son: Acción Directa de Inconstitucionalidad (ADI), Acción directa de Inconstitucionalidad por Omisión (ADO), Acción Declaratoria de Constitucionalidad (ADC) y «Argüição» de «Descumprimento» de Precepto Fundamental (ADPF), todas de competencia del Supremo Tribunal Federal (STF).

[12] Sobre el tema consulte: MERRYMAN, John Henri. *La tradicion juridica romano-canonica*. México: Fondo de Cultura Econômica, 1997.

[13] Sobre el paradigma racionalista del derecho procesal, consultar BAPTISTA DA SILVA, Ovídio Araújo. *Processo e ideologia: o paradigma racionalista*. 2. ed. Rio de Janeiro: Editora Forense, 2006.

[14] STRECK, Lenio Luiz. *Jurisdição Constitucional e Hermenêutica: Uma Nova Crítica do Direito*. Porto Alegre: Livraria do Advogado, 2002, p. 82.

gadas participen, lo que es, de hecho, una manifestación de democracia efectiva, en un contexto en que ésta es escasa.

Las participaciones de especialistas y representantes de la sociedad en las audiencias públicas ayudan a decidir cuestiones interdisciplinares que comprenden los procesos, y, de esa forma, la decisión que se obtiene es más adecuada a la demanda de la sociedad y sirve al propósito de hacer efectivos los derechos sociales. En este trabajo nos centraremos, particularmente, en el derecho a la salud (2.2).

2.1 Las audiencias públicas: Un nuevo instituto procesal constitucional en favor de los derechos fundamentales sociales

Para los límites de este trabajo interesan algunos aspectos concernientes a las acciones de control concentrado, específicamente en lo que tiene relación con las leyes que reglamentan su proceso frente al único Juzgado competente que es el Supremo Tribunal Federal. En este camino, la Ley n.º 9.868/99 reglamenta el proceso de la acción directa de inconstitucionalidad (ADI) y de la acción declaratoria de constitucionalidad (ADC), así como la Ley n.º 9.882/99 reglamenta el proceso de la «*Argüição de Descumprimento*» de precepto fundamental (ADPF)[15].

Las Leyes citadas, al establecer el proceso de las acciones de control de constitucionalidad, expresan, de cierta forma, la marca de la jurisdicción constitucional brasileña en ese aspecto,[16] que es la de actuar en un proceso objetivo, sin las tradicionales partes de los procesos de naturaleza individualista y que, por ello, generan otra especie de eficacia de las decisiones proferidas, hasta ahora inusitada[17]. La ruptura con el perfil individualista y privado del proceso[18] cedió el paso a un proceso de naturaleza colectiva, ya que

---

[15] N. del T.: se entiende por tal un mecanismo específico del derecho procesal constitucional brasileño que responde al modelo de control difuso de constitucionalidad que permite hacer valer en el curso de un proceso el incumplimiento de un mandato constitucional por parte de un poder público.

[16] Esta corrección es necesaria pues, como se sabe, el Supremo Tribunal Federal no puede ser considerado una Corte Constitucional «pura» según los esquemas europeos, toda vez que posee competencias mucho más amplias que las Cortes Constitucionales europeas, ya que el art. 102 de la Constitución Federal le atribuye competencias para el procesamiento y enjuiciamiento de personas y materias que escapan a la naturaleza de la materia constitucional.

[17] Como por ejemplo, la declaración de nulidad parcial de una ley infraconstitucional, la declaración de nulidad parcial sin reducción de texto, la interpretación según la Constitución. Consulte sobre ese tema MENDES, Gilmar Ferreira. As decisões de controle de constitucionalidade de normas e seus efeitos. *Revista da Escola Nacional da Magistratura.* Brasília: Escola Nacional da Magistratura, 2007, p. 21-88.

[18] Un análisis crítico sobre el perfil privado de proceso puede ser encontrado en BAPTISTA DA SILVA, Ovídio Araújo. *Jurisdição e execução na tradição jurídica romano-canônica.* 2. ed.

las personas y entidades legitimadas por el artículo 103 de la Constitución Federal y repetidos en los artículos 2.° de las Leyes n.° 9.868/99 y 9.882/99, aunque actúan en nombre propio, lo hacen defendiendo, invariablemente, el derecho de toda la sociedad. De ahí que proyecten hacia el exterior de la demanda efectos *erga omnes* y vinculantes para todos.

Obviamente, la existencia de un eficiente sistema de control de constitucionalidad de las leyes infraconstitucionales atiende a los reclamos sociales de que el Poder Judicial esté alineado y comprometido con los mínimos patrones democráticos preconizados por los Estados contemporáneos. No sólo eso, sino que al abrir la posibilidad para que un grupo restringido de personas tenga legitimidad para instar la jurisdicción constitucional, delega a las mismas la responsabilidad de cuidar, de cierta forma, para que el respeto a los principios democráticos sea, en primer lugar, cumplido por las cámaras legislativas. Por otro lado, constituye un nuevo modelo de jurisdicción, muy distante de las teorizaciones de Chiovenda —que contemplaba la jurisdicción como actuación de la voluntad concreta de la ley— y de Carnelutti —que la reducía sólo a actuar en una litis ajustada ahora a la concretización de los valores que la Carta Constitucional prevé y asegura[19]—.

No sólo eso. Si la regla es que el Supremo Tribunal Federal, en el ejercicio de la tarea de controlar la constitucionalidad formal y material de las leyes, sea llamado a pronunciar decisiones que repercutirán en toda la sociedad en incontables situaciones, llama más la atención no el hecho de que se suscite la inconstitucionalidad/constitucionalidad en sí misma, sino que ésta se produzca en razón de la naturaleza de la materia sometida a la apreciación del STF, que exige de los juzgadores ir más allá del análisis estrictamente jurídico, por el hecho de poseer naturaleza interdisciplinar.

En ese particular es en el que se hace necesario ponderar la falibilidad y limitación del conocimiento jurídico puro. Si, por una parte, dicho conocimiento es siempre necesario, por otra, no siempre será suficiente para determinar de forma razonable el juicio. Desde ese punto de vista, por más elementos probatorios documentales que el proceso de control de constitucionalidad tenga y por más conocimientos inter/transdisciplinares[20] que los

---

São Paulo: RT, 1998. SALDANHA, Jânia Maria Lopes. *O desvelar (alethéia) da sumariedade como condição de possibilidade para uma prestação jurisdicional efetiva: Uma tentativa de substancialização do direito processual civil.* Tesis. Tomo II. São Leopoldo: UNISINOS, 2004.

[19] FISS, Owen, a propósito de esa comprensión renovada de la jurisdicción indica que su función es atribuir significado concreto a los valores constitucionales. *Um novo processo civil. Estudos norte-americanos sobre jurisdição, constituição e sociedade.* São Paulo: RT, 2004, p. 36. Del mismo modo consulte: MARINONI, Luiz Guilherme. A jurisdição no Estado contemporâneo. *En:* MARINONI, Luiz Guilherme. (Org.) *estudos de direito processual civil.* São Paulo: RT, 2005, p. 13-66.

[20] Si el tema de la interdisciplinariedad es relativamente nuevo en la formación del jurista, hace mucho que viene siendo objeto de análisis de los educadores. La vasta obra de Edgar

juzgadores posean, no siempre reunirán en sí conocimientos suficiente para decidir, con base en criterios argumentativos razonables, la materia sometida a su conocimiento.

Si el proceso civil tradicional expresado en la triangulación autor, juez y reo, mantiene el monopolio de la decisión en las manos del segundo, aunque autor y reo deban contribuir para su formación, en el ámbito de un proceso que se puede reputar como cooperativo,[21] la Ley n.º 9.868/99 innova sensiblemente en esta cuestión al prever la posibilidad de manifestación en el proceso de otros órganos y entidades. Se inserta, así, en el proceso judicial, por primera vez, la figura del *amicus curiae* del derecho norteamericano, conforme prevé el artículo 7.º, §2.º de la citada ley para el caso específico de la acción directa de inconstitucionalidad.

Ambas leyes avanzan aún más al abrir definitivamente el proceso de control directo de constitucionalidad a la participación de la sociedad. Tanto el artículo 9.º, §1.º, relativo a la acción directa de inconstitucionalidad, como el artículo 20, § 1.º, que se refiere a la acción declaratoria de constitucionalidad, ambos de la Ley n.º 9.868/99, así como el artículo 6.º, §1.º, de la Ley n.º 9.882/99 que regula el proceso de la «*argüição de descumprimento*» de precepto fundamental, atribuyen al ponente de la sentencia el poder de solicitar informaciones adicionales, nombrar peritos o comisiones de peritos, con el objetivo de emitir pareceres sobre la cuestión o, incluso, de ordenar la celebración de audiencia pública para oír declaraciones de personas con experiencia y autoridad en la materia.

Se trata del reconocimiento legislativo de lo que hace mucho se discute en sede doctrinal, o sea, de que el juzgador del presente debería abrirse a la sociedad para, junto a ella, buscar subsidios a la formación de su convencimiento, lo que podría constituirse como factor creciente de legitimidad del propio Poder.

Para las dos acciones de control a que se refiere la Ley nº 9.868/99 el legislador previó otra innovación digna de mención: la posibilidad de realización efectiva de aquello que Mireille Delmas-Marty[22] denomina coordina-

---

Morin es un referente para que sea comprendida la necesidad del pensador, principalmente del área de las humanidades, en la que el Derecho está inserto, pensar y comprender el mundo ya no más en el horizonte de la linealidad, sino de la complejidad, que exige conexiones e interconexiones con otras áreas del conocimiento humano. Ver: MORIN, Edgar. *Ciência com consciência.* Rio de Janeiro: Bertrand Brasil, 2002.

[21] Tanto la noción de diálogo como la de consenso, se afinan con la comprensión de proceso cooperativo. Sobre este tema consultar: OLIVEIRA, Carlos Alberto Alvaro. Poderes do juiz e visão cooperativa do processo. *Revista AJURIS*, nº 90. Porto Alegre, 2003.

[22] *En: Les forces imaginantes du droit (II). Le pluralisme ordonné.* Paris: Seuil, 2006, p. 39-68. La autora inserta la coordinación por entrecruzamiento en el ámbito de lo que denomina de procesos de interacción que se producen entre diversas esferas de poderes decisorios. En el caso específico de la coordinación por entrecruzamiento dice que puede ocurrir entre órganos jurisdiccionales nacionales o no, desposeidos de jerarquía entre sí. Según la autora, se

ción por entrecruzamiento. Los artículos 9.º, §2.º y 20, §2.º, prevén que el ponente de la sentencia puedan solicitar informaciones a los Tribunales superiores, a los Tribunales federales y estatales, sobre la aplicación de la norma cuestionada, lo que sin duda fomenta y enriquece el necesario diálogo que se debe realizar entre los jueces con vistas a la mejora de la prestación jurisdiccional.

Las audiencias públicas son una experiencia reciente en Brasil y han sido realizadas solamente en cinco ocasiones hasta el momento de redactar este trabajo. La primera de ellas, que será comentada más específicamente a continuación, fue la que se produjo en el ámbito de la ADI 3.510, propuesta en el 2005, referente a la utilización en investigaciones biomédicas de células troncales embrionarias, habiendo celebrado la audiencia pública en abril del 2007 y que se resolvió con declaración de constitucionalidad de dicha utilización.

La segunda audiencia, que tuvo lugar en junio del 2008, fue convocada para la ADPF 101, de 2006, y tiene relación con la importación de neumáticos usados por Brasil. Por su parte, la tercera, de agosto del 2008, se refiere a la ADPF 54, cuya cuestión tiene relación con la interrupción del embarazo de fetos anencefálicos, habiendo sido la acción distribuida en 2004. La cuarta audiencia pública, realizada por el STF en el primer semestre de 2009, a la que también se hará referencia seguidamente, sometió a discusión el deber del Estado de conceder prestación de salud en el ámbito de procesos que versan sobre el derecho a la salud; la cuestión fue decidida con la afirmación del deber estatal de suministro. La quinta audiencia pública fue concierne a la acción afirmativa en la forma de cuotas con criterios raciales en las universidades públicas, convocada para la ADPF 186 y el RE 597.285 del Estado de Rio Grande do Sul.

2.2 Las audiencias públicas en la concretización del derecho a la salud

Como se ha referido *supra*, el ejercicio de democracia que se concretiza por las audiencias públicas con la apertura a la sociedad y aproximación entre ésta y el poder judicial, desempeña un papel de primer orden en la concretización de derechos previstos en la Constitución. En este caso, la materia objeto de análisis es el derecho a la salud.

---

trata del reconocimiento de la necesaria interdependencia que existe entre varios conjuntos de órdenes normativos y decisorios que acaba por exigir el establecimiento de un diálogo permanente entre ellas, lo que hace cualquier pretensión de aislamiento imposible, y genera, por ello, la llamada «internormatividad de hecho», puesto que las instancias decisorias acaban por imitarse las una a las otras, fomentando una «fertilización recíproca» en razón de las influencias cruzadas.

En lo tocante al derecho a la salud, cabe observar, en particular, la audiencia pública en el ámbito de la ADI 3.510 propuesta por el entonces *Procurador Geral da República* Cláudio Fontelles y que se refiere a la utilización de células troncales de embriones humanos en investigaciones biomédicas así como la audiencia pública conocida como 'de la salud', que fue convocada en el ámbito de otras acciones, que no de control directo de constitucionalidad, de competencia del STF, sino que guarda relación con el derecho a la salud y con la cuestión central del deber del Estado de efectuar políticas públicas para la efectivación de este derecho fundamental de la población.

La materia objeto de la ADI 3.510 es de aquellas que posee, declaradamente, un marcado carácter transdisciplinar, porque va más allá de lo jurídico, lo religioso y lo científico y suscita un vivo debate, de un lado, sobre el inicio de la vida humana y, de otro, sobre los límites que se pretenden imponer a la ciencia, en el marco de disciplinas que hasta hace poco tiempo eran totalmente desconocidas por la comunidad jurídica, como la bioética y el bioderecho.

El ponente del proceso, el magistrado Carlos Brito, después de haber permitido que se realizara el debate entre las partes, en atención al principio del debido proceso legal, dando consistencia al artículo 9.º, §1.º, de la Ley n.º 9.868/99 abrió las puertas del Tribunal a la sociedad, ordenando audiencia pública para la manifestación de entidades e instituciones ligadas al tema objeto de discusión, en decisión publicada el día 19.12.2006.

La primera audiencia pública referida se realizó el día 20 de abril de 2007[23] y en ella participaron veinticuatro personas, representando entidades de la sociedad civil, entre ellas, sectores religiosos, científicos, instituciones y agrupaciones sociales que se hicieron oir por los once magistrados de la Corte Suprema, exponiendo sus puntos de vista favorables o contrarios al contenido del artículo 5º de la Ley de Bioseguridad.

De ese modo, se indaga si la audiencia pública se convirtió, así, en símbolo de la práctica de justicia abierta a la sociedad por haber sido la primera o, más aún, porque agregó un sentido profundamente democrático a la jurisdicción, viabilizando la aproximación del proceso colectivo de control de constitucionalidad a la sociedad, en el marco de la concretización de algunos principios procesales conocidos, pero que hasta entonces actuaban en el restringido campo de los procesos de naturaleza individualista.

---

[23] El sitio web del STF indica que fue dada amplia publicidad a la audiencia, con transmisión en vivo de todos los actos por la TV Justiça y por la Radio Justiça. El procedimiento adoptado por el ponente para la realización de la audiencia fue el previsto en los artículos 255 a 258 del Reglamento Interno de la Cámara de los Diputados, aplicado analógicamente al proceso judicial, ya que que el Reglamento Interno del STF no poseía en aquella época previsión relativa a la audiencia pública, la cual hoy ya está prevista en el RISTF, incluida por la Enmienda Reglam. n.º 29 de 2009. Consulte: http://www.stf.jus.br/.

Sin duda, en lo que guarda relación con la democratización del proceso, esa acción nos ofrece una significativa lección. El artículo 9.°, §1.°, no impone al ponente la obligación de oir a la sociedad. Se trata solamente de una facultad a la que puede o no recurrirse. Así, el simple hecho de que el ponente del proceso haya recurrido a dicha prerrogativa que la Ley n.° 9.868/99 le atribuye, indica que actuó con osadía y coraje, toda vez que optó, de forma consciente, por enfrentarse al desafío, que como todo lo nuevo provoca, de recoger elementos de entre distintos sectores de la sociedad para la formación del convencimiento de los juzgadores.

¿Por qué osadía y coraje? Porque el ejercicio de la democracia lleva consigo el riesgo del error y de la ilusión, toda vez que es por naturaleza diversidad y divergencia. En un tiempo en que se pretende que el proceso sea rápido, informal y simple, aumentar el número de sujetos que de él participan imprime un movimiento contrario a las aspiraciones contemporáneas de justicia, porque agrega mayor complejidad al acto de juzgar.

Pero, tal vez sea necesario reconocer que la cultura de la urgencia y de la virtualización sustituida por lo inusitado del encuentro y de la oralidad, permite que sea prestada una justicia de mayor calidad y mayor compromiso social. Y es que la virtualización, según Benasayag,[24] y la rapidez que a ella está asociada pertenece, invariablemente al mundo de lo intangible. Lo real es lo inoportuno, lo opaco, lo que inquieta justamente por reivindicar un lugar en la cultura de la transparencia. Pero, es justamente este lugar el que fue dado a lo real por el STF al permitir que la sociedad, por diversos representantes, pudiese hablar en el proceso, convirtiéndose, con ello, en el espacio de la reflexión y del pensamiento.

Se trata de reconocer, en cierto modo, la falibilidad de la democracia representativa, toda vez que no siempre el producto final del proceso legislativo puede llegar fácilmente a la sociedad. Además, las discusiones que el proceso legislativo posibilita, a veces, no serán suficientes para alejar la duda de la constitucionalidad de la ley.

En ese sentido, el poder judicial llamado a actuar, ha pronunciado tradicionalmente la última palabra en relación al mantenimiento o no en el sistema jurídico de la disposición legal acusada de violar la Constitución. Y lo ha hecho usando de las prerrogativas procesales que tradicionalmente están previstas en las leyes procesales, siendo la principal de ellas la vigencia del principio contradictorio entre las partes.

La posibilidad de «oír» a sectores de la sociedad que la audiencia pública posibilita en el ámbito de las acciones de control directo y concentrado de constitucionalidad, quiebra la cadena de formas y actos que burocratizan la relación procesal. Al mismo tiempo, da a esta última la necesaria apertura para acoger a otras personas que no reúnan en sí la condición de partes ni

---

[24] BENASAYAG, Miguel. *La fragilité.* Paris: La Découverte/Poche, 2007, p. 12.

tampoco de terceros intervinientes, sino que se encuentran en una posición fáctico-jurídica que les permite participar «sin ser parte» por las condiciones que reúnen de influir en la formación del convencimiento de quien debe juzgar. Y es que la realidad social a ser analizada hoy y que clama por ser reformada es infinitamente más compleja que la propia del tiempo en que fueron construidos y codificados los principales institutos de derecho procesal. De ese modo, parecía inevitable y deseable incluso que llegase el tiempo en que el poder judicial reconociese sus limitaciones y recurriese a la sociedad para con ella construir la decisión.

Justamente de esa posibilidad se forja lo que se puede denominar proceso postburocrático. Presuponiendo la limitación cognitiva de quien juzga, se abre a la sociedad trayendo democratización al proceso, pero al mismo tiempo mantiene la obligación del juzgador de mantenerse comprometido con el diálogo procesal, oyendo no sólo a las partes del proceso, sino también a otros interesados para fundamentar su decisión final y asumiendo la responsabilidad colectiva de la decisión.

Por otro lado, tras oír las declaraciones prestadas en la audiencia pública de la salud convocada por la Presidencia del STF para redimensionar la judicialización del derecho a la salud en Brasil, el magistrado Gilmar Mendes[25] destacó algunos puntos importantes. Debe ser considerada la existencia o no, de políticas estatales que abarquen la prestación de salud pretendida por la parte actora. Al ordenar una prestación de salud incluida entre las políticas sociales y económicas formuladas por el Sistema Único de Salud (SUS), el poder judicial no está creando políticas públicas, sino sólo determinando la obligatoriedad de su cumplimiento.

En esa actitud del Supremo Tribunal Federal de convocar audiencia pública destaca el compromiso de la jurisdicción con la salvaguarda de los derechos sociales constitucionalmente proclamados tras haber oído a innumerables representantes de la sociedad en pleno ejercicio de la oralidad. La importancia de ese principio aumenta en el proceso civil brasileño en correspondencia a los fines a que se destina. En este caso, permitir al juzgador que escuche a la sociedad, que pulse su opinión, acerca de cuestiones estructurales para solamente después decidir, aunque la causa sea compleja, otorga a este mecanismo especial trascendencia, toda vez que como sugiere Michele Taruffo,[26] no se acude a él sólo con «casos pequeños» como aquellos que se plantean ante la jurisdicción civil. Tal reflexión, sin embargo, no aparta la tensión entre la búsqueda social por la concretización de la Constitución y el activismo judicial, entendido éste último mucho más como expresión de las opiniones personales o del exacerbamiento de competencias que como el

---

[25] MENDES, Gilmar. *Vide* www.stf.jus.br. Los datos fueron utilizados en el análisis de Suspensiones de Tutela Anticipada (STA) 175, 178 e 244, el 21/9/2009.

[26] TARUFFO, Michele. *Páginas sobre justicia civil.* Madrid: Marcial Pons, 2009, p. 254.

resultado propiamente dicho de una actitud creadora adecuada a la Constitución. En el caso específico de las postulaciones judiciales para concretización del derecho a la salud, la cuestión crucial es la superación del perfil individualista de proceso, que alimenta la denominada microlitigación y favorece la atomización de los litigios, en favor de su perspectiva colectiva, más apta para enfrentar el referido derecho en su dimensión colectiva.

A efectos de este trabajo, el mérito, en verdad, no es lo que está en cuestión, sino la riqueza de las experiencias realizadas que permite observar con una nueva perspectiva el proceso y el papel que debe desempeñar éste para la concretización de los valores democráticos.

CONSIDERACIONES FINALES

Jerárquicamente superior, protegida por el principio de la supremacía constitucional, la Constitución de 1988, trayendo los valores democráticos, generó un proceso de constitucionalización, causando el «ensanchamiento del espacio constitucional y la restricción del ámbito de libertad del legislador», en una nueva interpretación que debe ser hecha de las leyes infraconstitucionales y en la sujeción del poder legislativo a la Constitución.

Esa nueva concepción de lo que significa y del potencial que tiene la Constitución democrática y que presenta una consistente relación de derechos y garantías fundamentales en la concretización de los derechos humanos de toda la sociedad, ha recorrido lentamente un camino hacia la afirmación y arraigo en el ejercicio del Estado referente a la observancia, aplicación y conformación de la Constitución en la actividad legislativa y jurisdiccional, además de lo que atañe exclusivamente al Ejecutivo, como la promoción de políticas públicas efectivas; de forma que haya un esfuerzo estatal común dirigido a la concretización de los derechos humanos, del cual la sociedad participa por medio de mecanismos democráticos.

El ejercicio de la democracia es, al mismo tiempo que imprescindible para la efectividad constitucional, un derecho que, asegurado por la Constitución, necesita de concretización, lo que viene a demostrar que la extensión normativa de la Constitución debe de ser aplicada de forma integral para la obtención de mejores resultados. La apertura de la jurisdicción a la democracia de la que se ha hablado anteriormente, iniciada en 2007, ya produjo efectos altamente relevantes para la colectividad; este mecanismo del proceso constitucional corrobora la calidad que en todos los aspectos se agrega a la decisión cuando ésta es construida democráticamente, además de consistir en experiencias impares, que tenderán a perfeccionarse y consolidarse en la jurisdicción brasileña, principalmente en lo que guarda relación con los derechos sociales.

REFERENCIAS BIBLIOGRÁFICAS

BAPTISTA DA SILVA, Ovídio Araújo. Da função à estrutura. *En:* STRECK, Lenio Luiz; BOLZAN DE MORAIS, José Luis (Orgs.). *Constituição, Sistemas Sociais e Hermenêutica: Anuário do Programa de Pós-Graduação em Direito da Universidade do Vale do Rio dos Sinos.* Porto Alegre: Livraria do Advogado, 2008.

BAPTISTA DA SILVA, Ovídio Araújo. *Jurisdição e execução na tradição jurídica romano-canônica.* 2. ed. São Paulo: RT, 1998.

BAPTISTA DA SILVA, Ovídio Araújo. *Processo e ideologia: o paradigma racionalista.* 2. ed. Rio de Janeiro: Editora Forense, 2006.

BENASAYAG, Miguel. *La fragilité.* Paris: La Découverte/Poche, 2007.

CAMBI, Eduardo. *Neoconstitucionalismo e neoprocessualismo: direitos fundamentales, políticas públicas e protagonismo judiciário.* São Paulo: Editora Revista dos Tribunais, 2009.

DELMAS-MARTY, Mireille. *Les forces imaginantes du droit (II). Le pluralisme ordonné.* Paris: Seuil, 2006.

FISS, Owen. *Um novo processo civil. Estudos norte-americanos sobre jurisdição, constituição e sociedade.* São Paulo: RT, 2004.

MARINONI, Luiz Guilherme. A jurisdição no Estado contemporâneo. *En:* MARINONI, Luiz Guilherme. (Org.) *estudos de direito processual civil.* São Paulo: RT, 2005.

MENDES, Gilmar Ferreira. As decisões de controle de constitucionalidade de normas e seus efeitos. *Revista da Escola Nacional da Magistratura.* Brasília: Escola Nacional da Magistratura, 2007.

MERRYMAN, John Henri. *La tradicion juridica romano-canonica.* México: Fondo de Cultura Econômica, 1997.

MORIN, Edgar. *Ciência com consciência.* Rio de Janeiro: Bertrand Brasil, 2002.

OLIVEIRA, Carlos Alberto Alvaro. Poderes do juiz e visão cooperativa do processo. *Revista AJURIS,* nº 90. Porto Alegre, 2003.

SALDANHA, Jânia Maria Lopes. *O desvelar (alethéia) da sumariedade como condição de possibilidade para uma prestação jurisdicional efetiva: Uma tentativa de substancialização do direito processual civil.* Tesis. Tomo II. São Leopoldo: UNISINOS, 2004.

SANCHÍS, Luis Prieto. Principia iuris: uma teoria del derecho no (neo)constitucionalista para el Estado constitucional. *en:* CARBONELL, Miguel; JARAMILLO, Leonardo García. *El Canon neoconstitucional.* Bogotá: Universidad Externado, 2010.

STRECK, Lenio Luiz. *Jurisdição constitucional e hermenêutica. Uma nova crítica do Direito.* Porto Alegre: Livraria do Advogado, 2002.

TARUFFO, Michel. *Páginas sobre justicia civil.* Madrid: Marcial Pons, 2009.

EL ESTADO NEOCONSTITUCIONAL A DEBATE: ¿ECLIPSE O FORTALECIMIENTO DE LOS DERECHOS HUMANOS?

Nuria Belloso Martín
Universidad de Burgos

1. DEL ESTADO DE DERECHO AL ESTADO CONSTITUCIONAL

Acabamos de conmemorar los treinta años y cinco de nuestro texto constitucional español. Hemos entrado en una etapa de madurez, alejados de los procesos, más o menos conflictivos, que dieron lugar a sus respectivas redacciones. El tiempo transcurrido desde su aprobación y las experiencias habidas —y en no pocas ocasiones, sufridas— tanto por parte de los operadores jurídicos como de los ciudadanos y de las propias instituciones, nos permiten reflexionar sobre nuestra Constitución a la luz de la Teoría jurídica. La lectura que hoy hacemos de la Constitución va más allá de su contenido normativo y de lo que tal o cual artículo diga. El *demos* ilustrado actual descubre principios, valores, ciertos guiños a la moral, sin los cuales, la interpretación y aplicación de las normas constitucionales dejarían muchas zonas de penumbra.

Desde la década de los setenta algunos constitucionalistas germanos iniciaron un proceso de decantación terminológica desde la expresión tradicional de Estado de derecho a la de Estado constitucional (P. Habërle, M. Kriele). También en la doctrina jurídica italiana se percibe esta tendencia de remplazar el término *Stato di diritto* por el de *Stato costituzionale* (S. Rodotà, G. Zagrebelsky). En la doctrina anglosajona no se observa esta tendencia de sustituir el concepto de *Rule of Law* por el de *Constitutional*, tal vez por las propias peculiaridades del sistema del *Common Law*.

En la doctrina española los términos «Estado de derecho» y «Estado constitucional» han sido utilizados de forma indistinta, tal vez porque nuestra Constitución es bastante más reciente que la alemana, la italiana u otras Constituciones europeas, que ya contaban con una tradición de mayor peso en cuanto a la fórmula de Estado de derecho[1]. Sin embargo, también en

---

[1] Cfr. PRIETO SANCHÍS, L., *Apuntes de teoría del Derecho*, Madrid, Trotta, 2005, espec. en capítulo «Justicia», p. 99).

nuestra doctrina pueden apreciarse tesis que han recogido el nuevo significado del Estado constitucional en relación al Estado de derecho (M. García Pelayo, F. Rubio Llorente). En opinión de A. E. Pérez Luño, la decantación terminológica desde el Estado de derecho al Estado constitucional puede considerarse el reflejo de un triple desplazamiento que puede observarse en los ordenamientos jurídicos de los sistemas democráticos que puede resumirse en: 1) El desplazamiento desde la primacía de la ley a la primacía de la Constitución; 2) El desplazamiento desde la reserva de ley a la reserva de la Constitución; 3) El desplazamiento desde el control jurisdiccional de la legalidad al control jurisdiccional de la constitucionalidad[2].

La transición del Estado de derecho al Estado constitucional no ha sido siempre pacífica. Algunos autores han considerado que la fórmula Estado constitucional era una categoría distinta e incluso contrapuesta a la noción de Estado de derecho. Otros autores sin embargo, han optado por defender un nexo de continuidad entre ambas formas de Estado, llegando a sostener la fórmula «Estado de derecho y constitucional».

Frente a estas diversas posiciones, nos adherimos a la opinión de A. E. Pérez Luño cuando afirma que, «Frente a esta disyuntiva, entiendo que la relación entre el Estado de derecho y el Estado constitucional no es la de una *oposición externa* entre dos tipos diferentes o incompatibles de Estado sino la *decantación interna* de la propia trayectoria evolutiva del Estado de derecho»[3]. Recogiendo la opinión de M. García Pelayo, se podría afirmar que «(...) el Estado constitucional de derecho no anula, sino que perfecciona al Estado legal de derecho»[4]. Ese perfeccionamiento se opera a través del protagonismo incuestionable que asume en el Estado constitucional el funcionamiento de la jurisdicción constitucional, que garantiza la plena normatividad y el carácter justiciable de la Constitución, la sumisión a la Constitución de los actos de los poderes públicos y resuelve los conflictos entre órganos estatales.

2. PRESUPUESTOS DEL ESTADO CONSTITUCIONAL

El Estado constitucional no es sólo aquel que consagra la primacía de la Constitución, la reserva de Constitución y el protagonismo de la jurisdicción constitucional, sino que es el marco jurídico-político de reconocimiento y garantía de los derechos fundamentales. Todos esos derechos que no pueden

---

[2] Cfr. PÉREZ LUÑO, A.E., *La tercera generación de derechos humanos,* Navarra, Thomson-Aranzadi, 2006, p. 50-54.

[3] PÉREZ LUÑO, A.E., *Ibidem.*

[4] GARCÍA PELAYO, M., «Estado legal y Estado constitucional de Derecho», en *Obras Completas*, Madrid: CEC, vol. III.

quedar anclados en una mera formulación positivista, sin consecuencias. Los principios, los valores, el sentido teleológico de los derechos fundamentales deben servir de guía para que los poderes públicos implementen las políticas públicas necesarias para que los derechos fundamentales sean una realidad. La igualdad, como principio, como valor y como derecho puede funcionar como directriz norteadora de esta empresa.

Tales Constituciones democráticas han terminado por caracterizarse, casi universalmente, por contener una declaración de derechos que opera como límite al poder político jurídicamente organizado por aquéllas, que «suelen disponer además de dos mecanismos de garantía adicionales: la exigencia de mayorías cualificadas y otros requisitos especiales para la reforma de la propia Constitución y la previsión de alguna forma de control judicial de la constitucionalidad de las leyes. Es a ese entramado jurídico, que presupone una serie de conceptos previos como el del imperio de la ley, el Estado de Derecho o los derechos individuales mismos, al que hoy se denomina "democracia constitucional"» [5].

Efectivamente, como apunta G. Zagrebelsky, «La ley, un tiempo medida exclusiva de todas las cosas en el campo del derecho, cede así el paso a la Constitución y se convierte ella misma en objeto de medición. Es destronada por una instancia más alta». Según el constitucionalismo, el juez está sometido a la ley pero también y sobre todo, a la Constitución; que la parte

---

[5] RUIZ MIGUEL, A., «La democracia constitucional» en Aurelio Arteta (ed.), *El saber del ciudadano. Las nociones capitales de la democracia*, Madrid, Alianza editorial, 2008, p. 235.

Este autor destaca los dos diferentes sentidos en que las Constituciones han sido entendidas: 1) Constitución como una ley con valor más declarativo que normativo; 2) Constitución como una ley formalmente superior a la que deben obediencia desde un punto de vista jurídico todos los órganos regulados por ella, incluido el legislador ordinario. El primer modelo, establecido en Francia durante la revolución, fue dominante en Europa durante todo el siglo XIX y parte del XX. El segundo modelo se comenzó a perfilar en Estados Unidos poco después de la aprobación de su Constitución y se afianzó allí, así como en algunos países del continente americano como México y Argentina, ya avanzado el siglo XIX. Con todo, el primer modelo ha ido evolucionando hasta aproximarse al segundo, que se ha convertido en el hegemónico.

Si en un principio por constitucionalismo se entendió la doctrina de la garantía de los derechos básicos y de la organización separada de los poderes a través de una Constitución, hoy —algunos autores hablan de neoconstitucionalismo— se entiende, además, la institucionalización jurídica de la supremacía de la Constitución sobre cualquier otra norma. Tal supremacía está garantizada mediante dos instituciones características del modelo americano: por un lado, la rigidez constitucional, es decir, la imposibilidad o la mayor dificultad de reforma de la norma constitucional en comparación con las leyes ordinarias (la mayor dificultad procede generalmente de la exigencia de mayorías parlamentarias reforzadas, a las que pueden sumarse requisitos como el referéndum, la ratificación parlamentaria, la aprobación por la totalidad o un alto número de los Estados federados, etc.); y, por otro lado, la previsión de algún sistema de control judicial de revisión de la constitucionalidad de las leyes. Conforme a esta nueva terminología se distingue el Estado legislativo y el constitucional (*Ibidem*, p. 253).

central y definitoria de la Constitución es aquella en que se recogen valores superiores del ordenamiento jurídico constitucional —como sucede en el artículo 1 de la Constitución española, en adelante CE—; que por consiguiente, la interpretación judicial del derecho ha de estar prioritariamente guiada por tales valores; y que en definitiva, cuando el sentido claro o evidente del texto legal o de la voluntad legislativa choque con dichos valores, el juez podrá y deberá interpretar y decidir «contra legem», decisión que estaría justificada por ser «pro constitutionem», es decir, favorable a los valores constitucionales[6].

Frente al modelo de Estado de derecho propio de la Europa continental del XIX que somete a los poderes públicos a la forma o procedimientos de la ley, se alza el modelo de Estado constitucional de derecho que condiciona a los poderes no sólo a los procedimientos sino también al contenido de la ley y, especialmente, a la más importante de todas ellas, la constitución.

Dentro de esos contenidos materiales de las constituciones cobran especial importancia otros dos elementos que dichas constituciones suelen contener: un catálogo de derechos fundamentales y la presencia de principios políticos y morales.

A lo largo de las páginas que siguen vamos a analizar las novedades más significativas que, tanto el Estado constitucional —como, para algunos, su estadio posterior, el neoconstitucionalismo[7]—, han aportado. Concretamente, vamos a revisar dos de las respectivas proyecciones más significativas de cada uno de ellos. En el caso del constitucionalismo: 1) las Fuentes del derecho; 2) La relación entre democracia y derechos humanos. En cuanto al neoconstitucionalismo, analizaremos también sus dos ejes principales: 1) Conflicto entre derechos fundamentales, valores, principios. El problema de la interpretación; 2) La presencia de principios políticos y morales. Se alienta una ciencia jurídica «comprometida» que pone en cuestión la separación entre derecho y moral.

---

[6] Estos aspectos son criticados por García Amado: «cómo puede el juez conocer el contenido exacto y preciso de esos valores es un misterio que no se desvela (...) la Constitución vale y cuenta en tanto que se la pueda hacer portavoz de la verdad moral, más que como sistema formal de garantías y de procedimientos de plasmación de la soberanía popular como cimiento de la legislación» (Cfr. GARCÍA AMADO, Juan Antonio, «La interpretación constitucional», *Revista Jurídica de Castilla y León*, nº2, febrero 2004, Junta de Castilla y León, pp. 68-69).

[7] «Uno de los fenómenos en los que más decisivamente se muestra la mudanza de sensibilidad histórica es el de la aparición de determinadas variantes y prolongaciones de doctrinas jurídicas tradicionales, cuyo rasgo innovador se puede acentuar mediante su calificación con los prefijos «neo» o «post» (Cfr. PÉREZ LUÑO, A.E., *Trayectorias contemporáneas de la filosofía del Derecho*, Lima, Palestra, 2005, pp. 56-57).

3. EL CONSTITUCIONALISMO Y SUS DOS PROYECCIONES RELEVANTES

3.1. Las fuentes del Derecho

a) Estructura jerarquizada del ordenamiento
F. J. Laporta apunta que el «constitucionalismo» incluye al menos dos grandes ideas que hay que diferenciar. La primera es la que hace relación a la estructura jerarquizada del ordenamiento, y es la «exigencia de que por encima de las leyes emanadas del poder legislativo se sitúe un texto jurídico que tenga primacía sobre ellas, es decir, que sea jerárquicamente superior a las leyes, y al que se llama comúnmente Constitución». La segunda, es «la idea que postula que esa primacía de la Constitución sobre la ley ha de garantizarse recurriendo a procedimientos judiciales y debe llevarse a cabo por órganos del poder judicial»[8].
Supuesto que exista un órgano legislativo que represente fielmente a la mayoría de los ciudadanos y su pluralidad de opiniones y convicciones, y que tome sus decisiones mediante la regla de la mayoría, ¿cuál puede ser la razón que justifique la existencia de un texto constitucional que se superponga a ese órgano y limite sus competencias legislativas dificultando o excluyendo de sus deliberaciones y decisiones determinadas materias? Y subraya Laporta, «si un sistema político es democrático, entonces no admite la limitación constitucional, y si es constitucional no admite la decisión democrática sobre algunas materias importantes». Y es que, en efecto, casi todas las Constituciones actuales presentan dos rasgos característicos: en primer lugar, son vehículo de normas que acuerdan ciertas limitaciones a la agenda de los poderes legislativos»; y, en segundo lugar, son documentos dotados de un grado mayor o menor de rigidez. Con estos dos rasgos se superponen a los órganos legislativos, dando lugar a la «primacía de la Constitución»[9].
¿Qué mutaciones y cambios se han producido? Las relaciones recíprocas entre ley y Constitución podrían ser descritas adecuadamente mediante la metáfora del «flujo y reflujo de las mareas», de forma tal que el avance de la ley implique el retroceso de la Constitución y el incremento del protagonismo de la Constitución suponga de algún modo la bajamar de la ley[10].

---

[8] *Vid*. LAPORTA, F. J., *El imperio de la ley. Una visión actual*, Madrid: Trotta, 2007.

[9] LAPORTA, F. J., *op. cit*, p. 221.

[10] La metáfora del flujo de las mareas la toma F. Laporta de V. Pérez Díaz, quien inicialmente la ha utilizado para describir las cambiantes relaciones entre Estado y sociedad civil (LAPORTA, F. J., *op.cit*., p. 220, nota 2).

b) Rigidez constitucional
Se trata de prohibiciones o límites en la reforma de la Constitución del Estado. Por ello, las propias constituciones contendrían cláusulas que bien prohibirían su reforma total o parcial (cláusulas de intangibilidad), bien dificultarían la misma en comparación con los requisitos necesarios para modificar la legislación ordinaria.
c) Esa primacía de la Constitución sobre la ley ha de garantizarse recurriendo a procedimientos judiciales y debe llevarse a cabo por órganos del poder judicial
El control de constitucionalidad de las leyes implica: a) que dicho control sea externo, es decir, ajeno al órgano legislativo que aprueba las leyes y que esté consecuentemente depositado en otro tipo de órgano de carácter político, judicial o mixto; aunque generalmente será un órgano judicial; b) el control requiere que lo controlado lo sea respecto de la Constitución. Esto implica además, que la Constitución se configura como la norma jurídica de mayor rango jerárquico dentro del sistema jurídico en cuestión.
Y con todo ello desembocamos en el interrogante de «cuál es la razón para imponer pautas externas a las mayorías políticas democráticas». Porque no son pocas las ocasiones en las que un grupo de jueces no elegidos democráticamente, acaban imponiendo sobre el órgano legislativo una decisión o una limitación —lo que tradicionalmente se ha entendido como «objeción contramayoritaria»—[11].

Se lamenta Laporta de la «frecuente autocomplacencia practicada por muchos juristas neoconstitucionales de situar todos los valores que defienden al lado de la Constitución» —a la vez que alega que «algunos de estos juristas se pretenden críticos del positivismo jurídico al mismo tiempo que practican una suerte de ciego positivismo de la Constitución»—, y todos los defectos que queremos evitar del lado de la llamada «política ordinaria». Subraya que las Constituciones no son tan esenciales y concisas como puede suponerse. Con frecuencia son oportunistas porque «blindan» asuntos que no desean que los trate el legislador. No siempre el momento constituyente es de imparcialidad inspirado por el interés general. A veces, lo que se pre-

---

[11] *Ibidem*, p. 222.
En relación a la «objeción contramayoritaria» hay que tener presente el círculo que se crea entre la tiranía del pasado por un lado, y la discrecionalidad de jueces y magistrados, por otro. Si elaboramos una Constitución analítica, muy concreta, limitaríamos esa capacidad discrecional de los jueces, pero estaríamos fomentando una tiranía de nuestras imposiciones con respecto a las generaciones futuras, a quienes dejarían prácticamente sin autonomía para que decidieran y adoptaran los acuerdos que estimaran oportunos para dirigir sus vidas. Si, por el contrario, consensuamos textos constitucionales amplios, flexibles, para que puedan ser actualizados, dejamos abierta la puerta a la discrecionalidad judicial, al «poder contramayoritario».

tende realmente es «atrincherar» ciertos temas porque el momento constituyente ha sido aprovechado por ciertas fuerzas para introducir en el texto constitucional la garantía rígida de sus intereses, aprovechando situaciones de turbulencia política[12].

3.2. La relación entre democracia y derechos humanos

El constitucionalismo implica un doble compromiso que puede resultar difícil de mantener: a) un compromiso con la idea de derechos (y por lo tanto, con una dimensión sustantiva de la legitimidad). Se expresa en la adopción de una lista de derechos incondicionales e inviolables; b) un compromiso con la idea de democracia (es decir, con una dimensión procedimental de la legitimidad). Se expresa en la adopción de un régimen de acceso al poder que tiene su eje: por un lado, en la elección periódica de autoridades, y, por el otro, en la toma de decisiones políticas a través de la regla de la mayoría[13].

Ambos ideales —el de la democracia y el de los derechos— se encuentran en fuerte tensión, como acertadamente ha subrayado R. Gargarella. Es decir, como demócratas, nos sentimos movidos a afirmar que todas las

---

[12] *Ibidem*, p. 223.

Alude a la teoría que ve la Constitución como un «precompromiso» del tipo Ulises —a la noción del «precompromiso» aludiremos de nuevo, en el siguiente epígrafe—. Así, algunas versiones han considerado que la idea de vinculación constitucional de futuro podría explicarse acudiendo a la racionalidad que exhibe Ulises al ordenar que le aten al mástil de la nave y prohibir que le desaten previendo que el canto de las sirenas le haría débil de voluntad. Sin embargo, F.J. Laporta considera que apelar a esto como una justificación de la rigidez constitucional y su vinculación de futuro es poco convincente por tres razones: 1) Porque Ulises es la misma persona en ambos momentos, es decir, que el Ulises de hoy decide sobre sí mismo, sobre el Ulises de mañana. En el mecanismo constitucional de la vinculación hacia el futuro, por el contrario, nos encontramos que quienes ordenan la vinculación no son generalmente los mismos que la van a sufrir. No es pues un Pedro (el sobrio) previendo los excesos futuros del mismo Pedro (pero ahora el borracho) —como afirmaba Hayek—; 2) Porque Ulises, en el momento en que decide atarse, se nos aparece como un Ulises lúcido, frío que está pensando en un futuro Ulises perturbado, dominado por las pasiones. Llevado esto a los términos constitucionales, ello querría decir que los individuos de la generación constituyente se suponen sobrios, es decir, lúcidos; y los individuos de las generaciones sucesivas, se suponen borrachos, es decir, pasionales y débiles de voluntad, capaces por lo tanto de tomar decisiones irracionales con las que se perjudiquen a sí mismos. Todo lo cual pone de manifiesto una desconfianza hacia las mayorías democráticas del futuro que expresa un cierto paternalismo; 3) Porque no está probada esa presunta lucidez del constituyente sino que muchas veces, lo que hay en las Constituciones, son tomas interesadas de posición o defensa de privilegios. El contenido de lo que se protege no es lo racional frente a las pasiones sino que, muchas veces, es la contrario, lo pasional e interesado de los constituyentes que se blinda frente a la racionalidad de las futuras generaciones democráticas (LAPORTA, F.J., *op.cit.*, p. 224).

[13] *Vid.* LINARES, S., *La (i) legitimidad democrática del control judicial de las leyes*. Madrid, Marcial Pons, 2008, p. 45.

cuestiones públicas de importancia deben quedar bajo el control de la mayoría. Sin embargo, y al mismo tiempo, como defensores de los derechos humanos, tendemos a negar aquella premisa para afirmar que existen ciertos bienes que deben mantenerse intocables, sean cuales sean las preferencias de una mayoría circunstancial a ese respecto. Esta situación, ¿qué implica para los derechos humanos? ¿un eclipse o un fortalecimiento de los derechos humanos?

A pesar de que como defensores de los derechos humanos nos interesa afirmar el carácter intangible de ciertos derechos, como demócratas tendemos a preguntarnos por qué cuestiones de tanta importancia como la libertad de expresión o la propiedad deben ser ajenas a nuestra reflexión crítica y nuestra decisión libre. Por ejemplo, nuestra defensa estricta del derecho de propiedad privada tiende a contradecirse con nuestra convicción de que merecen discutirse los alcances y límites del derecho de propiedad. Como acertadamente subraya R. Gargarella, «lo cierto es que tomarse en serio el constitucionalismo nos exige dar una respuesta acerca del modo en cómo nos enfrentamos a —y somos capaces de sortear— dicha tensión entre el ideal de la sociedad autogobernada y el del respeto por los derechos» [14].

La tensión entre los derechos y el procedimiento democrático se materializa en dos cuestiones que, a la vez, nos plantean respectivos interrogantes: a) ¿qué justifica que existan asuntos —los derechos consignados en una «carta de Derechos»— sobre los cuales las mayorías no puedan decidir? —sería el «coto vedado» de naturaleza constitucional— [15]; b) ¿qué justifica que unos jueces que no son elegidos por el pueblo —y que por consiguiente no rinden cuentas ante él— tengan la autoridad para invalidar las leyes del Congreso? Ello hace referencia al tema de la justificación del control judicial de las leyes, en cualquiera de sus variantes [16]. Veamos cada uno de estos interrogantes.

---

[14] GARGARELLA, R., «El constitucionalismo según John Rawls», en *Araucaria. Revista Iberoamericana de Filosofía, Política y Humanidades,* n.º 14, 2005, pp. 1-7.

[15] Sobre esta cuestión no podemos dejar de destacar la aportación de E. Garzón Valdés, a través de la búsqueda de los elementos que hacen de la democracia representativa un sistema legítimo. La respuesta a esta pregunta se puede encontrar en un conocido trabajo de 1989 (GARZÓN VALDÉS, E., «Representación y democracia», *Doxa* 6, 1989, pp. 143-164) en el que se recogen por vez primera las exigencias democráticas y se acuña la expresión «coto vedado». Tal «coto vedado», en palabras de M. Álvarez Ortega, en su estudio sobre la Filosofía del Derecho de E. Garzón Valdés, aparece definido como «espacio excluido a la negociación parlamentaria que asegura el respeto a los derechos y principios que garantizan la autonomía de la persona y, por ende, dotan al sistema de calidad ética» (ÁLVAREZ ORTEGA, M., *La Filosofía del Derecho de Ernesto Garzón Valdés*. Madrid, Dykinson, 2008, p. 252). La noción de autonomía resulta clave, ya que el objetivo de la creación del «coto vedado» es la preservación (frente a las decisiones mayoritarias) de la autonomía y la dignidad personales, parámetros de medición de la legitimidad institucional (*op.cit.*, p. 260).

[16] LINARES, S., *op.cit.*, p. 46.

a) El problema del coto vedado de derechos

Si una de las características propias del constitucionalismo es el de la rigidez constitucional, ésta resulta problemática porque da lugar al planteamiento de dos objeciones democráticas: a) ¿Cuál es la razón para que una minoría sea capaz de bloquear la voluntad de cambio o reforma pretendida por las mayorías contemporáneas?; y b) ¿por qué las generaciones futuras han de estar obligadas por lo que decidieron las generaciones pasadas, si no han podido participar en dicho arreglo? S. Linares, para salvar estas objeciones, ha esgrimido dos argumentos principales, uno relacionado con la estrategia del «precompromiso», y el otro vinculado al carácter abstracto de las cláusulas constitucionales. Sin embargo, ninguna de estas dos estrategias le parece convincente y aboga por la idea de una constitución de rigidez «moderada» pero «mayoritaria»[17].

Aquí podemos apuntar dos objeciones: La objeción «propiamente democrática» y la objeción «intertemporal». La «propiamente democrática» se dirige a las constituciones rígidas que exigen mayorías reforzadas para la reforma. Porque: ¿qué es lo que justifica que una minoría sea capaz de bloquear la voluntad de cambio o reforma de una mayoría? ¿Qué es lo que justifica que una minoría tenga poder de veto, dadas las circunstancias del desacuerdo existente sobre cuestiones sustantivas de justicia?

A ello hay que sumar la objeción democrática «intertemporal»: ¿cuál es la razón para que las generaciones posteriores deban ajustarse a los mandatos de una constitución que no tuvieron oportunidad de aprobar? ¿Por qué las generaciones futuras han de estar obligadas por lo que decidieron las generaciones pasadas, si no han podido participar en dicho arreglo?

Una primera respuesta a las objeciones democráticas podemos encontrarla en la noción del «precompromiso», a la que ya hemos aludido anteriormente. Para ello, nos resulta útil acudir de nuevo a la fábula de «Ulises» tal y como hiciera Elster. La fábula es bien conocida: Ulises, viendo que se rendiría a la seducción de los cantos de las sirenas y que por ese motivo perdería el control de sí mismo y de la nave solicitó a sus compañeros de viaje que lo atasen al mástil del barco. Se trataba de «atarse a sí mismo» para eludir las complicaciones que le traerían los futuros desvaríos de la razón. Esta idea de «atarse a sí mismo» resulta atractiva para legitimar una carta de derechos rígida. De ahí que, según el argumento del precompromiso, una sociedad puede atarse a sí misma para que en el futuro, en circunstancias de miedo, pánico o arrebatos irracionales, no cometa los atropellos que, ahora, con ánimo sereno, rechaza.

---

17 LINARES, S., *op. cit.*, p. 24.

Sin embargo —y como acertadamente señala S. Linares—, existen diversas razones para rechazar la aplicación de la fábula a la noción de «coto vedado». Falla, por ejemplo, por un problema de identidad. La metáfora de Ulises nos habla de un caso de autolimitación, en principio, justificado: en el tiempo T1, Ulises decide limitar el campo de acciones que podrá desarrollar en el tiempo T2. Es decir, es el propio Ulises quien se auto-limita para el futuro. Sin embargo, esta situación no se parece a la de una sociedad que decide adoptar una carta de derechos rígida. Y ello es porque la sociedad S, en el tiempo T1, decide no sólo limitarse a sí misma sino también a las posteriores. En la metáfora de Ulises, se trataba de la misma persona en dos tiempos diferentes. Ahora, en cambio, estamos hablando de sociedades distintas[18].

Una segunda estrategia de defensa de la rigidez en la carta de derechos es la que propugna V. Ferreres, quien ha defendido la rigidez en las cartas de derechos con la condición de que los «derechos estén formulados en términos muy abstractos», de manera que las mayorías legislativas puedan seguir discutiendo con responsabilidad sobre sus límites, sus excepciones y la manera en que deben ser ponderados cuando entran en conflicto[19]. De esta manera, el contenido específico de los derechos pasa a ser materia de discusión ciudadana y legislativa, y la carta puede ser adaptada según evolucionen los juicios de las mayorías sobre lo que implican esas fórmulas abstractas. La abstracción aumenta, pues, la capacidad del texto de adaptarse a los nuevos consensos en materia de derechos. La estrategia de la abstracción permite atenuar la objeción intertemporal, a la vez que la abstracción propicia la deliberación democrática. Sugiere la imagen de que la carta de derechos es una guía de principios para deliberar.

Por ejemplo, si un gobierno se plantea la necesidad de hacer más efectivo el combate a la delincuencia, debe deliberar acerca de si las propuestas específicas (incremento de las penas, aumento de efectivos policiales, extensión de la prisión preventiva, etc.) respetan o vulneran las fórmulas abstractas de derechos (vgr. el derecho a defenderse, a no declarar contra sí mismo). Sin

---

[18] Cfr. LINARES, S., *op.cit.*, pp. 50-51.

J. Waldron contrapone —a la fábula de Ulises— la metáfora de una chica (que él llama Brigdet) que, después de largos y arduos años de escéptica lectura, decide abrazar una religión particular (supongamos el catolicismo). Esta chica le da las llaves de su biblioteca a un amigo y le pide que no la deje volver a entrar en ella, para sí evitar una nueva recaída en el escepticismo. Si a Brigdet, años más tarde, le vuelven a atormentar las dudas, ¿debería el amigo devolverle las llaves o debería negarse invocando el compromiso que ésta adquirió previamente? La respuesta, según Waldron, es clara: cabe devolverle las llaves, porque sus dudas son razonables, sus desacuerdos interiores son de buena fe y cabe confiar en ella para resolverlos autónomamente (LINARES, S., *op.cit.*, p. 51, nota 8).

[19] FERRERES COMELLA, V., «Una defensa de la rigidez constitucional», *Doxa* 23, 2000, pp. 29-47. (Referencia extraída de LINARES, S., *op.cit.*, p. 51 ss.).

embargo, S. Linares apunta dos importantes objeciones a la idea de una carta abstracta de derechos: 1) centrar el diálogo en los derechos abstractos es contraproducente para la misma idea de diálogo, porque los reclamos de derechos tienden a llevar a las personas hacia posiciones extremas; 2) Los derechos (sus contenidos, sus jerarquías), aun cuando sean abstractos, también son materia de un profundo desacuerdo.

S. Linares acaba optando por una constitución de rigidez moderada y mayoritaria. La idea básica es que la rigidez constitucional puede admitir dos variantes: la rigidez supermayoritaria —donde las constituciones sólo pueden ser reformadas por procedimientos especiales que emplean mayorías reforzadas— y la rigidez mayoritaria —donde los procedimientos de reforma pueden ser más gravosos que el procedimento de sanción de las leyes ordinarias pero emplean el criterio de la mayoría absoluta para la reforma constitucional[20]. Si la rigidez constitucional supermayoritaria da lugar a dos clases de objeciones democráticas —la propiamente democrática y la objeción intertemporal— las constituciones de rigidez mayoritaria dan lugar sólo a la objeción intertemporal. Por consiguiente, los reproches democráticos son más débiles. Frente a ella no cabe objetar la «propiamente democrática» porque tratan igual a todos los votantes, y son también neutrales respecto de las eventuales mayorías y minorías de la generación actual, ya que no privilegian ni el cambio ni el mantenimiento del estado de cosas a favor de una minoría actual.

La última pregunta que cabría hacerse es la de por qué no preferir directamente las constituciones flexibles, ya que éstas no tropiezan con ninguna objeción democrática, no violan la igual dignidad política, ni la neutralidad, ni incurren en la objeción intemporal. S. Linares apunta dos argumentos para preferir una constitución de rigidez moderada y mayoritaria a una constitución flexible: 1) Condiciones que hacen posible una democracia deliberativa y, más concretamente, condiciones que impiden ciertos «usos estratégicos de la argumentación», de forma que, al exigirles la carga de la argumentación, «descarta aquellas preferencias que no pueden ser justificadas de ningún modo»[21]; 2) Las constituciones de rigidez moderada y mayoritaria dan mayor espacio al diálogo ciudadano. Si una mayoría legislativa pretende reformar la constitución, necesita abrir un debate público más amplio que el requerido en las constituciones flexibles; necesita convencer no sólo a la mayoría de legisladores sino a la mayoría de los electores. Para ser reelegido, el gobierno necesita persuadir a los electores. El debate legislativo pasa por un filtro amplio, que abarca a más personas. En cambio, las constituciones flexibles se prestan a ser manipuladas por una mayoría legislativa monoco-

---

[20] LINARES, S., *op.cit.*, p. 57 ss.

[21] Como destaca S. Linares, Elster lo denomina la «fuerza civilizadora de la hipocresía» (*Deliberative Democracy.* Cambridge, Cambridge University Press, 1998).

lor, deseosa de imponer sus preferencias con el solo peso de los números (y no de los argumentos).

b) La revisión judicial

La institución del control judicial de las leyes añade una objeción democrática adicional a las ya suscitadas por las constituciones rígidas. «¿Qué razones tenemos para pensar que los desacuerdos en la interpretación del texto constitucional deban ser resueltos con carácter final por un grupo de jueces que no representan a nadie? ¿Por qué no aceptar que nuestros desacuerdos sobre el significado de una constitución rígida deben ser zanjados por la mayoría de nuestros representantes?»[22].

Resulta imprescindible tomar en consideración la justificación de la actuación del Poder judicial en una democracia. «Como sabemos, existe una larga lista de autores que considera «antidemocrática» la tarea que realizan los jueces cuando toman a su cargo el control de la constitucionalidad de las leyes. Cómo puede ser, se preguntan estos autores, que la rama del poder menos democrática (menos democrática en la medida en que sus miembros no suelen ser electos directamente por la gente ni pueden ser removidos por ella y tienden, por el contrario, a ser designados en sus cargos de por vida) pueda prevalecer sobre las ramas políticas más directamente vinculadas con la voluntad ciudadana». Frente a esta opinión, B. Ackerman apunta que «los jueces no socavan la democracia sino que, por el contrario, tienden a fortalecerla, en la medida en que orientan sus acciones (...). Esto es, ellos cumplen un papel irreprochable desde un punto de vista democrático cuando se encargan de asegurar que las decisiones tomadas por los representantes en los momentos de política normal no contradigan lo expresado por el pueblo en momentos constitucionales». Serían como los «guardianes de la democracia»[23].

La Constitución, por tanto, parece tener como contenido más característico el de proteger las incursiones de la mayoría en el ámbito de un «coto vedado» —como señalaba E. Garzón Valdés—, que está compuesto básicamente por derechos fundamentales y por aquellos mecanismos institucionales que pueden ser condición para la garantía de esos derechos fundamentales. Y es precisamente aquí donde algunos apuntan la gran fractura entre «democracia y constitucionalismo»: «¿Por qué hurtamos a la decisión democrática las cuestiones constitucionales relativas a derechos? ¿Es legítimo «atrincherar» ciertos derechos frente a la reflexión y la decisión de ese mismo indi-

---

22 LINARES, S., *op.cit.*, p. 61 ss.

23 CARGARELLA, R., *op.cit.*, p. 2.

> viduo al que se los reconocemos? Parece que el propio «coto vedado» es la negación de la capacidad de cada individuo de reflexionar y decidir sobre el propio «coto vedado», y ello supone tratarle como un menor o un incompetente». «Pero, si es un menor o un incompetente, ¿por qué le atribuimos los derechos del «coto vedado»?» (...) Haciendo más amplia la pregunta: ¿Hay algunas materias que merezcan el atrincheramiento o la protección constitucional "antidemocrática" o un atrincheramiento o protección constitucional democrática pero muy difícil de operar?[24]

Así pues, ¿hacia dónde inclinarse? ¿Hacia el lado de la democracia o hacia el lado de los derechos humanos? J. Rawls es de la opinión de que los jueces deberían inclinarse por defender ciertos principios constitucionales aun a pesar de que (y sobre todo cuando) ellos entren en contradicción con los insistentes reclamos de una mayoría amplia, estable en el tiempo y seriamente convencida de sus razones[25].

4. DEL ESTADO CONSTITUCIONAL AL ESTADO NEOCONSTITUCIONAL

Como afirma M. Carbonell, «No son pocos los autores que se preguntan si en realidad hay algo nuevo en el neoconstitucionalismo o si más bien se trata de una etiqueta vacía, que sirve para presentar bajo un nuevo ropaje cuestiones que antaño se explicaban de otra manera»[26].

En el siglo XIX y principios del XX, las Constituciones europeas eran, a pesar de ser formalmente la pieza clave y de mayor jerarquía del ordenamiento, básicamente normas de contenido institucional y procedimental, que determinaban la estructura, competencias y funcionamiento de las instituciones básicas del Estado, y que carecían prácticamente de contenidos sustantivos que sirvieran de límites a los poderes públicos (principalmente al legislador).

Sin embargo, tras la segunda guerra mundial, la mayoría de las Constituciones aprobadas comenzaron a incluir preceptos con importantes contenidos sustantivos, en forma de «derechos», «valores», «principios» o «bienes». La intención no era que estos preceptos se limitaran a ser simples proclamas programáticas, sino que fueran auténticas normas jurídicas de rango consti-

---

[24] LAPORTA, F.J., *op.cit.*

[25] Claro está que hay otras opiniones, como la de Jeremy Waldron —en opinión de Gargarella, un autor más consecuentemente respetuoso de la voluntad mayoritaria que Ackerman— quien rechaza directamente el control judicial que J. Rawls defiende, afirmando la preeminencia del proceso decisorio mayoritario (GARGARELLA, R., *op.cit.*, p. 5).

[26] CARBONELL, M., (Editor), *Teoría del neoconstitucionalismo,* Madrid, Trotta/Instituto de Investigaciones Jurídicas, UNAM, 2007, p. 9.

tucional que limitaran efectivamente a los poderes públicos en el ejercicio de sus funciones. El legislador no podía contravenirlas, de manera que la autonomía legislativa se redujo notablemente a la vez que se establecieron mecanismos específicos para la salvaguarda de la supremacía constitucional, creando órganos específicos, normalmente de carácter semijudicial, con funciones de control de la constitucionalidad de las leyes y de las actuaciones de los poderes públicos.

Desde su utilización inicial por S. Pozzolo[27], el concepto del neoconstitucionalismo se ha convertido en una especie de «cajón de sastre» para referirse tanto al constitucionalismo europeo contemporáneo como a tendencias variadas y diversas. Ha prosperado en los últimos años, sobre todo en el contexto italiano y español, habiéndose extendido su interés al contexto latinoamericano.

El neoconstitucionalismo pretende explicar una serie de textos y, sobre todo, Constituciones que ven la luz principalmente a partir de los años setenta. «Se trata de Constituciones que no se limitan a establecer competencias o a separar a los poderes públicos, sino que contienen altos niveles de normas "materiales" o sustantivas que condicionan la actuación del Estado por medio de la ordenación de ciertos fines y objetivos»[28]. Como ejemplos más representativos de este tipo de Constituciones cabe citar la española de 1978, la brasileña de 1988 y la colombiana de 1991. La Constitución ya no es sola-

---

[27] *Vid.* POZZOLO, S., «Neoconstitucionalismo y especificidad de la interpretación constitucional» en *Doxa*, n.º 21, 1998, pp. 355-370; también, de la misma autora, *Neocostituzionalismo e positivismo giuridico*, Torino, Giappichelli, 2001.

El neoconstitucionalismo —según L. Prieto Sanchís— presenta tres acepciones principales. En primer lugar, el constitucionalismo puede encarnar un cierto tipo de Estado de Derecho, designando por tanto el modelo institucional de una determinada organización política. En segundo lugar, es también una teoría del Derecho, concretamente aquella teoría apta para explicar las características de dicho modelo. En tercer lugar, por constitucionalismo cabe entender la ideología que justifica o defiende la fórmula política así designada. La primera perspectiva, al presentar el constitucionalismo como la mejor forma de gobierno ha de hacer frente a una objeción importante, como es la de la supremacía del legislador: a más Constitución y a mayores garantías judiciales, inevitablemente se reducen las esferas de decisión de las mayorías parlamentarias, dando lugar a la posibilidad de utilizar la ponderación judicial, como tendremos ocasión de analizar páginas más adelante. La segunda dimensión del constitucionalismo como ideología sostiene que como el constitucionalismo es el modelo óptimo de Estado de Derecho, al menos donde existe cabe defender una vinculación necesaria entre el derecho y la moral y postular alguna forma de obligación de obediencia al derecho. La tercera dimensión del constitucionalismo representa una nueva visión de la teoría interpretativa y de las tareas de la ciencia y de la teoría del Derecho, propugnando bien la adopción de un compromiso por parte del jurista, bien una labor crítica y no sólo descriptiva por parte del científico del derecho. Ejemplos de estas dos últimas tareas pueden encontrarse en autores como Dworkin, Habermas, Alexy, Nino, Zagrebelsky y tal vez más matizado, en Ferrajoli (*Vid.* PRIETO SANCHÍS; L., *Constitucionalismo y positivismo*. México, Fontamara, 1999).

[28] CARBONELL, M., *op.cit.*, p. 10.

mente una norma de grado jurídico jerárquico más elevado, sino que también constituye la norma axiológicamente suprema.

El cuadro institucional en el que se inserta el neoconstitucionalismo es el de la democracias constitucionales, que se caracterizan por la positivación de una Constitución larga y densa, que comprende, junto a las reglas de organización del poder, también un catálogo, más o menos extenso, de derechos fundamentales. Este modelo neoconstitucionalista parte de constatar que las Constituciones posteriores a la segunda guerra mundial se caracterizan por contemplar un gran número de principios y derechos fundamentales. De ahí que el positivismo jurídico no resulte adecuado para describirlas, dado que estaríamos remontándonos al Estado de derecho del ochocientos, con la supremacía de la ley ordinaria en el sistema de fuentes y la supremacía de la voluntad del legislador sobre la justicia. En definitiva, al gobierno de los hombres en lugar del gobierno del Derecho.

El Estado constitucional contemporáneo, como hemos visto, ha aportado: (1) la supremacía de la Constitución sobre la ley ordinaria y, por tanto, (2) la subordinación de la voluntad legislativa al contenido de la justicia constitucionalmente prevista; (3) la capacidad permeable del texto constitucional, lleno de principios y de valores, se expande por todo el ordenamiento jurídico y determina su constitucionalización. A ello hay que sumar (4) la aplicación directa de la Constitución a las relaciones privadas, lo que implica (5) la imposición de obediencia directa a los ciudadanos, y no solamente a los órganos del Estado.

Por su parte, entre los diversos rasgos que configuran el neoconstitucionalismo[29], podemos destacar: 1) la adopción de una noción específica de la

---

[29] Por nuestra parte, aún no nos atrevemos a calificar el neoconstitucionalismo de «paradigma». Es cierto que presenta unas características peculiares, pero creemos que será conveniente dejar un tiempo de «sedimentación» para conocer, en sus justos términos, lo que aporta a la Teoría del Derecho. *Vid.* al respecto, LAPORTA, Francisco José, *El imperio de la ley, cit.*; también, Atienza, Manuel y F. Laporta, «Imperio de la ley y constitucionalismo. Un diálogo entre Manuel Atienza y Francisco Laporta», en *El Cronista del Estado social y democrático de Derecho* nº0, Madrid, Iustel, p. 46-55.

Destacamos algunas anotaciones de ese diálogo. Atienza destaca que en la citada obra de Laporta, juega un papel destacado una serie de contraposiciones clásicas del pensamiento jurídico: normativismo frente a decisionismo, reglas frente a principios, ley frente a constitución, subsunción frente a ponderación, positivismo frente a constitucionalismo, interpretación literal frente a interpretación teleológica o valorativa, etc. (p. 47). A partir de ahí, Laporta explica su posición ante el neo-constitucionalismo, advirtiendo que lo que le separa de quiénes se alinean con él «(...) es el hecho de querer corregir la demasiada condescendencia que advierto en algunos autores, no en todos, hacia ciertos ingredientes que se estiman novedosos en los órdenes jurídicos presididos por una constitución (...) a mí lo que es me es muy difícil de aceptar es eso que tú registras como expresión muy usual en estos tiempos: nos hallamos, se dice, ante un nuevo "paradigma", ante una nueva forma de ver el derecho que no tiene que ver con lo anterior (...). Desde la óptica teórica de mi libro el constitucionalismo es importante, pero no es sino una prolongación del ideal del imperio de la ley hasta la

Constitución, que ha sido denominado «modelo prescriptivo de la Constitución como norma» [30], 2) la defensa de la tesis según la cual el Derecho está compuesto (también) de principios; 3) la adopción de la técnica interpretativa de la «ponderación» [31].

---

norma constitucional (...)». Se lamenta de la posición del ciego positivismo de la Constitución: «(...) muchas de ellas están llenas de provisiones absurdas u oportunistas y no veo la razón que nos pueda llevar a admitirlas siempre y en todo caso como un 'derecho superior' que nos fuerza a la creación de una nueva teoría del derecho. Lo que a mí me parece que sucede con frecuencia es que cuando se habla de la Constitución se hace referencia a un concepto material de Constitución que incluye un amplio abanico de postulados morales. Es decir, no estamos ya en presencia de una mera norma jurídica superior dotada de rigidez y con la que hay que contrastar el contenido de las leyes, sino de una ambiciosa panoplia de exigencias morales que se supone que hay que poner a contribución a la hora de resolver los casos. Pero si esto es así lo que nos interesa de la Constitución es su dimensión moral, no su dimensión jurídica. La tratamos como un documento moral jurídicamente vigente» (p. 49). Laporta explica que no acaba de ver claro qué es eso que se llama «constitucionalismo contemporáneo», dado que la mayoría de las Constituciones datan de bastantes años: la americana con más de doscientos años, la belga es de 1831, la danesa de 1849, la finlandesa de 1919, la francesa de 1958, las de Portugal, Grecia, España, etc. Según la versión del constitucionalismo, estas Constituciones nos han obligado a cambiar de teoría del derecho. Y de ahí que se pregunte: «¿Por qué hemos tardado tanto en percatarnos de que las Constituciones suponían este importante cambio?». Por ello, está en desacuerdo con que sea la Constitución la que nos obliga a crear una teoría nueva y a poner en primer plano la teoría de la argumentación. Subraya que «Es al revés. Es la teoría de la argumentación, el estudio minucioso del razonamiento práctico y el gran desarrollo del análisis del lenguaje y los tipos de enunciados normativos lo que se proyecta sobre las Constituciones, las de hace doscientos años, las del siglo XIX, las de los años cuarenta y las de ahora, y nos las presenta de otra manera. Es una teoría del derecho y de la argumentación (...) la que ha cambiado nuestra percepción del derecho y con ella la percepción de la Constitución» (p. 53).

[30] No podemos extendernos aquí acerca de la variedad de usos del término «Constitución». Nos remitimos para ello al trabajo de Ricardo GUASTINI, que diferencia: 1) La Constitución como límite al poder político; 2) La Constitución como conjunto de normas «fundamentales»; 3) La «materia constitucional»; 4) La Constitución como «código» de la materia constitucional; 5) La Constitución como fuente diferenciada; 6) La Constitución y las (otras) leyes («sobre el concepto de Constitución» (GUASTINI, R., «La constitucionalización del ordenamiento jurídico: el caso italiano». En: *Neoconstitucionalismo (s), cit.*, pp. 45-69, en Carbonell, M., *Teoría del neoconstitucionalismo*, cit., pp. 15-27).

Por nuestra parte, nos vamos a limitar a presentar el concepto «Constitución», bajo la perspectiva de dos diversas concepciones: 1) La descriptiva, por la que la Constitución, entendida como norma, consiste en un conjunto de reglas jurídicas positivas consideradas superiores en relación a las demás reglas del sistema. Esta lectura de la Constitución partía del sistema liberal, de la desconfianza en los gobernantes y legisladores, cuyo poder intenta limitar; 2) La prescriptiva, según la cual el término «Constitución» designa un conjunto de reglas jurídicas positivas expresas y fundamentales en relación a otras reglas, pero que se refieren al status constitucional debido al particular contenido que expresan.

[31] POZZOLO, S., *Neoconstitucionalismo e positivismo jurídico. As faces da teoria do Direito em tempos de interpretaçâo moral da Constituiçao, cit*, p. 79.

5. PRESUPUESTOS DEL NEOCONSTITUCIONALISMO

El neoconstitucionalismo se va a nutrir de algunos presupuestos significativos[32]:

1) El *juicio de ponderación*: el neoconstitucionalismo propugna que en la resolución de los llamados *hard cases* (casos difíciles) en los cuales si no se encuentra la solución del caso en ninguna de las reglas establecidas, el juez, en esta tarea de búsqueda de la respuesta correcta, deberá sopesar los argumentos, es decir, recurrirá a la ponderación. La exigencia de ponderación entre los principios constitucionales, revela la insuficiencia de los criterios tradicionales para resolver las antinomias normativas (jerárquico, cronológico, especialidad), todo ello porque «las Constituciones actuales son documentos con un fuerte contenido material de principios y derechos sustantivos que no responden a un esquema homogéneo y cerrado de moralidad y filosofía política»[33].

---

[32] Écio Oto Ramos Duarte presenta algunas tesis que se podrían atribuir al paradigma neoconstitucionalista: 1) Pragmatismo: prioridad del carácter práctico de la ciencia jurídica frente a su presentación como un estudio de carácter científico; 2) Eclecticismo (sincretismo) metodológico: requiere una vía que se sitúe entre la orientación analítica y la hermenéutica, haciendo depender la exégesis y la aplicación iusfundamental de un conjunto de metodologías que se interconectan: 3) Principialismo: a partir de la distinción entre principios y reglas, el argumento de los principios, junto con otros dos argumentos (el de la corrección y el de la injusticia) consolidan una fundamentación de corte constitucionalista que acepta la tesis de la conexión del derecho y de la moral; 4) Estatalismo garantista: resulta necesario, para la consecución de la seguridad jurídica, que los conflictos se solucionen a través de instituciones estatales; 5) Judicialismo ético-jurídico: exige de los operadores jurídicos la elaboración de juicios de adecuación y de juicios de justificación con naturaleza ética junto con técnicas estrictamente subjuntivo-jurídicas. La función de aplicación judicial conlleva la conjunción de elementos éticos junto con elementos estrictamente jurídicos, confluyendo, por tanto, en la afirmación de la tesis de conexión entre derecho y moral. Junto a estas tesis, enumera también otras que vamos a examinar más ampliamente: Post-positivismo, juicio de ponderación, especificidad interpretativa y concepción no-positivista del derecho (Cfr. RAMOS DUARTE, E.O., *Neoconstitucionalismo e positivismo jurídico. As faces da teoria do Direito em tempos de interpretaçâo moral da Constituiçao*, Sâo Paulo, Landy Editora, 2006, pp. 13-74. Esta obra consta de dos partes. La primera escrita por Écio Oto Ramos Duarte y la segunda por Susanna Pozzolo (pp. 75-185).

[33] PRIETO SANCHÍS, L., *Justicia constitucional y derechos fundamentales*, Madrid, Trotta, 2003, p. 188.

Por ejemplo, Comaducci, partiendo de la conocida distinción de Bobbio, entre tres acepciones de la expresión «positivismo jurídico» como teoría, como ideología y como método, nos propone analizar el neoconstitucionalismo desde esas tres perspectivas. «Desde este punto de vista, el neoconstitucionalismo —distanciándose así del constitucionalismo tradicional— se presenta como una concepción del Derecho, contrapuesta al positivismo jurídico, una especie de iusnaturalismo. En sus versiones más extremas (Comaducci se refiere a R. Alexy, R.

2) La *especificidad interpretativa*: el neoconstitucionalismo sustenta la tesis de que existe una especificidad de interpretación constitucional en relación a los demás materiales normativos. Es una consecuencia de adoptar el modelo «prescriptivo» de la Constitución, concebida como una norma. El lenguaje constitucional, por ejemplo, no se puede interpretar con los instrumentos que normalmente se utilizan para interpretar el derecho infraconstitucional.

Sin embargo, la aceptación de la aparición del neoconstitucionalismo no ha sido una cuestión pacífica. Junto a los defensores, no han faltado los detractores —como J.A. García Amado—. Una defensa —de una de las posibles vertientes del neoconstitucionalismo— podemos encontrarla en L. Prieto Sanchís, en su ya citado trabajo «El constitucionalismo de los derechos». A su vez, una crítica a los planteamientos de L. Prieto y, en general, a sus tesis, nos la ofrece J. A. García Amado[34], comparándolo con el constitucionalismo positivista que él afirma defender. A la tesis y críticas de García Amado ha seguido la contrarréplica de L. Prieto[35] y, por último, en un intento de terciar entre ambas tesis, C. Bernal Pulido nos ofrece los elementos para una

---

Dworkin, L. Ferrajoli y G. Zagrebelsky) el neoconstitucionalismo es a la vez, una *teoría del derecho* que atenta a los cambios normativos que han tenido lugar en nuestros ordenamientos jurídicos (en el italiano a partir de la Constitución de 1948, en el español a partir de la Constitución de 1978), trata de dar cuenta de ellos adecuadamente y postula la necesidad de una ciencia jurídica *normativa*, una ciencia jurídica que no sólo describe los derechos y deberes de los ciudadanos de acuerdo con lo que establece un ordenamiento jurídico, sino que tiene como cometido *valorar* dichos contenidos desde el entramado axiológico de la Constitución; es también una *ideología* que se muestra proclive a entender que puede subsistir una obligación moral de obedecer a la Constitución y a las leyes que son conformes a la Constitución; y es también y por último una *metodología* (...) que sostiene la tesis de la conexión necesaria, identificativa y/o justificativa, entre derecho y moral» (MORESO, José Juan (2009): *La Constitución: modelo para armar*. Madrid: Marcial Pons, p. 224).

Moreso subraya que, «En resumen, el neoconstitucionalismo como teoría puede contemplarse como una teoría del derecho, compatible con el positivismo jurídico, especialmente atenta a los rasgos que caracterizan la evolución de muchos de los ordenamientos jurídicos de las democracias contemporáneas: existencia de una Constitución rígida, institucionalización del control jurisdiccional de la constitucionalidad de las leyes, la consideración del texto constitucional no sólo como un texto programático sino como un texto con fuerza vinculante (esto es, con capacidad de generar efectos jurídicos), y que conllevan un análisis más detallado de las peculiaridades de la interpretación constitucional» (*Ibidem*, p. 226).

[34] GARCÍA AMADO, J. A., «Derechos y pretextos. Elementos de crítica al neoconstitucionalismo», en M. Carbonell, *Teoría del neoconstitucionalismo*, cit., pp. 237-264.

[35] Prieto Sanchís, a su vez, contesta a García Amado y advierte que su trabajo ha sido interpretado, por García Amado, como una formulación del neoconstitucionalismo en general y de su pensamiento en particular, lo cual no es correcto, ya que Prieto afirma disentir de algunas de las tesis que podríamos denominar estándar del neoconstitucionalismo, como la de la relación entre derecho y moral («Réplica a Juan Antonio García Amado», en Carbonell, M., *Teoría del neconstitucionalismo* cit., p. 266).

defensa de la tesis del neoconstitucionalismo[36]. Brevemente, vamos a resumir los aspectos más relevantes de esta polémica, intentando apuntar las luces y las sombras del neoconstitucionalismo.

L. Prieto Sanchís comienza afirmando que, «(...) no cabe duda de que ese constitucionalismo [europeo de posguerra] ha propiciado el alumbramiento de una teoría del derecho en muchos aspectos distinta y hasta contradictoria con la teoría positivista que sirvió de marco conceptual al Estado decimonónico». Esta referida singularidad la resume Prieto en la «constitucionalización de los derechos o, si se prefiere, Constituciones materiales y garantizadas». «Frente al rousseauniano poder constituyente que nunca termina de constituirse y que desemboca en la supremacía del Parlamento y de su ley, ahora el poder constituyente ha querido tomar cuerpo en un documento que se postula como supremo y garantizado»[37].

De todo ello, L. Prieto —como deduce Bernal Pulido— caracteriza el neoconstitucionalismo como sigue:

1) La Constitución es material: por Constitución material entiende que presenta un denso contenido sustantivo formado por normas de diferentes denominaciones (valores, principios, derechos o directrices) pero de un idéntico sentido, que es decirle al poder no sólo cómo ha de organizarse y adoptar sus decisiones sino también qué es lo que puede e incluso, a veces, qué es lo que debe decidir;
2) La Constitución es garantizada: su protección se encomienda a los jueces;
3) La Constitución es omnipresente: los derechos fundamentales tienen una fuerza expansiva que irradia todo el sistema jurídico;
4) La Constitución establece una regulación principialista: se recogen derechos y deberes sin especificar sus posibles colisiones, ni las condiciones de precedencia de unos sobre otros;
5) La Constitución se aplica mediante la ponderación, forma de argumentación por la que se establece cuál de los principios debe preceder de acuerdo a las circunstancias de cada caso;
6) Niega la posibilidad de estructurar un modelo «geográfico» de Constitución, en el cual la frontera entre los derechos fundamentales y la ley aparezca claramente delimitada. Por ello, o un caso es legal o es constitucional;
7) Esta concepción de la Constitución implica la existencia de un modelo argumentativo de relaciones entre la Constitución y la legislación.

---

36 BERNAL PULIDO, C., «Refutación y defensa del neoconstitucionalismo». En Carbonell, M. (Editor), *Teoría del neoconstitucionalismo*, cit., pp. 289-325.

37 PRIETO SANCHÍS, L., «El constitucionalismo de los derechos», cit., pp. 213-214.

Por su parte, García Amado defiende la tripartición positivista y la bipartición neoconstitucionalista. Critica la tesis de que la Constitución es omnipresente, la principialista, la de que se aplica mediante la ponderación, la negación de la distinción entre el ámbito de la Constitución y el de la legislación y la defensa del modelo argumentativo. En su opinión, estas ideas equivocadas derivan de que en el neoconstitucionalismo se confunde lo que la Constitución dice con aquello que los intérpretes dicen que la Constitución dice. Para García Amado, la Constitución sólo dice lo que dicen sus palabras: la tripartición de lo decible por la Constitución:

a) cosas que la Constitución claramente dice, para mandarlas, prohibirlas o permitirlas (ejemplo: que está prohibida la pena de muerte en tiempos de paz —art.15 CE—);
b) cosas de las que no dice absolutamente nada (ejemplo: cuántos animales domésticos puedo tener en mi apartamento);
c) cosas de las que no sabemos si dice algo o no, y en su caso qué, pues depende de cómo interpretemos sus términos y enunciados (ejemplo: si la pareja estable no casada, o la homosexual, es «familia» —art.39 CE—).

De la tesis de Prieto Sanchís parece derivarse más bien una bipartición. La Constitución siempre regularía todos los fenómenos (tesis 1: omnipresencia de la Constitución) pero los regularía algunas veces de manera explícita y determinada —que coincidiría con el apartado a) de García Amado— y otras de manera implícita e indeterminada (tesis 4: regulación principialista). De aquí se puede deducir que la principal dificultad a la que se ve enfrentada esta bipartición neoconstitucionalista es: «la necesidad de esclarecer cómo es posible fundamentar correctamente en las indeterminadas disposiciones de la Constitución los mandatos implícitos que de ella derivan»[38].

García Amado caracteriza tanto la visión positivista como la neoconstitucionalista. La positivista presenta estas tesis:

a) Las Constituciones (como cualesquiera otras normas jurídicas) mandan por sí lo que claramente se corresponde con la referencia de sus términos y enunciados;
b) En los márgenes de vaguedad o zonas de penumbra, la Constitución es abierta y podrá ser concretada de diferentes modos, tantos como no sean patentemente contradictorios con la semántica constitucional;
c) La elección de una de entre esas varias posibles concreciones compatibles con la indeterminación del precepto constitucional correspon-

[38] BERNAL PULIDO, C., *op.cit.*, p. 292.

de a los intérpretes autorizados de la Constitución —el legislador, los jueces y el Tribunal Constitucional—;

d) Los jueces y muy particularmente, el tribunal Constitucional cumplen prioritariamente funciones de control constitucional, de control negativo puro, consistente en inaplicar y declarar inconstitucional, en su caso, las normas legales que patentemente vulneren la semántica de los enunciados constitucionales;

e) Por el contrario, al poder legislativo le corresponde una función de realización constitucional, consistente en elegir de entre las alternativas que los enunciados constitucionales permiten por no ser contradictorias con sus significados posibles;

f) Todo este entramado doctrinal positivista tiene un fundamento político, cual es la defensa de la prioridad del legislador democrático y, con ello, de la soberanía popular[39].

En cambio, a juicio también de García Amado, el neoconstitucionalismo defendería las siguientes tesis, incompatibles con las anteriores:

a) El contenido de la Constitución no se agota en el significado de sus términos y enunciados, en su semántica; la naturaleza última de las normas constitucionales es prelingüística, axiológica. Por eso las Constituciones dicen más de lo que sus términos significan.

b) Por consiguiente, la indeterminación semántica de las normas constitucionales es compatible con su plena determinación material; son mandatos precisos, pese a su imprecisión lingüística.

c) Los intérpretes autorizados de la Constitución no están llamados a elegir entre interpretaciones o concreciones posibles de los enunciados constitucionales, sino compelidos a realizar máximamente tales mandatos materialmente determinados. Los intérpretes pueden conocer la idea verdadera que cada norma tiene para cada caso concreto.

d) Los jueces y, en particular, el Tribunal Constitucional cumplen funciones de control negativo-positivo: deben inaplicar o declarar la inconstitucionalidad de toda norma legal que no lleve a cabo dicha maximización.

e) Por consiguiente, tanto el legislador como, principalmente los jueces, tienen acceso al conocimiento de esos contenidos prelingüísticos que componen la Constitución material o axiológica, y lo tienen con suficiente amplitud como para poder determinar la solución que el mandato constitucional prescribe para todos o la mayor parte de los casos concretos.

---

[39] BERNAL PULIDO, C., *op.cit.*, pp. 292-293. Es una reproducción literal del citado trabajo de García Amado.

f) Este entramado doctrinal neoconstitucionalista tiene como trasfondo político la creciente desconfianza frente al legislador parlamentario y la correlativa fe en virtudes taumatúrgicas de la judicatura[40].

Compartimos con Bernal Pulido la defensa de cuatro de las tesis expuestas por Prieto Sanchís, que consideramos podrían representar el núcleo de aquello que se presenta como neoconstitucionalismo: 1) que los derechos fundamentales de la Constitución son principios, y (2) que se aplican judicialmente (3) mediante la ponderación. Todo ello, partiendo de aceptar (4) el carácter material de la Constitución.

6. EL NEOCONSTITUCIONALISMO Y SUS DOS PROYECCIONES RELEVANTES

6.1. Conflictos de interpretación. Valores, normas, reglas, principios

Junto a la tensión entre democracia y derechos humanos, hay que añadir la situación de que cada vez se está prestando una mayor atención al estudio de situaciones de conflicto entre una serie de elementos conocidos como derechos fundamentales, principios constitucionales, valores constitucionales, fines constitucionales o bienes constitucionalmente protegidos[41], conflictos todos ellos que adquieren una particular relevancia en el contexto del neoconstitucionalismo[42].

---

[40] BERNAL PULIDO, C., *op.cit.*, pp. 293-294. Lo reproduce literalmente del citado trabajo de García Amado. García Amado viene a establecer un vínculo entre la idea neoconstitucionalista de un control judicial de máximos con la defensa del principio *in dubio pro iudice*, a la vez que el control positivista de mínimos sería correlativo al principio *in dubio pro legislatore* (*ibidem*, p. 295). Es muy crítico con la ponderación, defendiendo subsunción e interpretación, pero no ponderación («es un concepto que los tribunales constitucionales utilizan no para fundamentar sus decisiones, sino justo para todo lo contrario, es decir, para dar una apariencia de fundamentación a tales decisiones» (BERNAL PULIDO, C., *Ibidem*, p. 296).

[41] Como acertadamente apunta D. Martínez Zorrilla, «El estudio de estas situaciones resulta doblemente interesante: por una parte, por la importancia que estos elementos tienen, tanto desde un punto de vista estrictamente jurídico (tienen su fundamento en el texto constitucional, y gozan por tanto de la máxima jerarquía), como sociológico (afectan a cuestiones muy básicas tanto para los individuos como para el conjunto de la sociedad); y por otro lado, por el importante desafío teórico que suponen para una concepción como la del positivismo jurídico metodológico (...)» (MARTÍNEZ ZORRILLA, D., *Conflictos constitucionales, ponderación e indeterminación normativa*. Madrid, Marcial Pons, 2007, p. 21). En las páginas que siguen vamos a recurrir frecuentemente a la obra citada.

[42] Para un cuidadoso análisis de las distintas formas o manifestaciones del «neoconstitucionalismo» en sus distintas vertientes, además de la las obras de Comaducci y Carbonell, recomendamos el trabajo de Mazzarese, en el que se ocupa de cómo estos aspectos relacionados con el neoconstitucionalismo (especialmente los derechos fundamentales) influyen en el

Como han apuntado algunos autores —es el caso de Luis Prieto Sanchís— se puede hablar de un neoconstitucionalismo para el que la etapa del Estado de derecho legislativo ha finalizado y ha quedado sustituido por el Estado constitucional, lo que supone una «rematerialización» de la Constitución, es decir, la idea de que la constitución «ya no tiene por objeto sólo la distribución formal del poder entre los distintos órganos estatales, sino que está dotada de un contenido material, singularmente principios y derechos fundamentales, que condicionan la validez de las normas inferiores» [43].

Efectivamente, la ideología neoconstitucionalista considera al Estado constitucional de derecho como la mejor o más justa forma de organización jurídico-política. Y ello es así porque la constitución se presenta como un orden que corresponde a ideales objetivos de justicia que imponen deberes y se imponen tanto sobre las voluntades individuales como sobre el acuerdo de dichas voluntades basado en el principio de la mayoría. Tales ideales —como sostiene Zagrebelsky— han sido introducidos en la constitución en forma de principios[44].

Autores —como Ferrajoli— han llegado a apuntar que el neoconstitucionalismo no supone sólo una reforma de la teoría del derecho positivista, sino que además implicaría una teoría política que conllevaría la sustitución de la visión puramente procedimental de la democracia por una perspectiva sustancial que situaría los derechos por encima del principio de la mayoría.

El texto constitucional está integrado por normas, derechos, principios, valores, que a la hora de interpretarlos da lugar a un cierto grado de conflicto. Entre los diversos problemas que debe resolver el Estado constitucional actual se puede considerar que la interpretación de las normas constitucionales constituye una cuestión de suma importancia —como ya hemos destacado anteriormente—. Los propios jueces constitucionales han tenido que aprender a realizar su función bajo parámetros interpretativos nuevos, con un razonamiento más complejo. A ello hay que sumar que los jueces se encuentran con la dificultad de tener que trabajar con valores que están

---

razonamiento y en la práctica judiciales («Razonamiento judicial y derechos fundamentales», en *Doxa* 26, 2003, pp. 687-716).

[43] PRIETO, L., *Constitucionalismo y positivismo*. México, Fontamara, 1997, p. 17). Como ejemplos de esta reciente tendencia se puede citar el «postpositivismo» —calificado por Bayón como «etiqueta de circunstancias» y el «neoconstitucionalismo».

[44] *Vid*. ZAGREBELSKY, G., *El Derecho dúctil. Ley, derechos, justicia*. Trad. de M. Gascón. Madrid, Trotta, 1995.

Para este autor, el positivismo jurídico decimonónico fue responsable de haber elaborado una teoría del orden jurídico como un sistema cerrado y rígido que reducía la juridicidad a la legalidad y en el que no había espacio para ninguna otra fuente jurídica. En ruptura clara con esto, el Estado constitucional supone «la coexistencia de valores y principios, sobre los que hoy se edifica la constitución para poder lograr la unidad e integración del ordenamiento jurídico y, al propio tiempo, para ser compatible con una sociedad abierta y pluralista» (Cfr. PÉREZ LUÑO, A.E., *op.cit*., p. 99).

constitucionalizados y que precisan de una tarea hermenéutica que haga posible su aplicación a los casos concretos de manera justa y razonada[45].

El neoconstitucionalismo viene a aunar elementos de las dos tradiciones constitucionales clásicas: fuerte contenido normativo y garantía constitucional[46]. De la primera de estas tradiciones se recoge la idea de garantía constitucional y una correlativa desconfianza ante el legislador. De la segunda tradición se rescata un ambicioso programa normativo que va más allá de lo que exigiría la mera organización del poder mediante el establecimiento de las reglas de juego[47]. El neoconstitucionalismo apuesta por Constituciones normativas garantizadas.

En la actualidad, hay que destacar la importancia que para la justicia constitucional tiene la incorporación de principios, derechos y directivas. El nuevo Estado constitucional de Derecho reclama una nueva teoría del Derecho que se aleje de los esquemas del positivismo teórico —como hemos expli-

---

[45] Una vertiente muy interesante del neoconstitucionalismo es precisamente la del análisis de los criterios y modelos de interpretación constitucional. (*Vid.* COMANDUCI, P., «Modelos e interpretación de la Constitución», en M. Carbonell, *Teoría del neoconstitucionalismo*, cit., pp. 41-67. *Vid.* también nuestro trabajo, «Temi di Teoría Giuridica: L'interpretazione della Costituzione e dei Diritti Fondamentali» en *Annali del Seminario Giuridico*, Universitá di Catania, Vol. VII (2005-2006), Giuffrè Editore, 2007, pp. 17-85).

[46] La primera tradición constitucional es la que concibe la Constitución como regla de juego de la competencia social y política, como pacto de mínimos que permite asegurar la autonomía de los individuos como sujetos privados y agentes políticos para que sean ellos, los que en una marco democrático e igualitario, desarrollen libremente su plan de vida. Esta es la tradición norteamericana originaria, cuya contribución básica se basa en la idea de supremacía constitucional y su consiguiente garantía jurisdiccional: la Constitución se postula como norma jurídicamente superior a las demás normas y su garantía se atribuye al poder judicial. La idea del poder constituyente se traduce aquí en una limitación del poder político y, especialmente, del más amenazador de los poderes, el legislativo.

La segunda tradición concibe la Constitución como un programa directivo de una empresa de transformación social y política. Aquí la Constitución no se limita a fijar las reglas del juego sino que pretende participar directamente en el mismo, condicionando las decisiones colectivas a propósito del modelo económico, de la acción del Estado en la esfera de la educación, de la sanidad, etc. Esta es la concepción del constitucionalismo nacido de la Revolución francesa. Aquí la idea de poder constituyente se plasma sobre todo en el pueblo, es decir, en el poder legislativo. De esta forma, el constitucionalismo se resuelve principalmente en legalismo: es el poder político de cada momento, la mayoría en un sistema democrático, quien se encarga de hacer realidad o, muchas veces, de «frustrar» cuanto aparece «prometido» en la Constitución (Cfr. PRIETO SANCHÍS, L., *op.cit.*, p. 126).

[47] Para comprender el alcance del constitucionalismo contemporáneo, en el marco de la cultura jurídica europea, hay que recordar la aportación de Kelsen al modelo de justicia constitucional, llamada jurisdicción concentrada, y que es el modelo vigente en Alemania, Italia, España o Portugal. Kelsen era un defensor de la Constitución como *norma normarum*, es decir, como norma reguladora de las fuentes del derecho. La Constitución es una norma interna del Estado, no una norma externa que, desde la soberanía popular, pretenda dirigir el contenido de las leyes (Cfr. KELSEN, H., *Escritos sobre la democracia y el socialismo*. Ed. de J. Ruiz Manero, Madrid, Debate, 1988).

cado en el anterior epígrafe—. Hay un hecho obvio: la crisis de la ley, una crisis que no responde sólo a las exigencias de una norma superior, sino también a otros fenómenos más o menos conexos con el constitucionalismo, como el proceso de unidad europea, el desarrollo de las Comunidades Autónomas, la revitalización de las fuentes sociales del Derecho, etc. Es decir, la ley ha dejado de ser la única, suprema y racional fuente del Derecho que en otra época se pretendió que fuera[48].

Dado el alto grado de abstracción, generalidad e indeterminación de estos preceptos constitucionales, con las consecuencias que de ello se derivan en el plano interpretativo, puede observarse el gran protagonismo que llegan a adquirir estos órganos de control constitucional, en detrimento de la autonomía de la que antes gozaba el legislador.

En las controversias en que se ven involucrados derechos fundamentales u otros «bienes constitucionales», nos podemos encontrar con diversas dificultades. El juez puede tener un conocimiento insuficiente de los hechos acontecidos (problemas de prueba), o pueden surgir dudas relacionadas con la calificación o subsunción de los hechos en el supuesto de la norma (por ejemplo, podemos tener dudas acerca de si cierta información es o no «veraz», o acerca de si cierta expresión lesiona o no el honor de la persona aludida por ella). Los problemas de interpretación en este ámbito se presentan de forma virulenta. El lenguaje de los derechos constitucionales y, en general, de todos los preceptos constitucionales de contenido sustantivo es, como afirma Alexy, del máximo grado de indeterminación. Las expresiones utilizadas hacen uso de conceptos muy abstractos y generales, con una importante carga emotiva, que dificulta mucho la tarea de delimitar con un cierto grado de precisión, qué queda dentro y qué queda fuera de dichos conceptos.

Expresiones como «dignidad de la persona», «libre desarrollo de la personalidad» (art.10 CE), «integridad moral», «tratos inhumanos o degradantes» (art. 15 CE), «libertad ideológica» (art.16 CE), «honor» (art.18.1 CE), o «participar directamente en asuntos públicos» (art.23.1 CE), constituyen un ejemplo. ¿Qué clases —más o menos concretas— de comportamientos están prohibidos por atentar contra la «integridad moral»? ¿En qué consisten los «tratos inhumanos o degradantes»?

Tomando como referencia dos sentencias citadas por D. Martínez Zorrilla, podemos traer a colación dos ejemplos. El primero se refiere a un conflicto en el que se ven involucrados distintos derechos fundamentales. En el segundo caso, tenemos la controversia entre un derecho fundamental y un bien jurídicamente protegido.

---

[48] Como afirma L. Prieto Sanchís: «(...) tal vez éste sea el síntoma más visible de la crisis de la teoría del Derecho positivista, forjada en torno a los dogmas de la estatalidad y de la legalidad del derecho» (*Ibidem*, p. 131).

El Tribunal Constitucional, en la STC 3/1997, de 13 de enero, dictada en un proceso promovido por un recurso de amparo, da respuesta a una controversia en la que se ven involucrados distintos derechos fundamentales. Los hechos que dieron lugar a la disputa fueron: el 8 de septiembre de 1984, un periódico publica, en la sección de «cartas al Director», una carta titulada «El judo en los juegos olímpicos de los Ángeles», firmada por J. L. A., quien se calificaba a sí mismo como cinturón negro de judo, primer dan.

En dicha carta se critica la mala gestión de L. B. entonces presidente de la Federación española de judo (e indirectamente, la crítica se extiende también al Consejo Superior de Deportes y al Ministerio de Cultura, por no tomar medidas al respecto), de quien se afirman varios extremos (que, supuestamente, ya habían aparecido en varios medios de comunicación), como por ejemplo, que no ofreció ayuda alguna para la preparación olímpica de los atletas, que amenazó a algunos de ellos por si éstos hablaban, que realizaba viajes sin el correspondiente permiso de sus superiores, que sancionó a reconocidos judokas sólo por expresar en los medios de comunicación lo que pensaban de él, etc. E, incluso, se hacen otras afirmaciones que podrían llegar a interpretarse como la imputación de un delito de malversación de caudales públicos.

Por su parte, L. B., tras iniciar infructuosamente la vía penal contra el periódico, exige responsabilidad civil por haberse vulnerado su derecho al honor y, tras varias instancias, finalmente el Tribunal Supremo estima su pretensión, condenando al periódico a pagar una indemnización de 5 millones de ptas. y a publicar parcialmente la sentencia. Contra esta resolución el periódico interpuso recurso de amparo, el cual obtuvo del Tribunal Constitucional, que revocó la sentencia del Supremo.

La publicación de una carta es una actividad que puede entenderse amparada en el ejercicio del derecho a la libertad de expresión (art.20.1 a) CE) —aunque en la sentencia también se discute si no estaríamos en el ámbito del derecho a transmitir información veraz (art. 20.1.d) CE). Sin embargo, también puede considerarse ese derecho una conculcación del derecho al honor (art.18.1 CE), puesto que el contenido de la publicación afecta negativamente a la credibilidad y a la buena imagen pública de esa persona: a) Desde la libertad de expresión: la publicación de la carta sería una acción jurídicamente permitida, ya que supone la manifestación por escrito de ciertas opiniones sobre una determinada persona; b) Desde la óptica del derecho al honor: sería una actividad jurídicamente prohibida, dado que se perjudica la credibilidad y buena imagen pública de un individuo concreto. ¿Se produce aquí un auténtico conflicto, en sentido normativo?

Como segundo ejemplo, en este caso de una controversia entre un derecho fundamental y un bien jurídicamente protegido, cabe citar la STC 37/1989, de 15 de febrero. En ella el tribunal resuelve un recurso de amparo interpuesto por una mujer que se oponía a una providencia de un juzgado de instrucción de Málaga que ordenaba una prueba pericial consistente en un examen ginecológico para recabar pruebas de un posible delito de aborto, por considerar que se atentaba contra su derecho a la intimidad, reconocido en el art. 18.1 CE. Aunque el tribunal concedió el amparo a la recurrente (por defectos formales en la resolución judicial que ordenaba las pruebas), en la sentencia se afirma que «el derecho fundamental aquí comprometido —intimidad personal— no ampara ciertamente, la pretensión de intimidad del imputado o procesado frente a la resolución judicial que, en el caso de una investigación penal, disponga la obtención o identificación, sobre el propio cuerpo, de huellas del posible delito [...] Ni la intimidad puede [...] afirmarse como obstáculo infranqueable frente a la búsqueda de la verdad material que no pueda ser obtenida de otro modo (F. J. octavo). El tribunal sostiene con esta doctrina que, al menos en ciertos casos —como ocurre con la verdad cuando no puede ser obtenida de otro modo— prevalece el interés público en la persecución y castigo de los delitos. Y esto último no es un derecho fundamental sino un bien constitucionalmente protegido —aunque no explícitamente—. Sin embargo, esta preferencia a favor del interés público en la persecución de los delitos sobre el derecho a la intimidad no puede establecerse automáticamente. Es preciso que «la resolución judicial se haya dictado luego de ponderar razonadamente, de una parte, la gravedad de la intromisión para asegurar la defensa del interés público que se pretende defender mediante el ejercicio del *ius puniendi*».

En esta sentencia, como acertadamente advierte D. Martínez Zorrilla, «se reconoce que la actividad ordenada por la resolución judicial afecta a un ámbito protegido constitucionalmente por el derecho fundamental a la intimidad, pero esta pretensión cede (o puede ceder) frente al bien del interés público en la persecución y castigo de los delitos[49].

El neoconstitucionalismo representa un pacto logrado mediante la incorporación de postulados distintos y tendencialmente contradictorios. A veces, esto resulta patente e incluso premeditado, como sucede en el artículo 27 C.E., en el que se regula el derecho a la educación. La elaboración de este artículo estuvo a punto de frustrar el consenso constituyente y que se acabaran aprobando pretensiones procedentes de distintas filosofías e ideologías educativas. Así, algunos de los preceptos parecen dar satisfacción a la opción confesional, mientras que otros estimulan el desarrollo de la opción laica. Pero este artículo no permite una opción u otra en función de cuál sea la mayoría parlamentaria de turno sino que reclama una fórmula integradora capaz de armonizar ambas, labor que termina realizando el Tribunal Constitucional.

Otros principios aparentemente contradictorios, comunes a otras Constituciones, son los relativos a la igualdad. Los textos constitucionales sue-

---

[49] MARTÍNEZ ZORRILLA, D., *op.cit.*, p. 29.

len estimular las medidas de igualdad sustancial, pero garantizan también la igualdad jurídica o formal, y resulta evidente que toda política orientada a favor de la primera ha de tropezar con el obstáculo que supone la segunda; se proclama la libertad de expresión, pero también el derecho al honor, y es también obvio que pueden entrar en conflicto; la cláusula del Estado social, que comprende distintas directrices de actuación pública, necesariamente ha de interferir con el modelo constitucional de la economía de mercado, con el derecho de propiedad o con la autonomía de la voluntad y, claro está, también con las prerrogativas del legislador para diseñar la política social y económica.

Pocas son las normas sustantivas de la Constitución que no encuentran frente a sí otras normas capaces de suministrar eventuales razones para una solución contraria. El ejemplo más claro en los últimos años en España ha sido con relación a la unidad de la nación española y el derecho a la autonomía. El artículo segundo de nuestro texto constitucional dice así: «La Constitución se fundamenta en la indisoluble unidad de la nación española, patria común e indivisible de todos los españoles, y reconoce y garantiza el derecho a la autonomía de las nacionalidades y regiones que la integran y la solidaridad entre todas ellas». Ello ha dado lugar a la configuración de diversas Comunidades Autónomas en España, autonomías que cada vez tiene un mayor número de competencias delegadas (educación, sanidad, medio ambiente, justicia, etc.). El problema está en cómo interpretar de forma armónica y equilibrada, la unidad de España por un lado, y el derecho a la autonomía por otra. Comunidades como el País Vasco, Galicia y Cataluña han modificando sus Estatutos de Autonomía y reclaman competencias que, para algunos, forman parte de la nación[50].

Con los ejemplos que hemos citado se podría pensar que las Constituciones del neoconstitucionalismo son un ejemplo de antinomias: un conjunto de normas contradictorias entre sí que se superponen de modo permanente dando lugar a soluciones dispares. Esto sucedería si las normas constitucio-

---

[50] En este sentido, conviene que recordemos el Discurso de entrada del Profesor Antonio Enrique Pérez Luño en la Real academia Sevillana de Legislación y Jurisprudencia (Discurso leído el día 12 de diciembre de 1993) acerca de *El desbordameinto de las fuentes del Derecho*. En este Discurso nos ofrece noticia de las metamorfosis actuales que se están produciendo en el ámbito de las fuentes. «En lo referente al dilema axiológico de las fuentes, me parece obvio admitir que un sistema jerárquico, rígido, centralista y basado en la hegemonía absoluta de la ley y el monopolio estatal de la creación normativa, ha sido ampliamente rebasado por las circunstancias del mundo actual y sería abiertamente incompatible con uno de los valores básicos de las sociedades democráticas: el pluralismo» (p. 100). Y añade. «Respecto al dilema entre nacionalismo y universalismo, sustrato sociológico y político sobre el que hoy se debate la teoría de las fuentes, me decanto abiertamente por el segundo término de la opción» (p. 101). Compartimos esta afirmación, advirtiendo además de las tentaciones que asisten actualmente a los Estatutos de Autonomía, que aspiran a ser «mini-Constituciones», queriendo en ocasiones, «decir más» que lo que el propio texto constitucional «dice».

nales apareciesen como reglas, pero una de las características que ya hemos mencionado es que los principios dominan sobre las reglas.

Siguiendo a Prieto Sanchís, y dado que se ha escrito mucho sobre el tema, la cuestión es ésta: individualmente consideradas las normas constitucionales son como cualesquiera otras, pero cuando entran en conflicto interno suelen operar como se supone que hacen los principios. La diferencia es la siguiente: cuando dos reglas se muestran en conflicto significa que o bien una de ellas no es válida, o bien que una opera como excepción a la otra (criterio de especialidad). En cambio, cuando la contradicción se entabla entre dos principios, ambos siguen siendo simultáneamente válidos, a pesar de que en el caso concreto y de modo circunstancial uno se imponga sobre otro[51]. La característica peculiar de la interpretación constitucional es más de carácter cuantitativo que cualitativo: las Constituciones parecen presentar en mayor medida que las leyes se deben acoplar a un género de normas, que suelen llamarse principios, y que requieren el empleo de ciertas herramientas interpretativas. Y una de estas herramientas, como ya hemos mencionado, es el de más ponderación que subsunción.

En definitiva[52]:

1) Ningún derecho fundamental es ilimitado. Por consiguiente, no toda pretensión jurídica tiene asegurado el éxito simplemente por estar fundamentada en el ejercicio de un derecho fundamental reconocido por la Constitución.
2) Los límites a los derechos fundamentales, es decir, la posibilidad de que una pretensión basada en el ejercicio de un derecho se vea (jurídicamente) frustrada, puede provenir tanto de otros derechos fundamentales, como de los llamados «bienes constitucionalmente protegidos», los cuales pueden estar explícitamente reconocidos en el texto constitucional o bien derivar de éste de forma mediata o indi-

---

[51] Ésta es la caracterización que hace R. ALEXY (*Teoría de los derechos fundamentales*. Trad. al castellano de E. Garzón Valdés, Madrid: CEC, 1993, p. 81 ss.).

La pregunta que puede hacerse es si el constitucionalismo determina una nueva teoría de la interpretación jurídica. Algunos sostienen que sí, argumentando que el género de interpretación que requieren los principios constitucionales es sustancialmente distinto al tipo de interpretación que reclaman las reglas legales. Pero la respuesta exige ser más cautos, por dos razones: primero, porque no existe una teoría de la interpretación anterior al neoconstitucionalismo ni tampoco fundada en el mismo; desde el positivismo se ha mantenido tanto la tesis de la unidad de la respuesta correcta (paleopositivismo), como la tesis de la discrecionalidad (Kelsen, Hart); y desde el constitucionalismo, también hay defensores de la unidad de la solución correcta (Dworkin), de la discrecionalidad débil (Alexy) y de la discrecionalidad fuerte (Guastini, Comanducci). Y, en segundo lugar, aun cuando aceptáramos que los principios suponen una teoría de la interpretación propia, no puede considerarse que los principios sean exclusivos de la Constitución. (Cfr. PRIETO SANCHÍS, L. *op.cit.*, p. 135).

[52] Nos adherimos a las conclusiones expuestas por D. Martínez Zorrilla (*op.cit.*, pp. 30-31).

recta. Incluso, en determinadas situaciones, los límites pueden proceder de disposiciones legales o contractuales.

3) Para la determinación en cada caso de la solución a adoptar cuando se produce una controversia entre pretensiones incompatibles basadas en derechos fundamentales o bien entre un derecho fundamental y un bien constitucionalmente protegido, se utiliza el mecanismo de la «ponderación» entre los distintos elementos en juego;
4) En ocasiones, el Tribunal Constitucional parece sostener una concepción compatibilista, según la cual no existe un auténtico conflicto normativo y el problema se reduce a la correcta identificación de los límites de cada derecho. En algunos casos, sin embargo, se sostiene la existencia de un auténtico conflicto y la necesidad de sacrificar uno de ellos en aras del otro, en función de las circunstancias del caso.

6.2. El neoconstitucionalismo ¿recupera la relación entre derecho y moral?

Es aceptado que una norma jurídica y el ordenamiento jurídico en su conjunto pueden existir como tales sin necesidad de que sean justos. Dicho de otra manera, ninguna justicia derivada de una concepción racional de la moralidad constituye una exigencia necesaria para la definición del derecho. Esto no significa ignorar que detrás de cada norma o decisión jurídica se alza una opción moral y/o política, un «punto de vista sobre la justicia»; no significa tampoco ignorar, claro está, que detrás de la Constitución existe una filosofía política, que en la ley (si es democrática) se expresa la ideología de la mayoría o que en las decisiones judiciales asoman principios morales[53].

Centramos ahora nuestra atención en las Constituciones contemporáneas. Concretamente nos interesa examinar si los contenidos de los textos constitucionales se limitan a recoger un conjunto de normas o, si por el contrario, contienen valores y principios cuya lectura no puede hacerse meramente en clave positivista. Encontramos aquí entremezcladas diversas cate-

[53] Como veremos seguidamente, al referirnos a H.L.A. Hart, la separación conceptual entre derecho y moral «es compatible con la coincidencia de facto entre exigencias morales y jurídicas», pues cabe el hecho contingente de que el legislador considere prohibido lo que está moralmente prohibido y obligatorio lo que consideramos moralmente obligatorio. Incluso la ley puede conferir una amplia discrecionalidad a los tribunales para que juzguen «de conformidad con el principio de justicia» o «como exige la moralidad», con la consecuencia de exigir por parte del tribunal el desarrollo de una argumentación moral. Sin embargo, «tales principios o argumentos morales no son jurídicamente relevantes *propio vigore*, es decir, solamente porque sean moralmente correctos a aceptables», sino sólo en la medida en que se hayan incorporado al ordenamiento a través de la ley, de la práctica de los tribunales, etc. (Cfr. PRIETO SANCHÍS, L., *Apuntes de teoría del Derecho*, Madrid, Trotta, 2005, espec. en capítulo «Justicia», p. 99).

gorías: lectura moral de la Constitución, ámbito de la justicia constitucional y otras. Es decir, ¿las Constituciones deben analizarse desde una perspectiva del derecho natural o, por el contrario, se pueden comprender con la base de las categorías del positivismo?[54]

Hart ha expuesto claramente las tres tesis del positivismo jurídico, en un trabajo publicado en español[55]: La primera, es la que denomina la tesis de la «Separación Conceptual del derecho y de la moral». Argumenta que, a pesar de que existan numerosas e importantes conexiones entre derecho y moral, de modo que frecuentemente hay una coincidencia o solapamiento «de hecho» entre el derecho de algún sistema y las exigencias de moralidad, tales conexiones son contingentes, no necesarias ni lógica ni conceptualmente (...); La segunda tesis positivista la llama la tesis de las «Fuentes Sociales». Defiende que para que el derecho exista debe haber alguna forma de práctica social que incluya a los jueces y a los ciudadanos ordinarios, y esta práctica social determina lo que en cualquier sistema jurídico son las fuentes últimas del derecho o criterios últimos o tests últimos de validez jurídica (...) La tercera tesis positivista la denomina tesis de la «Discrecionalidad judicial». Sustenta que en todo sistema jurídico habrá siempre ciertos casos no previstos y no regulados legalmente, es decir, casos para los cuales ningún tipo de decisión es dictada por el derecho claramente establecido y, por consiguiente, el derecho es parcialmente indeterminado o incompleto (...) Así, en tales casos no previstos o no regulados, el juez simultáneamente, crea nuevo derecho y aplica el derecho establecido, que, al tiempo, confiere y limita sus poderes de crear derecho.

La teoría positivista contemporánea está representada por la división en dos grandes grupos: el positivismo jurídico sin calificativos y el positivismo

---

[54] Recordemos que, para el *Positivismo jurídico*, la esencia del derecho está en la validez formal, es decir, en la forma jurídica (que sería lo permanente) y no en el contenido jurídico (que sería lo contingente). Para esta corriente, la «justicia» no es un elemento constitutivo del Derecho. De ahí que sirva cualquier contenido material.

Actualmente, el *Post-Positivismo* (también llamado Anti-Positivismo), va ganando adeptos. Ésta es una amplia corriente de pensamiento que no queda satisfecha con la típica afirmación positivista de que un sistema jurídico es un sistema normativo institucionalizado. Las diversas tendencias que se inscriben en este planteamiento, suelen enfatizar la importancia de las relaciones (coincidencias y diferencias) entre derecho y moral, si se desea entender adecuadamente el derecho. Algunos teóricos Post-Positivistas son: L. Fuller, Ch. Perelman, A. Aarnio, R. Alexy, A. Peczenick y R. Dworkin, entre otros. (*Vid.* nuestro trabajo, «Teorías normativistas y nuevas perspectivas para el Positivismo», en *El positivismo jurídico a examen. Estudios en homenaje a J. Delgado Pinto*, coordinador por. M. A. Rodilla y J. A. Ramos Pascua, Universidad de Salamanca, vol. II, 2006, pp. 781-802).

[55] HART, H.L.A., «El nuevo desafío del positivismo jurídico», en *Sistema*, nº36, trad. de F. Laporta, L. Hierro y J.R. de Páramo, 1990, pp. 3-19. Este texto es el resultado de una conferencia impartida por Hart en la Universidad Autónoma de Madrid, el día 29 de octubre de 1979. *Vid.* también, SCHIAVELLO, A., *Il positivismo giuridico dopo Herbert L.H. Hart: un'introduzione critica*. Torino, G. Giappichelli, 2002.

jurídico con calificativos. El primer modelo comprende un positivismo que, según la reconstrucción de Hart, mantiene las características a las que acabamos de aludir: la separación conceptual entre derecho y moral; la tesis de las fuentes sociales del derecho y la tesis de la discrecionalidad judicial. Es un positivismo jurídico que excluye la moral, en cuanto instancia valorativa, de los mecanismos de identificación del derecho; que rechaza el criterio material de validez normativa y que acepta, sin problemas, un margen de discrecionalidad judicial en sentido fuerte.

El positivismo jurídico desarrollado principalmente después del *Postscriptum* de H. Hart, se aproxima a los modelos cualificativos del positivismo jurídico. Es decir, se dirige a determinadas concepciones conforme a las cuales los criterios de validez en un sistema jurídico no podrían estar asentados tan sólo en factores estrictos de orden fáctico («positivismo duro») sino que también contarían con la incorporación de principios de justicia o valores morales («positivismo blando»). Este particular giro en la doctrina de Hart hace surgir dos formas básicas de positivismo jurídico —el positivismo exclusivo y el positivismo inclusivo—, los cuales pretenden formular tesis que abarcan el fenómeno jurídico en las democracias constitucionales[56].

Como ya sabemos, el *Positivismo jurídico exclusivo* acentúa que las disposiciones del derecho no pueden existir nunca en función de las consideraciones morales. Sostiene que la existencia y el contenido de las normas jurídicas pueden y deben ser determinados, siempre y en todo caso, con independencia de consideraciones y argumentos de índole moral, en los cuales entra en juego una instancia valorativa. J. Raz, uno de los más firmes defensores de este modelo de positivismo jurídico, sostiene que el derecho surge de las fuentes jurídicas y su existencia y contenido pueden identificarse únicamente por referencia a los hechos sociales, sin recurrir a ningún argumento valorativo[57].

Por su parte, el *Positivismo jurídico inclusivo*, considera que es conceptualmente posible, pero no necesario, que las disposiciones del derecho puedan existir en función de consideraciones morales. Sería igual a afirmar que «la moralidad es una condición de la legalidad: que la legalidad de las normas puede depender algunas veces de sus méritos (morales) sustantivos, no solamente de su *pedigree* o fuente social»[58]. Por consiguiente, la tesis central del positivismo inclusivo indica que cuando los jueces apelan a determinados estándares morales en la resolución de los casos jurisdiccionales suscitados,

---

[56] Cfr. RAMOS DUARTE, E.O., *op.cit.*, pp. 13-74.

[57] Cfr. RAZ, Joseph, *La ética en el ámbito público*, Barcelona, Gedisa, 2001, p. 228.

[58] COLEMAN, J., «Incorporationism, convencionality, and the practical difference thesis», en COLEMAN, J. (editor), *Hart's postscript. Essays on the postscript to the concept of law.* Oxford, University Press, 2001, p. 100. Vid. también, POZZOLO, S., «Riflessioni su inclusive e soft positivism», en P. Comanducci y R. Guastini (Editores), *Analisi e Diritto,* cit.

en realidad, terminan por incorporar dichos contenidos de moralidad en la composición del derecho jurídicamente válido. Como podemos deducir, para el positivismo jurídico inclusivo, la moral es uno de los criterios que integran la regla de reconocimiento. Si para los positivistas jurídicos exclusivos, los criterios morales de legalidad no pertenecen al sistema jurídico —porque la regla de reconocimiento viene determinada exclusivamente por las fuentes sociales— los positivistas jurídicos inclusivos, por su parte, entienden que si la moralidad es o no una condición de legalidad en un sistema jurídico particular, depende de una regla social o convencional, es decir, de la regla de reconocimiento.

Aquí surge la polémica sobre la interpretación de los principios y valores contenidos en la constitución. Se alzan voces —como la de Ronald Dworkin— que reclaman una lectura moral de la constitución, en la que todos, tanto los ciudadanos como los operadores jurídicos, interpreten y apliquen dichas cláusulas como invocaciones a principios morales sobre la decencia política y la justicia. Acaban concluyendo que la constitución no es otra cosa que un puente entre derecho y moral.

En el caso de los operadores jurídicos y, principalmente de los jueces, éstos deben servirse de los principios en mayor medida que lo hacen a la hora de interpretar y argumentar el derecho, pues en última instancia sus decisiones sólo estarán justificadas si se derivan de una norma moral[59]. Aquí se le recomienda al juez constitucional el uso de justificaciones basadas en argumentos de justicia, acudiendo a la técnica de ponderación. En este sentido, el neoconstitucionalismo parece alentar una ciencia jurídica «comprometida» que pone en cuestión la separación entre derecho y moral[60].

R. Dworkin mantiene una oposición al positivismo jurídico que sustenta la separación conceptual entre derecho y moral. Por ello, aduce que la fundamentación de una teoría del derecho se asienta en la tesis de que el sistema jurídico, tal como es percibido por los jueces, debe incluir no solamente el derecho explícito, reconocido como tal por el positivista y normalmente identificado con referencia a las fuentes sociales del derecho (legislación, precedente, práctica judicial, costumbre, etc.) sino, también, un conjunto de principios jerárquicamente ordenados que están implícitos o son presupuestos por el derecho explícito.

El neoconstitucionalismo ha sido objeto de serias objeciones, principalmente en cuanto al papel primordial que adquiere la Constitución y en cuanto al sistema de interpretación de las normas constitucionales. Uno de los críticos ha sido E. Forsthoff, quien subraya que «si la Constitución de los derechos tiene respuesta para todo, entonces se convierte en una especie de gran huevo jurídi-

---

[59] COMANDUCCI, P., «Las conexiones entre el derecho y la moral», Revista *Derechos y Libertades*, 12, Madrid, Universidad Carlos III-BOE-Instituto Bartolomé de las Casas, pp. 15-26.

[60] Cfr. PRIETO SANCHÍS, L., *Constitucionalismo y positivismo*, cit., p. 16.

co del que todo puede obtenerse y todo lo predetermina, desde el Código penal a la fabricación de termómetros»[61]—. Por su parte, Jiménez del Campo objeta que «La legislación se reduciría a exégesis de la Constitución [pero] las cosas no son así, obviamente, y la Constitución no ha venido a sustituir, tampoco en este punto, la política por el reino del derecho»[62]. Y no se trata sólo de la petrificación del ordenamiento en torno a la Constitución, sino de algo que en el fondo se considera más alarmante: la derrota del Estado legislativo (democrático) a manos del Estado jurisdiccional (elitista o aristocrático); la Constitución marco que permitía el juego de las mayorías en sede legislativa vendría a ser suplantada por una Constitución dirigente donde, por su alto grado de indeterminación, terminan siendo los jueces quienes tienen la última palabra en todos los asuntos[63]. Pero es que la Constitución carece del carácter cerrado y concluyente que suelen tener las leyes. Por ejemplo, igual que estimula medidas de igualdad sustancial, garantiza también la igualdad jurídica o formal.

Todos estos presupuestos resultan de gran utilidad en orden a situar adecuadamente el neoconstitucionalismo.

1) El *Post-Positivismo*: el paradigma neoconstitucional centra su foco de atención no en la mera descripción de la organización del poder o de cómo funciona el derecho positivo en este contexto, sino que constituye un modelo ideal —axiológico-normativo del derecho— al cual debería tender el derecho positivo. Este nuevo modelo modifica (y supera) el método de análisis del positivismo, pues frente al distanciamiento (o reivindicación del punto de vista externo), la neutralidad o la mera función descriptiva, se opone un modelo en el cual las principales características son la del compromiso (o la adopción del punto de vista interno), la ineludible intervención de los juicios de valor en el análisis del derecho y la prioridad del carácter práctico de la ciencia jurídica. Como acertadamente subraya S. Pozzolo, «El Derecho del Estado Constitucional, formado (también y sobre todo) por principios, no resultaría apto para la aproximación "rígida" y poco "dúctil" del método iuspositivista, que acabaría por no prestar atención a las exigencias de justicia (sustancial y no meramente formal) que la realidad práctica del derecho lleva en sí misma»[64].

---

[61] Es L. Prieto quien reproduce esta comparación de E. Forsthoff (El Estado en la sociedad industrial, Madrid, IEP, 1975, p. 242), en su trabajo «El constitucionalismo de los derechos», en M. Carbonell, *Teoría del neoconstitucionalismo,* cit., p. 217.

[62] Prieto Sanchís cita literalmente esta frase de J. Jiménez del Campo (*Derechos fundamentales. Concepto y garantías*, Madrid, Trotta, 1979, p. 75) en su trabajo «El constitucionalismo de los derechos», cit., p. 217.

[63] PRIETO SANCHÍS, L., *op.cit.*, p. 217.

[64] POZZOLO, S., «Un constitucionalismo ambiguo». En Carbonell, M., (Editor), *Neconstitucionalismo(s),* Madrid, Trotta, 2003, pp. 192-193.

2) *Concepción no-positivista del derecho*: los principios jurídicamente válidos van más allá del concepto positivista del derecho en la medida en que, estructuralmente, elevan la obligación jurídica a la realización aproximada de un ideal moral. Por ello, el neoconstitucionalismo atribuye a las Constituciones actuales, además de una fuerza formal de validez, una densidad material normativa, la cual, a su vez, llevará el concepto del derecho a una dimensión o ámbito de fundamentación que cualifica la validez de las normas jurídicas desde un grado mínimo de justificación ética.

De lo que acabamos de exponer no debe interpretarse que defendamos un constitucionalismo ético. Es cierto que uno de los puntos más álgidos en la polémica sobre el neoconstitucionalismo es precisamente el de si la ética tiene un lugar reservado en los textos constitucionales. Todo ello parte de la propia dificultad de incluir dimensiones éticas en el concepto del Derecho, como propone la corriente del iusnaturalismo y algunas de las versiones renovadas del positivismo actual, desembocando en un intento de legitimación del derecho. Incluso puede darse el caso de que los textos constitucionales acaben cayendo en la tentación —diferente claro está del derecho natural, pero en una línea semejante— de legitimar moralmente los sistemas jurídicos. Su juridicidad implicaría en cierta forma su moralidad, pues serían la base de cada una de las decisiones normativas que se dictaran.

L. Prieto ya ha advertido del peligro de transitar hacia una especie de «constitucionalismo ético», donde el carácter supremo de la Constitución, tanto jurídico como moral, traería como consecuencia —poco lógica— la necesaria obediencia por razones morales a la Constitución y también a las leyes y normas dictadas conforme a la misma[65] .

La recepción a nivel constitucional de los derechos fundamentales hace en cierta medida redundante y de limitado interés práctico el recurso a argumentos iusnaturalistas. El positivismo, por su parte, ya hemos visto que ha sido revisado en algunos de sus aspectos, reconduciéndose a un positivismo *blando*. De todo ello cabe deducir, para concluir, que también en los textos constitucionales se puede exigir un «minimum de moralidad». Tal vez la clave última de la actual discusión neoconstitucionalista sea la de que se replantea la relación entre el *ser* y el *deber ser* del derecho.

Por consiguiente, la incorporación de valores morales al derecho no constituye ninguna novedad, sino una constante de toda experiencia jurídica (que esos valores fueran plausibles o rechazables desde nuestra propia perspectiva de la justicia es otra cuestión). Sin embargo, que esa incorporación se produzca precisamente a través de la Constitución tiene una consecuencia importante, y es que ahora ya no sólo sirven para evaluar la

---

[65] Cfr. PRIETO SANCHÍS, L., *Justicia constitucional y derechos fundamentales*, cit., p. 26.

conducta de los destinatarios del derecho, sino también la validez de las propias normas[66].

Un sistema neoconstitucionalista se caracteriza por poseer una constitución que va más allá de los clásicos aspectos institucionales y procedimentales y que contienen un denso contenido sustantivo, en forma de derechos fundamentales, principios, directrices políticas, bienes protegidos, etc. La importancia jurídica (por ser contenido constitucional) y extrajurídica (por su contenido sustantivo) de estos elementos ha generado dificultades y desafíos, tanto en la práctica jurídica como en la teoría del derecho, que parece tener dificultades para dar cuenta de las nuevas situaciones, en las que parece que la Constitución es omnipresente y que toda controversia jurídica parece poder reconducirse a un problema de dimensión constitucional[67].

El neoconstitucionalismo, como hemos tenido ocasión de apreciar, admite variadas perspectivas: desde quienes consideran que no es un modelo novedoso, a quienes aprecian la evolución de algunos rasgos con respecto al estado constitucional, a aquellos otros que ponen el acento en la alteración del papel de la ley o que subrayan dimensiones morales. No nos atrevemos, ahora, a calificarlo de «nuevo paradigma». Sea como fuere, sea más o menos novedoso, lo cierto es que hay cuestiones tradicionales que la Teoría del Derecho aborda de manera diferente.

Todo este planteamiento nos lleva a pensar que el neoconstitucionalismo está impulsando una nueva Teoría del Derecho, cuyos rasgos más sobresalientes podrían ser los cinco siguientes:

1) más principios que reglas;
2) más ponderación que subsunción;
3) omnipresencia de la Constitución en todas las áreas jurídicas y en todos los conflictos meramente relevantes, en lugar de espacio dejados a la opción legislativa o reglamentaria;
4) omnipotencia judicial en lugar de autonomía del legislador o reglamentaria;
5) y, por último, coexistencia de una constelación de valores, a veces tendencialmente contradictorios, en lugar de homogeneidad ideológica en torno a un puñado de principios coherentes entre sí y en torno, principalmente, a las sucesivas opciones legislativas[68].

---

[66] Cfr. PRIETO SANCHÍS, L., *Ibidem*.

[67] MARTÍNEZ ZORRILLA, D., *op.cit.*, p. 31.

[68] En estas cinco cuestiones estamos resumiendo la caracterización aproximadamente coincidente que ofrecen diversos autores tales como R. Alexy (*El concepto y la validez del Derecho*, trad. al castellano de J.M. Seña, Barcelona, Gedisa, 1994, p. 159 ss); G. Zagrebelsky (*El Derecho dúctil. Ley, derechos, justicia*. Trad. al castellano de M. Gascón, epílogo de G. Peces-Barba, Madrid, Trotta, 1995, p. 109 ss); R. Guastini («La constitucionalización del ordenamiento

La configuración de una Teoría del derecho neoconstitucional es una tarea *in fieri*. Y además, no exenta de dificultades. Es más, todavía queda por clarificar si es la Constitución la que nos ha puesto unas nuevas lentes para hacer una relectura de su propio texto constitucional o, como apunta F.J. Laporta, si es la teoría del derecho la que nos ha puesto unas nuevas lentes para revisar la lectura de los textos constitucionales[69].

Como acertadamente ha advertido A. E. Pérez Luño, los postpositivismos y las neodogmáticas implican el riesgo de generar dosis de indeterminación y equivocidad conceptual incompatibles con el rigor y la claridad requeridos por la teorización del derecho» . Se corre el riesgo de querer que las Constituciones del neoconstitucionalismo, al incorporar elementos morales y axiológicos, acaben derivando en un «neoconstitucionalismo de teólogos» y no de juristas. Hay que evitar el riesgo de que por querer ser tan ambiciosos acabemos diseñando un neoconstitucionalismo simbólico. A ello hay que añadir que el eclipse o el fortalecimiento de los derechos humanos en los próximos años (su asimilación a valores, a principios, su interpretación, sus garantías) va a depender en gran medida de cómo se acabe de construir el armazón de la Teoría del Derecho neoconstitucional.

REFERENCIAS BIBLIOGRÁFICAS

ALEXY, ROBERT, *El concepto y la validez del Derecho*, trad. al castellano de J.M. Seña, Barcelona, Gedisa, 1994.

ÁLVAREZ ORTEGA, M., *La Filosofía del Derecho de Ernesto Garzón Valdés*. Madrid, Dykinson, 2008.

ATIENZA, Manuel y F. LAPORTA, «Imperio de la ley y constitucionalismo. Un diálogo entre Manuel Atienza y Francisco Laporta», en *El Cronista del Estado social y democrático de Derecho* n.º 0, Madrid, Iustel, p. 46-55.

BELLOSO MARTÍN, Nuria, «Teorías normativistas y nuevas perspectivas para el Positivismo», en *El positivismo jurídico a examen. Estudios en homenaje a J. Delgado Pinto*, coordinador por. M.A. Rodilla y J. A. Ramos Pascua, Universidad de Salamanca, vol. II, 2006, pp. 781-802.

— «Temi di Teoría Giuridica: L'interpretazione della Costituzione e dei Diritti Fondamentali» en *Annali del Seminario Giuridico*, Universitá di Catania, Vol. VII (2005-2006), Giuffrè Editore, 2007, pp. 17-85.

BERNAL PULIDO, Carlos, «Refutación y defensa del neconstitucionalismo». En Carbonell, M. (Editor), *Teoría del neoconstitucionalismo,* Madrid: Trotta-Instituto de Investigaciones Jurídicas, UNAM, 2007.

---

jurídico: el caso italiano». En: *Neoconstitucionalismo (s), cit.*, pp. 45-69) y de Prieto Sanchís, L., (*Constitucionalismo y positivismo, cit.*, pp. 15 ss).

[69] «Pues no. No son las Constituciones, ni las de posguerra ni las de preguerra, lo que cambia nuestra visión del derecho» (ATIENZA, Manuel y F. LAPORTA, «Imperio de la ley y constitucionalismo. Un diálogo entre Manuel Atienza y Francisco Laporta», cit., p. 53).

CARBONELL, Manuel (Editor), *Neconstitucionalismo(s),* Madrid, Trotta, 2003.
— *Teoría del neoconstitucionalismo*, Madrid: Trotta-Instituto de Investigaciones Jurídicas, UNAM, 2007.
COLEMAN, J. (editor), *Hart's postscript. Essays on the postscript to the concept of law*. Oxford, University Press, 2001.
COMANDUCCI, P., «Las conexiones entre el derecho y la moral», Revista *Derechos y Libertades*, 12, Madrid, Universidad Carlos III-BOE-Instituto Bartolomé de las Casas, pp. 15-26.
— Modelos e interpretación de la Constitución», en M. Carbonell, *Teoría del neoconstitucionalismo*, Madrid: Trotta-Instituto de Investigaciones Jurídicas, UNAM, 2007.
FERRERES COMELLA, Vicente, «Una defensa de la rigidez constitucional», *Doxa* 23, 2000, pp. 29-47.
FORSTHOFF, E., *El Estado en la sociedad industrial*, Madrid, IEP, 1975.
GARCÍA AMADO, Juan Antonio, «La interpretación constitucional», *Revista Jurídica de Castilla y León*, n.º 2, febrero 2004, Junta de Castilla y León.
— Derechos y pretextos. Elementos de crítica al neoconstitucionalismo», en M. Carbonell, *Teoría del neoconstitucionalismo*, Madrid: Trotta-Instituto de Investigaciones Jurídicas, UNAM, 2007.
GARCÍA PELAYO, Manuel, «Estado legal y Estado constitucional de Derecho», en *Obras Completas*, Madrid: CEC, vol.III.
GARGARELLA, Roberto, «El constitucionalismo según John Rawls», en *Araucaria. Revista Iberoamericana de Filosofía, Política y Humanidades*, nº 14, 2005, pp. 1-7.
GARZÓN VALDÉS, Ernesto, «Representación y democracia», *Doxa* 6, 1989, pp. 143-164.
GUASTINI, R., «La constitucionalización del ordenamiento jurídico: el caso italiano». En: Carbonell, M., (Editor), *Neconstitucionalismo(s),* Madrid, Trotta, 2003.
HART, Herbert L.A., «El nuevo desafío del positivismo jurídico», en *Sistema*, nº36, trad. de F. Laporta, L. Hierro y J.R. de Páramo, 1990, pp. 3-19.
JIMÉNEZ DEL CAMPO, José, *Derechos fundamentales. Concepto y garantías*, Madrid, Trotta, 1979.
KELSEN, Hans, *Escritos sobre la democracia y el socialismo*. Ed. de J. Ruiz Manero, Madrid, Debate, 1988.
LAPORTA, Francisco José, *El imperio de la ley. Una visión actual*, Madrid: Trotta, 2007.
LINARES, Sebastián, *La (i) legitimidad democrática del control judicial de las leyes*. Madrid, Marcial Pons, 2008.
MATTEUCCI, Nicola, «Positivismo giuridico e constitucionalismo», *Rivista Trimestrale di Diritto e Procedura Civile 3*, vol.XVII, 1963.
MARTÍNEZ ZORRILLA, David, *Conflictos constitucionales, ponderación e indeterminación normativa.* Madrid, Marcial Pons, 2007.
MORESO, José Juan , *La Constitución: modelo para armar*. Madrid, Marcial Pons, 2009.
PÉREZ LUÑO, Antonio Enrique, *El desbordamiento de las fuentes del Derecho* (Discurso leído el día 12 de diciembre de 1993 en el acto de su recepción pública en la Real Academia Sevillana de Legislación y Jurisprudencia), Sevilla, 1993.
— *Trayectorias contemporáneas de la filosofía del Derecho*, Lima, Palestra, 2005.
— *La tercera generación de derechos humanos,* Navarra: Thomson-Aranzadi, 2006.

PINO, Giuseppe, «Il positivismo giuridico di fronte allo Stato Costituzionale». En P. Comanducci y R. Guastini (Editores), *Analisi e Diritto*, Torino, G. Giapicchelli Editore, 1998.

POZZOLO, Susana, «Neoconstitucionalismo y especificidad de la interpretación constitucional» en *Doxa*, n.º 21, 1998, pp. 355-370.

— *Neocostituzionalismo e positivismo giuridico*, Torino, Giappichelli, 2001.

— «Un constitucionalismo ambiguo». En Carbonell, M., (Editor), *Neconstitucionalismo(s),* Madrid, Trotta, 2003.

PRIETO SANCHÍS, Luis, *Constitucionalismo y positivismo*. México, Fontamara, 1997.

— *Apuntes de teoría del Derecho*, Madrid, Trotta, 2005.

— «Réplica a Juan Antonio García Amado», en Carbonell, M., *Teoría del neconstitucionalismo*. Madrid: Trotta-Instituto de Investigaciones Jurídicas,UNAM, 2007.

RAMOS DUARTE, Écio Oto (2006): *Neoconstitucionalismo e positivismo jurídico. As faces da teoria do Direito em tempos de interpretaçâo moral da Constituiçao*, Sâo Paulo, Landy Editora.

RAZ, Joseph, *La ética en el ámbito público*, Barcelona, Gedisa, 2001.

RUIZ MIGUEL, Alfonso, «La democracia constitucional» en Aurelio Arteta (ed.), *El saber del ciudadano. Las nociones capitales de la democracia*, Madrid, Alianza Editorial, 2008.

SCHIAVELLO, A., *Il positivismo giuridico dopo Herbert L. H. Hart: un'introduzione critica*. Torino, G. Giappiechelli, 2002.

ZAGREBELSKY, Gustavo, *El Derecho dúctil. Ley, derechos, justicia*, Trad. al castellano de M. Gascón, epílogo de G. Peces-Barba, Madrid, Trotta, 1995.

PARTE III
ESTADO CONSTITUCIONAL, CIUDADANÍA Y DERECHOS HUMANOS

LA LEY Y EL INTERÉS GENERAL: ¿UN PARADIGMA PARA UNA ÉTICA CONSTITUCIONAL?*

Francesco Bilancia

Poner juntos los conceptos de «ley» y de «ética» en el mismo título podría inmediatamente inducir a pensar que se esté intentando de nuevo atribuir al derecho alguna forma de dependencia de las categorías morales, cosa que en realidad queda fuera, como dentro de poco trataré de puntualizar, del presente horizonte de reflexión. Es más, resulta oportuno declarar inmediatamente cómo analizando la más reciente historia del concepto se hace evidente que la ley debe ser identificada más bien como un acto de organización general que como un instrumento para gobernar las pasiones de los hombres, a la búsqueda de una idea de justicia que en ella encuentre su matriz y su misma esencia material[1]. Como también, reflexionando sobre las relaciones entre derecho y ley, no es posible ya desde hace tiempo atribuirle a aquella el valor que en el pasado fuera de centralidad en el sistema de la producción jurídica, frente a la diversificación y articulación de la potestad normativa a cargo de diferentes sujetos, órganos y entes, tanto como para poder atribuir al mismo fenómeno de la «crisis de la ley» una ya estable y rica proyección en el campo de la observación de la fenomenología política y de la reflexión científica.

De manera más banal, si así se pudiese decir, en el discurrir de los complejos temas que aquí se plantean a la atención de los estudiosos, pretendemos partir de la relación que el acto político «ley» ha construido a lo largo del tiempo, en la historia y en la reflexión científica, con el interés general, poniendo en sintonía una cierta idea del derecho y de los instrumentos para su producción con las categorías políticas que, a partir de un cierto momento de la historia del constitucionalismo, han comenzado a fundar la noción

---

* Traducción de Alfonso de Julios-Campuzano.

1 Todavía reciente, véanse las amplias reflexiones críticas de C. De Fiores, *Le crisi della legge. Trasformazioni dello stato-nazione e produzione normativa*, in Id. (a cura di), *Lo stato della democrazia*, Milano, 2003, 88 ss.

de justicia sobre la confrontación entre paradigma legal e intereses de los destinatarios de las fórmulas jurídicas del mandato. Hace ya algún tiempo, de hecho, que vengo reflexionando acerca de los vínculos que todavía puedan ligar entre sí el derecho producido por el Parlamento, con las fórmulas y los mecanismos procedimentales propios de la estructura de tal órgano y de su posición en el sistema constitucional, y la democracia fundada sobre el consenso —perdóneseme la obviedad—.

En el centro de las dudas planteadas por esta última observación está hoy la necesaria toma de conciencia en torno a los defectos y a las consecuencias producidas por el así llamado sistema mayoritario «a la italiana» [2] sobre la calidad misma del paradigma constitucional de la ley como instrumento de gobierno de la complejidad económico-social del sistema político de referencia y a los límites que este modelo de ley está revelando ya desde hace tiempo en la misma construcción del sistema jurídico italiano. Respecto al modelo ideal de parlamentarismo mayoritario, de hecho, producto para entendernos de la secular historia constitucional inglesa, el modelo italiano presupone un dramático *déficit* cultural, no habiendo comprendido lamentablemente ninguno de sus más obstinados defensores que está garantizando o no estabilidad y equilibrio al sistema, según la realidad política subyacente se funde o no sobre el dato material de la «confianza recíproca entre las partes». Esta observación, ya expresada y motivada en otros contextos por diferentes estudiosos y observadores, es central de hecho en la ejemplar reconstrucción ofrecida en su tiempo por la reflexión de Giuseppe Guarino[3] que reclamaba el *fair play*[4] como necesario fundamento de la constitución material de los sistemas mayoritarios, so pena de la desestabilización política y la consiguiente crisis del régimen constitucional. La ausencia de tal requisito de constitución material, de hecho, no hace posible que se estabilice un verdadero sistema de alternancia allí donde las partes no acepten —justamente por falta de confianza— confiar de manera exclusiva a una o a otra la gestión de la dirección política, deslegitimándose por tanto recíprocamente. Y deslegitimando cada una de las leyes aprobadas «por mayoría» por la otra parte, con un método de decisión que priva al Parlamento de su característica más relevante, esto es, la de ser sede de discusiones que permiten la construcción de una síntesis de los intereres en conflicto mediante un proceso decisional

---

[2] Cuya patología es perpetuada por la actual ley electoral «in senso proporzionale» del Parlamento italiano (ley de 21 de diciembre de 2005, nº. 270), aprobada a iniciativa del Gobierno Berlusconi en el curso de la XIV Legislatura que, de hecho e a pesar de las consignas de la propaganda, es también una ley en sentido mayoritario.

[3] *Lo scioglimento delle assemblee parlamentari*, Napoli, 1948, pp. 18, 20 s., 146 ss., 280 ss.

[4] Véase de hecho cuanto, a propósito del sistema parlamentario inglés como «modello di un regime *politico*» más que como forma de gobierno refiere G. Grottanelli de'Santi, *Osservazioni a proposito di alcune recenti evoluzioni del sistema costituzionale britannico*, in *Giurisprudenza costituzionale*, 2004, 2081.

abierto y estructurado justamente en función de este objetivo de participación efectiva en las decisiones de interés común.

Y hoy, en la XVI Legislatura[5], a la ley como síntesis del interés general, hija de las múltiples aspiraciones particulares, la sustituye, efectivamente, un nuevo tipo de ley, la «legge governativa»[6]. Aprobada mediante la forzosa y mecánica aplicación de la prepotencia del número, sintetizado mediante la sarcástica exhibición de la fuerza de una masa de parlamentarios acríticamente reducida a aprobar en silencio cualquier propuesta, sin debate alguno acerca de sus contenidos, como ofrenda a la orden imperativa de un jefe, consumada en la limitada satisfacción de vencer la única confrontación hoy posible, la del número, celebrada con la sonrisa burlona y el escarnio de los perdedores[7]. Una ley, aprobada a menudo a pesar de la fuerza del número mediante la presión de la cuestión de confianza, que canoniza con la apariencia formal de un acto del Parlamento, intereses de parte, de un grupo de presión, de la *élite* en el poder, del Presidente del Gobierno. El paradigma del que se está aquí tratando es fruto, como se ha notado ya, de un riquísimo florilegio que en la actual legislatura deviene incluso objeto exclusivo de la producción legislativa, que a partir de su mismo inicio[8] ha visto a las Cámaras aprobar casi exclusivamente propuestas de convalidación de decretos-ley, interrumpiendo casi del todo la normal actividad legislativa. Pero de ello es ya rica de reconstrucciones críticas la misma literatura científica[9], a la cual me limito por ello a reenviar para cualquier eventual examen pormenorizado. En algunos específicos casos, de hecho, es posible incluso tropezarse con verdaderas y propias leyes de carácter personal[10], si bien encubiertas tras la

---

[5] Pero el fenómeno, si bien no en las formas y dimensiones actuales, es ya una realidad en Italia desde hace al menos cinco o seis años.

[6] No por tanto en el sentido en el que tal expresión es utilizada, a la búsqueda de una nueva declinación del principio de la división de poderes en el renovado contexto institucional nacional y europeo, de A.V. Bogdandy, *Gubernative Rechtsetzung, Tübingen,* 2000.

[7] Para la teoría clásica de la democracia, como es sabido «...ogni deliberazione in cui una maggioranza sopravanza numericamente una minoranza non è una vittoria della prima e una sconfitta della seconda (...) nessuna votazione in democrazia (...) chiude definitivamente una partita», así como «La democrazia implica la reversibilità di ogni decisione» fruto de la relatividad de todo asunto ideológico, G. Zagrebelsky, *Imparare la democrazia*, Roma, 2005, respectivamente pp. 40 y 36.

[8] Primavera de 2008.

[9] He dado cuenta de los devastadores efectos de sistema de esta praxis en mi reciente contribución crítica.

La legalità: il tramonto di una categoria giuspolitica, in *www.costituzionalismo.it*, fasc. 2/2008. El estudio más completo me parece el recogido a cargo de A. Pizzorusso, E. Ripepe, R. Romboli, *Diritto e potere nell'Italia di oggi*, Torino, 2004. Véase, además, si bien con un tenor diverso pero con reflexiones también relevantes para nuestros fines aunque no con carácter monográfico sobre las leyes así llamadas *ad personam*, AA.VV., *Il rispetto delle regole. Scritti degli allievi in onore di Alessandro Pizzorusso*, Torino, 2005.

[10] Reenvío de nuevo a mi escrito citado en la nota 9 y a los ensayos allí referidos, además de a las contribuciones incorporadas en el volumen de A. Pizzorusso, E. Ripepe, R. Romboli (a

etiqueta formal de fórmulas normativas generales y abstractas, aprobadas a golpe de tambor y sin «concesión» alguna a interlocutores diversos, aun cuando miembros del Parlamento, respecto a los intérpretes auténticos de los desiderata gubernativos. ¿Cómo calificar, además, en términos *éticos*[11], las formas de ejercicio del poder con el fin de incrementar el poder económico personal? Neutralizando las categorías normativas derivadas del paradigma del conflicto de intereses, deviene, de hecho, tremendamente actual «il forte rischio di un'anomala commistione fra interessi privati e pubblici»? ¿Qué valor atribuir, entonces, a las leyes que, encarnando estas mezcolanzas, devienen actuaciones del proyecto de confusión entre intereses generales e intereses particulares[12], por no decir singulares[13]? ¿Qué espacio queda a la ética de la responsabilidad[14] como matriz normogenética?

---

cura di), *Diritto e potere*, cit. Es sintomático, a propósito de ello, la contribución de R. Teti, *Dialogo tra uno studente ed un professore sul sistema televisivo italiano*, *ibid.*, 269 ss. Véase, tambien, las contribuciones recogidas en el volumen a cargo de L. Carlassare, *Diritti e responsabilità dei soggetti investiti di potere*, Padova, 2003, a propósito de la ley de 20 de junio de 2003, nº. 140 sobre «Disposizioni per l'attuazione dell'art. 68 della Costituzione nonché in materia di processi penali nei confronti delle alte cariche dello Stato», y el iluminador ensayo de A. Pace, «*Cinque pezzi facili*»*: l'incostituzionalità della legge Alfano*, ora in Id., *I limiti del potere*, Napoli, 2008, pp. 175 ss., en referencia a la reciente ley de 23 de julio de 2008, nº. 124 sobre «Disposizioni in materia di sospensione del processo penale nei confronti delle Alte cariche dello Stato», ley aprobada a iniciativa del abogado personal del Presidente del Gobierno, también él parlamentario del partido mayoritario, con la intención, expresamente declarada en una carta enviada por el mismo Presidente del Gobierno Silvio Berlusconi al Presidente del Senado, que anticipaba sus contenidos, y leída por éstos en el hemiciclo, de suspender en particular un proceso penal en curso contra el mismo Presidente del Gobierno por hechos anteriores a la asunción del cargo.

[11] De «una diffusa caduta di valori etici in non poca parte delle classi politiche ed amministrative» en la reciente experiencia europea habla U. De Siervo, *Alcune regole etiche per le classi dirigenti*, en L. Carlassare (a cura di), *Democrazia, rappresentanza, responsabilità*, Padova, 2001, 97 ss. páginas de las que son extraídas las citas en el texto.

[12] Observa G. Zagrebelsky, *Imparare la democrazia*, cit., pp. 32 s., che «Senza leggi uguali —pensiamo alle leggi *ad personam*, fatte dai potenti per favorire se medesimi e i propri accoliti— la società si divide in caste, tra chi è *sotto la legge* che vale per le persone comuni e chi *ne è sopra* e vive così felice della legge fatta per le persone speciali. La vita collettiva...si trasforma nel dominio di un'oligarchia di privilegiati e la legge, da regola in cui tutti si devono poter riconoscere, diventa lo specchio in cui si riflette una società sbilenca». A propósito de ello R. Bin, *Lo Stato di diritto*, Bologna, 2004, pp. 81 ss., habla expresamente de crisis de los principios del Estado de Derecho por parte del poder político que pretende estar *legibus solutus*.

[13] Sobre la degeneración de la representación política desde su condición de instrumento de servicio del interés general de los representados a instrumento de mera adquisición del poder, al servicio por tanto de otros intereses «esprimibili *singulariter*» reflexionaba ya G. Ferrara, *Rappresentanza e governo nazionale* (1988), ahora en Id., *L'altra riforma,* nella *costituzione*, Roma, 2002, pp. 17 ss.

[14] Que en el contexto del ejercicio de las funciones públicas se eleva al rol de principio «supremo» del ordenamiento constitucional como recuerda L. Carlassare, *Responsabilità giu-*

Este ulterior aspecto del problema explica la más reciente, renovada, tendencia a la pretensión de resolver las cuestiones de conciencia en los sectores de la así llamada bioética con normas jurídicas de detalle de carácter coercitivo[15]. La elección, en cualquier caso criticable por muchos aspectos, es de hecho sustentada por la casi total ausencia de una adecuada cultura institucional capaz de sostener las diversas opciones de utilizar, en este como en muchos otros campos, la reponsabilidad individual —en este sentido, la ética verdadera— como matriz fundante del ordenamiento. La cuestión excede de la presente reflexión pero es cierto un dato adquirido: la desconfianza paternalista de la cultura política dominante hacia toda forma de valorización de la ética de la responsabilidad[16] como criterio ordenador de los complejos asuntos humanos, al menos en aquellos sectores del ordenamiento en los que de manera más acusada está presente la tasa de participación de la conciencia individual, sustituyendo por tanto a tal aproximación la pretensión del sistema político de subrogarse por la misma conciencia individual, perjudicando las elecciones éticas por la síntesis normativa que contiene la disciplina de tan delicadas materias.

Pero volviendo al concepto, más arriba expresado, de «legge-governativa» como producto de la actual versión patológica del sistema político mayoritario a la italiana, la primera evidencia práctica de tal situación está en la presupuesta pecepción de toda ley como acto político *de parte*; en la misma teorización de la ley como *ley de los otros* y no ya como ley del Estado, como acto del Parlamento y por eso sólo reconocible como acto normativo del sistema jurídico. La ley como acto de mayoría, de hecho lleva consigo el peligroso riesgo de generar en torno a ella una grave crisis de consenso allí donde la ausencia de cualquier negociación política de su contenido induzca a repudiar en ella el valor de síntesis del interés general[17]. ¿Es, en suma, fisiológico en un sistema democrático-representativo que asuma como objeto de campaña electoral al concluir la legislatura[18] el proyecto de abrogación de todas las leyes aprobadas por la mayoría de gobierno en el caso de derrota de ésta en las elecciones? ¿O

---

ridica e funzioni politico-costituzionali: considerazioni introduttive, en Id., (a cura di), *Diritti e responsabilità*, cit., pp. 1 ss., criticando cualquier tentativa evidente de transformar las inmunidades de protección de la función en injusto privilegio de personas singulares. Sobre este punto, también, A. Pace, *Conclusioni*, *ibidem*, pp. 187 ss.

[15] Véanse de hecho las disposiciones sobre este asunto en el art. 14 de la ley de 19 de febrero de 2004, nº40, sobre «Norme in materia di procreazione medicalmente assistita».

[16] Véanse, en su lugar, las observaciones de G. Amato, *La scienza, la Chiesa e la tentazione dell'assoluto*, en *La Repubblica* del 19 dejulio de 2005, pp. 1 y 36 ss.

[17] Observa E. Denninger, *I pilastri di una cultura europea dello Stato di diritto*, en *Quaderni costituzionali*, 2002, p. 547, que «Un atto del Parlamento che non rispecchia altro che la bruta volontà della maggioranza parlamentare perde la sua legittimità in senso sostanziale quale *lex*».

[18] A fines del verano de 2005, por lo que se refiere a la XIV Legislatura, como puede fácilmente reconstruirse acudiendo al debate entre las fuerzas políticas de centro-izquierda reflejado en la prensa diaria.

no es más bien el síntoma de aquella crisis de consenso en torno al paradigma legal, necesario elemento de legitimación en un sistema inspirado por los principios de la democracia, al menos en sentido formal o procedimental? [19]

En su célebre ensayo sobre *Gli atti costituzionali*[20], Gianni Ferrara recuerda las dos valencias en el «acto-voto» como elemento esencial «al riconoscimento che i singoli partecipanti alla pluralità offrono al risultato del voto qualunque sia stata la scelta singolarmente operata»: el reconocimiento «della legittimità del procedimento» y el reconocimiento «del risultato stesso» del voto. Pues bien, el presupuesto indefectible para que se consume concretamente esta actitud de reconocimiento está en la garantía de la «equivalenza di tutte le manifestazioni del voto», esto es, en la posibilidad real de que todas las expresiones de voluntad en que aquel consiste sean ponderadas como igualmente capaces, en términos cuantitativos, de concurrir a la determinación del resultado del voto. Ahora bien, en la institución parlamentaria fruto de la aplicación del sistema electoral mayoritario a la italiana y del clima exasperado de desconfianza recíproca entre las partes, el voto de la oposición no cuenta nada. De hecho, con o sin su acuerdo, las nuevas reglas procedimentales y la fuerza del número permiten a las Asambleas legislativas deliberar y aprobar cualquier ley siempre dentro de un término preestablecido. Y que este resultado no sea sólo ocasionalmente el fruto de decisiones no expresamente queridas es demostrado por el texto de la reforma de la Constitución del 48 aprobado, a iniciativa del Gobierno Berlusconi, en el curso de la XV Legislatura, pero después rechazado por el pueblo italiano en el *referendum* constitucional celebrado el 25 y 26 de junio de 2007.

No es necesario, de hecho, esfuerzo alguno para comprender que con la entrada en vigor de esa ley de revisión constitucional[21] las oposiciones no habrían tenido instrumento alguno para contrastar la accion de gobierno y de su mayoría parlamentaria y no tan sólo en lo que se refiere al procedimiento legislativo[22], sino también a la forma de gobierno[23]. Forma de gobierno que incluso tendía a

---

[19] Si se desea, he intentado ya reflexionar más ampliamente sobre tal cuestión también en *L'imparzialità perduta (a proposito dei Presidenti di Assemblea parlamentare)*, en *Studi in onore di Gianni Ferrara*, I, Torino, 2005, pp. 311 ss.; como también en *La legalità: il tramonto di una categoria giuspolitica*, cit.

[20] Torino, 2000, pp. 6 ss.

[21] Ley aprobada definitivamente por el Senado el 16 de noviembre de 2005 sobre «Modifiche alla Parte II della Costituzione», pero nunca entró en vigor precisamente a causa del éxito del citado *referendum* constitucional.

[22] Sobre el rol de la oposición parlamentaria en el procedimiento legislativo después de las reformas reglamentarias y de la praxis presidencial instauradas en el curso de la XIII y XIV Legislaturas véase, por último, cuanto refiere M. Cerase, *Opposizione politica e regolamenti parlamentari*, Milano, 2005, especialmente pp. 123 ss., pp. 133 ss.

[23] Por no hablar de la gravísima incidencia de la reforma sobre la eficacia de los mismos instrumentos de garantía constitucional, a partir de la constricción de los poderes del Presidente de la República hasta la reforma estructural de la Corte Constitucional.

radicalizar el poder de decisión del Presidente del Gobierno franqueando la acción, además de por el Parlamento, también por su misma mayoría de gobierno[24], en virtud de la pretendida nueva configuración de la relación de confianza y de los poderes de disolución anticipada de la Cámara de Diputados.

Por lo demás, la reciente historia política italiana demuestra cómo esta deriva mayoritaria en el modo de concebir el ejercicio de las funciones soberanas[25] ha terminado contaminando la idea misma de Constitución. Del análisis de las tentativas de reforma constitucional en el curso del decenio 1993-2003[26] emerge, de hecho, una relevante torsión político-institucional del concepto mismo de «constitución» polémicamente atraída a la órbita del conflicto político mediante un uso instrumental del mismo régimen de revisión constitucional, absorbido en el más evocativo fenómeno de la «gran reforma constitucional»[27]. De hecho, facilitada por la posibilidad de insertarse en la estela metodológicamente abierta en el curso de este decenio[28], la mayoría de gobierno había podido experimentar la utilización de todo el instrumental antiobstruccionista en el curso de la aprobación de la misma ley de revisión de más de 40 artículos de la Constitución republicana, como si se tratase precisamente «de una ley cualquiera». No tan sólo, por tanto, aprobando el texto, como se acostumbra a decir hoy, «a golpe de mayoría» sino, recurriendo nada menos que a una verdadera y propia cuestión de con-

---

24 Ejemplar sobre este punto la crítica al proyecto llevada a cabo en contraposición con el tan celebrado modelo inglés de A. Torre, *Ma non è (e non potrà mai essere) come in Gran Bretagna...*, in *www.associazionedeicostituzionalisti.it*.

25 La reflexión sobre este punto podría naturalmente alargarse y precisarse si sólo se procediese, con Gaetano Azzariti, a una *Critica della democrazia identitaria*, Roma-Bari, 2005. El ensayo, que desarrolla un análisis del pensamiento schmittiano sobre el Estado constitucional y, sobre todo, sobre la crítica del parlamentarismo liberal a la búsqueda de la conocida asimilación en el concepto de democracia identitaria, por tanto en una representación aparentemente contradictoria, de la única forma eficiente de democracia, se caracteriza sobre todo por la ejemplar referibilidad al tiempo presente de la historia constitucional italiana con un estremecedor paralelismo —nunca, por otra parte, expresamente propuesto por el autor— de las tesis criticadas con la construcción de la teoría jurídica de la democracia según el pensamiento político hoy dominante en el sistema italiano o, al menos, en una parte de él.

26 Para un detallado análisis crítico del fenómeno reenvío sin duda a G. Ferrara, *Verso la monocrazia. Ovvero del rovesciamento della Costituzione e della negazione del costituzionalismo*; P. Caretti, *Riflessioni sul decennio costituzionale 1993-2003*; C. De Fiores, *Partiti politici e Costituzione. Brevi riflessioni sul decennio*; S. Labriola, *Per una storia breve di un lungo decennio* recogidos en el número 1/2004 de la revista *www.costituzionalismo.it*; A. Di Giovine, *Fra cultura e ingegneria costituzionale: una forma di governo che viene da lontano*, en *Democrazia diretta*, 2004, pp. 21 ss. y, si se quiere, F. Bilancia, *Lo scasso della Costituzione. Una lunga storia*, en *la rivista del manifesto*, nº. 50, mayo de 2004, pp. 8 ss.

27 Véase, a propósito, cuanto ha observado M. Volpi, *La banalizzazione della Costituzione tra revisioni adottate e riforme progettate,* in www.costituzionalismo.it, spec. §§ 3 ss.

28 Críticamente sobre este punto, aún, A. Pace, *La Costituzione non è una legge qualsiasi*, in *www.costituzionalismo.it*.

fianza[29] para constreñir a la mayoría parlamentaria a plegarse a la propuesta gubernamental. De hecho, además, el texto de la ley constitucional fue aprobado casi sin debate parlamentario, dada la apremiante, acrítica, prisa politica por obtener de cualquier modo el resultado sobre la propuesta gubernamental, prescindiendo del debate consciente en razón de sus contenidos; obviamente prescindiendo también de la tentativa de investigar mediante la discusión una mediación de síntesis que permitiese llegar a algún acuerdo con la oposición. Hasta reducir la aprobación de la radical reforma de la Constitución italiana del 48 a una mecánica sucesión de votaciones consecutivas y constreñidas por un apretado calendario en prolongadas sesiones sobre el proyecto preconfeccionado, abandonándose nada menos que a la devaluada praxis del voto por persona interpuesta, según la tantas veces estigmatizada ténica de los así llamados «pianisti».

El éxito perseguido era justamente el de producir una «costituzione della (sola) maggioranza», la nueva constitución del gobierno a cargo en aquel momento, un nuevo régimen fruto del proyecto de revolución del sistema «promessa» y perversamente sostenida por el gobierno Berlusconi en el curso de la XIV Legislatura.¿Es la misma idea de constitución en la que Italia ha crecido y se ha desarrollado desde la posguerra hasta hoy? La *constitución como acto de parte*, ésta es la verdadera novedad, el nuevo producto de la cultura jurídica hoy dominante, la síntesis de la idea de régimen mayoritario que hoy se afirma en la realidad político-institucional italiana.

Entran ganas, es inútil negarlo, de retomar la senda del discurso constitucional a través de la evocación de cualquier principio elemental de la doctrina constitucional. Como ha hecho recientemente Gustavo Zagrebelsky[30], al reclamar la principal función histórica de la Constitución, que es la de encarnar el fundamento del *pactum societatis*, la definición de las «regole su cui non si vota», porque son prejudicialmente comunes, «presupposti della convivenza». En el análisis del ilustre autor llama la atención la proposición de aquello que podremos calificar, hoy, como la paradoja de la así llamada «gobernabilidad», cuya exasperación política amenaza con provocar justamente el fenómeno contrario, la crisis del entero sistema político-constitucional.«Tra le condizioni che rendono la società suscettibile di essere governata», de hecho, se exige primordialmente «...il rispetto della Costituzione e,

---

[29] Recuerdo, por las crónicas las anunciadas dimisiones del Ministro para las reformas constitucionales, Onorevole Roberto Caderoli como instrumento de presión del partido de la Lega Nord a fin de obtener la aprobación de la reforma. Véase la prensa cotidiana de los días 17-19 de marzo de 2005.

[30] *La Corte in-politica*, Intervención con ocasión de la XXIII edición del premio Giuseppe Chiarelli, Roma, Palazzo della Consulta, 20 de octubre de 2004. Pero véase también, entre los muchos escritos del autor sobre el argumento, M. Dogliani, *Validità e normatività delle costituzioni. A proposito del programma di* Costituzionalismo.it, en *www.costituzionalismo.it*, ahora en *Studi Ferrara*, cit., II, pp. 243 ss.

ancor prima, la fiducia nell'altrui lealtà costituzionale...In mancanza, verrebbe meno la disponibilità della minoranza ad accettare come legittime le decisioni della maggioranza»[31] con la consecuencia de sacrificar sobre el altar de la estabilidad del Ejecutivo la misma supervivencia del sistema político-institucional[32].

Y arribamos así al significado de la expresión aquí asumida como paradigma de reflexión, la «ética constitucional». Como premisa se hace oportuna alguna precisión en orden a la utilización de esta noción a fin de evitar inducir a confusión al lector. La expresión no viene de hecho evocada con el objetivo de resaltar, en el discurso jurídico, la concepción ética de los protagonistas de la vida política, como podría hacerse al señalar como ejemplo la indiferencia hacia el conflicto de intereses en la acción de gobierno, característica de la historia constitucional italiana contemporánea. Tampoco para poner en el centro de nuestra reflexión el valor de las relaciones «tra etica e diritto, tra liguaggio giuridico e contesto sociale»[33], ni la referencia a los posibles contenidos éticos del derecho constitucional, ni tampoco por el contrario el análisis teórico del «estado ético», o del «derecho ético», que lamentablemente ha vuelto a la moda recientemente en el lenguaje político italiano.

La cuestión es más bien aquella, estrechamente ligada a la «problemática democrática», de la investigación de las causas de legitimación de las fuentes del mandato, allí donde «legittimazione per mezzo del diritto significa giustificazione dell'agire dello Stato», o del poder político; «...riconoscimento generalizzato da parte dei destinatari ed interessati della norma»[34] como

---

[31] Reproponiendo con ello los lugares problemáticos reivindicados por nosotros anteriormente al citar la doctrina de Guarino y de Ferrara.

[32] Véase cuanto ha sido observado por M. Fini, *Sudditi. Manifesto contro la Democrazia*, Venezia, 2004, p. 29: «Noi crediamo che tutti i sistemi siano più o meno buoni, o che comunque abbiano la possibilità di reggere, a seconda che rispettino le premesse e i postulati su cui poggiano o affermano di farlo. Se questa coerenza non c'è, o viene meno, il sistema, prima o poi, crolla. Non perché perda di legittimazione —che nessun sistema politico e nessun potere ha— ma la *credenza* nella sua legittimità da parte di coloro che vi sono sottoposti».

[33] Según el enfoque de reciente desarrollo de A.A. Cervati, *Studio del diritto costituzionale, cultura e impegno etico dei giuristi*, en *Studi Ferrara*, cit., I, p. 693 ss., especialmente pp. 699 ss. Pero bien visto el análisis podría remontarse muy atrás en el tiempo, para retomar la dramática confrontación entre derecho y moral desde la reflexión de Sócrates sobre las Leyes de la Ciudad, como ha propuesto recientemente y de manera ejemplar G. Volpe, *Relazione*, in AIC, *Annuario 2002. Diritto costituzionale e diritto giurisprudenziale*, Padova, 2004, pp. 151 ss.

Tal tensión parece estar también en el fondo del debate sobre las relaciones entre derecho y técnica ahora retomado en los ensayos de N. Irti, E. Severino, *Dialogo su diritto e tecnica*, Roma-Bari, 2001; L. Mengoni, *Diritto e tecnica*, en *Rivista trimestrale di diritto procedurale civile*, 2001, pp. 1 ss., espec. pp. 7 ss. y continuado en N. Irti, *Nichilismo giuridico*, Roma-Bari, 2004, según un impianto problematico en cualquier caso más amplio y al cual no es posibile aquí extender nuestra reflexión.

[34] Las citas están extraídas de E. Denninger, *I pilastri*, cit., p. 540.

instrumento de garantía, por tanto, de la misma efectividad de la norma[35]. Estamos en el plano de las posibles respuestas a la pregunta del por qué se debe obedecer el mandato jurídico, esto es, de cuáles sean las causas de la obligatoriedad de las normas en el sentir común. Si la actitud de reconocimiento de las reglas profesada por las élites gobernantes forma parte de la ética constitucional, ¿cómo no especular sobre el grado de percepción que los participantes tengan sobre el comportamiento de aquéllas en relación con las normas dirigidas a los mismos sujetos que ostentan cargos públicos? El ejemplo italiano deviene prueba inmediata de esta intuición. La referencia mediática cotidiana de una parte de la clase política y, lo que es peor, de algunos de entre los mismos miembros del Gobierno y del Parlamento —a menudo los más influyentes en la comunicación política- a un sentimiento de intolerancia hacia las reglas —y hacia los jueces llamados a aplicarlas así como hacia los procedimientos legales y los instrumentos de garantía-; la continua apología de la impunidad como categoría del éxito personal; la profesión de la evasión de las reglas constitucionales y de la astucia como elementos del carisma personal; la proliferación de la lógica de las componendas legislativas como remedio frente a ilícitos fiscales, urbanísticos y de la construcción como instrumentos de corrección de un generalizado comportamiento evasivo de la las prescripciones jurídicas; la misma deslegitimación del constitucionalismo como límite al arbritrio en el ejercicio del poder concurren hoy, de manera evidente, en la consumación de una gravísima crisis de efectividad y de legitimación del ordenamiento jurídico equivalente, en cuanto a fuerza, al mismo síndrome mayoritario acrítico y *desleal* —o *unfair*— sobre el cual se ha reflexionado con anterioridad.

Todo ello contribuye a la consiguiente crisis de aquella ética constitucional que se ha asumido aquí como soporte de la legalidad, como fundamento de la misma elección de la superior civilización del derecho como instrumento de gobierno de las complejas sociedades contemporáneas, permitiendo con ello aproximarnos a su calificación, la cual procedemos a realizar por el momento por la vía de una reconstrucción negativa del concepto.

En un reciente ensayo Paolo Grossi[36] retoma como objeto de reflexión la esencialidad de la relación entre derecho y sociedad o, lo que es lo mismo, el

---

[35] El tema ha sido profundamente investigado por A. Catania, *Riconoscimento e potere. Studi di filosofia del diritto*, Napoli, 1996; Id., *Lo stato moderno: profili storici e dottrinali*, en Id., *Lo stato moderno. Sovranità e giuridicità*, Torino, 1996. Sobre este punto, si se quiere, consultar también F. Bilancia, *La crisi dell'ordinamento giuridico dello Stato rappresentativo*, Padova, 2000, pp. 215 ss. Véase además el planteamiento crítica propuesta por P. Ridola, *Il costituzionalismo: itinerari storici e percorsi concettuali*, in *Studi Ferrara*, cit., III, pp. 293 ss., a propósito del rol del perfil de la legitimación del poder en la reconstrucción del horizonte histórico de la ideología del constitucionalismo.

[36] *Prima lezione di diritto*, Roma-Bari, 2003, especialmente pp. 12 ss.

carácter de socialidad del derecho. En esta perspectiva el ilustre estudioso trae a la memoria un ejemplo tratado «da alcuni clasici del pensiero giuridico» [37] a fin de indicar como datos adquiridos de la comunidad humana tanto el principio de organización, primer elemento constitutivo de la socialidad consciente de los individuos, como el fenómeno de la observación espontánea de las reglas como desarrollo consiguiente de tal actitud. El ejemplo es el de la «fila di fronte ad un ufficio pubblico» que, de aglomerado humano informe muy fácilmente puede, a iniciativa de algunos de los presentes, orientarse hacia su organización espontánea según reglas simples pero observadas, porque son compartidas por todos los asistentes que a aquella fila confieren un principio de orden que elimine cualquier posible conflicto sobre la prioridad respecto al alcance de la ansiada ventanilla. Estamos ante la cuestión de fondo, esto es, ante el reconocimiento del valor en sí de las reglas jurídicas. Ante la irrupción de la «dimensione oggettiva» del derecho, de su ser prescindiendo de un mandato[38], de una orden superior; estamos precisamente ante su dimensión ética.

Dato, éste último, tanto más relevante cuanto más se manifieste en su verdadera esencia la complejidad social, en su historicidad. La complejidad social, de hecho, deviene pronto un límite material del derecho, un desafío a su efectividad. «Perché il diritto non è soltanto ordinamento ma *ordinamento osservato*»[39], comporta necesariamente medirlo en términos de efectividad, su verificabilidad histórica a fin de comprobar la observancia por parte de la «società nella sua storicità»[40], allí donde precisamente «la scansione dei tempi brevi non si addice al diritto»[41]. En clave de método en el estudio del derecho, esta constatación comporta la necesaria apertura a la más amplia reflexión en términos de «diritto come storia»[42] y, a un tiempo, como fenómeno centrado sobre las «istituzioni»[43], corazón mismo del orden jurídico como fenómeno social. Pero aquí nos limitaremos tan sólo a esta alusión, a la investigación más bien del dato material del consenso social como elemento esencial de calidad del fenómeno jurídico históricamente dado. Elemento del cual desde siempre la misma reflexión constitucionalista es deu-

---

[37] Las referencias son a Santi Romano, *L'ordinamento giuridico* (1918), Firenze, 1946, p. 35 y a W. Cesarini Sforza, *Il diritto dei privati* (1929), Milano, 1963, pp. 29 ss., del autor citado en la nota 8.

[38] P. Grossi, *op.cit.*, p. 16.

[39] *Op..cit.*, p. 19.

[40] *Op..cit.*, p. 22.

[41] *Op.cit., ibidem.*

[42] A este propósito reenvío a la magistral lección de Gianni Ferrara, *Il diritto come storia, ahora en Diritto pubblico,* 2005, pp. 1 ss.

[43] También aquí la referencia al reciente estudio de G. Guarino, *L'uomo-istituzione*, Roma-Bari, 2005, vale solo para evocar la complejidad temática a la cual aquí se ha hecho, aunque solo de manera alusiva, referencia.

dora del análisis histórico-material, como desde la reflexión de Carlo Esposito[44] en adelante conscientemente hemos aprendido a comprender.

Éste es, en última síntesis, el recorrido argumentativo de las breves reflexiones que aquí se proponen como punto de partida de investigaciones más amplias. Recorrido que se desarrolla a lo largo de la directriz del condicionamiento que sobre el fenómeno jurídico es ejercitado por los datos materiales que lo constituyen fundamento objetivo, la historia, la costumbre, la actitud de reconocimiento por los participantes y, en suma, la «ética constitucional».

El significado histórico de esta noción, útil para el fin de contribuir a justificar el sentido que de tal expresión se asume, en esta sede, como fundamento de reflexión emerge con particular fuerza evactiva de la lectura de algunas entre las más famosas páginas del conocido ensayo de Albert Venn Dicey sobre la *Introduzione allo studio del diritto constituzionale*[45]. En un régimen de constitución flexible, las leyes en contraste con la Constitución, en la noción que del concepto se puede recabar según la tradición del *Common Law*, no vienen de hecho confiadas a la competencia de un juez sino a las «sanzioni morali» de la opinión pública[46]. De aquí, por tanto, emerge el valor de los límites constitucionales al poder legislativo en la historia de la tradición jurídica anglosajona: «massime dell'etica della cosa pubblica, le quali mutuano tutta la forza che le caratterizza dall'essere formalmente inserite nel testo costituzionale e dal conseguente sostegno che trovano nel seno della pubblica opinione»[47]. El derecho constitucional mismo se asume como paradigma del sentido común, es decir, de la moral común, contribuyendo él mismo a conformar la ética pública, deviniendo el fundamento del significado ético del derecho como instrumento para la regulación de las relaciones sociales y contribuyendo a consolidar el

---

[44] Pienso principalmente en los estudios sobre el valor normogenético de la *costumbre*. Véase, al menos, *La validità delle leggi. Studi sui limiti della potestà legislativa, i vizi degli atti legislativi e il controllo giurisdizionale*, Padova, 1934; Id., *La consuetudine costituzionale* (1962), ahora en Id., *Diritto costituzionale vivente. Capo dello Stato e altri saggi*, a cargo de D. Nocilla, Milano, 1992, 283 ss. A estas cuestiones me había ya referido, más ampliamente, en mi trabajo *La crisi dell'ordinamento giuridico*, cit., pp. 297 ss., especialmente pp. 305 ss.

[45] Subtítulo *Le basi del costituzionalismo inglese*, traducción italiana de la versión inglesa de 1959, reimpresa en 1964 (London-New York), Bologna, 2003.

[46] «By means of moral sanctions» en la versión original, A.V. Dicey, *Introduzione*, cit., p. 109. Para una reflexión más profunda acerca del rol de las tradiciones de *common law* como concreto límite del voluntarismo soberano fruto de la centralidad parlamentaria en el sistema inglés, como soporte último del concreto valor constitucional de tales tradiciones como límite de la ley reenvío sin duda a E. Santoro, Rule of law *e «libertà degli inglesi». L'interpretazione di Albert Venn Dicey*, in P. Costa, D. Zolo, (a cura di), *Lo Stato di diritto. Storia, teoria, critica*, Milano, 2002, especialmente pp. 196 ss.

[47] A.V. Dicey, *op. cit.*, p. 112, mirando a la constitución francesa. En la versión original: «Maxims of political morality, which derive whatever strength they possess from being formally inscribed in the constitution and from the resulting support of public opinion».

carácter de rigidez como parámetro ético de la misma legitimidad del derecho legislativo. En esta noción de *Common Law*, entonces, se precipita el caudal de común interés como carácter fundante, el sentido mismo del derecho como instrumento de gobierno de la complejidad social que asume a todos, ciudadanos e instituciones, como sometidos *igualmente* a sus reglas; deviene por tanto interés general en la contraposición con el interés particular del Soberano, primero el rey, después el Parlamento, concurriendo a la formación de la misma *ética constitucional* como elemento común respecto al sentido del derecho, de la sustancia de la juridicidad de las reglas no fundada de otra manera que sobre el interés *común*.

Aún más claro signo de ello se encuentra en las páginas de la reflexión de Dicey dedicadas a las «convenzioni costituzionali» [48] de las que el autor afirma expresamente que «compongono un corpo non di leggi bensì di etica costituzionale o politica»[49]. La reflexión prosigue de hecho el derecho producido por ellas a la «etica costituzionale dell´Inghilterra moderna», «un intero sistema di moralità politica»[50], en las reglas mismas del derecho que «formano la corrente etica costituzionale»[51]. Así, el ensayo sobre el derecho constitucional es una continua reivindicación de las formas de la «constitutional morality» [52], poniendo en estrecha relación recíproca la «political ethics» y el «common law of the land», ambos fundamento material del derecho constitucional cuyos principios «generalmente accettati trovano sostegno nel diritto del paese»[53]. La violación de las reglas constitucionales redunda así en la consiguiente ruptura de la ética pública, asumiendo el disvalor propio de «un'infrazione della moralità costituzionale»[54], la cual posee la misma fuerza vinculante de la ley[55]. La actitud al respecto de las reglas del derecho *común* como obra de los poderes públicos y de las instituciones contribuye por tanto a conformar, con el sentido de la legalidad constitucional, la concepción de la moral común, tanto como para hacer aparecer ante los ciudadanos la violación del orden constitucional como un conflicto con el mismo «diritto del paese», susceptible de hacerse valer ante los jueces, guardianes impaciales de ese derecho y de esa ética pública.

De aquí, actualizando al tiempo presente de la experiencia político-institucional italiana el sentido de esta reflexión, se concluye, en la búsqueda que el

---

[48] *Op. cit.*, pp. 353 ss.

[49] «...of constitutional or political ethics», en la versión original.

[50] *Op. cit.*, p. 354.

[51] *Op. cit.*, p. 357.

[52] Por ejemplo, pp. 354, 357, 358, 363, 364, 373, 374, 380, 383, 384, 386. Véase, de hecho, la hermosa *Introduzione* que A. Torre dedica al ensayo en el volumen editado en 2003 titulada precisamante: «Dicey: o della constitutional morality».

[53] *Op. cit.*, p. 376 ss.

[54] *Op. cit.*, p. 379.

[55] *Op. cit.*, p. 380 ss.

sentir común enseña, en el respeto de las reglas, en el valor de la ética constitucional como paradigma de la idea de corrección y sentido moral en la cotidiana vida de relación[56]. ¿Qué valor atribuir a la contrariedad públicamente expresada por el Presidente del Gobierno ante la crisis de su gobierno, superada después con una rápida modificación[57], invocando las reglas constitucionales —por no hablar también de la mera corrección institucional en las relaciones con los otros órganos constitucionales— hacia los «passaggi formali» necesarios para proceder a la solución de la crisis en el respeto a la Constitución? ¿Qué enseñanza extraer, en términos de ética constitucional de esta representación de tedio e intolerancia hacia las reglas jurídicas? ¿Qué modelo ético, para los ciudadanos comunes ante las cotidianas prescripciones legislativas, se podría deducir? Es un dato histórico adquirido, lamentablemente, la constatada afirmación opuesta de una ética del conflicto como instrumento de gobierno de las actuales formas políticas del plesbicitarismo mediático[58], nuevo modelo de régimen político italiano. Las reglas mismas de la convivencia civilizada resultan dramáticamente contaminadas, quedando comprometida la misma común percepción del valor de la más elemental buena educación, por ejemplo, el tenor de la discusión en el curso de los debates políticos públicos, por no hablar de la amplia programación de las principales cadenas televisivas nacionales, orientados los unos y las otras hacia un lenguaje común inspirado más bien en la quiebra del común sentido cívico. De aquí a la mala fe en la interpretación de las reglas jurídicas y en la producción de una ley no inspirada en la necesidad de concurrir a la construcción de un sentido común ético[59] el paso es desgraciadamente demasiado pequeño, y aún más grave se muestra el sentido del actual fracaso del fenómeno jurídico como instrumento de común gobierno de las complejidades sociales contemporáneas.

---

[56] M. Bovero, *Contro il governo dei peggiori. Una grammatica della democrazia*, Roma-Bari, 2000, p. 41 sa. califica «le regole del gioco democratico» como «impliciti valori non strumentali, valori etici» basados sobre «l'affermazione *puramente etica* della pari dignità di ogni soggetto politico».

[57] La referencia es a la crisis del II Gobierno Berlusconi en el curso de la XIV Legislatura, primavera 2005.

[58] Ejemplar me parece el análisis crítico de las formas contemporáneas de plebiscitarismo realizada en el ensayo de A. Mastropaolo, *La mucca pazza della democrazia. Nuove destre, populismo, antipolitica*, Torino, 2005. Véase, además, «per una ambientazione costituzionalistica di tale ricostruzione» cuanto es observado por M. Dogliani, *Costituzione e antipolitica*, en C. De Fiores (a cura di), *Lo stato della democrazia*, cit., pp. 21 ss., espec. pp. 35 ss., ahora en S. Labriola (a cura di), *Ripensare lo Stato*, Milano, 2003, 633 ss. Sobre el tema, de extremo interés, ver también Y. Mény, Y. Surel, *Populismo e democrazia*, título original *Par le peuple, pour le peuple*, Paris, 2000, traducción italiana de A. De Ritis, Bologna, 2005.

[59] F. Cassano, *Homo civicus. La ragionevole follia dei beni comuni*, Bari, 2004, especialmente pp. 33 ss., pp. 59 ss. El autor se detiene sistemáticamente en el valore del interés general construido en torno al binomio «rispetto delle regole» y «senso della legalità» como común percepción del bien público.

El nuevo lenguaje de la antipolítica, además, inspirado en la confusión entre política y espectáculo, reduce cualquier valoración de la elección por parte del ciudadano a una reacción emotiva antes que a un proceso racional, colaborando a la sustitución gradual e inexorable de la opinión pública por la emoción pública[60]. Las nuevas reglas de la política encuentran, así, en la espectacularización y en la vulgarización del lenguaje el justo medio para producir un fuerte retorno, en términos de consenso, a las «violazioni vistose dell'ufficialità della politica, gli atteggiamenti anticonformisti e, a maggior ragione, i discorsi antipolitici»; «i discorsi provocatori e incendiari, costituiscono uno spettacolo ad alta resa»[61] electoral. Los reflejos de tales fenómenos sobre el sentido común y sobre la percepción de una ética pública compartida son devastadores. «Le offese alla democrazia...passano...sotto silenzio, e» cada vez menos «suscitano scandalo da qualche parte»[62].

Aún más, se hace evidente el costo de la ruptura del nexo inescindible entre derecho, interés general y ética constitucional en términos de pérdida de efectividad del mismo sistema institucional contruido en torno a la centralidad del fenómeno jurídico como complejo de reglas compartidas en su papel de estructura que sustenta la comunidad social[63], si no en su contenido.

Es, en términos reales, el síntoma de los efectos de un conflicto que eleva más allá de toda medida el «livello di «inimicizia» politica sopportabile dal sistema costituzionale» que en el uso de esta «legislazione «di guerra»» genera la ruptura del «principio di buona fede legislativa» atropellando el sentido ético producido por el común respeto del método jurídico como instrumento de gobierno. Es el abandono de la opción del «governo delle leggi» a favor de la opción *polémica*. Es la superación de la ética civil[64] en beneficio de la óptica del «*sibi et suis*»[65].

---

[60] Profundizando en esta dirección crítica el discurso se ampliaría mucho, como bien deja entender P. Virilio, *Ecco l'immaginario che ha preso il potere*, entrevista di A. Ginori, *la Repubblica*, 15 de noviembre de 2005, p. 50.

[61] A. Mastropaolo, *op .cit.*, p. 150.

[62] *Op. cit.*, p. 192 s.

[63] G. Volpe, *Sviluppi del giudizio incidentale sulle leggi in Italia: verso un processo di «amparo»?*, en F. Fernández Segado (ed.), *The Spanish Constitution in the European Constitutional Context*, Madrid, 2003, pp. 1196 ss., attribuye al Tribunal constitucional, como custodio de una función de acción comunicativa inspirada en el lenguaje propio de la obra-ensayo, un rol reconocedor de la «morale costituzionale...essenziale per la convivenza sociale e politica».

[64] Para una amplia reflexión crítica sobre los temas, en sentido opuesto, del «gobierno de los hombres», tiranía, despotismo, régimen patriarcal, patrimonialismo, absolutismo y muchos otros, véase el excelente trabajo de R. Chiarelli, *La Repubblica italiana come governo degli uomini*, I, Torino, 2005.

[65] Todas las citas están extraídas de la obra de M. Dogliani, *Interpretazione costituzionale e politica costituzionale*, en AIC, *Annuario 2002*, cit. Respectivamente pp. 222, 224, 223.

Para terminar con dos propuestas de reflexión. La primera retoma algunas felices intuiciones formuladas recientemente por A.Peczenik[66] para sugerir una aproximación de análisis que quizás podría aparecer incluso obvia al retomar la línea de un discurso acerca de las relaciones entre derecho y moral, sobre la base de las premisas asumidas aquí como fundamento de la reflexión realizada hasta ahora. Una primera consideración se refiere a la fingida devoción que, por el derecho positivo, los juristas habitualmente mantienen hacia la relatividad de las concepciones morales «mentre in pratica essi continuano ad esprimere opinioni morali...come se esse fossero comunque oggettive» y, a un tiempo, a motivar la relatividad —en términos de concepciones morales— de las interpretaciones jurídicas por ellos metodológicamente profesada. Sobre tal premisa el autor propone lo que él llama «una rivoluzione copernicana» que aspira a componer la cuestión de las relaciones entre derecho y moral en términos de *contractualismo* basado sobre la participación de los medios sociales en los procesos interpretativos como síntesis de «teorías morales débiles». «Una sorta di teoria sociale della morale», por tanto, adecuada a una sociedad pluralista. «Se esiste un *common core* etico nella nostra società pluralistica, la legge dovrebbe tentare di proteggerlo...una volta che tali valori siano protetti dalla legge...quali formanti di tale *common core* essi acquisteranno forza» atribuyendo así el carácter de la normatividad a la moral común en cuanto producto de un proceso contratualista. Es cierto que «l'idea di un *common core* etico...sembra collidere con le teorie *politically correct* del pluralismo politico, della giustizia procedurale, della giustificazione postmetafisica e così via», pero la ética constitucional volvería a estar fundada sobre la idea y sobre el sentido del derecho en sí, del derecho en cuanto compartido y a su vez fundado sobre el consenso de las partes. Sobre un consenso, añadiré aquí, no relativo a los contenidos asumidos por él ocasionalmente, sino producto de su función de síntesis de la moral común, producto del pluralismo institucional del que él representa a un tiempo la justificación y la causa. La obligatoriedad del mandato jurídico resultará, por tanto, construida sobre su ser socialmente fundado, proponiendo nuevamente la natural concepción del estudio del derecho como ciencia social a través de la construcción de una teoría social de la moral, producto de un proceso circular entre ética, derecho y sociedad civil.

A tal propósito, quizás sea posible proporcionar un ejemplo concreto de este proceso de asimilación social de un rol ético del derecho en un sistema plural, la ley francesa sobre la prohibición de exhibición de los símbolos religiosos[67]. Han existido días[68] en los que Europa ha estado convulsionada por las protestas y por los destrozos causados por los habitantes de los

---

[66] *Can Philosophy Help Legal Doctrine?*, en *Ratio Juris*, 2004, pp. 106 ss.

[67] 15 de marzo de 2004.

[68] Noviembre de 2005.

banlieus franceses sobre todo por obra de los inmigrados pero, precisamente por su complejidad, el fenómeno no parece en modo alguno que pueda reducirse al problema de los símbolos religiosos y de la ley sobre el velo en particular.

Pues bien, a pesar de las expectativas parece verdaderamente que la ética constitucional ha puesto en valor las opciones realizadas por la ley sobre los símbolos religiosos garantizando a ella, en términos de consenso, una alta tasa de efectividad. En un artículo publicado en septiembre de 2004[69] Jean Daniel había observado, de hecho, que «in tutto il Paese solo in 240 si sono presentate con il chador, ma poi in 170 se lo sono tolto». Para arribar a la noticia, un año después de la aprobación de la ley, que «le comunità religiose hanno accettato la legge e contribuito alla sua applicazione»[70]. Una fuerte señal de acuerdo sobre la solución normativa adoptada, sostenida por un difuso consenso en torno al principio inspirador de fondo, la igualdad de los ciudadanos sin distinción de religión, en la que la laicidad se manifiesta como producto de una ética constitucional compartida y asumida como fundamento de la sociedad. Una prueba concreta de la practicabilidad del recorrido teórico aquí propuesto como objeto de reflexión y, juntamente con ello, del valor del derecho como instrumento compartido de solución del conflicto entre opciones ideológicas aparentemente irreconciliables pero abiertas a un método de comparación y de síntesis en una ley que, generando consenso sobre el método, viene asumida como expresión de la ética constitucional, fundamento de la sociedad civil y de la comunidad de ciudadanía.

En última síntesis, entonces, la reflexión debería proceder de la constatación del valor del rol del fenómeno jurídico conscientemente asumido como paradigma para una ética constitucional, siempre que esté metodológicamente orientado por la idea de proceder a la síntesis del interés general provocando, en torno a sí, el común consenso de los participantes. El menosprecio de las reglas comunes, la búsqueda del privilegio, la *ética del conflicto* como método de la política mediatizada, el paradigma de la apropiación en su propio interés *particular* de los instrumentos de producción jurídica están ya de hecho demostrando, en Italia y en el mundo, qué efecto devastador sobre el común sentido cívico y sobre las tradicionales reglas de la más elemental buena educación se está consiguientemente produciendo. El riesgo de perder la confianza en la democracia por via de sus falsas representaciones de conveniencia es ya muy alto. La obtusa creencia en la eficacia de la *ética del conflicto* en términos de inmediatez del éxito personal producirá

---

69 *L'Islam repubblicano speranza della Francia*, en *La Repubblica* del 3 de septiembre de 2004, pp. 1 y 15. Pero véase, asímismo, el artículo de G. Martinetti, *Velo in aula, prime espulse in Francia*, en *La Repubblica* del 20 de octubre de 2004, p. 23.

70 G. Martinetti, *Parigi, il no al velo unisce la Francia. La legge rispettata in tutte le scuole*, en *La Repubblica* del 16 marzo de 2005, p. 22.

pronto daños irreversibles[71]. También para el lenguaje político común y para la comunicación mediática generalista es llegado quizás el momento de volver a reflexionar y de reducir el potencial eficientista de la pública emoción popular, instrumentalmente inducida y por tanto inconsciente, como categoría del discurso social.

La pérdida de efectividad del lenguaje jurídico compartido, procurando una consiguiente crisis de la ética constitucional, está generando ya importantes lagunas en las estrategias políticas de catalización del consenso, induciendo así al sistema político, o al menos a una parte de él, tanto en Italia como en otras importantes democracias occidentales —baste pensar en el florecimiento de la ideología *neocon* en los Estados Unidos—, a buscar en otro lugar un válido soporte ideológico preconfeccionado. Esta es la principal causa, en nuestros días, del retorno a los integrismos —como autoproductos de importación por las ideologías religiosas en vía de secularización a lo largo de los caminos conflictuales de la cotidianeidad política— y a la nueva oposición de doctrinas morales declaradamente universalistas, pero de hecho múltiples y relativas en su propia asunción integrista, que no producen otra cosa sino una fuerte acentuación de la conflictividad, no recomponible en la confrontación política, y una dramática contraposición ideológica de nuevo inspirada en la dialéctica amigo/enemigo. Así, la ausencia de un paradigma ético-jurídico está ya generando el retorno al conflicto ideológico entre prejuicios morales integristas a cuyo concurso todo ente, sociedad, iglesia, doctrina filosófico-política creerá ofrecer su propia contribución incentivados por un sistema político en fuerte crisis de identidad que renuncia a participar, con método democrático, en la determinación del paradigma ético constitucional neutralizando el potencial *polémico* de toda moral integrista. Estaría por decir que... la noche del derecho y de la ética constitucional genera monstruos, que al menos se sienten discurrir como presuntas morales a través de los *mass-media*.

[71] Véanse los temores manifestados por mi recientemente en *La legalità: il tramonto di una categoria giuspolitica*, cit.

CIUDADANÍA E IDENTIDAD RELIGIOSA EN EL ESTADO CONSTITUCIONAL

José Martínez de Pisón
Universidad de La Rioja

1. LA TENSIÓN ENTRE CIUDADANÍA E IDENTIDAD

Es un tópico muy habitual afirmar que determinados conceptos relacionados con la reflexión sobre la política, el derecho y la moral son controvertidos, polisémicos o ambiguos. No por ello, su mera reiteración es síntoma de que tal afirmación no deba ser menos cierta. Más bien, al contrario. Y es así puesto que estas disciplinas no son ramas del conocimiento de las que pueda predicarse la exactitud y la certeza; el objeto de las mismas es siempre materia de debate y controversia. Más aún, en este inicio de siglo, en el que parece predominar una cierta inestabilidad en las categorías fundamentales sobre las que se asentaba el sistema de convivencia en el mundo desarrollado. Que esto suceda de esta manera, es hasta positivo y fructífero, y no quiere decir sino que, probablemente, estemos siendo testigos de un cambio de paradigma y que, como tal, precisa de una mayor atención a los procesos sociales vigentes y una especial reflexión sobre el significado de los conceptos y sobre la viabilidad de nuestras teorías.

Algo de todo esto sucede con los dos conceptos que abren este trabajo: «ciudadanía» e «identidad». Si algo cabe afirmar de ambos, es que, hasta hace poco tiempo, ni los politólogos, ni los iusfilósofos les prestaban demasiada atención. El concepto de «ciudadanía» no era objeto de discusión desde que T. H. Marshall jalonara su evolución histórica y consagrara la llamada «ciudadanía social». El éxito del Estado social, especialmente, en su versión de Estado del bienestar, garantizaban la validez de la construcción sobre esta versión de la ciudadanía. Por su parte, la cuestión de la «identidad» y el replanteamiento de la misma y su relación con el individuo ha sido durante bastante tiempo sin más silenciado por la filosofía política en aras de un modelo tipo de ciudadano. Desde hace tiempo, sin embargo, la «identidad» o las «identidades» han cobrado fuerza de la mano de las reivindicaciones de determinadas minorías y, en la actualidad, focaliza buena parte del debate público en las sociedades desarrolladas. Al mismo tiempo, y por efecto de diferentes factores, el concepto de ciudadanía está siendo objeto de un fuerte cuestionamiento y de una sólida reflexión sobre otras versiones que respondan a la realidad de los procesos económicos, sociales y políticos de la sociedad global. No parece exagerado afirmar que existe una estrecha relación entre ambos cuestionamientos, el de la ciudadanía y el de la identidad, al tiempo que también se replantean otras categorías jurídico-políticas como el de los derechos fundamentales, el Estado constitucional o la democracia misma.

Como se ha puesto de manifiesto en numerosos trabajos, el concepto de ciudadanía ha estado siempre relacionado, con las «dinámicas de pertenencia» que se han producido desde la emergencia del Estado-nación (Martínez de Pisón en Bernuz Beneitez y Susín Betrán 2003: 75). T. H. Marshall, quien estableciera la versión canónica del término objeto de discusión, concibió la definición de «ciudadanía» como «aquel estatus que se concede a los miembros de pleno derecho de una comunidad» (Marshall y Bottomore 1998: 37). Son varios los aspectos que se infieren de esta definición de la ciudadanía como estatus. De todos ellos, al menos dos son relevantes para su relación con la cuestión de la «identidad». Por un lado, que ciudadanía se identifica claramente con la idea de pertenencia a una comunidad política y, en consecuencia, a la relación de un individuo con el Estado en tanto que estructura política en torno a la que se organiza esa comunidad. Este aspecto, como es bien sabido, plantea, sin embargo, no pocos problemas cuando se analiza a la luz de algunos importantes fenómenos sociales, como, por ejemplo, el de la inmigración. Por otro, la ciudadanía como estatus significa el reconocimiento de un esquema de derechos y libertades fundamentales de manera que quien pertenece a una comunidad, quien es ciudadano, en suma, es, además, titular de ese esquema de derechos y libertades fundamentales. Un esquema que, desde la emergencia del Estado liberal, ha ido evolucionando progresivamente incluyendo las reivindicaciones de las diferentes generaciones de derechos.

Por todo ello, el concepto de «ciudadanía, en su complejidad, se ve atravesado por dinámicas de pertenencia, pero también de exclusión» (Bernuz Beneitez y Susín Betrán 2003: 19). De hecho, el estudio de T. H. Marshall no es más que una reconstrucción del desarrollo histórico de los conflictos originados por aquellos grupos que luchaban por conquistar la pertenencia o membresía en una comunidad política. El avance en el estatus de ciudadano conllevaba la conquista también de un nuevo conjunto de derechos y libertades que venían a engrosar el catálogo de la ciudadanía. Es así que el ámbito de la ciudadanía fue ampliándose por efecto de la presión de los excluidos cuando éstos no pertenecían inicialmente a la burguesía censitaria, fue ampliándose a los trabajadores, a las mujeres, a los jóvenes, a los discapacitados, etc. La ciudadanía social de T. H. Marshall parecía constituir el colofón de esta expansión una vez que plasmaba las reivindicaciones de igualdad y justicia de las clases populares. Su rastreo en el modelo británico del bienestar delinea así una historia en la que destaca las limitaciones de la ciudadanía civil y política, vinculadas a los derechos civiles y políticos, y la corrección que supone el reconocimiento de los derechos sociales integrados en la ciudadanía social. Este, en definitiva, sería una buena estrategia para limitar el espacio de las desigualdades sociales.

Sin embargo, en la actualidad, un concepto tan estabilizado como el de ciudadanía ha sufrido un real proceso de implosión que le ha hecho estallar por los aires y que lo ha puesto en primera línea del debate público. De hecho, son multitud las propuestas de relectura de la ciudadanía que reaccionan frente al esquema marshalliano y que propugnan versiones bien diferentes (ciudadanía diferenciada, cosmopolita, multicultural, republicana, compleja, dinámica y contextual, etc.). En mi opinión, son tres los procesos que «han influido decisivamente en la pulverización del concepto de ciudadanía: la crisis del Estado social, la emergencia de sociedades multiculturales con la consiguiente reivindicación de los derechos de las minorías, y la mundialización» (Martínez de Pisón en Bernuz Beneitez y Susín Betrán 2003: 77). En el primer caso, la estrecha dependencia entre ciudadanía social, derechos sociales y Estado social conduce inexorablemente a que, ante un cambio de paradigma, la fortuna de esta triada está también ligada al éxito o fracaso de uno de ellos. En particular, el declive del Estado social, con el desmantelamiento de los servicios sociales, conduce al debilitamiento de la ciudadanía social y al acrecentamiento de las desigualdades que pretendía evitar. Las dos últimas décadas del siglo XX han sido testigo de este proceso que afecta de forma tan determinante a la solidez del ligamento social y de la cohesión de nuestras comunidades políticas. Esto es, el ataque al Estado social por parte de las huestes neoliberales y por los gobiernos occidentales. Sólo ahora cuando se ha vislumbrado en su plenitud los efectos de tan nociva política —especialmente, en los efectos perversos del hundimiento de la economía global durante el año 2008 a partir de la crisis de las materias primas y de las hipotecas basura— se ha caído en la cuenta de la necesaria vuelta a los principios de la política económica de Keynes e, incluso, de un replanteamiento del Estado social.

Por otro lado, las sociedades nacionales de este inicio del siglo XXI están sufriendo un importante proceso como es el de la emergencia y el reconocimiento del hecho multicultural. Como he expuesto en otro lugar: «La multiculturalidad se impone como un hecho objetivo en las hasta ahora sociedades liberales y plurales. Con esta afirmación, me refiero a la transformación de unas sociedades en las que regía un pluralismo ideológico sobre la base de un conjunto de creencias y valores homogéneos y comunes en sociedades en las que coexisten códigos culturales diferentes e incluso contradictorios. Sin duda, el multiculturalismo es un fenómeno complejo y multidimensional como para resumirlo en dos frases. Pero, lo cierto es que ha puesto sobre el tapete de discusión cuestiones tan relevantes como las reivindicaciones de las minorías (de las mujeres, las etnias, las culturas, las naciones sin Estado, etc.), la afirmación de la propia identidad y su reconocimiento, cuestiones de integración y cohesión social, la lealtad, etc. Sobre todo, preocupa el multiculturalismo porque late en este fenómeno un fondo conflictivo fruto de la coexistencia de códigos opuestos entre sí y que parecen poner en tela de juicio el modelo liberal-occidental dominante» (Martínez de Pisón en Bernuz Beneitez y Susín Betrán 2003: 78). El conflicto multicultural, entre una cultura dominante y la reivindicación de la propia cultura o identidad, es la semilla de estallidos sociales internos que deben ser evitados con adecuadas políticas públicas, más aún, en un período de crisis económica generalizada que golpea directamente a una población joven sin muchas expectativas y no hace sino aumentar más las desigualdades sociales existentes. Todo ello conforma un caldo de cultivo de poderosos movimientos antisistema, como se observa, entre otros países, en Grecia. Una buena gestión de la ciudadanía, abierta, flexible, consciente de su complejidad, puede ser un buen instrumento en la gestión previa de estos conflictos.

Finalmente, la versión marshalliana de la ciudadanía ha sido pulverizada por el fenómeno estrella de finales del siglo XX: la mundialización, a la que puede remitirse el impulso de otros procesos complejos y capitales que atraviesan las sociedades nacionales y la comunidad global. La mundialización hace referencia a la creciente interconexión existente entre los diferentes lugares del planeta y a sus efectos sobre la existencia cotidiana de sus habitantes. La mundialización es una suma de procesos yuxtapuestos e interconectados que afectan a los ámbitos económicos, sociales, culturales y políticos (Martínez de Pisón, 2001a). La mundialización ha impreso un sello característico a la actual oleada migratoria y con ello ha acelerado la transformación en las sociedades multiculturales generando una realidad distinta. Con el crecimiento de las migraciones hacia los países más ricos se ha acentuado el carácter multicultural de sus sociedades al tiempo que se evidencia la necesidad de aplicar políticas interculturales imaginativas. De esta manera, también la mundialización altera el discurso tradicional sobre la ciudadanía.

La crisis del Estado social, el multiculturalismo y la mundialización no son, por supuesto, fenómenos aislados. Puede decirse que existe una clara interconexión entre ellos. Si acaso, el desmantelamiento del Estado social exigido por el pensamiento neoliberal ha sido, entre otros factores, una condición que ha acelerado la mundialización y que, de paso, ha puesto de manifiesto la multiculturalidad de las sociedades actuales con independencia de que sean ricas o pobres.

Es precisamente en este contexto en el que, como puede entreverse en los párrafos anteriores, ha surgido, como otros fenómenos reivindicativos, la cuestión de la «identidad» en directa relación al cuestionamiento de la ciudadanía tradicional y, principalmente, pone en cuestión la calidad de la pertenencia a una comunidad política si ésta restringe el cultivo y la expresión de rasgos particulares (lengua, cultura, religión, sexo, etc.) de un grupo o colectivo de individuos que, en lo formal, son miembros de la misma. Por eso mismo, puede hablarse de que, en la actualidad, existe una relación tensa entre la ciudadanía formal, tal y como es postulada por el staff jurídico-político, y las diferentes «identidades» que surgen en el seno de las sociedades, especialmente, las más desarrolladas. Surge así una tensión clave para el devenir de estas sociedades entre las tendencias centrípetas, proclives a la objetividad e igualdad, de la ciudadanía y la oposición de las identidades, más particularizadoras y centrífugas. La dialéctica entre ambas fuerzas, sin duda, marcará el desarrollo futuro del siglo XXI. Y, dentro del cúmulo de fuerzas que entrechocan en los actuales procesos globales, no es el menor el que deriva de la reivindicación de la identidad religiosa.

2. IDENTIDADES E IDENTIDAD RELIGIOSA

Cada vez más, la definición de la identidad resulta relevante en el debate público de nuestras democracias y en la discusión sobre la nueva arquitectura con la que pretende articularse el gobierno mundial. Muchos de los terribles conflictos de los que somos testigos o, incluso, meros observadores, tienen su origen o, al menos, parecen tenerlo en un sentido u otro de la identidad. De hecho, en el momento presente, tanto en el ámbito de las sociedades nacionales como en el orden internacional, destaca la capacidad de generar odio y violencia a partir de la fijación de una identidad supuesta que anula el resto de identidades. Como certeramente ha puesto de manifiesto Amartya Sen al desmitificar la «ilusión de la identidad», en el mundo actual «el arte de crear odio se manifiesta invocando el poder mágico de una identidad supuestamente predominante que sofoca toda otra filiación y que, en forma convenientemente belicosa, también puede dominar toda compasión humana o bondad natural que, por lo general, podamos tener. El resultado puede ser una rudimentaria violencia a nivel local o una violencia y un terrorismo globalmente arteros» (Sen 2007: 15).

Desgraciadamente, existe en la teoría y en la práctica política una tendencia bastante acentuada a clasificar a las personas según rasgos predeterminados que suelen tener que ver con la religión o la cultura. Esta auténtica fijación por identificar a la gente de acuerdo a ciertos patrones simplifica nuestra visión de la realidad. Ciertamente, permite la clasificación de los individuos en grupos por razón de la identidad y, al mismo tiempo, que se puedan realizar juicios de valor en base a esta categorización. Sin embargo, esta tendencia tiene un riesgo cada vez más evidente como es la acentuación de la capacidad disgregadora de la identidad y un uso malintencionado de la diferencia que, en no pocas ocasiones, ha conducido y, probablemente, conducirá a una mayor incomprensión entre las diferentes religiones y culturas y, como consecuencia de ello, al fomento de una mayor violencia entre unos grupos y otros. Aunque pueda parecer exagerado, alguna de las atrocidades a las que nos estamos acostumbrando al verlas diariamente por la televisión tienen sin duda su origen en este tipo de simplificaciones cada vez más extendidas y cuyo peligro real no está suficientemente calibrado. Y, que en todo caso, estamos sufriendo por el impacto que produce en nuestra visión de la realidad de manera que ya puede hablarse no de la «sociedad del riesgo», sino de la «sociedad del miedo».

Sin embargo, no todo tiene que ser negativo en lo relacionado con la identidad. Hay muchas personas que se identifican con ciertos rasgos culturales o sociales compartidos con otros individuos y esta identificación no arrastra a la realización de actos de terror o de violencia contra el otro, contra quien no comparte dicho rasgo. Por el contrario, en muchas ocasiones, se pone de manifiesto la bondad de la existencia de un sentimiento de identidad en las personas y su contribución a la cohesión interna de las sociedades. El hecho que nos identifiquemos con otros al participar de un mismo sentimiento de pertenencia a un grupo contribuye a nuestra relación con otros, a la participación en ideas y proyectos comunes y, con ello, a la buena marcha de la colectividad. La mutua identificación siempre ha sido considerada como algo necesario para la pervivencia de las sociedades y así ha sido mientras éstas han sido percibidas bajo la perspectiva de la homogeneidad. En todo caso, no puede ni debe descartarse sin más la contribución de esta percepción común de lo idéntico al éxito de la convivencia. En suma, «el hecho de concentrarnos en identidades particulares puede enriquecer nuestros lazos y llevarnos a hacer muchas cosas por los demás; asimismo, puede ayudarnos a ir más allá de nuestras egocéntricas vidas» (Sen 2007: 24).

El concepto de identidad resulta ser así multifacético, como bien ha destacado la literatura especializada[1]. Como ya se ha puesto de manifiesto en el caso de otras categorías jurídico-políticas, por de pronto, la definición del término identidad es una cuestión controvertida. Empezando por el significado de esta misma noción que sólo en las últimas décadas ha alcanzado carta de naturaleza en la discusión iusfilosófica. No se trata, en este texto, de aportar una definición para el debate y para el análisis; tan sólo de presentar un bosquejo de algunas ideas y claves que permitan encauzar la cuestión de la relación entre la ciudadanía y la identidad religiosa en el Estado constitucional. En todo caso, hay que tener bien presente que el significado del término y, por tanto, el objeto mismo de la controversia varía bastante dependiendo de si nos referimos a la «identidad» del individuo, lo que conlleva un

---

[1] Como afirma A. Sen, «la identidad puede ser tanto una fuente de riqueza y de calidez como de violencia y de terror, y tendría poco sentido tratar la identidad genéricamente como un mal» (Sen 2007: 26).

trasfondo filosófico ya de por sí polémico, o a la existencia y realidad de los «grupos identitarios». Más allá del debate sobre el sentido individual de la identidad, lo cierto es que, para la filosofía política, lo realmente relevante consiste en la identificación de estos colectivos y en la forma en la que se integran las personas.

En este sentido, en un libro recientemente traducido al castellano, cuyo título es *La identidad en democracia* (2008), Amy Gutman apunta algunas claves para entender la identificación de colectivos relevantes para este trabajo: «Los grupos identitarios son asociaciones políticamente significativas de personas que se identifican con uno o más marcadores sociales, o que son identificadas mediante ellos» (Gutman 2008: 22). El concepto clave para definir al grupo y, por tanto, a la identidad tanto colectiva como individual es el de «marcador», es decir, el rasgo socialmente relevante que identifica al conjunto y a los individuos. Como puede suponerse, los ejemplos de marcadores son muy numerosos y, de alguna manera, diluye un tanto su definición y su importancia para la discusión. No obstante, no dejan de tener relevancia. «Marcadores socialmente compartidos» son el género, la raza, la clase, la ascendencia étnica, la nacionalidad, la religión, la discapacidad y la orientación sexual. Pero, también lo son la edad, la ideología y otros rasgos reconocibles socialmente siempre que tengan una cierta capacidad para atraer a los individuos. Hasta los intereses, definidos instrumentalmente para el logro de fines personales, pueden ser etiquetas que permiten la identificación de la gente.

Sin embargo, para la discusión iuspolítica, la noción de marcador puede concretarse un poco más: «Lo que distingue a los marcadores sociales de identidad grupal es que conllevan expectativas sociales acerca de las personas de un grupo en particular: cómo se espera que piensen, que actúen o hasta qué apariencia se espera que tengan. Los marcadores sociales, por lo tanto, contribuyen a la creación de identidades colectivas de los individuos y de los grupos. Las identidades colectivas cambian con el tiempo, y también están sujetas a interpretaciones personales que varían» (Gutman 2008: 23). Por tanto, los marcadores sociales no sólo indican algo sobre la pertenencia o no a un grupo, sino que, además, señalan una serie de expectativas sobre las ideas, los proyectos, los juicios y las acciones de quienes se identifican con ese marcador. Precisamente, lo que se espera, aunque no siempre sea así, es que estas expectativas sociales relacionadas con los grupos identitarios sean constructivas, positivas, alimenten la solidaridad entre las persona y aumenten la cohesión social. El que hayan aparecido, en ocasiones con la emergencia de la sociedad multicultural como un hecho que se impone, tendencias disgregadoras o destructivas para el vínculo social, es lo que hace que surja una razonable preocupación sobre la permisividad o no de estos grupos.

Para un análisis más certero de la relación y de las consecuencias de la existencia de grupos identitarios para las sociedades democráticas y para la noción de ciudadanía, conviene profundizar un poco más en este tema, especialmente en la posibilidad de clasificarlos. En efecto, el estudio de Amy Gutman desvela que puede establecerse una clasificación de estos grupos que los tipifique en cuatro clases: «Existen cuatro clases de grupos identitarios —culturales, voluntarios, adscriptivos y religiosos— que justifican un análisis por separado, porque cada uno hace hincapié en un conjunto diferente de temas éticos que surgen de la presencia de los grupos identitarios en las democracias y de los modos en que cada uno propicia y obstaculiza la justicia democrática. Esas cuatro clases de grupos no se excluyen mutuamente, pero al centrarnos en la cultura, la libertad de elección, la adscripción o la religión se puede efectuar un análisis más accesible de los principales temas que giran en torno de la relación entre la relación grupal y la democracia» (Gutman 2008: 51).

Sin duda, los criterios utilizados por esta autora pueden ser objeto, a su vez, de un análisis más pormenorizado, análisis que por otra parte excede el objetivo de estas páginas. Simplemente constatar la ambigüedad de alguno de los marcadores; por ejemplo, la cultura o la inclusión en el tercer grupo a elementos que podían ser incluidos en una noción amplia de cultura. Y, ¿no podríamos también afirmar que la religión es parte de de una cultura? O la combinación de marcadores que se asumen voluntariamente con otros que se poseen por motivo del nacimiento en una colectividad. A pesar de ello, esta caracterización puede ser útil para la clarificación de la identidad religiosa y su concordancia con la ciudadanía y el Estado constitucional.

Con todo, al referirnos a la identidad y a los diferentes grupos identitarios a los cuales puede adscribirse un individuo, conviene no perder de vista algunos extremos importantes. En primer lugar, como correctamente señala la literatura especializada, que un individuo no se fija única y exclusivamente en una identidad. Que los individuos podemos poseer no una, sino varias identidades, muchas de ellas acordes al rol que hemos aceptado asumir en la sociedad. No existe una única identidad que abarque a la totalidad y la personalidad íntegra de la persona. Como afirma el profesor británico nacido en la India, Amartya Sen, «en nuestra vida cotidiana, nos vemos como miembros de una variedad de grupos y pertenecemos a todos ellos. La misma persona puede ser, sin ninguna contradicción, ciudadano estadounidense de origen caribeño, cristiano, liberal, mujer, vegetariano, corredor de fondo, historiador, maestro, novelista, feminista, heterosexual, creyente en los derechos de los gays y las lesbianas, amante del teatro, activo ambientalista, fanático del tenis, músico de jazz y alguien que está totalmente comprometido con la opinión de que hay seres inteligentes en el espacio exterior con los que es imperioso comunicarse» (Sen 2007: 11). Cada uno de estos rasgos confiere al individuo una identidad, y todas estas identidades articulan la personalidad y la manera de actuar en sociedad de un individuo. Las personas, pues, no tienen una única identidad, sino muchas «identidades», y, en cada momento, jugamos con la que nos interesa aparentar.

Es ésta una observación importante, pues pone de manifiesto que no poseemos una única identidad, sino que estamos atravesados por «nuestras inevitables identidades plurales». No es baladí esta afirmación. Primero de todo, porque debe conducirnos a rechazar las visiones singularistas de la identidad, aquéllas que sólo se fijan en un marcador o rasgo —normalmente, la religión— para clasificar a la gente, a las culturas, a las civilizaciones, con objetivos que producen, cuanto menos, angustia, si no terror por las consecuencias que tienen en el ámbito global. En segundo lugar, hay que señalar que nuestra identidad no sólo es plural, debido a los diferentes rasgos que pueden componer nuestra personalidad y nuestras actuaciones, sino que también es dinámica, cambia de un momento a otro, con las situaciones, con la edad, con nuestros estados de ánimo, etc. Un análisis de la identidad no puede olvidarse de estos importantes aspectos que hacen del ser individual un ser completo en su complejidad.

Un aspecto en el que no hay que dejar de insistir es en la importancia de la capacidad de elección entre las diferentes identidades. Si, en el contexto social, existe un conjunto de potenciales identidades, cada una con su marcado rasgo, un elemento clave para la aceptabilidad democrática de las diferentes opciones identitarias es que los individuos puedan decidir entre ellas[2]. La elección o decisión tiene que ver tanto si el objeto de la misma es la incógnita sobre el ingreso o, y esto es muy importante, si, una vez dentro, puede realmente salirse del grupo. La capacidad para elegir nuestra identidad, por tanto, implica tanto la voluntad de privilegiar un rasgo sobre el resto y, de este modo, manifestar el deseo de ingresar en un grupo, como la decisión de cortar amarras y, en consecuencia, de excluirse del grupo. Sobre esto, no caben restricciones de ningún tipo. En el caso de que algún colectivo impidiera la manifestación y concreción de un deseo de este tipo, podría ver cuestionada la calidad democrática de sus vínculos y su respeto hacia los derechos y libertades fundamentales de sus miembros, algo que pondría en seria duda el compromiso ético del grupo con los valores sustanciales de la sociedad, la democracia y el Estado de Derecho.

---

[2] Como afirma A. Sen, «en cada contexto social, habría un número de identidades potencialmente viables y relevantes que se podrían evaluar en términos de su aceptabilidad y de su importancia relativa. En muchas situaciones, la pluralidad llega a ser central debido a la gran relevancia y a la persistencia de características frecuentemente invocadas, tales como la nacionalidad, la lengua, la identidad étnica, la política o la profesión. La persona quizá deba decidir acerca de la importancia relativa de las diferentes filiaciones, que podría variar según el contexto. Es muy difícil imaginar que una persona realmente sea privada de la posibilidad de considerar identificaciones alternativas, y que sólo pueda "descubrir" sus identidades, como si fuera un fenómeno puramente natural. De hecho, todos estamos constantemente haciendo elecciones, aunque sólo sea de forma implícita, acerca de las prioridades que damos a nuestras diferentes filiaciones y asociaciones» (Sen 2007: 57).

3. IDENTIDAD RELIGIOSA Y TOLERANCIA

Muchas personas sienten íntimamente que la religión, como otro tipo de creencias, es una parte importante de su identidad. La identidad religiosa es uno de los marcadores sociales más significativos en los que se clasifican los grupos identitarios. Esta identificación con una u otra religión y su organización en colectivos no es una novedad de los tiempos actuales. Sin embargo, en el momento presente, la cuestión de la identidad religiosa ha adquirido una importancia especial debida, sobre todo, a dos procesos que la han colocado en el epicentro del debate público.

Un primer proceso es, sin duda, la creciente percepción de las sociedades como sociedades multiculturales. Desde los tiempos modernos, las sociedades occidentales, en virtud de su propia dialéctica, se han configurado como sociedades plurales, abiertas y tolerantes, dando pie así al desarrollo del liberalismo en lo económico y en lo político. Pero, la sociedad plural ha devenido, siguiendo las reglas de los procesos internos del capitalismo y de la globalización, en una sociedad multicultural. Es la realidad multicultural la que se impone por doquier. En parte, como un fenómeno nuevo e inquietante; en parte, no ha sido más que la constatación de una realidad ya existente. Y, las sociedades multiculturales frente a las sociedades plurales se caracterizan porque en su seno conviven creencias, pensamientos y culturas que no son sólo distintas, sino que tienen códigos normativos que se oponen. Son multiculturales no sólo porque coexisten diferentes cosmovisiones, sino, especialmente, porque esta coexistencia no siempre es fácil. La tensión latente deviene en ocasiones y se muestra en conflictos y rupturas que tensionan la sociedad.

La multiculturalidad de las sociedades no es una teoría o una mera especulación; la multiculturalidad de nuestras sociedades, en un mayor o menor grado, es un hecho que se impone, incluso en la «homogénea» España. El multiculturalismo no aparece como un modelo normativo de cómo debe ser la sociedad, sino como un fenómeno social que se produce sin una concreta planificación humana. Es un fenómeno que se impone, insisto, en las sociedades y que encuentra su expresión más genuina en las sociedades desarrolladas, aunque no sólo en ellas. Como tal, parece necesario pensar y repensar cuál va a ser la respuesta que los gobernantes y el conjunto de la sociedad den a este profundo proceso de cambio. El multiculturalismo como hecho social requiere un modelo de gestión, políticas racionales y razonables que muestren, sobre todo, nuestra confianza en los valores democráticos.

Un segundo aspecto, precisamente, ha consistido en dar una respuesta simplificadora a un fenómeno como es el del multiculturalismo o el de la convivencia entre diferentes identidades religiosas. Y es que esa respuesta ha consistido en el fomento de una percepción del mundo dividido en unas pocas «religiones» y, además, enfrentadas entre sí. La identidad religiosa sería el único marcador social y globalmente relevante y las personas estarían clasificadas por la religión dominante en el área geográfica de su nacimiento. Es ésta una construcción que divide y separa y que, a las simplificaciones conceptuales, añade, parece, la voluntad de incendiar el mundo a partir de la confrontación religiosa. Por ese camino, parecen ir la tesis del recientemente fallecido S. Huntington y su «choque de civilizaciones» cuya fortuna ha crecido considerablemente con los conflictos de Irak y Afganistán.

No cabe duda de que la religión es un aspecto importante de la identidad de las personas y, como tal, hay que tratarla, pero el reconocimiento de esta realidad no debe eliminar del debate público consideraciones igualmente relevantes. Y la primera y más importante es que la identidad personal no está únicamente relacionada con un único marcador, sino que la identidad es algo que se construye activamente y que la religión no elimina otras identificaciones de la gente y que éstas pueden ser igual o más deseadas. Por otra parte, A. Sen ha puesto el dedo en la llaga al denunciar los errores a los que conduce una visión reduccionista basada en el choque de civilizaciones: «Me temo que esta visión reduccionista está por lo general combinada con una percepción algo borrosa de la historia mundial, y pasa por alto, en primer lugar, la magnitud de las diversidades *internas* dentro de estas categorías civilizacionales y, en segundo lugar, el alcance y la influencia de las *interacciones* —intelectuales y materiales— que cruzan las fronteras regionales de las denominadas civilizaciones» (Sen 2007: 35).

A pesar de estas tesis simplificadoras, sigue siendo cierto que la religión es una parte importante de la identidad de muchas personas y que el hecho que en las sociedades actuales coexistan diferentes religiones con códigos normativos contradictorios, incluso, algunas veces sin comunicación ni contacto entre ellas, obliga a plantearse el modelo de gestión de esta diversidad, así como su encaje en la sociedad democrática.

Pues bien, en este contexto, está siendo habitual en el discurso ético y en el político la estrategia de recurrir al concepto de «tolerancia» como medio para tratar los problemas relacionados con la identidad religiosa y, más en concreto, con la cuestión del multiculturalismo. Ciertamente, el término tolerancia tiene ya una larga y honorable historia en la evolución de las sociedades desarrolladas desde que se concibiera como un instrumento para superar los conflictos generados por la ruptura de la unidad religiosa producida por la Reforma. La tolerancia no sólo fue la exitosa respuesta para la pacificación de unas sociedades convulsas, sino que también abrió la vía para la reflexión sobre las libertades y los derechos fundamentales. Ahora, sin embargo, la tolerancia aparece no ya como una virtud que engrasa la convivencia social, sino como un artefacto capaz de resolver los conflictos sociales que atraviesan las sociedades contemporáneas. En algunos discursos, la tolerancia deviene en algo así como un talismán al que confiar la resolución de las situaciones sociales más graves.

Sin pretender rechazar el importante papel que ha cumplido y cumple, creo que no hay que caer en un exceso retórico y, por el contrario, situar a la tolerancia en su sitio, que es el de la ética de las relaciones interpersonales y, a su vez, empezar a tomar en serio, de verdad, a los derechos fundamentales, lo que incluye su pleno reconocimiento y efectividad real para todos, en la resolución de las tensiones y conflictos de las sociedades actuales (Martínez de Pisón 2001). Puesto que el recurso a la tolerancia suele llevar implícita la justificación de una disminución del estatuto de los derechos de las personas y grupos, normalmente, los más desprotegidos. Como tiene escrito hace tiempo J. de Lucas, en estos casos, dejemos de hablar de la tolerancia y tomémonos en serio sus derechos (J. de Lucas 1992).

Los argumentos a favor de estas ideas ya han sido expuestos en otros lugares (Martínez de Pisón 2001, Aguirre Oraa y Martínez de Pisón 2004). Aunque sea brevemente, conviene recordarlos con el objeto de dar continuidad al discurso sobre la identidad. Principalmente, puede analizarse el papel de la tolerancia desde una perspectiva histórica o desde un enfoque conceptual.

Como otros conceptos del debate político, la tolerancia no es una categoría unívoca. Es un concepto con una larga tradición que ha sido sometido a modulaciones y relecturas diversas. De hecho, en la búsqueda de «la» definición se han seguido diferentes estrategias cuyo éxito ha sido dispar. Lo primero que debe afirmarse, al acercarnos al problema de la definición del concepto de tolerancia, es que es un concepto histórico, lleno de recovecos y pliegues. Igualmente, su implantación y proyección social responde a procesos históricos y a condicionantes de cada país y de cada época. Unos procesos históricos que no fueron lineales ni regulares. Así vista, la tolerancia deviene no sólo en un concepto histórico, sino además relativo y contingente. Desde esta perspectiva, no deja de tener interés un somero pero ilustrativo acercamiento a las reflexiones históricas sobre la tolerancia, pues desvela ya importantes limitaciones para su uso ante los problemas de las sociedades multiculturales. Dicho de otra forma, la carga histórica no sólo nos debe poner sobre aviso sobre su uso en el pasado, sino también sobre los excesos de la retórica sobre la tolerancia.

Pues bien, del rastreo histórico podemos sacar las siguientes conclusiones:

1. El concepto de tolerancia que surge de los debates de los siglos XVI a XVIII no es un concepto unívoco, sino que evoluciona de acuerdo a las circunstancias sociales y políticas del momento, en un contexto de violencia marcado por las guerras de religión. No obstante, poco a poco, se van perfilando sus rasgos más característicos: la aceptación de la diversidad religiosa, el respeto entre creencias, la no coacción o no imposición de una religión o de un ideario moral y, finalmente, la libertad del individuo para elegir su «doctrina comprensiva», su cosmovisión, su religión, sus creencias, etc.

2. Desde un primer momento, la tolerancia fue objeto de restricciones justificadas ampliamente por sus formuladores, como es el caso de Locke, para quien no cabe la «tolerancia para los intolerantes» excluyendo de la misma a los católicos y a los ateos. La filosofía de la tolerancia se sustenta en un claro reduccionismo: es una filosofía eurocéntrica, muy ligada a los principios y a la crisis de la conciencia europea del XVI; es una tolerancia prevista sólo para el ámbito del mundo cristiano. Es una tolerancia para quienes comparten una base religiosa cristiana quedando excluidos todos los demás. Especialmente, la religión judía y el Islam (Voltaire).
3. En realidad, la filosofía de la tolerancia es formulada con un único objetivo: lograr la paz y permitir la estructuración de un orden social sin conflicto religioso. Para un Bodin, Spinoza, Voltaire o un Locke, la tolerancia tiene un fin instrumental: su utilidad para el orden del Estado y la cosa pública y, en última instancia, para establecer las condiciones necesarias para el comercio y el desarrollo del capitalismo. «Las necesidades de la burguesía y la organización de la paz, de la seguridad, fines inexcusables de un Estado moderno, no se podían cumplir sin superar las guerras de religión. Esta razón económico-política estará en el origen de la mayor parte de las posiciones de defensa de la tolerancia, sin excluir otros fundamentos religiosos o ideológico-culturales» (Peces-Barba 1988: 121).
4. La discusión sobre la tolerancia no puede desligarse de la emergencia de las primeras teorías sobre los derechos y libertades individuales. La filosofía de la tolerancia abrió e impulsó el camino para la elaboración de una teoría sobre los derechos humanos. En este sentido, puede afirmarse que primero fue la reivindicación de tolerancia, pero, a la vez, se reclamarán también nuevos espacios de libertad. No se tratará sólo de defender el reconocimiento del respeto y la aceptación de la pluralidad de creencias, sino también de justificar la libertad del individuo para elegir lo que crea oportuno. De ahí el resto de libertades: la libertad de expresión, etc.
5. Finalmente, la filosofía de la tolerancia se materializó en dos principios de organización de la comunidad política: el principio de separación Estado-Iglesia y, sobre todo, el principio de neutralidad estatal. Los poderes públicos no sólo deben tener una actitud de respeto hacia las creencias individuales, sino que no deben inmiscuirse en las cuestiones de conciencia, no deben optar por primar una religión o unas creencias frente a otras. Exquisita neutralidad que, sin embargo, ha sido puesta en cuestión por comunitaristas, defensores de los derechos de las minorías, feministas, etc.

En definitiva, el concepto de tolerancia es un concepto con un campo de aplicación restrictivo ya en sus primeras formulaciones, pues sólo es válida, y no sin dificultades, para la convivencia más o menos respetuosa entre las religiones cristianas discriminando a las otras creencias.

También un análisis conceptual de la tolerancia desvela más sombras que luces:

1. En realidad, el concepto de tolerancia es un concepto lastrado por su origen etimológico. Procede del verbo latino «tolerare», del término *tollo* «que quiere decir aguantar, soportar, resistir, sufrir, consentir, permitir, etc.» (Sádaba 1997: 251; Bada 1996: 86). Se soporta o se aguanta algo que, en principio, no se tiene porqué soportar o aguantar.
2. El acto de tolerancia presupone primeramente la existencia de razones para no admitir una acción, una ideología o una creencia. Sin embargo, conlleva un segundo momento: tras sopesar o ponderar otro tipo de razones, éstas se sobreponen a las primeras de forma que se convierten en un motivo válido para cambiar la actitud y, en definitiva, tolerar dicha acción, ideología y creencia. Vistas así las cosas, «tolerar» tiene un sentido negativo, implica una valoración negativa de una opinión o creencia que se rechaza (Comanducci 1996: 48). Lo que llevaría así a soportar lo que no nos gusta. Otra cosa sería el calificativo de «tolerante» atribuido a aquella persona que, de forma reiterada, realiza actos claros de tolerancia. Entonces, estaríamos ante un hecho que tiene un sentido positivo: calificamos a una persona como «persona tolerante». Con ello, afirmamos que tal persona tiene una cualidad o propiedad moral relevante, cual es la de realizar actos de tolerancia.
3. Para solventar este cariz negativo de la tolerancia, E. Garzón Valdés ha propuesto estudiar este concepto desde la perspectiva de «las circunstancias de la justicia». Para Garzón Valdés, los actos de tolerancia requieren una reflexión previa y un acto de deliberación en el que el tolerante evalúa valores y, sobre todo, valores superiores que son los que justifican su actitud de soportar finalmente lo no deseado (Garzón Valdés, 1993). Si esto es así, deben analizarse las circunstancias que rodean a estos actos que conducen a la actitud de ser tolerante. Según Garzón Valdés, son tres las circunstancias de la tolerancia: 1) Competencia adecuada, esto es, la capacidad para distinguir el acto de la tolerancia de otras actitudes, como la indiferencia, la apatía, el padecimiento. 2) Tendencia a prohibir el acto tolerado, esto es, el rechazo inicial hacia ese acto provocado en la persona tolerante por algún tipo de orientación derivada de la existencia de un código o sistema de normas que prohíbe ese acto. 3) Ponderación de los argumentos a favor de la permisión o prohibición del acto en cuestión. Por tanto, todo acto de tolerancia requiere un acto de reflexión que toma como punto de partida el propio sistema de normas u otras

poderosas razones y que conduce a la persona tolerante a la decisión de tolerar al otro.

El enfoque de las circunstancias de la tolerancia no parece que elimine el aspecto negativo de este concepto que casa mal con la tesis de la igualdad de los derechos. Es más, pone de manifiesto un elemento también rechazable como es el que la tolerancia suponga una relación de verticalidad, de poder, entre el que tolera y el que es tolerado. Y esta modalidad de relación tampoco parece que armonice muy bien con la igualdad de derechos que implica una relación horizontal entre los titulares.

4. En efecto, lo que implica esta perspectiva es que el tolerante debe estar en disposición de influir en la conducta del tolerado e, incluso, de utilizar la coacción y la fuerza para impedirla. Se puede tolerar la práctica de una religión, pero ello no quiere decir que, previamente, tenemos el poder de prohibirla e incluso de perseguir su culto. Que la toleremos no implica la negación del poder para perseguirla, o sea, la posibilidad de ser intolerantes (Mendus, 1988: 9). «Una pluralidad de opciones y una desaprobación o aversión con respecto a alguna de ellas son dos elementos necesarios, pero no suficientes del concepto de tolerancia. Quien tolera está en situación de *poder* con respecto a quien es tolerado. Quien tolera puede obstaculizar o prohibir» (Páramo, 1993: 22).

La tolerancia, en suma, no supera el test de un análisis histórico y conceptual. Su aceptación en el sentido que pretende el discurso político en general implicaría retrotraerse a los primeros tiempos de la lucha por los derechos y por su reconocimiento. No parece que este retroceso sea aceptable en nuestras sociedades democráticas. En realidad, la postergación de la tolerancia al ámbito privado de las virtudes es directamente proporcional al reconocimiento de los derechos. La aceptación de esta realidad no supone un menosprecio al papel histórico que jugó en momentos de convulsiones religiosas y que es lógico reconocerlo con las limitaciones que ya se expusieron. En realidad, la tolerancia no deja de ser un concepto histórico y es desde esa perspectiva desde la que debemos valorar su contribución.

En resumidas cuentas, estoy de acuerdo con J. de Lucas quien afirma que «la tolerancia no es un criterio normativo adecuado para resolver las demandas de las minorías culturales», incluidas las religiosas (Lucas 1995: 161). La tolerancia no sirve porque la tolerancia liberal se sustenta en dos presupuestos invalidados por la experiencia multicultural. Primero de todo, porque la tolerancia inicialmente estaba pensada para un tipo de sociedad estable y armónica, en el que los individuos, «aunque libres y diferentes entre sí, están vinculados por una tradición, una cultura, una religión, una familia». Un modelo caduco ante el hecho social del multiculturalismo que cuestiona esa homogeneidad, pone el acento en el carácter dinámico de las identidades sociales y culturales y saca a relucir otros principios no negociables presentes también en la sociedad.

Y el segundo error consiste en tratar los conflictos multiculturales en términos de pluralismo y tolerancia. Para la concepción liberal, el pluralismo como principio y motor de la democracia, es un pluralismo de valores y creencias, de planes de vida y concepciones del bien. Por ello, en este modelo es necesaria la tolerancia. Porque permite la libre opción entre las diferentes opciones vitales, pero, en las sociedades multiculturales no se trata exclusivamente de un choque entre visiones del mundo, sino, sobre todo, se trata de una lucha por el reconocimiento de la diferencia, por la inclusión, por la no discriminación y por la igualdad de trato. Por ello, no se trata de un problema de llevar a la práctica un modelo de tolerancia, sino que es una batalla más a favor de la igualdad y de la justicia social. Si es así, la tolerancia es superflua y tiene que ceder el papel de protagonista a los derechos fundamentales.

CODA FINAL: IDENTIDAD Y LIBERTAD RELIGIOSA EN EL ESTADO CONSTITUCIONAL

El análisis y las conclusiones anteriores no resuelven todavía una cuestión que preocupa y que centra el debate público. Es la cuestión del encaje de unos grupos identitarios religiosos tan diferentes en la sociedad democrática y en el Estado constitucional. Como afirma A. Gutmann, «en todas las democracias contemporáneas hay una variedad de grupos identitarios religiosos que participan activamente en la política, y decidir si esa participación es legítima sigue siendo tema de controversias considerables» (Gutmann 2008: 214). Igualmente, al margen de la participación política directa que estos grupos puedan impulsar, es cierto que la actividad de ciertos colectivos religiosos puede plantear serias dudas en relación con su coherencia con los valores propios de una sociedad democrática y, en todo caso, con el fomento de la violencia y con la realización de actos de terror.

Nadie pone en duda que la religión es importante para la vida de las personas, pero que ello sea así no debe obviar el interrogante de cuál debe ser la repercusión de los idearios religiosos sobre la vida de una sociedad democrática en la que conviven creyentes y no creyentes. Es más, un repaso a la justificación de decisiones tomadas por los gobernantes de naciones democráticas o no evidencia que, en no pocas ocasiones, están basadas en consideraciones que tienen que ver con una u otra determinada fe, sea ésta la cristiana, la judía, el Islam o de otro tipo. La religión, entonces, ya no sólo es importante para la identidad de una persona o de un grupo, sino que puede resultar clave para la orientación y dirección de una sociedad. A su vez, a pesar de que sea una simplificación demasiado peligrosa el recurso al «choque de civilizaciones» o «choque de religiones», lo cierto es que es indudable la presencia de la religión en las relaciones internacionales y en los grandes conflictos interregionales.

Con todo, el papel de las religiones en la vida pública y, por ende, de la identidad religiosa más activa no deja de ser motivo de polémica. Para unos, la religión no sólo resulta clave en la formación y desarrollo de la identidad individual y, por supuesto, en la felicidad y perfección personal, sino que, además, debe proyectar su «bondad» y «verdad» sobre la sociedad y el gobierno de los Estados. Para otros, sucede al contrario: las religiones y, en particular, el choque de cosmovisiones no trae sino intolerancia, fanatismo y quiebra los ideales de justicia. Si echamos un vistazo al devenir diario, sin duda, encontramos ejemplos que abundan en ambas opiniones: tanto en el importante papel en el fomento de la solidaridad y la cohesión social como de la crispación y la división social.

Desde el punto de vista del gobierno de las sociedades, lo que interesa principalmente es el compromiso democrático que debe exigirse a los grupos religiosos y que debe conllevar, por su parte, una exquisita neutralidad estatal en el ámbito de las creencias. Dicho de otra forma, un correcto funcionamiento del sistema en el que puedan encajar adecuadamente estos grupos debería estar estructurado en torno a la libertad de religión individual, en el marco del derecho a la libertad de pensamiento, conciencia y religión recogida en la Declaración Universal de Derechos del hombre, y también la separación de la Iglesia y del Estado. La primera de las libertades incluye la libertad de elección de las creencias o de la religión, la libertad del ejercicio del culto y la libertad para separarse de la Iglesia inicialmente escogida.

Con todo, un repaso de los modos que han seguido los diferentes países para reconocer ese derecho a la libertad de elección y, sobre todo, del principio de separación Estado-Iglesia muestra que, si bien en el primer caso, se han seguido unas pautas más o menos similares, sin embargo, el segundo ha dado lugar a muy diferentes versiones. Nada tiene que ver la regulación vigente en Francia con la de Estados Unidos, Inglaterra o Israel. Con estos ejemplos se va desde la separación republicana de un Estado plenamente laico a unas formas de reconocimiento más ligeras y a la confesionalidad estatal. En los últimos casos, las religiones son reconocidas por el Estado y, como consecuencia de ello, los grupos religiosos tienen sin duda un claro poder y lo esgrimen y utilizan en los debates públicos y en la toma de decisiones[3].

Esta situación plantea una cuestión nada baladí para las relaciones entre la ciudadanía y la identidad religiosa y para la calidad del Estado

---

[3] Como es sabido el artículo 16 de la Constitución Española, en que se recoge la aconfesionalidad estatal y la obligación de los poderes públicos de colaborar con la Iglesia católica y las otras confesiones, plantea no pocas dudas sobre el papel de la Iglesia católica en el marco del Estado constitucional y sobre la soterrada y disfrazada confesionalidad del Estado español.

constitucional: la necesidad de que se produzca una verdadera y real separación entre la Iglesia y el Estado. Ello no sólo porque las cuestiones de verdad o de fe deben tener un peso menor en la dirección de las sociedades, sino también, además, porque de su implantación real depende la misma libertad religiosa. El que en un país exista una religión reconocida y aliada al poder no es sino un obstáculo para el ejercicio de la libertad de elección y de culto de otras religiones que pueden ser objeto de decisiones personales legítimas.

En definitiva, más allá de las realidades individuales y de la situación de cada uno de los países, lo cierto es que el estatus de las religiones y el reconocimiento y real ejercicio de la libertad religiosa plantea numerosas cuestiones tanto a nivel teórico como social. No hay nada más que ver los constantes conflictos que se plantean en el día a día y los argumentos utilizados no son de orden público, de bienestar general, de interés común, sino basados única y exclusivamente en la fe y en la verdad de las religiones. El problema es que ese tipo de argumentos o soluciones sólo cabe en el ámbito de los creyentes, pero excede la posibilidad de convencer entre quienes no pertenecen a esa Iglesia o no han elegido esa religión.

BIBLIOGRAFÍA

AGUIRRE ORAA, J. M.ª y Martínez de Pisón, J. (2004), *Pluralismo y tolerancia. La sociedad liberal en la encrucijada,* Logroño, Perla Ediciones.

BADA, J. (1996): *La tolerancia entre el fanatismo y la indiferencia*, Estella, Verbo Divino.

BERNUZ BENEITEZ, M.ª J. y Susín Betrán, R. (2003), *Ciudadanía. Dinámicas de pertenencia y exclusión,* Logroño, Universidad de La Rioja.

COMANDUCCI, P. (1996): «Tolleranza e diritti: un commento a Leader», *Ragion Pratica*, 5, pp. 47-52.

GARZÓN VALDÉS, E. (1993), *Derecho Ética y Política*, Madrid, Centro de Estudios Constitucionales, pp. 401-416.

GUTMAN, A. (2008), *La identidad en democracia*, Buenos Aires, Katz.

LUCAS, J. DE (1992), «Para dejar de hablar de la tolerancia», *Doxa. Cuadernos de Filosofía del Derecho,* 11, pp. 117-126.

LUCAS, J. DE (1995), «La tolerancia como respuesta a las demandas de las minorías culturales», *Derechos y Libertades*, 5, pp. 155-172.

MARSHALL, T. H. Y BOTTOMORE, T. (1998): *Ciudadanía y clase social*, versión de P. Linares, Madrid, Alianza Editorial.

MARTÍNEZ DE PISÓN, J. (2000), *Constitución y libertad religiosa en España*, prol. de J. L. Lacasta, Madrid, Dykinson/Universidad de La Rioja.

MARTÍNEZ DE PISÓN, J. (2001a), «Globalización y derechos humanos», *Claves de Razón Práctica,* 111: 40-48.

MARTÍNEZ DE PISÓN, J. (2001b), *Tolerancia y derechos fundamentales en las sociedades multiculturales,* Madrid, Tecnos.

MARTÍNEZ DE PISÓN, J. (2003), «Ciudadanía en inmigración» en Bernuz Beneitez, M.ª J. y Susín Betrán, R., *Ciudadanía. Dinámicas de pertenencia y exclusión,* Logroño, Universidad de La Rioja, p. 75-96.
MENDUS, S. (1988), *Toleration and the Limits of the Liberalism,* London, Macmillan.
PÁRAMO, J. R. DE (1993), *Tolerancia y liberalismo,* Madrid, Centro de Estudios Constitucionales.
PECES-BARBA, G. (1988), *Escritos sobre derechos fundamentales,* Madrid, Eudema.
SÁDABA, J. (1997), *Diccionario de Ética,* Barcelona, Planeta.
SEN, A. (2007), *Identidad y violencia. La ilusión del destino,* Buenos Aires, Katz.
SUSÍN BETRÁN, R. y San Martín Segura, D. (2008), *De identidades. Reconocimiento y diferencia en la modernidad líquida, Valencia,* Tirant Lo Blanch/ Universidad de La Rioja.

EL ESTADO CONSTITUCIONAL ANTE EL PRINCIPIO DE UNIVERSALIDAD DE LOS DERECHOS HUMANOS

Ignacio Ara Pinilla
Universidad de la Laguna

1. PLANTEAMIENTO

La Declaración de Derechos del Hombre y del Ciudadano de 1789 expresaba de manera paradigmática la vinculación entre las ideas de derechos y Constitución al precisar en su artículo 16 que «toda sociedad en la que la garantía de los derechos no está asegurada ni la separación de poderes determinada carece de Constitución». Aunque condicionada sin duda en su origen por las particulares vicisitudes que atravesaba entonces la Francia revolucionaria[1], la fórmula de la Declaración es perfectamente extrapolable a cualquier circunstancia, asumiendo la condición de regla general. Ello obedece tanto a la precedencia lógica de los derechos sobre la organización política como a su consideración de principios definitorios del orden social que encuentran su genuino anclaje normativo en la decisión que refleja la institución misma del sistema jurídico que lo rige[2]. En el fondo no se trata tanto

---

[1] Expresivamente subraya en este sentido Jean Morange, *La Déclaration des Droits de l'Homme et du Citoyen*, Presses Universitaires de France, Paris, 1988, pág. 51, la impresión de que muchos diputados se vieron en aquel momento «superados por los acontecimientos, desprovistos de la suficiente autonomía para mantener una línea de conducta razonada, dejándose llevar más bien por sentimientos pasajeros». Llama la atención al respecto la ausencia de debate del artículo 16 subrayada por Michel Troper, «La Declaración de derechos: el ejemplo del artículo 16», en *Por una teoría jurídica del Estado*, traducción de María Venegas Grau, Dykinson, Madrid, 2001 (versión original como «L'interprétation de la Déclaration des droits: l'exemple de l'article 16», en *Droits*, num. 8, 1988, págs. 111-122), págs. 253-254, especte. pág. 250, y Gregorio Peces Barba, «Fundamentos ideológicos y elaboración de la Declaración de 1789», en Gregorio Peces Barba —Eusebio Fernández— Rafael de Asís, *Historia de los derechos fundamentales*, Tomo II, Volumen III, Dykinson, Madrid, 2001, pág. 208, matizada no obstante por la observación de Ricardo García Manrique, «Sentido y contenido de la Declaración de 1789 y textos posteriores», en *op. ult. cit.*, pág. 332, en nota, al expresar que sí hubo un breve debate relativo a la conveniencia de incorporarlo a la Declaración o dejarlo para su integración en la Constitución.

[2] José Delgado Pinto, «Los derechos entre la ética, el poder y el derecho: derechos humanos y Constitución», en José Antonio López García – J. Alberto del Real (eds.), *Los*

de hacer prevalecer una determinada concepción material de la Constitución, que incorporara en su contenido el reconocimiento de los derechos fundamentales (de una particular versión de los derechos fundamentales) y la eventual articulación de los medios idóneos para su realización, como de subrayar en su trasposición normativa el sentido último de la propia asociación humana.

La evidencia de la posibilidad de una representación de la Constitución que hiciera abstracción de cualquier referencia explícita o implícita a la idea de los derechos[3] no puede ocultar el trasfondo de ilegitimidad de la estructuración de los poderes públicos que le es consustancial. La misma consideración formal de la Constitución como organización de los poderes públicos conlleva la idea de la limitación del poder[4], que en la perspectiva de la función originaria del hecho social ha de encontrar su fundamento lógico inmediato en la satisfacción de las necesidades más apremiantes de los asociados. De ahí el significado hasta cierto punto constitutivo que se ha atribuido en ocasiones a la garantía jurídica de los derechos en relación a la Constitución[5]. De ahí también que, en cualquier caso, la impugnación de ese significado constitutivo[6] vaya normalmente acompañada de la exaltación de su capacidad evaluadora en orden a la identificación de posibles desviaciones del entendimiento de la Constitución como momento fundacional de un sistema jurídico prototípico que proporcione respuesta cabal a las demandas sociales subyacentes. La traslación del plano constitutivo al evaluativo no desdice, en definitiva, la presencia del vínculo conceptual entre dos enti-

---

derechos entre la ética, el poder y el derecho, Dykinson, Madrid, 2000, págs. 92-102, especte. págs. 96-97.

[3] Luis Prieto Sanchís, *Justicia constitucional y derechos fundamentales*, Trotta, Madrid, 2003, pág. 15.

[4] Aunque el despotismo es perfectamente compatible con la organización de los poderes públicos, que bien pudiera ser una organización que tendiera incluso a hacer más eficaz la opresión del régimen, la distribución competencial que le es inherente implica cuando menos una cierta limitación de las posibilidades de despliegue directo del espacio del poder.

[5] Un sentido diferente asume la interpretación constitutiva del artículo 16 de la Declaración que propugna Michel Troper, «La Declaración de derechos: el ejemplo del artículo 16», cit., págs. 250- 254, sobre la base de la consideración del principio de división de poderes concebido como cualquier forma de reparto competencial. Esta sólo podría entenderse a partir de una lectura de la referencia a los derechos como categoría formal en el bien entendido de que la limitación del ejercicio inmediato del poder que se infiere de la exigencia del reparto competencial constituye ya una posible interpretación (ciertamente restrictiva) de la salvaguarda de la garantía de los derechos. No obstante la inclusión del enunciado en un documento que incorpora una concreta declaración de derechos obliga a traducir en la clave que precisamente refleja la declaración de derechos la idea misma de la Constitución.

[6] Ricardo García Manrique, «Sentido y contenido de la Declaración de 1789 y textos posteriores», cit. pág. 314, subraya a este respecto que desde un punto de vista lógico la alusión a la ausencia de Constitución del artículo 16 es «una expresión incorrecta, porque confunde Constitución con buena Constitución».

dades conformadoras en su yuxtaposición del modelo constitucional de referencia, a cuya puntual realización se supone que ha de ir encaminada la acción de los poderes públicos que encarnan la arquitectura del orden constitucional. La constancia de esa coimplicación conceptual exigirá revisar en clave constitucional el sentido de los caracteres generalmente reconocidos a los derechos humanos, entre ellos evidentemente el sentido de la alusión a la universalidad de los derechos.

2. LAS ACEPCIONES DE LA UNIVERSALIDAD DE LOS DERECHOS

La alusión a la universalidad de los derechos humanos admite al menos dos acepciones que toman respectivamente como referencia al sujeto activo y al sujeto pasivo de los derechos. La primera expresa la idea de que todos los seres humanos, por su condición de tales, son titulares de los derechos. La segunda, que todos estamos obligados en relación a la realización de las conductas que constituyen el objeto de los derechos[7]. Esta última acepción se enfrenta a la dificultad que supone el hecho de que algunos derechos parecen en principio circunscribir su contenido obligacional a un ámbito personal limitado, cuando no directamente a los poderes públicos. Es el caso singular de los derechos prestacionales, pero también de todos aquellos derechos que presuponen la existencia de un determinado soporte técnico instrumental cuya activación se entiende que no puede ser responsabilidad del individuo en general[8]. En definitiva, la tradicional división de los derechos en derechos *erga omnes* y derechos relacionales despliega también sus efectos en el ámbito de los derechos humanos, complicando hasta cierto punto la comprensión lógica del postulado de la universalidad en su referencia al sujeto pasivo[9].

El principio podría, no obstante, reformularse como exigencia general de que todos contribuyeran en la medida de lo posible, mediante el correspondiente juego de acciones y abstenciones, a la realización del contenido de obligación propio de cada uno de los derechos. Semejante reformulación presentaría de entrada una buena razón a su favor. Y es que, tratándose de derechos que proyectan exigencias inherentes a la condición humana de su titular, parece lógico pensar que su realización haya de vincular en una medi-

---

[7] Luis Prieto Sanchís, «Derechos fundamentales», en Ernesto Garzón Valdés – Francisco J. Laporta (edición de), *El derecho y la justicia*, Trotta, Madrid, 1996, pág. 504.

[8] En este último supuesto nos encontramos, no obstante, ante una visión estrecha e impropia del contenido obligacional del derecho, refutable en su raíz, porque la competencia para la activación del soporte técnico instrumental no excluye en su caso el deber general de no interferencia en el ejercicio del derecho en cuestión.

[9] Robert Alexy, «Derechos humanos sin metafísica», traducción de E. R. Sotero, en *Doxa*, 30, 2004, págs. 238-239.

da apreciable a todos los miembros de la comunidad. La adscripción de obligaciones generales positivas como reverso de la proclamación de los derechos cerraría el programa que marca el trazado de la evolución de los derechos[10]. Resultaría, por lo demás, acorde esta idea con una consideración más realista de la estructura de los derechos, que, superando la visión estereotipada de los derechos civiles y políticos como derechos generadores de obligaciones estrictamente negativas, a diferencia de los derechos sociales, generadores a su vez de obligaciones positivas, atendiera a la complejidad de cada derecho comprendiéndolo como una entidad «poliédrica»[11], como un centro de imputación de obligaciones de distinto tipo que adquiere mayor o menor relevancia e intensidad en los distintos supuestos en que se plantea su realización.

En principio el planteamiento referido no parece, sin embargo, inmune al rigor de la crítica anterior. A primera vista las posibilidades que el individuo tiene de contribuir a la mejor realización de los derechos prestacionales excederían de hecho en muchos casos el propio ámbito de su obligación *strictu sensu* al respecto. La optimización de los resultados no incumbiría aparentemente en este sentido a los sujetos excluidos del círculo obligacional del derecho en cuestión. El provecho general derivable de la realización del programa propuesto no podría justificar una extensión del compromiso obligacional de los individuos que quebrantara la lógica que impone la particular estructura de los diferentes derechos. Se alega en este sentido que también tiene el individuo derecho a no verse compelido a llevar a cabo comportamientos que excedan los deberes que la propia representación de los derechos de los demás les impone.

La objeción quedaría, de todos modos, solventada con una comprensión cabal del carácter conflictual de los derechos. La coexistencia de los derechos de los distintos miembros de la comunidad social hace literalmente inviable el explayamiento simultáneo de todas sus posibilidades de realización, les confiere en definitiva un carácter inevitablemente limitado. El conflicto con otros derechos o valores relevantes puede tener un carácter concreto y puntual (es el caso de los derechos prestacionales, cuya realización requiere en todo caso la materialización del correspondiente gasto económico) o meramente potencial, pero está siempre presente; es una condición inmanente a la representación del propio derecho. La exaltación del aspecto emancipador de los derechos humanos, su indiscutible supremacía como estandarte axiológico de nuestro tiempo, oponible a cualquier pretensión desprovista de la justificación que los propios derechos proporcionan, ha conducido en oca-

---

[10] Francisco J. Laporta, «Sobre el concepto de derechos humanos», en *Doxa*, 4, 1988, págs. 35-36.

[11] Tomamos la expresión de Gerardo Pisarello, *Los derechos sociales y sus garantías. Elementos para una reconstrucción,* Trotta, Madrid, 2007, pág.61.

siones a un planteamiento deformado de su significado que tiende a descuidar, precisamente por resultar justificada su inexigibilidad, la sustancia de los deberes inherentes a la realización de los derechos de los demás. Prevalece en este sentido una consideración restringida, atenuada, de la responsabilidad de los individuos con respecto al desarrollo efectivo del ideario de los derechos humanos, resultando obviada cualquier exigencia que no se corresponda con la acción o abstención inmediatamente implícita en el enunciado del derecho en cuestión. Un análisis más detallado del problema nos permitirá, sin embargo, colegir que no es que no sea en principio exigible la plena disposición del individuo al respecto. Lo que ocurre es que no lo será cuando la esfera de actuación de los derechos de ese individuo ampare una actitud pasiva por su parte. No hay, en definitiva, un ámbito reservado de indiferencia en lo que concierne a la posición del individuo con respecto al compromiso de realización de los derechos. Al contrario, la liberación de la exigencia de contribuir en la medida de lo posible a la realización de los derechos de los demás constituye una excepción a la regla general, excepción que está cubierta por el perímetro conceptual de los propios derechos del sujeto obligado, pero que no puede en ningún caso soslayar el genuino sentido de la regla cuya observancia resulta eximida.

Ciertamente, la constancia de la titularidad universal de los derechos que amparan la excepción a la regla general permitirá advertir una cierta similitud de las posiciones de los individuos a la hora de justificar (de justificarse a sí mismos en relación a) la inexigencia de su responsabilidad. El reconocimiento de un derecho general de libertad en relación al espectro ocupado por los comportamientos no exigibles vendría a proporcionar una adicional apariencia de sustantividad a una posición que sólo puede, sin embargo, ser entendida en términos de solución del conflicto suscitado entre los polos opuestos que representan el deber general de contribuir en la medida de nuestras posibilidades a la realización de los derechos de los demás y el espacio de actuación cubierto por nuestros propios derechos fundamentales. La coincidencia en la solución no dispensa de la necesidad de tener muy claro el planteamiento adecuado del problema. Así pues, en todo el área de acción no amparado por nuestros derechos estaríamos obligados a contribuir a la realización general de los derechos de los demás, pero en tanto se reconoce un derecho general de libertad residual con respecto a los comportamientos exigibles, éste comprendería el ámbito liberado del contenido obligatorio de los derechos que habitualmente concebimos en términos de exigencia general de realización de deberes negativos.

Sea como fuere, la desigual estructura de los distintos derechos fundamentales impedirá, desde luego, reconocer un contenido obligatorio común a todos ellos en relación a los diferentes individuos e instituciones, quebrándose en cierto modo en el análisis de los derechos concretos el principio de universalidad entendido en la acepción que toma como referencia al sujeto pasivo de los derechos. Todos estaríamos igualmente obligados a respetar el contenido obligatorio de los derechos, pero éste no necesariamente se traduciría de hecho en esta perspectiva en una exigencia de contribuir en la medida de nuestras posibilidades a la mejor realización del derecho en cuestión. Llegados a este punto habría que plantearse, no obstante, si cabe alguna fórmula que permita reconocer algún tipo de vigencia efectiva al principio de universalidad en relación al sujeto pasivo.

La solución vendrá de la mano de la consideración del carácter fundamentalmente histórico de las formulaciones de derechos. Estas traducen exigencias generalmente sentidas en unas determinadas coordenadas espacio temporales, pero no pueden proporcionar una respuesta definitiva al problema que suscita la identificación de los derechos. Los progresos experimentados en la liberación de los condicionamientos que oprimen la formación de la voluntad de los individuos a la hora de expresar cuáles son los atributos que proyectan su naturaleza común han provocado la sucesiva descomposición del contenido semántico de la expresión en un sofisticado despliegue de exigencias diferenciadas, que, ciertamente, disponen de una diversa estructura, vinculando en distinto modo a los sujetos incumbidos en su realización. La comprobación de los elementos que integran el contenido semántico de la expresión no debería, sin embargo, proporcionar la última palabra en relación a la operatividad del principio de universalidad en la acepción que toma como referencia al sujeto pasivo del derecho, entre otras cosas porque, por muy sofisticado que sea su detalle, éste representa una mera formulación histórica que, desde luego, tratándose de una formulación democrática en su origen, refleja el acuerdo existente en un momento y lugar determinados, pero que no está inmunizada frente a su hipotética modificación al hilo de las previsibles variaciones que pudiera experimentar el consenso que opera como norma elíptica de justificación[12].

No se trata de cuestionar la evidencia de que la evolución de los derechos ha derivado en una cierta formalización de sus exigencias, proyectada con una indiscutible vocación de intemporalidad. Pero esta constatación puntual que remite el problema de la evolución de los derechos a la consideración del distinto peso que en relación al caso concreto asumen en momentos diversos las exigencias que entran en colisión no puede tampoco legitimar la sacralización de esa ni de ninguna otra formalización. Ninguna formalización puede dar por superado el escrutinio de un tiempo que aún está por discurrir. Se trata sobre todo de asumir que el carácter contingente de las distintas formulaciones históricas de los derechos (que tampoco puede excluir de antemano la hipótesis de una formulación futura que restrinja sobremanera el ámbito

---

[12] Analizamos la idea de consenso como noma elíptica de justificación de los derechos en nuestro trabajo *Las transformaciones de los derechos humanos*, Tecnos, Madrid, 1994, págs. 77 y ss.

de actuación excluido del contenido de obligación en relación a la realización de los derechos de los demás) aconseja ser particularmente prudente y posibilista en la identificación del significado del principio que nos ocupa. La referencia genérica que proporciona la propia expresión derechos humanos permitirá en este sentido vislumbrar adecuadamente su virtualidad, en el bien entendido de que la representación puntual de la vigencia general de la regla que prescribe contribuir en la medida de las posibilidades de cada cual a la realización de los derechos de los demás no puede quedar desmentida por la justificada presencia de excepciones a la regla en cuestión, por muy compartido que sea el ámbito de actuación amparado por la excepción.

La reivindicación en los términos propuestos del principio de universalidad en la acepción que asume la perspectiva del sujeto pasivo permite, desde luego, dar cumplida cuenta de la buena razón antes esgrimida en su favor. Pero sobre todo proporciona, como vamos a ver, por lo que representa precisamente como contrapunto del mismo, un fundamental elemento de apoyo para la mejor comprensión de la operatividad del principio de universalidad en la acepción tradicional. Centraremos en este último el análisis que sigue a continuación.

3. OBJECIONES A LA CONCEPCION UNIVERSALISTA DEL COMPROMISO DEL ESTADO CONSTITUCIONAL EN RELACION CON LOS DERECHOS

La conciliación entre las locuciones universalidad de los derechos humanos y Estado constitucional resulta en principio contraintuitiva. La referencia a la idea de universalidad excede lógicamente las limitaciones inherentes al área de influencia estatal. En este sentido cualquier ensayo de articulación entre dos entidades definidas por su asimetría habrá de presuponer el compromiso del Estado constitucional de extender en alguna forma y medida su radio de acción más allá de las lindes que refleja su legitimidad como poder consustancial a la evaluación de la voluntad de sus ciudadanos.

La lógica del principio democrático se encuentra así enfrentada a un doble desafío. Cabe, por un lado, que los ciudadanos del Estado en cuestión desistan de cualquier aplicación de los derechos que supere la estricta consideración de los intereses de los integrantes del grupo social subyacente a la conformación estatal. El anhelo de preservar los niveles de bienestar alcanzados en las sociedades económicamente desarrolladas reside normalmente en la base de este tipo de actitudes. Ello no desdice, sin embargo, la verosimilitud del contraste entre la regla de la mayoría y el compromiso extramuros del Estado que pudiera generarse en tal circunstancia. Un contraste que obligaría a plantear hasta qué punto está legitimada una concreta parte de la humanidad, la representada por los nacionales del Estado en cuestión, a dictaminar una actitud de sus organismos representativos que, por acción u omisión, pudiera derivar en una realización discriminatoria de los derechos de quienes comparten con ellos la condición justificativa de los propios derechos en discusión. Y cabe también que la aplicación del principio de universalidad de los derechos se efectúe al margen, e incluso en contra, de la voluntad de los individuos concernidos. El desprendimiento que pudiera presidir la actitud del Estado (de los ciudadanos del Estado) en semejante situación no empece la caracterización de la injerencia estatal en asuntos ajenos como una actitud de signo paternalista, eventualmente necesitada de justificación por lo que tiene precisamente de vulneración *prima facie* del principio democrático que reclama el respeto a la autonomía del individuo en la determinación personal y colectiva de sus intereses y del modo de proceder a su realización.

La universalidad de los derechos representa una exigencia lógica de su propia configuración como derechos humanos. La titularidad de los derechos viene inequívocamente determinada por el sujeto que precisa su denotación. En este sentido los derechos humanos tendrán que serlo de todos los individuos (derechos del género humano), del mismo modo que los derechos del funcionario público o del arrendatario corresponden a todos los funcionarios públicos y a todos los arrendatarios. Las notas definitorias del género humano representan el fundamento inmediato de la extensión de los derechos a todos los partícipes de la condición común. No hay, pues, ningún tipo de problema en la determinación de lo que significa la universalidad de los derechos humanos. El problema estriba en las deficiencias que se pueden observar en los distintos planos en los que opera el principio, deficiencias cuya eventual subsanación requeriría una determinada actitud por parte del Estado constitucional. El principio de universalidad de los derechos mantiene, en cualquier caso, su vigencia como modelo ideal cuyas deficiencias de realización habrá que solventar en la medida de lo posible, en tanto no entre en conflicto su aplicación con la de otro principio relevante que pudiera justificar su eventual restricción[13].

Obvio es decir que las implicaciones del principio democrático que en nuestro análisis subyace a la configuración y proporciona la base imprescindible para la cabal comprensión del postulado de la universalidad de los derechos no se proyectan en exclusiva sobre un ámbito concreto de actuación, resultando extensibles a todos ellos. El Estado constitucional se verá a su vez obligado a

---

[13] Antonio Enrique Pérez Luño, «La universalidad de los derechos humanos», en José Antonio López García – J. Alberto del Real (eds.), *Los derechos entre la ética, el poder y el derecho*, cit., pág. 63, contrapone en este sentido las nociones de universalidad en los derechos humanos, que referiría la idea de la asunción de los derechos humanos por parte de todos los ordenamientos jurídicos, y de universalidad de los derechos humanos, que subrayaría la idea de la universalidad como carácter consustancial a los derechos. La universalidad de los derechos desarrollaría una función normativa en relación a las deficiencias observables en el tema de la universalidad en los derechos.

conjugar las implicaciones del principio democrático que da sentido a su instauración con las diferenciadas exigencias que impone el referido postulado en los distintos planos que pudieran identificarse. Así las cosas, el común fundamento democrático del Estado constitucional y de los derechos humanos obligará a buscar en el análisis del conjunto de las exigencias que impone la universalidad de los derechos la clave para la solución de los aludidos desajustes, que en el fondo constituyen la puntual expresión de determinadas deficiencias de realización del modelo universalista de los derechos. La presencia estable y continuada de las situaciones deficitarias al respecto proporciona una cierta apariencia de necesidad al contraste entre dos entidades que, lejos de excluirse mutuamente, resultan en buena medida complementarias. Las apariencias engañan, y no deben, desde luego, servir de excusa para la inacción del Estado constitucional en relación con el compromiso por la más completa activación de los requerimientos inexcusables del postulado que nos ocupa.

La focalización de la atención en un plano concreto del mismo, obviando la consideración singular del conjunto de las exigencias que impone en los distintos ámbitos en que resulta operativo, ha proporcionado la coartada perfecta para la sustantivación de los pretendidos desajustes entre el principio democrático que habría de regir la acción estatal y el modelo universalista de los derechos. Se impone en este sentido desmentir la coartada mediante el análisis de las diferentes perspectivas que ofrece el modelo en cuestión con miras a la determinación de las hipotéticas situaciones deficitarias que pudiera en su caso solventar la acción del Estado constitucional.

La alusión a la universalidad de los derechos humanos cobra un sentido diferente según se entienda referida al ámbito de la realización, del reconocimiento o de la identificación de los derechos. Estos tres planos guardan entre sí una cierta relación de dependencia. Difícilmente podría, en efecto, entenderse observado el principio de universalidad en la realización de los derechos si tales derechos no se encontraran puntualmente reconocidos en los textos normativos que reclaman la materialización de su contenido obligatorio. Ni siquiera la hipótesis de un cumplimiento espontáneo de lo que pudiera entenderse como exigencias inherentes al respeto a los atributos que definen la condición humana permitiría desmentir esta consideración. La inexistencia de sujeto activo que en semejante hipótesis dispusiera de la facultad de imponer el comportamiento en cuestión y el desdibujamiento de la voluntad del sujeto pasivo que llevaría implícita la inscripción de este último en el ámbito de las necesidades harían de entrada inviable su caracterización como derecho subjetivo en el sentido estricto de la expresión[14]. De

[14] Es en este sentido significativo que Léon Duguit, representante por antonomasia de la caracterización jurídica del «resorte de acción» que compele a los individuos a acomodar su comportamiento a las necesidades sociales subraye la imposibilidad lógica de la categoría de los derechos humanos al descalificar a la figura del derecho subjetivo en la que quedaría aqué-

igual modo, parece de sentido común entender que la identificación de los derechos constituye el presupuesto lógico de su reconocimiento. El reconocimiento lo es siempre de un objeto determinado, no se puede reconocer en abstracto.

Los análisis del principio de universalidad suelen, no obstante, olvidar que la realización de los derechos constituye la razón última de su reconocimiento y que éste resulta falseado cuando no traduce las exigencias inherentes al contenido semántico de la expresión. Centran en este sentido normalmente su atención en el plano del reconocimiento de los derechos, reivindicando la extensión de su titularidad a todos los miembros de la comunidad humana. La atención a semejante exigencia no se basta, sin embargo, por sí sola para garantizar la vigencia real del principio que nos ocupa. Únicamente podrá considerarse éste a salvo cuando se haga efectivo el respeto coincidente a los requerimientos que impone el principio de universalidad de los derechos en cada uno de los planos apuntados.

4. LOS PLANOS DE ACTUACIÓN DEL POSTULADO DE LA UNIVERSALIDAD DE LOS DERECHOS

4.1. El reconocimiento de los derechos

4.1.1. Modalidades y virtualidades del reconocimiento de los derechos

El reconocimiento de los derechos humanos cumple una función indiscutible para su realización. La producción de enunciados normativos que registran prerrogativas que corresponden al individuo por lo que representan como proyección directa de las exigencias inherentes a su dignidad constituye una expresión de sentimiento (compartido) acerca del valor intrínseco del individuo y de la necesidad de asegurar el respeto a los atributos que definen su condición. Su incorporación a los ordenamientos jurídicos concretos los hace vinculantes para los poderes públicos, que, por un lado, deberán llevar a cabo las acciones y abstenciones requeridas, y, por otro, activar los dispositivos de garantía adecuados para reprimir los comportamientos individuales que pudieran vulnerar su contenido obligatorio.

La proclamación de los derechos humanos asume indistintamente dos modalidades diferentes. En ocasiones se presenta bajo la forma de una declaración sin valor jurídico propio, por muchas que sean las solemnidades que rodeen a su aprobación y el énfasis que sus autores y adherentes pongan en la necesidad de que rija efectivamente la vida social. En otras exhibe el ropa-

---

lla comprendida. La cita en *L'Etat, le droit objectif et la loi positive*, Dalloz, Paris, 2003 (1ª edición en Fontemoing, Paris 1901), pág. 23.

je de derecho formalmente válido, revistiendo sus exigencias un carácter vinculante. No es extraño que la primera modalidad induzca en algún sentido el desencadenamiento de la segunda. Así, de manera directa, cuando el Estado en cuestión se adhiere formalmente a la Declaración convirtiéndola sin más en regla jurídica vigente en su marco de referencia. Sin llegar a este extremo, el prestigio de la Declaración (variable en buena medida en función del órgano que impulsa su aprobación) condiciona habitualmente la actividad de los órganos representativos de los distintos países, que suelen acomodar su producción legislativa al sentido general de la misma Declaración reproduciendo en ocasiones de manera casi literal los enunciados que conforman su articulado.

Claro es que ni su formulación en Declaraciones sin valor jurídico ni su plena incorporación al ordenamiento jurídico vigente (ni siquiera cuando la misma se produce en el nivel constitucional) aseguran, ni mucho menos, la realización de las conductas que traducen el contenido obligatorio del derecho eventualmente reconocido. Es, no obstante, conveniente a tales efectos que su proclamación se inscriba formalmente como derecho vigente, a ser posible (por el carácter vinculante que ello supone para la producción legislativa) integrando el contenido de las disposiciones constitucionales, y que vaya también acompañada de la formulación de los instrumentos jurídicos idóneos para garantizar su efectividad.

La proclamación jurídica de los derechos (en especial la proclamación en el nivel constitucional) reforzaría evidentemente las posibilidades de observancia del contenido obligatorio de los mismos, al hacer jurídicamente vinculante su realización. Su inobservancia llevaría aparejada la posibilidad de poner en marcha los mecanismos de garantía previstos para el caso. Cabe, no obstante, que el Estado eluda el cumplimiento de su obligación (la obligación que le impone la proclamación jurídica de los derechos) absteniéndose de establecer en el nivel jurídico adecuado el sistema de garantías que asegure en la medida de lo posible la realización de los derechos proclamados. Y, lo que es aun más grave, cabe que el propio Estado se ampare en semejante situación para, proclamándolos formalmente, incumplir sin embargo de hecho (más allá del incumplimiento que supone la omisión de la previsión normativa del sistema de garantías) el contenido obligatorio de los derechos proclamados, bien llevando directamente a cabo o promoviendo en su caso actuaciones que vulneren obligaciones negativas, bien absteniéndose de realizar el contenido prestacional que pudiera serles inherente.

Es ésta una situación relativamente esperable, porque el fervor que en nuestros días suscita el estandarte de los derechos humanos hace muy difícil a cualquier Estado, sean cuales sean sus intenciones últimas, esquivar la responsabilidad que supone su proclamación formal. Esta podrá o no materializarse en forma de derecho positivo. Sin duda se tendrá en cuenta al respecto la valoración del grado de compromiso real con miras a su realización que supone su incorporación al sistema jurídico. Pero la proclamación pública, si no encarnando disposiciones jurídicas concretas, sí al menos como uno de los principios que han de guiar la acción de los poderes públicos, constituye en buena medida la carta de presentación que requiere el Estado para ser reconocido en la esfera internacional[15]. Es en muchas ocasiones más ese afán de granjearse la aceptación ajena, dando una apariencia de legitimidad a situaciones de hecho intolerables, lo que conduce a los Estados a manifestar su compromiso formal, de más o menos difuminada efectividad, con el ideario de los derechos humanos, fundamentalmente con la formulación del ideario expresada en la Declaración Universal.

Se insiste con frecuencia en la consideración de la Declaración Universal como la puntual transcripción del consenso del que supuestamente participarían los distintos países acerca de la necesidad de dar satisfacción a las exigencias inherentes a los atributos que definen la condición humana. Si así fuera la misma existencia de la Declaración acreditaría fidedignamente el compromiso general con los enunciados normativos que la integran. Vaya por delante que ese compromiso general no existió en toda su plenitud en el origen de la Declaración, al menos no como consenso espontáneo, como punto de encuentro de las concepciones asumidas por los diversos Estados. Muy al contrario, el texto de la Declaración, que por lo demás tampoco suscitó unanimidad favorable en su votación en la Asamblea de las Naciones Unidas, representa el resultado de una negociación entre posiciones enfrentadas que se vieron obligadas a realizar concesiones mutuas para poder suscribir el acuerdo final. Sí puede, sin embargo, hablarse en buena medida de un consenso *a posteriori* en el sentido que proporciona la constatación del compromiso más o menos formal asumido por los distintos países con el ideario reflejado en la Declaración.

La apropiación del discurso de los derechos (en particular cuando no se materializa en el enunciado de disposiciones jurídicas concretas, pero también cuando la proclamación jurídica no va acompañada de la previsión de un adecuado sistema de garantías) no necesariamente refleja, sin embargo, una voluntad real de proceder a la correspondiente satisfacción de las exigencias que les son inherentes. Al contrario, en muchas ocasiones constituye una operación ideológica dirigida a consolidar una determinada situación de hecho caracterizada por la desigualdad y la injusticia, a contener a través de la palabra y de la aparente buena intención de quien la pronuncia la resistencia de los oprimidos y la crítica externa de quienes, comprometidos en

[15] Es la tendencia a lo que reconoce Benito de Castro, «La universalidad de los derechos humanos: ¿dogma o mito?», en *Derechos y Libertades*, num.5, julio-diciembre, 1995, pág. 391, como «universalidad en su dimensión política», que subraya la proyección «ilimitada» de la influencia de los derechos humanos en las organizaciones jurídicas y políticas contemporáneas.

serio con el ideario de los derechos humanos, no pueden sentirse indiferentes ante las situaciones de opresión que sufren otros individuos.

De sobra está decir que no es ésta en general la intención que presidió la redacción de la Declaración, pero sí la de algunos Estados que no han dudado en enmascarar el sentido real de sus ignominiosas políticas internas bajo el envolvente disfraz que proporciona un discurso oficial consonante en buena medida con el tono general de la misma. Todo ello con independencia de la discordancia observable entre el sentido comúnmente atribuido a las palabras y el modo en que los propios Estados que firman la Declaración han interiorizado la recepción de sus enunciados normativos. Es, como veremos, lo que de manera paradigmática sucede en el caso del derecho a emigrar formulado en el artículo 13 de la Declaración.

La activación de la potencia manipuladora del Estado hace muy perceptibles en la esfera interna los efectos perversos que puede llegar a provocar el uso malintencionado del discurso de los derechos, sobre todo cuando éste se mantiene en un plano relativamente informal, sin llegar a conformar el enunciado de disposiciones jurídicas concretas. Siempre está presente el riesgo de narcotización de la conciencia crítica del individuo que pudiera llegar a interiorizar el mensaje institucional como fiel reflejo de una supuesta realidad ajena por completo a su vivencia existencial. De ahí la necesidad de proceder con la máxima cautela a la hora de valorar los posibles desfases entre el discurso de los derechos y la aplicación práctica del mismo en su ámbito de referencia, denunciando las subrepticias intenciones que pudieran subyacer a su formulación.

El efecto de la desincentivación de la conciencia crítica del individuo no es, en cualquier caso, patrimonio exclusivo del discurso de los derechos que pudieran llevar a cabo los Estados autoritarios. Embelesado ante la contemplación de los enunciados normativos que reflejan la imagen más complaciente con su intrínseco valor personal y con el reconocimiento de la necesidad de proceder a la satisfacción de las exigencias inherentes a los atributos que proyecta su dignidad, el individuo puede fácilmente bajar la guardia ante los posibles desfases de realización de los mismos. Es, por lo demás, un riesgo que se extiende a la propia Declaración Universal, bajo cuyo manto se cobijan sin gran escándalo en la actualidad situaciones lacerantes de injusticia social. La generalización de usos interpretativos de los enunciados de la Declaración demoledores del efecto transformador que en principio habría que suponerles constituye un buen ejemplo de ello. Claro que en estos supuestos son, no obstante, mayores las ventajas que los inconvenientes. Es, por un lado, evidente que los usos interpretativos no siempre son restrictivos. Además, el efecto ambivalente del reconocimiento de los derechos sobre la sicología personal se ve notablemente compensado con las posibilidades que se ofrecen al individuo de poner en marcha los mecanismos de garantía disponibles para asegurar su efectiva protección. E incluso, a falta de ellos, la inexistencia de una voluntad oculta de camuflar con el discurso de los derechos la presencia de situaciones de opresión deja al individuo un amplio margen de discrecionalidad para escrutar las situaciones de hecho a la luz de la potencia emancipadora que proporciona su autorreconocimiento como titular de los derechos.

El problema crucial se presenta en los supuestos de los Estados autoritarios en los que la manipulación sobre todo de la información deja al individuo relativamente inerte ante el efecto embriagador de la aparente apología de los derechos que pudiera exhibir el discurso oficial. Nada tiene, desde luego, que ver esta situación con la anterior. Con todo, valorando en su justa medida la trascendencia del efecto perverso aludido y la relativa facilidad de su perpetración, tampoco en estos casos cabe minusvalorar las virtualidades transformadoras del reconocimiento de los derechos, tanto del reconocimiento informal como del que se plasma en disposiciones jurídicas inejecutables ante la inexistencia de mecanismos de garantía adecuados para asegurar la realización de su contenido obligatorio. El discurso de los derechos muestra tal fuerza expansiva que a la hora de la verdad acaba normalmente comprometiendo en alguna medida (no siempre, desde luego, en la medida deseable) a quien lo pronuncia, cualesquiera sean las subrepticias intenciones que le animen a hacerlo. El reconocimiento de los derechos, aun el reconocimiento informal desprovisto de cualquier connotación jurídica, opera así como un caballo de Troya en la fortaleza de la opresión, condicionando en cierto modo la acción concreta del poder, que se ve en cualquier caso obligado a acudir a complejos vericuetos argumentales para justificar de manera inconsistente (de manera contradictoria con el tenor del discurso oficial) sus prácticas restrictivas de la libertad. Lejos queda, desde luego, el objetivo último que constituye la realización de los derechos. Pero las circunstancias condicionantes de la acción de los poderes públicos para amortiguar en alguna medida el sentido desfavorable de la situación no pueden tampoco dejar de ser tomadas en consideración.

Lo importante es tener en cualquier caso presente que el reconocimiento de los derechos no asegura su realización, menos aun cuando lo que pretende es encubrir situaciones de injusticia y de opresión. La conciencia de sus limitaciones no debe, sin embargo, difuminar la necesidad de su puesta en práctica. Una necesidad que no ha de quedar circunscrita a los límites del Estado, porque la pertenencia estatal no excluye en modo alguno su operatividad instrumental con miras a la realización del contenido obligatorio de los derechos. La universalidad en el reconocimiento de los derechos constituye en este sentido una exigencia insoslayable para el propio Estado constitucional, que no habría de eludir sus responsabilidades al respecto.

4.1.2. Los puntos de fricción de la universalidad en el reconocimiento de los derechos

El planteamiento de la universalidad en el reconocimiento de los derechos ha de enfrentarse a cuatro supuestos diferentes que parecen a primera vista dejarla en evidencia. Nos referimos a los fenómenos de la regionalización de los derechos, de las reivindicaciones comunitaristas, de la especificación de los derechos y de la adscripción de derechos diferenciados de ciudadanía.

4.1.2.1 La regionalizacion de los derechos

La Declaración Universal de 1948 constituye el acto de afirmación más significativo del carácter universal de los derechos humanos, la expresión simbólica por antonomasia del valor intrínseco del individuo y de la necesidad de dar plena satisfacción a las exigencias inherentes a los atributos que proyectan su dignidad. Con las reservas antes aludidas puede decirse que su formulación traduce la existencia de un cierto consenso en relación al contenido semántico de la referencia a los derechos. Constituye en este sentido una formulación histórica más, como tal susceptible de modificación. La aceptación de la idea del consenso social como fundamento implícito de la formulación de los derechos llevaría a dejar inevitablemente pendiente de las fluctuaciones que el mismo pudiera experimentar la modificación de los enunciados (cuando menos la modificación de la interpretación que hubieran de merecer los enunciados) que la articulan. El debate actual acerca de la posible pertinencia de la modificación del texto de la Declaración es fiel exponente de ello. En cualquier caso, las limitaciones que impone el carácter histórico de la Declaración no pueden difuminar la trascendencia del reconocimiento universal de los derechos. Las Declaraciones precedentes albergaban expresiones relativas al valor intrínseco del individuo que justificaban la extensión general de los derechos reconocidos. Corresponde, no obstante, a la Declaración Universal el mérito de haber subrayado en su propio rótulo la idea de la universalidad. Se proclaman en ella derechos de titularidad universal, derechos comunes al género humano, en definitiva, derechos propios de cada individuo en particular, cualesquiera fueran sus circunstancias concretas de nacimiento, condición, residencia, etc.

Llama en este sentido la atención que, en el mismo año de la proclamación por parte de la Organización de las Naciones Unidas de la Declaración Universal, la Organización de Estados Americanos aprobara la denominada Declaración Americana de Derechos y Deberes del Hombre[16], a la que segui-

[16] En realidad la Declaración Americana, aprobada en la Novena Conferencia Internacional de los Estados en Bogotá del 30 de marzo al 2 de mayo de 1948, antecede en siete meses a la Declaración Universal.

rían otras Declaraciones que parecerían a primera vista reflejar la idea de un ámbito personal más limitado como referencia de los derechos humanos. Es, por ejemplo, el caso de la Convención Europea para la salvaguarda de los Derechos del Hombre y las Libertades Fundamentales, de 1950, o de la Carta Africana de Derechos Humanos y de los Pueblos, de 1981. La regionalización de los derechos se erigía en este sentido como una alternativa significativa al principio de universalidad. La alternativa es, sin embargo, mucho más aparente que real. La referencia es siempre el hombre en general, con independencia de las diferencias de matiz que pudieran percibirse en los puntos de vista sobre el particular de quienes suscriben las Declaraciones regionales con respecto al punto de vista expresado por la Declaración Universal. El análisis literal de las Declaraciones permite comprobar que los calificativos universal, americano, africano, etc., no definen al sujeto titular de los derechos, sino a la respectiva fuente de procedencia de la Declaración: la humanidad en general representada por la Organización de las Naciones Unidas, el continente americano representado a su vez por la Organización de Estados Americanos (O.E.A.), y, finalmente, el continente africano representado por la Organización de la Unidad Africana (O.U.A.). Se ofrecen en este sentido diferentes versiones de una misma realidad que reflejan perspectivas tomadas desde ámbitos territorio-poblacionales distintos. La regionalización de los derechos no pone en absoluto en discusión el principio de universalidad de los derechos, sino, si acaso, la particular versión del principio de universalidad que ofrece la Declaración Universal[17]. Los equívocos vienen precisamente del significado ambivalente que en esta última asume la idea de universalidad en su diversa referencia a la fuente de producción y al objeto de la Declaración. La limitada representatividad de la universalidad en la fuente de producción que ofrecían en el año 1948 los escasos cincuenta y ocho Estados miembros entonces de las Naciones Unidas, las ocho abstenciones en la votación final y la condición de equilibrado compromiso entre posiciones enfrentadas que finalmente adquirió el texto de la Declaración inclinaron el acento del lado del objeto, enfatizando el aspecto que precisamente dejaban en gran medida fuera de discusión las demás Declaraciones[18].

Se podría, desde luego, aducir la incoherencia que supone dar carta de naturaleza a la desconexión entre la fuente de producción y el objeto que

---

[17] Es particularmente significativo a este respecto el tenor literal del Preámbulo de la Carta Africana, que, después de resaltar la común universalidad de los derechos civiles y políticos y de los derechos económicos, sociales y culturales, acentúa el carácter fundamental de estos últimos, cuya satisfacción viene considerada como una «garantía para el goce de los derechos civiles y políticos».

[18] Xabier Etxeberría Mauleón, «El debate sobre la universalidad de los derechos humanos», en AA.VV., *La Declaración Universal de Derechos Humanos en su cincuenta aniversario*, Universidad de Deusto, Bilbao, 1999, pág. 309, propone a este respecto la denominación de Declaración Interestatal de los derechos humanos universales como el mejor exponente del sentido atribuido a la universalidad en la Declaración de 1948.

ofrecen las Declaraciones regionales. En este sentido la Declaración Universal ganaría enteros como legítima expresión del principio de universalidad en la titularidad de los derechos, al ser ella precisamente la que garantiza una cierta equivalencia, con los matices aludidos en relación a la escasa representatividad del órgano decisor, entre la fuente de producción (los representantes del universo en su conjunto) y el objeto (los representados). Pero ello no obsta reconocer las pretensiones de universalidad de las demás Declaraciones.

La toma de conciencia acerca de la imposibilidad de identificar un contenido semántico definitivo en la expresión derechos humanos ha derivado en la proliferación de formulaciones históricas diferentes cuya legitimidad se hace gravitar sobre el consenso social. Ello obedece a una lógica elemental. Y es que si coincidimos en considerar a los derechos humanos como las facultades que concretan las exigencias inherentes a los atributos que definen la condición humana, y excluimos por insusceptible de verificación la presencia de ninguna entidad sobrenatural que declare el catálogo indiscutible de los mismos, no hay opción mejor que reconocer en el propio afectado (el individuo, titular de los atributos que definen su condición) la legitimidad para decidir en cada caso cuál es la formulación idónea de los derechos. Las decisiones individuales que conforman el consenso social son, desde luego, decisiones de alcance limitado. Nunca llegarán a ofrecer una versión definitiva del contenido semántico de la expresión derechos humanos (por más que muchas veces parezca ser ésa su pretensión), porque no pueden comprometer el sentido de las futuras decisiones del hombre sobre el particular. Pero su legitimidad como criterio de determinación del significado a atribuir en un tiempo y lugar determinados está fuera de duda, aunque sólo sea por la imposibilidad de encontrar otra alternativa mejor.

La formulación histórica de los derechos humanos cobra valor en la medida en que son todos los individuos los que se pronuncian sobre las facultades que concretan las exigencias inherentes a los atributos que proyectan la naturaleza del hombre. Quiebra, sin embargo, su sentido cuando es únicamente un grupo concreto de individuos el que asume la decisión (ilegítima desde el punto de vista de la lógica expuesta) de pronunciarse sobre los derechos de todos. Podemos hablar por nosotros mismos, pero no por los demás. La asunción de la idea de la legitimidad preeminente del interesado a la hora de determinar el contenido de significado de los derechos excluye en principio que las Declaraciones regionales puedan pronunciarse sobre los derechos del hombre en general con el mismo título que exhibe la Declaración Universal. Pero en el fondo no puede olvidarse que en la medida en que las Declaraciones regionales proclaman derechos del hombre en abstracto, lejos de ponerlo en cuestión, están ratificando, con mayor o menor legitimidad a la hora de pronunciarse sobre cuáles son concretamente sus derechos, el principio de universalidad en la titularidad de los derechos humanos. Las desviaciones que puedan ofrecer estas Declaraciones con respecto al esquema de la identidad referencial entre la fuente de producción y el objeto no empañan en este sentido la consideración de que la regionalización en la fuente de producción de la Declaración pueda paradójicamente apuntalar la vigencia del principio de universalidad en la titularidad de los derechos. Todo ello al margen del simplismo que supone vislumbrar una necesaria contraposición en el contenido de la formulación de los derechos expresados en una y otras Declaraciones. Que sea una parte concreta de la humanidad la que se pronuncie a través de sus representantes acerca de los derechos de todos no excluye la posible coincidencia de fondo con la opinión común. Las Declaraciones regionales se encuentran muchas veces en sintonía con el sentido general expresado por la Declaración Universal. Su diferente enunciación obedecerá en tal caso a factores diversos (la autoafirmación de la comunidad que los proclama en la exaltación del valor que representan los derechos, el anhelo de procurar una mayor cohesión social, la necesidad sentida de articular mecanismos eficaces de garantía de los derechos en la comunidad en cuestión, etc.) que poco tienen que ver con el cuestionamiento del valor de la Declaración Universal como «referencia de las referencias» de los derechos[19], ni mucho menos con el del principio de universalidad en la titularidad de los mismos que reproducen sus enunciados. En otros casos, cuando se da una efectiva contraposición de puntos de vista, condicionada muchas veces por la peculiar situación de quien constituye la fuente de producción, obligado a definir el sentido de su identidad frente al enemigo exterior (el Estado, el capital, la cultura occidental, el colonialismo...)[20], semejante contraposición no excluye la resuelta voluntad de reconocer en los demás las prerrogativas que definen desde la peculiar perspectiva asumida las exigencias inherentes a la dignidad del individuo, conformando, en definitiva, una singular reformulación del principio de universalidad.

4.1.2.2. La objecion comunitarista

Una consideración diferente merecen las objeciones de tipo comunitarista que, lejos de tratar de contraponer una concepción regional a la concepción universalista de los derechos humanos, se limitan a considerar inapropiada la atribución forzosa de unos derechos que, por su propio carácter universal, des-

---

[19] Joseph Yacoub, *Réécrire la Déclaration Universelle des Droits de l'homme*, Desclée de Brouwer, Paris, 1998, pág. 82.

[20] Provocativamente señalará en este sentido Bernard Edelman, «L'ennemi dans les Déclarations sur les Droits de l'homme», en *Droits*, num. 16, pág. 119, que «el único universalismo de las Declaraciones que se puede tomar seriamente en consideración es la designación de un enemigo».

naturalizarían el sentido propio de cada ser individual, que sólo puede reconocerse en su vinculación a la comunidad. Las implicaciones culturales de la comunidad de pertenencia se antepondrían a una consideración abstracta del individuo como sujeto genérico de derechos iguales para todos, al ser aquéllas, y no la referencia vacía y formal a la dignidad intangible del hombre, las que definen en última instancia su identidad personal. Frente a la visión homogénea del individuo que hace viable una adscripción indiscriminada de derechos que reclaman la realización de las exigencias inherentes a los atributos que definen a la condición humana, se resalta la diversidad de formas de ser que trasluce la ubicación real del hombre en la vida social. La identidad colectiva se superpone en cierto modo a la identidad individual, marcando el rumbo de los reclamos de valor. Visto en esta perspectiva, el reconocimiento universal de los derechos humanos constituye una seria amenaza para el desarrollo auténtico del individuo. Este no puede quedar encorsetado en un molde inamovible, incapaz de destilar las muy distintas exigencias que comporta su incardinación en la referencia neurálgica que da sentido a su vida. Cualquier posible alusión a la idea de los derechos tendría que asumir la premisa de la disimilitud. Los derechos resultarían siempre diferenciados por mor de los determinantes implícitos a la inserción del hombre en la comunidad. El reconocimiento universal de los derechos es concebido así desde la perspectiva comunitarista como una operación de imperialismo cultural destinada a abstraer al hombre de sus raíces para asimilarlo al patrón preestablecido por la cultura dominante, enajenando en consecuencia sus posibilidades de genuina realización.

Frente a la objeción comunitarista se han presentado al menos dos argumentos de relevante calado. El primero se sitúa en la misma lógica del principio comunitarista, planteando una consideración del universalismo en términos de comunitarismo por elevación. El segundo subraya la consideración del universalismo como presupuesto para la realización del derecho a la identidad cultural que está en la base de las tesis comunitaristas.

Así, en lo que al primer argumento concierne se destaca el hecho de que la inserción comunitaria del individuo no lo es sólo en un único grupo común. El individuo enmarca su vida en un trasunto de relaciones producidas en distintos ámbitos comunitarios que dan sentido a su identidad. Estos presentan desde luego una mayor o menor amplitud conformando determinantes identitarios de distinta intensidad, pero la progresiva integración del mundo hace en nuestros días cada vez menos viable la consideración unilateral del individuo en la clave que proporciona su adscripción excluyente a una única comunidad de base. Al contrario, en la medida en que todos los países (que, por así decirlo, constituyen el continente de las diferentes comunidades identitarias) han asumido el programa de los derechos humanos como un referente común de la idea que expresa las condiciones sustantivas del bienestar humano, habría que entender a la concepción de los derechos expresada en la Declaración Universal como una «parte constitutiva» de la identidad cultural de los individuos que ningún comunitarista coherente debiera «a fuer de comunitarista» menospreciar[21].

El segundo argumento mira a la raíz del sentido del derecho en discusión, asumiendo el postulado universal del derecho a la diferencia. La diferencia cultural se vería ciertamente indefensa en una situación prenormativa que no reclamara de los demás el respeto a la realización individual en la clave que proporciona la propia diferencia identitaria. De ahí la necesidad de garantizar de manera universal el ejercicio de ese derecho a ser, crecer y manifestarse como diferente, y a desarrollar su vida en el marco que proporcionan sus coordenadas diferenciales. El derecho protege la diferencia, pero en sí mismo no es un derecho diferente cuya titularidad resulte atribuida de modo excluyente. Es el mismo para todos, un derecho que cada miembro de la comunidad humana ha de asumir como propio, so pena de que sean otros (los partícipes de los postulados de la cultura dominante) los que asimilen al diferente a un modelo cultural homogéneo, o, lo que aun sería peor, los que decidan por él cuál es precisamente el sentido de su diferencia. Su objeto es la diferencia, pero, como tal derecho a la diferencia, su reconocimiento no puede ser discriminatorio. Es, en definitiva, el «igual derecho a las propias diferencias que hacen de cada persona un individuo distinto de los demás y de cada individuo una persona como las demás»[22]. El rechazo a la versión estándar de los derechos humanos (la versión que incorpora el principio de universalidad) constituiría en este sentido un concreto ejercicio del derecho a la identidad cultural, resultando inconsistente en la medida en que propone la destrucción del fundamento de su existencia. La misma reivindicación de la identidad cultural que ampara el repudio a los valores inherentes al ideario de los derechos humanos no podría nunca dejar de ser una reivindicación universalista.

Son, desde luego, argumentos ingeniosos, que no consiguen sin embargo disolver la sustancia del problema. Tienen razón quienes esgrimen que el individuo vive inmerso en una red de ámbitos comunitarios distintos que conforman en buena medida su personalidad, no pudiendo en consecuencia hablarse de una única identidad del mismo en clave comunitaria. Igualmente cierto es que el ámbito comunitario más global asume como referencia especialmente significativa el ideario de los derechos humanos. La existencia de esa red de

---

[21] Liborio L. Hierro, «El concepto de justicia y la teoría de los derechos», en Elías Díaz - José Luis Colomer (eds.), *Estado, justicia, derechos*, Alianza Editorial, Madrid, 2002, pág. 52.

[22] Luigi Ferrajoli, «Los fundamentos de los derechos fundamentales», en Luigi Ferrajoli, *Los fundamentos de los derechos fundamentales,* ed. de Antonio de Cabo y Gerardo Pisarello, Trotta, Madrid, 2001 (versión original como «I fondamenti dei diritti fondamentali», en *Teoria Politica,* XVI/3, 2000, págs. 41-113), pág. 370, y «Universalidad de los derechos humanos y multiculturalismo», traducción de Miguel Carbonell, en *Luigi Ferrajoli, Democracia y garantismo,* edición de Miguel Carbonell, Trotta, Madrid, 2008, pág. 145.

círculos comunitarios no excluye, sin embargo, la realidad que supone el diferente peso identitario de cada uno de ellos, resultando normalmente relevante a tal efecto el nivel de proximidad con respecto al entorno más íntimo del sujeto. El hecho de que el peso identitario se haga tanto más visible cuanto mayor sea el contraste con los postulados fundamentales de la cultura dominante subraya la necesidad de entrar en el meollo de la cuestión, sin buscar el atajo fácil que supone decir que es precisamente el ideario de los derechos humanos el que define la identidad comunitaria del individuo. Al contrario, ésta vendrá definida por la confluencia de diversos círculos comunitarios que, en la medida en que proyectan postulados que pudieran entrar en conflicto entre sí, requerirán la concreta especificación de la identidad comunitaria prevalente. La hipotética incompatibilidad de ésta con la adscripción universal de los derechos reproduce así el sentido real del problema en términos de opción ineludible. Por lo demás, parece también evidente que el rechazo al principio de universalidad de los derechos constituye una concreta aplicación del derecho universal a la diferencia cultural. Pero ello no obsta a que desde presupuestos ajenos al ideario de los derechos humanos se pueda llegar a una conclusión semejante. Hay que tener en cuenta, en cualquier caso, que la concreta aplicación del derecho a la diferencia cultural que representa la desestimación del principio de universalidad de los derechos que sostienen determinadas concepciones comunitaristas puede a su vez entrar en colisión con el resultado de otra u otras aplicaciones de ese mismo derecho o de otros derechos de carácter igualmente universal, lo que nos retrotrae al planteamiento inicial del problema.

La necesidad de resolver el problema no empaña en cualquier caso el hecho cierto de que, situados en la lógica de los derechos, nos encontraríamos ante una colisión entre derechos igualmente universales. No estaría tanto en cuestión en este sentido la vigencia del principio de universalidad de los derechos humanos como la injustificada pretensión de atribuir un carácter absoluto a los derechos reconocidos como universales.

4.1.2.3. El proceso de especificacion de los derechos

El actual proceso de especificación de los derechos humanos representa una aparente ruptura con la línea general de la evolución de los derechos, que vendría escenificada por los sucesivos procesos de positivación, generalización e internacionalización de los mismos. Ninguno de ellos ponía en entredicho el ideal de la universalidad. Antes bien, cada uno parecía encarnar una singular aportación a su genuina implantación. La positivación representa en sus distintas formas el vehículo mediante el que se opera el reconocimiento en cualquier nivel (también desde luego en el nivel universal) de los derechos. En tanto se predica de todos los individuos instalados en unas determinadas coordenadas espacio temporales, la generalización constituye en sí misma una universalización de ámbito personal limitado, referida a todo el universo de personas que integran el grupo social en cuestión. A su vez, la internacionalización mira a extender el reconocimiento, y en último término la eficacia, de los derechos más allá del ámbito estrictamente estatal, apuntando a la instauración de un nuevo orden en el que la titularidad de los derechos resultara liberada de cualquier mediatización ajena a la propia condición humana. Son, en definitiva, tres procesos congruentes con el principio de universalidad, en la medida en que cada uno de ellos abonaría a su manera el tránsito a una titularidad incondicionada de los derechos.

La línea de continuidad parece, sin embargo, quebrar con la entrada en escena del proceso de especificación. Frente al emblema por antonomasia de la universalidad que encarna la Declaración de las Naciones Unidas de 1948, proliferan en distintos ámbitos (locales e internacionales) Declaraciones que parecen perder la referencia del hombre en abstracto para reconocer determinados derechos a sujetos específicos significados por una singular condición (la edad, la enfermedad, el sexo, la condición laboral, etc.). Las Declaraciones de derechos del niño, del enfermo, de la mujer, del trabajador, del anciano, etc., semejarían entrar en contradicción con el principio consolidado que refería la Declaración Universal. El ideal que representaba la universalidad parecía batirse en retirada frente a la necesidad de intensificar la relación entre la titularidad de los derechos y la existencia de determinados estados carenciales que, precisamente, trataban de superarse con la adscripción particularizada de aquéllos.

Las cosas no son, sin embargo, tan simples. Lejos de evidenciar un retroceso en relación a la materialización del postulado de la universalidad, lo que hace la activación del proceso de especificación es llamar la atención acerca de sus limitaciones realizativas, subrayando la necesidad de que la titularidad de los derechos se corresponda con unas idénticas posibilidades de acceso al disfrute del derecho cuya titularidad se ostenta. El proceso de especificación no supone en este sentido un atentado a la igualdad, sino, muy al contrario, el explícito reconocimiento de la necesidad de superar la situación de desigualdad que provoca el hecho de que determinados sectores sociales queden en la práctica marginados del disfrute de los derechos reconocidos con carácter general. Constituye, por así decirlo, un instrumento para la superación del desfase particularmente experimentado por determinados individuos afectados por una situación común entre los planos del reconocimiento y de la realización de los derechos.

Cierto es que el desfase entre los planos referidos no es exclusivo de ningún grupo concreto. No puede ni mucho menos considerarse consustancial al reconocimiento de los derechos su realización en los términos expresados por la norma que los declara. Siempre está presente la posibilidad de su inobservancia, que, por otro lado, en los supuestos de colisión entre derechos se impone en alguna medida de manera automática. Sucede, sin embargo, que en el caso de determinados colectivos la situación de vulnerabilidad que les es inherente repercute con especial intensidad en el incumplimiento de la norma que proclama el derecho en cuestión, asumiendo en este sentido la inobservancia de las exigencias que impone el principio de universalidad en la realización de los derechos un carácter prácticamente estructural.

Las Declaraciones de derechos que conforman el proceso de especificación se articulan normalmente en base a la doble técnica de subrayar el reconocimiento de la titularidad de los derechos (sobre todo de los derechos particularmente afectados por la inobservancia de las obligaciones que les son inherentes por parte de los demás) a las personas que, por su desfavorecida situación, se ven singularmente excluidas del disfrute de los derechos reconocidos a nivel general, y de disponer los instrumentos adecuados para que puedan alcanzar una posición de igualdad en el resultado que elimine la restricción estructural de la realización de los derechos que desencadena su situación de desventaja social. La utilización de la primera técnica está muy lejos de constituir una peligrosa agresión al principio de universalidad, puesto que no hace más que reformular en relación a los integrantes de un determinado colectivo la titularidad de los derechos reconocidos con carácter general. Por lo demás, el trato diferenciado que dispensa la segunda contribuye también a la mejor realización del postulado de la universalidad en la medida en que se asume que los derechos específicos reconocidos a los integrantes de los grupos desfavorecidos «utilizan como medio la igualdad como diferenciación y pretenden alcanzar como fin la igualdad como equiparación»[23]. No hay, en definitiva, contradicción entre el proceso de especificación y el principio de universalidad de los derechos. El proceso de especificación representa más bien en este sentido una prolongación de los procesos de positivación, generalización e internacionalización en la continuidad de la línea tendente a instituir el postulado de la universalidad. Ni siquiera sobre la base de la distinción entre los planos del reconocimiento y de la realización de la universalidad de los derechos podría considerarse al proceso de la especificación como un atentado puntual (justificado en su caso por la razón superior que representa la realización universal) al principio de universalidad en el reconocimiento, porque, o bien no tiene sentido reconocer los derechos expresados sobre la base de la idea de la igualdad como diferenciación a quienes ya los detentan y los disfrutan con regularidad, o bien conforma un simple elemento instrumental (imprescindible en algunos casos) para la misma representación del ejercicio regular de los derechos universalmente reconocidos por parte del sujeto afectado.

Todo ello al margen del absurdo que desde el punto de vista de la emancipación individual supone pensar en un reconocimiento que no tenga como

---

[23] Gregorio Peces Barba (con la colaboración de Rafael de Asís Roig y Mª del Carmen Barranco), Lecciones de Derechos Fundamentales, Dykinson, Madrid, 2004, pág. 209.

objetivo inmediato la realización de los derechos. El fantasma del uso impropio del reconocimiento de los derechos reaparece en este punto desvelando el carácter singularmente ideológico de las tesis que preconizan la inexistente contradicción entre dos elementos (el proceso de especificación y la universalidad de los derechos) que, muy al contrario, guardan entre sí una relación de medio a fin.

Muy diferente es la cuestión que plantea el reconocimiento de los derechos sociales. En su origen también los derechos sociales podrían en cierto modo considerarse una aplicación del proceso de especificación, una aplicación que, ciertamente, llevaría a matizar la secuencia temporal de los procesos que encarnan la línea de evolución de los derechos humanos. Estos derechos son reivindicados en un primer momento por los integrantes de la clase trabajadora, que reclaman la articulación de unas posibilidades de actuación que les permitan eliminar la posición de desventaja que ocupan en el seno del grupo social a la hora de ejercitar los derechos reconocidos con carácter general. La educación, la asistencia social y sanitaria, la vivienda adecuada, el acceso a un puesto de trabajo suficientemente remunerado... constituyen prerrequisitos para el ejercicio no discriminatorio de los demás derechos, condiciones que permiten al individuo acceder en pie de igualdad al disfrute del valor inherente a los mismos. Su connotación subsistencial les confiere una particular relevancia en el conjunto de los atributos comúnmente reconocidos como proyección inmediata de la dignidad humana.

La generalizada sensibilidad acerca de la función que les corresponde como soporte indispensable para el libre desarrollo de la personalidad individual ha motivado su indiscutida inscripción en el acerbo de las expectativas merecedoras de reconocimiento jurídico. Fiel exponente de ello, la Declaración Universal las incorpora a su contenido normativo, confiriéndoles el mismo carácter universal que atribuye a los derechos civiles y políticos.

La unanimidad que suscita la necesidad de su positivación jurídica brilla, sin embargo, por su ausencia en relación a su hipotética condición de derechos universales. Salta a la vista que el papel instrumental que cumple el ejercicio de estos derechos cobra una intensidad muy diferente en función de las necesidades reales del individuo concernido en cada caso. Hay quienes no precisan poner en marcha las facultades que confiere el reconocimiento de este derecho para cubrir las necesidades que el mismo trata de solventar. Su privilegiada posición en el vértice de la escala social hace injustificado el propio planteamiento del acceso a una posición de igualdad en el disfrute de los derechos reconocidos con carácter general. En el extremo opuesto la misma representación de los derechos sociales como instrumento de equiparación en el acceso al disfrute de los demás derechos quedará diluida ante la imperiosa necesidad que otros experimentan de asegurar mediante el ejercicio de los referidos derechos sociales el nivel subsistencial mínimo, inasequible con los medios de que disponen, que reclama su dignidad personal.

Semejante constatación lleva a un determinado sector doctrinal a considerar al reconocimiento indiscriminado de los derechos sociales como un medio (aunque sea un medio habitualmente inadvertido) para la consolidación de la desigualdad, un obstáculo en definitiva para la equiparación social, a cuya realización habría de ir encaminada la organización de los servicios públicos. No tendría sentido conforme a esta tesis reconocer la titularidad de un derecho a quien no lo necesita porque de antemano tiene a su disposición el espectro de posibilidades que representa su adjudicación. En la medida en que cada atribución individual del derecho en cuestión implica un gasto económico que pudiera destinarse a otro objetivo justificado, su reconocimiento universal constituiría una patología de la organización social, un ejercicio de prodigalidad absolutamente irracional, contrario a las más elementales exigencias de la justicia. Se impondría en este sentido la necesidad de articular un reconocimiento selectivo de los derechos sociales (derechos reconocidos a quienes realmente precisan su puesta en acción) que hiciera viable una efectiva igualdad como diferenciación. La desigualdad en el punto de partida que trata de corregir el reconocimiento de los derechos sociales reclamaría desde esta perspectiva una inevitable desigualdad de trato en su atribución. Aun emplazando a los individuos en un determinado nivel de satisfacción de sus necesidades más perentorias, el trato igual en lo que concierne al reconocimiento del instrumento de compensación de las diferencias (el reconocimiento universal de los derechos sociales) no haría más que reproducir las situaciones de desventaja social, soslayando la función emancipatoria que se supone que han de cumplir los derechos[24].

Aciertan, desde luego, quienes subrayan el distinto rendimiento que puede ofrecer a cada individuo el reconocimiento de los derechos sociales en lo concerniente a la satisfacción de las necesidades subsistenciales. Es también evidente que la función instrumental que pudiera cumplir el reconocimiento de los derechos sociales con miras a hacer viable el disfrute igual del resto de los derechos reconocidos quedaría en buena medida empañada mediante una adjudicación lineal del conjunto de posibilidades que les son inherentes. Pero no necesariamente nos ha de conducir ello a una descalificación del postulado de la universalidad en relación al reconocimiento de los derechos sociales. En el fondo todo dependerá del significado que se quiera atribuir a la proclamación de los derechos.

Caben dos opciones al respecto. Por un lado, entender que la proclamación del derecho en cuestión implica la obligación de los poderes públicos de llevar a cabo en relación a cada individuo la prestación o el conjunto de prestaciones supuestamente consustanciales al mismo. Por otro, asumir que impone la obligación de que se garantice a su titular el acceso al bien que representa el derecho de que se trate, a cuyo fin los poderes públicos

---

[24] *Ibidem*, págs. 210-212.

cumplirían desde el punto de vista prestacional una función subsidiaria. En principio la distinta accesibilidad del individuo en función de sus disponibilidades económicas a la realización del derecho proclamado no excluye que semejante realización tenga un valor apreciable universalmente. El reconocimiento universal de los derechos sociales podría en ese sentido reflejarse en la idea de que nadie debe quedar privado de la posibilidad de satisfacer las necesidades subsistenciales que reclama su contenido semántico. No se trataría ya de reconocer que el titular del derecho es acreedor a una determinada prestación común a los demás titulares del derecho en cuestión, sino de asumir que todos son acreedores a las prestaciones (eventualmente diferentes) que les permitan acceder al nivel subsistencial que prefigura la representación de ese mismo derecho. Así entendido, el reconocimiento universal de los derechos sociales resulta perfectamente pertinente, porque no necesariamente implica el establecimiento de una organización de los servicios públicos que promueva una distribución igual, en las mismas condiciones, de las prestaciones enderezadas a la satisfacción de las aludidas necesidades subsistenciales. Es más, el hecho mismo de que la satisfacción de las necesidades subsistenciales inherente a la proclamación de los derechos sociales sea en último término una cuestión de grado, admitiéndose distintos niveles de satisfacción, y la limitación de los recursos disponibles para poder proceder a su mejor realización, llevan implícita la idea de una actividad prestacional diferenciada en función de la mayor o menor accesibilidad de cada individuo a la situación ideal que representa la realización de los referidos derechos.

Las dificultades técnicas que pudieran acarrear el establecimiento de una organización de los servicios públicos que diera cumplimiento puntual a las exigencias consustanciales a la proclamación de los derechos sociales, promoviendo prestaciones diferenciadas en base a la distinta posición de partida de cada individuo, no deben servir de excusa para la desactivación del reconocimiento universal de los derechos sociales, ni mucho menos para la desvirtuación de su genuino significado emancipador.

4.1.2.4. La adscripcion de derechos diferenciados de ciudadania

El postulado de la universalidad de los derechos parece en principio difícilmente encajable en el hecho cierto que supone la distinción, generalmente asumida en los textos constitucionales, entre los derechos del hombre y los derechos del ciudadano. El enunciado de la Declaración de 1789 traía aparentemente consigo el germen de la discriminación en la titularidad de los derechos, en la medida en que reconocía derechos que le correspondían al individuo no ya por su participación común de los atributos que definen a la naturaleza humana, sino en virtud de su pertenencia a una determinada comunidad política. La ciudadanía representaba en este sentido una excusa para la segregación, que, por lo demás, evidenciaría su efecto expansivo en la visión degradada del excluido que genera en quienes lo contemplan como un ser jurídicamente inferior[25]. La densidad de los movimientos migratorios que traen causa de la autoconciencia de los desheredados de la fortuna acerca de la desigualdad de oportunidades y calidad de vida que ofrecen los distintos países, con la consiguiente acumulación de población inmigrante en los territorios más prósperos, habría hecho particularmente perceptible el efecto supuestamente perverso de la adscripción de derechos de ciudadanía. De ahí, la denuncia del carácter ideológico de la noción de ciudadanía o las propuestas de eliminación por elevación de su proyección discriminatoria mediante la configuración de la idea de la ciudadanía universal.

Este planteamiento incurre, sin embargo, en un error de perspectiva. El problema no es el concepto de ciudadanía, que refiere un aspecto singularmente importante en la vida de cada persona, como es su inscripción en una determinada comunidad, con la consiguiente posibilidad de participar, aunque sea de manera indirecta, en la elaboración de las decisiones públicas relevantes. Ni siquiera lo es la supuesta atribución diferenciada de los derechos de ciudadanía, porque éstos se postulan en general para todos los individuos, en la medida en que cada uno tiene formalmente establecidos los vínculos que dan lugar al reconocimiento de los derechos de ciudadanía con la comunidad política de pertenencia. Dejando al margen el supuesto singular de los apátridas, que tiene una connotación especial[26], los derechos de ciudadanía no representan en este sentido ninguna excepción en el plano del reconocimiento a la vigencia del postulado de la universalidad de los derechos humanos. El auténtico problema es el desajuste que se produce en nuestros días, de manera absolutamente evidente al afectar a un amplio sector poblacional, entre el reconocimiento de los derechos de ciudadanía y la posibilidad de hacerlos valer efectivamente por parte de su titular. De poco le puede servir a un individuo que se le reconozca la titularidad de los derechos de ciudadanía en relación a una comunidad política a la que de hecho no pertenece, con la que mantiene un vínculo puramente formal. Las migraciones masivas de nuestro tiempo permiten contemplar el absurdo espectáculo de millones de individuos privados materialmente de la posibilidad de ejercitar los derechos de ciudadanía cuya titularidad ostentan, porque, por un lado, la desconexión con la comunidad de origen les impide formarse un juicio adecuado (suficientemen-

---

[25] Luigi Ferrajoli, «Derechos fundamentales», en Luigi Ferrajoli, *Los fundamentos de los derechos fundamentales*, cit. (versión original como «Diritti fondamentali», en *Teoria Politica*, XIV/2, 1988, págs. 3-33), pág. 44.

[26] La generalizada renuencia de los Estados a suscribir la Convención de las Naciones Unidas sobre reducción de la apatridia, de 1961, da en este sentido carta de naturaleza a un supuesto que, por lo que conlleva de desamparo y exclusión del fundamento formal de la titularidad de determinados derechos, representa una evidente anomalía en la perspectiva de la igualdad de los individuos en el acceso al ejercicio de los mismos.

te informado) acerca de los asuntos concernidos en las decisiones públicas, y, por otro, los problemas que se dilucidan en la comunidad que les reconoce la titularidad formal de los derechos de ciudadanía son relativamente ajenos a su esfera de intereses más inmediatos[27].

Esta situación conlleva, por lo demás, el riesgo añadido de generar una cierta desafección del individuo hacia la comunidad de residencia, que se hace patente en la tendencia a agruparse con otros individuos que se encuentran en una situación análoga. El hecho de que no sólo se opere semejante tendencia con respecto a quienes proceden de un mismo lugar (lo que resultaría hasta cierto punto lógico dado el común sustrato vivencial) para abarcar en un sentido más amplio a los no originarios de la sociedad de acogida es la viva muestra de los efectos secundarios del desajuste aludido. La fuerza expansiva de la discriminación jurídica que provoca el desajuste en el reconocimiento de los derechos de ciudadanía en la sociedad de acogida no sólo se proyecta sobre los originarios de esta última en el fomento de la visión degradada del recién llegado a que hacíamos referencia. Se proyecta también sobre el propio inmigrante que, desprovisto de la posibilidad de participar activamente en la conformación de las decisiones que han de regular las relaciones sociales en su entorno existencial, alimentará previsiblemente un sentimiento de apocamiento y pérdida de confianza que sin duda repercutirá negativamente en su desarrollo como ser autónomo, e incluso en el ejercicio de los derechos excluidos de la referencia a la ciudadanía, que, en consecuencia, le son formalmente reconocidos por la comunidad política de acogida.

Ni que decir tiene que semejantes efectos se agravan cuando, más allá de las restricciones que impone desde el punto de vista del ejercicio de los derechos de participación, se asocia la noción de ciudadanía a la titularidad de determinados derechos sociales, a cuyo ejercicio no tendrían acceso legalmente reconocido quienes no tuvieran la ciudadanía del lugar de residencia. El problema no es ya en tales casos que el ejercicio de los derechos de ciudadanía se encuentre dificultado por la falta de información o la ausencia de interés de su titular. El mero hecho de la distancia física con respecto a su comunidad de origen haría absolutamente inviable el ejercicio de cualquier derecho que no se agotara en un acto concreto y puntual. A su vez, la natu-

---

[27] La aplicación a las situaciones de nuestro tiempo del esquema de pensamiento que preside la diversificación de los derechos en su referencia al hombre y al ciudadano en la Declaración de 1789 debería resultar convenientemente matizada al haberse modificado en palabras de Javier de Lucas «Algunas tesis sobre el desafío que plantean los actuales flujos migratorios a la universalidad de los derechos humanos», en Ignacio Campoy Cervera (editor), *Una discusión sobre la universalidad de los derechos humanos y la inmigración*, Dykinson, Madrid, 2006, págs. 87-88, el «presupuesto de la distinción de la condición de extranjero y la de ciudadano». La pretensión de estabilidad de la estancia en la sociedad de acogida poco tiene que ver con la situación de estancia transitoria, que mantiene incólumes los vínculos con la sociedad de origen del individuo, que opera como trasfondo de su formulación.

raleza subsistencial de los derechos no sólo redundaría en una mayor gravedad de la perpetración de cualquier discriminación sobre el particular, sino también en la correspondiente intensificación de los efectos secundarios que le son inherentes.

La situación de exclusión que abona el desajuste en el reconocimiento de los derechos de ciudadanía tendrá también una incidencia general en el desarrollo de la vida social en la comunidad de acogida. La desafección y la pérdida de confianza experimentadas por los excluidos de hecho de su ejercicio influye sin duda en alguna medida en la merma de su aportación en términos de beneficio social. Privada de la contribución que cabía esperar de un individuo incentivado por el hecho de desarrollar su actividad en un lugar que le ofrece expectativas vitales muy superiores a las que tenía en su comunidad de origen, la sociedad de acogida es también víctima en cierta forma de la discriminación jurídica por razón de ciudadanía que ella misma se empeña en provocar[28]. Pero no es ésta, desde luego, la condición de víctima que interesa resaltar en este momento, porque no está precisamente en juego en ese supuesto la vigencia de los derechos fundamentales. Las argumentaciones a favor de la integración como ciudadanos de pleno derecho de los residentes en una determinada comunidad sobre la base del incremento de beneficio social esperable hacen un flaco favor a la causa de los derechos humanos, al asumir una perspectiva ajena a la del propio titular del derecho afectado. El ejercicio (la posibilidad del ejercicio) de los derechos universalmente reconocidos constituye en sí mismo una razón más que suficiente para promover la modificación, en tanto no colisione con otros derechos o valores relevantes, de las estructuras políticas o sociales que puedan constituir un obstáculo al respecto.

La superación del desajuste en el reconocimiento de los derechos de ciudadanía cobraría, desde luego, un sentido diferente si los distintos Estados asumieran la responsabilidad que les incumbe en la consolidación de situaciones de grave desigualdad en las posibilidades de desarrollo personal que ofrece la residencia en uno u otro lugar, generando una acción solidaria en pro de la instauración de un mayor equilibrio de la distribución de la riqueza y de las oportunidades vitales. No faltan en este sentido voces que advierten del carácter interesado de semejante acción insolidaria ante el riesgo de estallido social inherente a la persistencia en la inobservancia de los deberes

---

[28] Esto no significa que todos los integrantes de la sociedad de acogida vayan a resultar necesariamente beneficiados en la realización de sus intereses particulares por la plena integración del inmigrante. Es más, el rechazo que provoca la pretensión de reconocerle los derechos de ciudadanía en el país de residencia es buena muestra de que determinados individuos se sienten negativamente afectados por ello. Habría que cuestionar entonces la razón por la que se les deba a ellos reconocer el derecho a ostentar una posición privilegiada por razón de nacimiento, con su consiguiente prolongación en la pretensión de objetar el indiscriminado disfrute de los derechos por parte de los más desfavorecidos.

positivos que impone el ejercicio de los derechos fundamentales. A todos conviene, desde luego, que semejante consecuencia no termine asumiendo la forma de sanción efectiva ante el incumplimiento de una norma que no por resultar extrajurídica deja de afectar a titulares y obligados. La condición de «única alternativa realista» que se atribuye a la cooperación al desarrollo en los términos apuntados[29] no debe desdibujar el significado primario del ejercicio efectivo de los derechos universalmente reconocidos. En tanto no se lleve a cabo una reordenación más equilibrada y justa de la sociedad internacional que la haga viable, la reparación del desajuste en el reconocimiento de los derechos de ciudadanía constituirá una exigencia del postulado de la universalidad de los derechos humanos, en modo alguno un obstáculo insuperable para su puesta en práctica. No conviene en este punto confundir la situación de hecho con los imperativos de la razón. Ni mucho menos atribuir a aquélla un alcance normativo que difumine el sentido real de los mismos.

No es, pues, la vigencia del postulado de la universalidad en el plano del reconocimiento de los derechos humanos lo que pone en entredicho la adscripción de derechos diferenciados de ciudadanía. Nos encontramos, más bien al contrario, ante un problema de deficiente realización del postulado de la universalidad, si bien es verdad que el déficit de realización viene a su vez provocado por el reconocimiento geográficamente desajustado de los derechos de ciudadanía que afecta a un amplio sector poblacional, precisamente al sector que, obligado por las circunstancias a abandonar su comunidad de origen, presenta una mayor vulnerabilidad en lo que a su desarrollo autónomo concierne. Deberíamos en este sentido ser (también en relación a los derechos de ciudadanía) cuidadosos a la hora de extremar las medidas que garanticen el debido ajuste entre el plano de reconocimiento y el de la realización de los derechos. Es ésta una responsabilidad que, en su condición de fundamento inmediato de la situación de discriminación generada, incumbe de manera especial al Estado.

4.2. La realizacion de los derechos

4.2.1. El trasfondo de la realizacion universal de los derechos

El reconocimiento universal de los derechos humanos no constituye un fin en sí mismo, es un instrumento orientado a su realización. No basta con atribuir alcance normativo a la declaración de la titularidad universal de los derechos. Es preciso también que la titularidad de los derechos sea efectiva-

---

[29] Luigi Ferrajoli, «Los derechos fundamentales en la teoría del derecho», en Luigi Ferrajoli, *Los fundamentos de los derechos fundamentales*, cit. (versión original como «I diritti fondamentali nella teoria del diritto», en *Teoria Politica*, XV/1, 1999, págs. 49-92), pág. 176.

mente ejercida, que los sujetos obligados con respecto al titular lleven a cabo las acciones y abstenciones que reclama su enunciado. No supone ello minusvalorar el significado de su reconocimiento, porque éste constituye el presupuesto evidente de su realización, pero las exigencias del postulado de la universalidad de los derechos en modo alguno pueden considerarse satisfechas con un planteamiento que no traspase la estricta consideración del nivel del reconocimiento formal.

La realización de los derechos constituye un supuesto particular de acatamiento normativo (el acatamiento de la norma que reconoce el derecho en cuestión). Como tal, reviste las características propias de la observancia normativa en general. El cumplimiento de las acciones y abstenciones que conforman el objeto de cada derecho está siempre sometido en este sentido al albur de la voluntad humana, que bien pudiera desoir sus requerimientos asumiendo en su caso las consecuencias desfavorables de la decisión adoptada. Pero presenta también problemas específicos cuyo análisis variará lógicamente en función de la estimación de que la exigencia normativa se concrete en una acción, en una abstención o en un conjunto de acciones y omisiones. Esta es, pues, la primera cuestión a dilucidar.

Frente a la apariencia que pudieran suscitar algunos derechos (los derechos de primera generación en particular) en el sentido de reclamar una actitud exclusivamente pasiva, de no injerencia en el ámbito de su disfrute, por parte del sujeto obligado, se impone la consideración del deber de los poderes públicos de establecer las correspondientes garantías mediante la puesta en práctica del entramado institucional requerido para su realización. No necesariamente se limitan éstas a la compulsión del sujeto pasivo para que acomode su comportamiento a lo dispuesto en el enunciado normativo, ni a la previsión de la aplicación de una determinada sanción en el caso de incumplimiento. Se trata también en ocasiones de habilitar la presencia de instrumentos concretos sin los cuales resultaría inconcebible el ejercicio pleno del derecho en cuestión, bien por representar condiciones materiales estructurales del mismo (las urnas en el caso del derecho al voto...), bien por conformar los elementos de seguridad necesarios ante las posibles desviaciones del sentido propio de su ejecución (los interventores de mesas electorales en el caso del derecho al voto, los registros públicos en el caso del derecho de propiedad...). De ahí que, refutando los planteamientos simplistas de la estructura de los derechos que contraponen el carácter prestacional de los derechos sociales al supuestamente gratuito de los derechos civiles y políticos, se coincida en resaltar el coste que acarrea en general la realización de los derechos[30].

Todo este entramado de garantías sustantivas y normativas constituyen de alguna manera prerrequisitos de la realización de los derechos. Por

---

[30] Gerardo Pisarello, *Los derechos sociales y sus garantías. Elementos para una reconstrucción*, cit., págs. 60-61.

mucho sentido universal que se quiera dar a su titularidad, sin ellos el reconocimiento de los derechos queda viciado en su base, desprovisto, por la consciente voluntad de los poderes públicos que se abstienen de llevar a cabo las acciones y omisiones exigibles al efecto, de la posibilidad misma de alcanzar el objetivo que se les supone. Como quiera que, en general, la regulación jurídica tiene por objeto inmanente su observancia por parte de los sujetos obligados, habrá que considerar que, también en el caso de la proclamación de los derechos, queda hasta cierto punto incompleta cuando no se acompaña de la disposición de los medios de garantía expresados[31].

El coste económico que puede comportar la realización de los derechos representa ya un relevante matiz adicional con respecto al planteamiento general de la observancia de la norma jurídica. La consideración del sacrificio que para el destinatario supone atender a los requerimientos de la norma (también a los requerimientos de la norma que reconoce los derechos) constituye un serio incentivo para su vulneración. Únase a ello el margen de impunidad que ofrece la circunstancia de que la realización de los deberes prestacionales incumba en gran medida a los poderes públicos, que son precisamente los encargados de garantizar su observancia, y tendremos un cuadro suficientemente expresivo de la dificultad significativa que desde el punto de vista prestacional entraña la realización de los derechos. La muy diferente entidad que ese carácter prestacional puede adquirir en función del tipo concreto de derecho de que se trate explica los recelos que en algunos ámbitos suscita la aplicación extensiva del postulado de la universalidad a los derechos sociales, más allá de lo que al respecto supone el compromiso del Estado con sus nacionales. Sin desdoro de las ampulosas declaraciones que inciden en la afirmación de la titularidad universal de los derechos sociales, la prestación de ayuda humanitaria a los países del tercer mundo no pasa de tener en la mayoría de las ocasiones un carácter simbólico, resultando a todas luces insuficiente al efecto de subvenir a la realización de sus necesidades más elementales. La preservación de la buena conciencia personal que impulsa su reconocimiento universal no se plasma en una acción política que, más allá de las fronteras estatales, haga mínimamente viable la realización del postulado en cuestión. Incluso en el ámbito interno la presión ejercida sobre los poderes públicos para aplicar un diferente rasero de realización de los derechos, en los supuestos en que su reconocimiento no hace acepción de circunstancias personales ni *status* jurídico, a favor de la mayo-

---

[31] Frente a la confusión habitual entre derechos y garantías Luigi Ferrajoli, «Los fundamentos de derechos fundamentales», cit., pág. 329, subraya en este sentido el carácter lagunoso del ordenamiento jurídico que vulnera la obligación de establecer las correspondientes garantías a los efectos de asegurar la realización del contenido obligatorio inherente al derecho en cuestión. La crítica a la consideración a la ausencia de la garantía del derecho como laguna jurídica en Giamluigi Palombella, *La autoridad de los derechos*, traducción de José Calvo González y Cristina Monereo Atienza, Trotta, Madrid, 2006, págs. 29 y ss.

ría de antemano instalada en una injustificada situación de privilegio contribuye a consolidar el desfase que en este punto media entre los planos del reconocimiento y de la realización de los derecho.

Cierto es que, en sentido contrario, la entidad de los intereses en juego (la realización de las exigencias que proyectan los atributos inderogables del individuo) provoca una cierta sensibilidad acerca de la necesidad de proceder a la urgente realización de los derechos humanos, en particular de los derechos que satisfacen requerimientos de carácter subsistencial. Es, en cualquier caso, una sensibilidad que está muy lejos de plasmarse en una realización igualatoria, no discriminatoria, de los derechos (lo que constituye el presupuesto mismo del postulado de la universalidad), contentándose en general con la mera atenuación de las situaciones visibles más menesterosas. La indiferencia ante las situaciones no evidentes, aun conscientes de que su gravedad puede ser muy superior a la de las que se hacen patentes cotidianamente ante nosotros (la distancia no empaña la trascendencia real de las distintas situaciones), es la mejor prueba de que a las enfáticas declaraciones que sin ambages afirman la titularidad universal de los derechos les subyace muchas veces un propósito muy distinto al que parecía conformar su objetivo consustancial. Más que de realización universal de los derechos se podría hablar de una preservación particular de la conciencia personal de los más privilegiados, alcanzada ciertamente mediante una atención insuficiente de las necesidades más elementales de los individuos que se encuentran en nuestro entorno vital (de los individuos cuya situación de menesterosidad no podemos dejar de conocer, por incómoda que nos resulte su contemplación).

La igualación por abajo (la atención a las necesidades más elementales) no puede dejar de ocultar el sentido discriminatorio (aunque sea una discriminación por omisión) de la consolidación de situaciones tan nítidamente diferenciadas. Son, desde luego, muchas las dificultades que entraña la determinación precisa de los deberes que incumben a cada individuo en relación a la realización de los distintos derechos de los demás. Pero ello no puede servir de excusa para plantear semejante realización en términos de preservación de la conciencia personal al respecto. Es una triste paradoja que, con todas las ventajas ya referidas que conlleva su activación, el reconocimiento universal de los derechos pueda paralelamente contribuir a la realización de un fin tan espurio, en cualquier caso contradictorio con la versión más integral del propio postulado de la realización universal de los mismos. La realización universal de los derechos humanos se interioriza en este sentido muchas veces como una cuestión lejana, ajena a nuestras responsabilidades, en el mejor de los casos como una cuestión que sólo reclama de nuestra parte un sacrificio de alcance limitado, incapaz de satisfacer los requerimientos del postulado en cuestión. La pertenencia común a la especie humana nos lleva a pergeñar un diseño de los derechos que nos corresponden como proyección inmediata de nuestra común dignidad, y a reclamar la realización de su contenido normativo cuando éste pueda verse afectado o encontrarse en peligro. Pero somos muy reacios a asumir las obligaciones que nos pudieran incumbir en orden a la realización de los derechos de los demás. Estamos, desde luego, muy lejos de la asunción de la idea de la plena disposición personal al respecto. El distanciamiento que media entre los derechos (universalmente reconocidos) y los deberes (los deberes que nos atañen en relación a la realización de los derechos de los demás) da cuenta en este sentido de que tal vez no se encuentre la naturaleza humana a la altura moral de los atributos que se le suponen.

Por lo demás, el hecho mismo del reconocimiento universal de los derechos pone de manifiesto el carácter necesariamente limitado de su realización. Los titulares de los derechos conviven en un determinado ámbito social, entrando en ocasiones en conflicto la realización de los derechos de cada uno con la simultánea realización de los derechos de los demás. Cuando semejante contradicción se presenta en términos de incompatibilidad se hace evidente la necesidad de proceder a una realización limitada de los derechos, bien porque por su mayor jerarquía o por las concretas circunstancias en que se plantee el problema deba ceder la realización de un determinado derecho ante las exigencias que impone una realización en sentido contrario, bien porque la entidad de los bienes en conflicto haga aconsejable maximizar el grado de realización simultánea de los derechos en el bien entendido de que nunca podrá resultar completa la realización de los dos derechos contrapuestos. Obvio es decir que las posibilidades de que se produzcan conflictos puntuales (el conflicto potencial siempre está presente) se incrementan en función del número de titulares de los derechos y de las exigencias que se entiendan comprendidas en la titularidad en cuestión. En este sentido el reconocimiento universal de los derechos contribuiría considerablemente a poner de manifiesto el alcance limitado de su realización y la consiguiente necesidad de encontrar criterios para determinar el nivel de realización requerido con respecto a los distintos derechos que pudieran entrar en conflicto.

Por lo demás, la realización de los derechos no se produce en el vacío. Se pone de manifiesto en una comunidad concreta, en circunstancias que bien pudieran difuminar el sentido último del postulado de la universalidad[32]. De ahí la necesidad de promover un modelo de organización social y una actitud de los poderes públicos coherente con el empeño asumido. En cuanto garante de la mejor realización de los derechos reconocidos, se hace patente la

---

[32] Expresivamente señala en este sentido Pietro Costa, «Ciudadanía y patrones de pertenencia a la comunidad política», en Pietro Costa - Benito Álvarez Corral, *Nacionalidad y ciudadanía*, (edición a cargo Mª Isabel de la Iglesia Monge), Fundación Coloquio Jurídico Europeo, Madrid, 2008, pág. 33, que el universalismo de los derechos «está obligado a pasar por la puerta estrecha de la nación, está obligado a vérselas con el particularismo de una comunidad determinada».

responsabilidad que le incumbe al Estado a este respecto. Una responsabilidad que, si se quiere tomar en serio el postulado de la universalidad de los derechos, no tendría que ceñirse necesariamente a la consideración de los conflictos que se produzcan en el ámbito limitado que proporciona la más restringida interpretación de lo que constituye su área de influencia. Se trataría así de paliar, en la medida de lo posible, el desfase entre la universalidad en el reconocimiento y en la realización que inevitablemente acarrea la «estatalización del deber» de satisfacer las exigencias inherentes a los derechos humanos[33].

4.2.2. *La manipulacion de los enunciados normativos como supuesto especifico de vulneracion de la realizacion universal de los derechos*

El imperativo de la realización de un determinado derecho puede, desde luego, entrar en colisión con los imperativos inherentes a la realización de otros derechos diferentes. La necesidad de adoptar un criterio para resolver los conflictos (siquiera sea un criterio de resolución caso por caso) no exime la toma de conciencia de lo que en sí refiere la realización del derecho en cuestión. Sólo teniendo claro el contenido de significado de cada derecho podremos proporcionar una solución adecuada al problema que se nos presente, valorando el nivel de realización requerible en relación a cada uno de los derechos presuntamente incompatibles. El hecho de que la realización de determinados derechos entre siempre en conflicto con determinados bienes relevantes (el valor económico que comporta la misma en el caso de los derechos sociales...) o con los intereses de un sector social especialmente influyente (el mantenimiento del nivel de vida de la población autóctona o del dominio cultural instalado en una determinada área geográfica, en el caso del derecho al libre asentamiento...) ha provocado una visión absolutamente distorsionada del contenido normativo de los distintos derechos. El planteamiento parte de que, siendo inviable en la acepción más primaria del derecho de que se trate su plena realización, lo que no necesariamente es cierto (no siempre son atendibles, moralmente relevantes, los intereses que se oponen a la misma), la referencia semántica del derecho no puede de ninguna manera coincidir con el dictamen de esa primera acepción. Es preciso erigir entonces un significado alternativo, compatible con la posibilidad de su más completa y cabal realización. De lo contrario, si se opta por asumir el significado más genuino, el significado comúnmente interiorizado por los miem-

---

[33] Benito de Castro, «La universalidad de los derechos: ¿dogma o mito?», cit., pág. 395, pone de relieve el carácter inevitable del desfase al expresar que «aun en el supuesto de que fuera posible afirmar una cierta universalidad en relación con el ámbito del reconocimiento, resulta inviable la pretensión de afirmarla con el de la realización».

bros del grupo social, habría que entender, conforme a esta hipótesis, a la expectativa que sugiere la expresión utilizada como una expectativa definitivamente expulsada del reino de los derechos.

Obvio es decir que a semejante planteamiento le subyace el clamoroso error de concepto que consiste en pensar en las limitaciones realizativas de los derechos como una excepción a su carácter fundamentalmente absoluto: la regla general que dispone la imposición de las exigencias inherentes a la realización de los distintos derechos sólo cedería en los casos puntuales en que se produjera una colisión, en principio no contemplada, con otro u otros derechos diferentes. No se toma, pues, en consideración el supuesto de una colisión permanente que aniquilara la eventualidad de una realización plena del contenido normativo de cada derecho. La identificación de una determinada expectativa como derecho requeriría cuando menos la representación de la hipótesis de su realización en estado puro, sin tener que proceder de manera sistemática a la valoración de los intereses en juego en un conflicto supuestamente ineludible.

A decir verdad, el planteamiento de esta, por lo demás relativamente generalizada, versión del contenido normativo de los derechos no suele asumir expresamente la condición de base referida. Muy al contrario, la caracterización inevitablemente limitada de los derechos no provoca en general ningún tipo de controversias.[34] Esta errónea concepción permanece, no obstante, latente, cómodamente instalada en la cultura jurídica, proyectando sus confundentes efectos en una comprensión de los enunciados normativos declarativos de derechos absolutamente alejada de los usos habituales del lenguaje. Sus epígonos se ven obligados a escenificar auténticas piruetas argumentales para revertir el sentido común de las palabras, con una actitud que en el fondo no hace más que consolidar las situaciones preestablecidas a despecho del efecto transformador que, para mayor contradicción, explícitamente se asume como consustancial al reconocimiento mismo de los derechos.

Las reglas de la lógica y el carácter expansivo del lenguaje ordinario no constituyen en este sentido rivales de suficiente entidad para abatir el inveterado acoplamiento de la mentalidad del hombre a las circunstancias más estridentes que conforman su entorno existencial. No sólo se las acepta con absoluta naturalidad, sino que, llegado el caso, cuando su asunción se siente amenazada por la presencia de enunciados normativos de evidente signo transformador, sale a relucir todo el arsenal defensivo que anida en el sub-

[34] La existencia de posturas que refieren el carácter absoluto de los derechos no suele representar una excepción a esa línea tendencial, porque en general utilizan la expresión absoluto en un sentido impropio, compatible con su calificación como derechos limitados o relativos. Es, por ejemplo, el caso de Jorge Carpizo, «Los derechos humanos», en AA.VV., *Protección Internacional de los Derechos Humanos*, Librería Editora Platense, La Plata, 2007, pág. 36, para quien los derechos humanos «son absolutos porque son inherentes a la propia naturaleza humana y nadie puede ser privado de ellos, empero son relativos porque pueden ser limitados...».

consciente del individuo para voltear su significado adaptándolo a las exigencias que impone la preservación de la realidad de hecho, por muy mezquina y denostable desde el punto de vista de la emancipación personal que pudiera ésta resultar.[35] La subrepticia intervención (creando el ambiente cultural adecuado para la distorsionada interiorización de los enunciados normativos) de quienes ocupan las posiciones de privilegio que pudieran en su caso sentirse afectadas por la aplicación irrestricta de los distintos derechos, que normalmente son quienes disponen de una mayor capacidad de influencia al respecto (la denominación cultural se hace en este sentido particularmente evidente), contribuye sin duda a afianzar el efecto aludido.

Ni que decir tiene que semejante subversión del sentido común de las palabras tiene su correspondiente repercusión en un planteamiento fallido de los problemas inherentes a la aplicación del derecho en cuestión, que no toma en la debida consideración la legítima posibilidad (la necesidad en su caso) de restringir el nivel de su realización como consecuencia del conflicto hipotéticamente generado con otros derechos o bienes relevantes. Los enunciados normativos que consagran el derecho al trabajo y el derecho a la emigración y libre asentamiento constituyen buenos ejemplos de este tipo de manipulación lingüística.

El articulo 23-1 de la Declaración Universal de Derechos Humanos reconoce explícitamente el derecho al trabajo («todos tienen derecho al trabajo»), lo que no es óbice para que en el número tres de ese mismo artículo asuma la posibilidad de que haya personas que no disfruten de la plena realización del derecho en cuestión. La referencia al derecho de «toda persona que trabaja» a «una remuneración equitativa y satisfactoria» lleva implícita la representación de la idea de que puede haber personas que no trabajen. Nada hay que objetar desde el punto de vista de la lógica del reconocimiento normativo de los derechos a esta posibilidad, porque la existencia de un determinado enunciado normativo no asegura ni mucho menos su observancia por parte de sus destinatarios. La eventualidad del incumplimiento de la norma está siempre presente, debiendo en su caso ser tomada en consideración por el sistema normativo de que se trate. La aplicación de los usos del lenguaje ordinario llevaría a entender que todos han de tener acceso a una situación

---

[35] Una puntual excepción a la implícita aceptación de la manipulación de los enunciados normativos declarativos de derechos humanos que preside el sentido de la cultura jurídica contemporánea representa la tesis de Lorenzo Peña, «Un acercamiento republicano a los derechos positivos», en *Estudios republicanos*, Plaza y Valdés, Madrid, 2009, págs. 273-289, relativa al acceso directo del individuo a los bienes referidos por los derechos positivos que pudieran encontrarse disponibles. La aplicación de la tesis requerirá, no obstante, en cualquier caso la previa evaluación de los bienes relevantes que pudieran entrar en colisión con el derecho en cuestión. Lorenzo Peña asume implícitamente esta idea cuando sostiene la necesidad de «asegurar el disfrute del derecho a vivir» aun a costa de la restricción de determinados derechos negativos (la cita en pág. 288).

de actividad laboral, pudiendo reclamar de los poderes públicos su instauración cuando ésta no se diera efectivamente. Obvio es decir que semejante concepción colisiona de manera frontal con la mentalidad más extendida en nuestro círculo cultural. El predominio de esa mentalidad se hace patente en la utilización de dos vías alternativas: la degradación del derecho en cuestión a la condición de una mera expectativa ideal de imposible ejecución, y la manipulación de su significado adjudicándole un contenido que muy poco tiene que ver con la intelección más intuitiva del enunciado normativo que lo declara.

Son expresivas de la primera opción las tesis que proclaman la necesidad de desconstitucionalizar el derecho al trabajo. Se argumenta que no tiene sentido dar alcance normativo a una expectativa de antemano destinada al fracaso, porque el individuo no podrá nunca disponer de los instrumentos de garantía que permitan hacer efectiva su realización. Su reconocimiento por parte de la Declaración Universal y su correspondiente incorporación a los textos constitucionales, que tratan de ser consonantes con el ideario en ella reflejado, constituirían para esta concepción una desnaturalización del sentido general de los derechos como expectativas llamadas, por la singular relevancia de los bienes que se encuentran en juego, a imponer en cualquier caso su realización, incluso contra la eventual opinión en sentido contrario de la mayoría. Salta a la vista la improcedencia de este tipo de tesis que, para empezar, no tienen en cuenta la realización completa de tales expectativas en determinados sistemas jurídicos. El pleno empleo es una experiencia empíricamente constatable en los países de socialismo real. Otra cosa es pensar en el precio que en términos de realización del ideario general de los derechos humanos haya que pagar para la satisfacción de una entre tantas de las exigencias en que el mismo se proyecta en la vida social. La merma de libertad, la disminución del grado de productividad, con su consiguiente detrimento de la posibilidad de atender debidamente a la realización de otros objetivos públicos, el eventualmente insatisfactorio nivel remunerativo del puesto de trabajo ocupado, etc., son elementos que hay que tomar en consideración a la hora de activar la realización del derecho que nos ocupa y que pueden hipotéticamente justificar la restricción de su aplicación. Pero de ello no se infiere que la expectativa de la ocupación del puesto de trabajo deje de constituir un derecho fundamental (que pierda sentido su incorporación a los textos constitucionales). Al contrario, lo es hasta el punto de que, en ausencia de cualquier otro derecho o valor relevante que se le pudiera contraponer (situación cuya posibilidad nunca estarían dispuestas a conceder determinadas concepciones políticas), sería de automática ejecución en los términos estrictos que determina su contenido normativo. Tampoco pierde eficacia como derecho fundamental por el hecho de que entre en conflicto su aplicación con la de otro derecho o valor relevante, porque su propia condición de derecho fundamental permite modular adecuadamente la restricción de su aplicación y, en su caso, la del derecho o valor que se le contraponga conforme a las reglas que rigen la solución de este tipo de conflictos. Lo que falla en este caso no es, por consiguiente, la identificación del contenido normativo del derecho que nos ocupa, que es cabalmente percibida, sino la deficiente atención al conflicto con otros derechos o valores relevantes que pudiera generar su aplicación, lo que conduce a la propuesta de requerimientos de política jurídica sustancialmente desintegradores del potencial emancipatorio de los derechos.

Muy distinto es el supuesto que plantea la segunda alternativa aludida. El punto de partida es ciertamente el mismo. Prevalece la generalizada interpretación de los derechos como expectativas exigibles siempre y en todo lugar, insusceptibles de ser restringidas en su realización por circunstancias que no tengan que ver con la existencia de supuestos puntuales, transitorios en cualquier caso, de colisión de derechos. En esta interpretación encaja evidentemente mal la acepción más primaria del derecho al trabajo como derecho a la ocupación del puesto laboral remunerado porque, en su condición de exigencia referible en último término a los poderes públicos, de manera inevitable habría de afectar su completa realización a otros valores o intereses que se encuentran en la órbita de los objetivos de la acción pública. La preservación de la mentalidad social dominante que rechaza la posibilidad de darle un sentido normativo a semejante exigencia dirigida a los poderes públicos se articula, no obstante, ahora sin poner en cuestión el carácter normativo del contenido de significado del derecho que nos ocupa. No se trata ya de destacar la inviabilidad normativa de la expectativa que se reclama como derecho. En la medida en que la expectativa viene reconocida como tal derecho en un determinado enunciado normativo habrá que entender que es perfectamente exigible su realización, debiendo en último término el Estado habilitar los instrumentos de garantía pertinentes para el caso. Se trata, más simplemente, de atribuir un contenido diferente, susceptible de incondicionada realización, a la expectativa en cuestión. Se hacen notar en este sentido voces que abogan por una interpretación del derecho al trabajo como libre elección de trabajo o como derecho al subsidio en el caso de que no se estuviera en una situación de actividad laboral. Ni que decir tiene que tales interpretaciones escapan por completo a las reglas que rigen los usos del lenguaje ordinario.

Se supone que el derecho al trabajo tiene por objeto la obtención del puesto de trabajo, no la disposición de un determinado grado de libertad en la elección del trabajo. Por lo demás, si se interpreta el derecho a la libre elección de trabajo en su acepción más amplia habría que entender comprendido en su contenido normativo a la posibilidad misma de exigir de los poderes públicos la ocupación del puesto de trabajo, pues no puede haber libertad de elección cuando no hay donde elegir. El derecho a la libre elección de trabajo resultaría en este sentido aun más costoso en términos de colisión de valores que el simple derecho al trabajo, que constituye en cierto modo su presupuesto necesario. Si, en una acepción mucho menos ambiciosa, se quiere interpretar la referencia a la libre elección de trabajo como interdicción de la imposición forzosa de una actividad laboral indeseada por el sujeto afectado, nos encontraríamos en las antípodas, no ya de la acepción más conforme con el sentido común de las palabras del derecho al trabajo, sino de la propia consideración de éste como derecho social. Se estaría prescribiendo el deber de abstenerse de afectar en un ámbito concreto (la elección de trabajo) a la esfera de libertad del individuo, quien, por su parte, no podría reclamar sobre la base del reconocimiento de semejante derecho ninguna actividad prestacional que no fuera la puesta a su disposición de los medios de defensa jurídica pertinentes al respecto.

La interpretación del derecho al trabajo como derecho al subsidio ante el desempleo merece una análoga valoración. No nos encontraríamos, evidentemente, en ese caso ante una desnaturalización del sentido del derecho al trabajo como derecho social, porque el derecho al subsidio trata igualmente de atender las necesidades primarias del individuo, en mayor grado incluso que el derecho al trabajo dado su carácter sustitutorio del mismo. Por lo demás, en la medida en que el derecho al subsidio constituye un remedio ante la falta de realización del derecho al trabajo podría en algún sentido asimilarse materialmente su aplicación a una realización incompleta del derecho al trabajo. La identidad de su fundamento material (subvenir a las necesidades primarias del individuo, bien proporcionándole un puesto de trabajo remunerado, bien una prestación sustitutoria de la remuneración laboral) y la mayor facilidad que en términos de realización irrestricta ofrece el derecho al subsidio (que, si bien conlleva un coste económico, no supone la directa intervención en el sistema económico del libre mercado) no deben, sin embargo, ocultar las diferencias sustanciales que median entre ambos. Una cosa es reclamar la ocupación de un puesto de trabajo remunerado, y otra muy distinta reclamar la habilitación del instrumento de protección que compense la situación de desocupación laboral. La identificación del derecho al trabajo en términos de protección ante el desempleo constituye en este sentido una evidente manipulación del lenguaje, que por lo demás no deja de tener consecuencias prácticas. La solución del conflicto normativo que a la hora de adoptar una determinada política jurídica plantea la colisión del derecho en cuestión con otro derecho igualmente reconocido en una determinada disposición jurídica podrá tener un sentido muy diferente según se interprete el contenido semántico del derecho al trabajo en una u otra acepción. La maximización del nivel de realización posible del derecho al trabajo que deriva de la ponderación de los intereses en juego habrá de mirar en un caso a las posibilidades que ofrece la política jurídica a adoptar de disminuir el nivel de desempleo, y en el otro a las posibilidades que brinda de garantizar una mejor protección en caso de desempleo. La diversidad de los intereses que entran en juego no garantiza evidentemente una solución unitaria.

Hay que señalar, por otro lado, que la interpretación del derecho al trabajo como derecho a la libertad de elección del trabajo o como derecho al subsidio no sólo resulta contradictoria con los usos del lenguaje ordinario. Se enfrenta también a las exigencias que impone la interpretación sistemática del enunciado normativo en cuestión, que normalmente va acompañado de otros enunciados normativos, en su caso integrados en el mismo texto de la Declaración o del correspondiente cuerpo legal, que expresamente reconocen el derecho a la libre elección de trabajo o el derecho a la protección contra el desempleo. Es, sin ir más lejos, el caso del artículo 23 de la Declaración Universal, que acumula en su formulación la referencia diferenciada a los tres derechos aludidos. Resultaría evidentemente absurdo pensar en una referencia diferenciada de expresiones que, a la hora de la verdad, tuvieran un idéntico significado. Las reglas de la lógica dejan también al descubierto la manipulación del significado de la expresión lingüística que denota el derecho en cuestión.

Algo similar sucede en el caso del derecho a emigrar y a asentarse en un determinado lugar que proclama el artículo 13-2 de la Declaración Universal. Sin entrar en la valoración de la conveniencia o inconveniencia de la incorporación de este enunciado al texto de la Declaración Universal, hay que entender que cuando se reconoce el «derecho a salir de cualquier país incluso del propio, y a regresar a su país» se está implícitamente asumiendo la pertinencia del derecho a instalar la residencia por un tiempo indeterminado en cualquier país. El reconocimiento de un derecho supone la posibilidad de ejercitar, sin otro límite que el que pudiera imponer la colisión de su ejercicio con otro derecho o con otro valor relevante, las facultades conferidas. Resultaría en este sentido absurdo pensar en un individuo neuróticamente obsesionado con el ejercicio de la posibilidad que se le concede de entrar y salir de un país, que redujera en consecuencia al mínimo el tiempo de estancia en los países visitados. En la medida en que no se establece límites al individuo en relación al número de veces que puede ejercitar las facultades que le concede el enunciado normativo que nos ocupa ni al tiempo máximo de estancia en los distintos países, es evidente que se le está facultando para permanecer en principio sin restricción temporal en el país en cuestión. La salida de un país necesariamente supone la entrada en otro y entre la entrada y la salida tendrá que mediar un tiempo que, a falta de prescripción normativa al respecto, habría que considerar indefinido. No cabe en este sentido (mucho menos tratándose de derechos supuestamente universales) una interpretación restrictiva con respecto al periodo comprendido entre la entrada y la salida del país. Resultaría paradójico, en cualquier caso contradictorio con el espíritu que parece guiar a la redacción del enunciado normativo, que el derecho «a regresar a su país» se transformara, en una interpretación igualmente deformante del sentido común de las palabras, en una injustificada obligación de regresar a su país.

Por lo demás, siguiendo una interpretación estrictamente literal el carácter excepcional que parece atribuir el artículo 13-2 a la circunstancia de salir del país propio del individuo induciría a pensar en la salida del país ajeno como el hecho común que reconoce el derecho que nos ocupa. Y no cabe salida de ningún país que no vaya precedida de la entrada y consiguiente estancia en el mismo. El carácter genérico que en esa interpretación literal se quiere dar al derecho a salir del país ajeno avalaría igualmente la posibilidad de la renuncia al ejercicio del mismo hasta el momento que estimara conveniente el individuo, permaneciendo en consecuencia legítimamente en el país ajeno durante el tiempo referido.

No es cuestión de exprimir las posibilidades que ofrece una interpretación estrictamente literal del enunciado del artículo 13-2. Hay que pensar en este sentido que la mención al derecho a salir de cualquier país «incluso del propio» no pretende atribuir un carácter supuestamente común al derecho a la salida, previa estancia por tiempo indefinido, del país ajeno frente al carácter excepcional que tendría la salida del país propio, lo que llevaría a pensar en el carácter igualmente excepcional de la residencia en este último. Es una mención que se explica en la perspectiva de las dificultades que encuentran quienes son objeto de persecución política para salir y volver a su propio país, situación que se trata de corregir recalcando que el derecho a entrar y salir de (a residir en) cualquier país se extiende igualmente a ellos, con mayor motivo en su caso dada la deficitaria situación que sufren desde el punto de vista de la realización de su libertad. Pero, sin necesidad de forzar la interpretación en el sentido apuntado, desestimando la consideración del tenor literal de expresiones que cobran un significado especial en la perspectiva que ofrece la intención del redactor del enunciado normativo, parece fuera de duda que el artículo 13-2 viene a reconocer un derecho general (universal) a la emigración y a la libre instalación de la residencia en cualquier país.

No se podría argumentar en sentido contrario que ese derecho general a la emigración no puede convertirse en un derecho general a la inmigración porque no se contempla el deber correlativo de los Estados de admitir a cuantos inmigrantes quisieran instalarse en sus territorios. Y es que ese deber va sobreentendido en la referencia al derecho a la emigración. Ningún derecho puede ser interpretado como un poder que a nadie impone obligaciones. La estructura del derecho subjetivo incorpora la idea del sujeto pasivo, que es el obligado a llevar a cabo el comportamiento activo u omisivo correspondiente. Evidentemente, en el caso del derecho a la emigración el sujeto pasivo viene fundamentalmente encarnado por los Estados (también en algún sentido por los particulares, en la medida en que les está igualmente vedada la obstaculización de su realización), a quienes correspondería la obligación de permitir la entrada y consiguiente estancia en su territorio a cuantas personas quisieran acceder al mismo.[36]

---

[36] Semejante apreciación no resultaría desmentida por la alusión de algunos autores al derecho a la inmigración. Es, por ejemplo, el caso de Rafael de Asis Roig, «Derechos

De sobra está decir que la aplicación irrestricta del derecho a la emigración y libre asentamiento que consagra el articulo 13-2 de la Declaración Universal supondría una auténtica revolución del orden mundial, como tal muy difícil de llevar a cabo (incluso de imaginar) en un breve espacio de tiempo. Se podrían también esgrimir razones en favor de la conservación del estado actual de la organización del mundo, o cuando menos de la reducción de la intensidad del efecto transformador que le es inherente. Razones que en el fondo constituirían la expresión de valores relevantes a contraponer a la realización del aludido derecho a emigrar. La existencia de esos relevantes valores que pudieran entrar en colisión con el reconocimiento irrestricto del derecho a emigrar modularía su aplicación. Cabría incluso pensar en una hipotética neutralización de su aplicación que legitimara la consolidación de la situación actual. Pero semejante neutralización debería ser consecuencia de la razonada ponderación de los bienes en juego (el derecho general a la emigración y libre asentamiento de un lado y los valores a él contrapuestos de otro), no de una interpretación sesgada del enunciado normativo que manipulara su sentido primario (el sentido conforme al uso habitual del lenguaje) hasta hacerle perder todo su efecto transformador. No se trata sólo de avalar una solución al complejo problema que suscita la presencia de valores enfrentados (el derecho a la emigración y libre asentamiento y las razones para la consolidación de la organización actual del mundo), sino de comprender cuál es el significado y la entidad de los dos polos del conflicto, entre otras cosas porque únicamente su cabal comprensión podrá fundamentar un juicio crítico razonado de la solución adoptada.

Ni que decir tiene que, en lo que supone de cauce para el incumplimiento de las obligaciones implicadas en la realización de los derechos, la manipulación de los enunciados normativos que reconocen derechos universales, paradigmáticamente ejemplificada en los casos del derecho al trabajo o del derecho a la emigración y libre asentamiento, representa una subrepticia vulneración del principio de universalidad de los derechos que el Estado no debiera consentir, ni mucho menos protagonizar.

---

humanos, inmigración y solidaridad razonable», en Laura Miraut Martín (editora), *Justicia, migración y derecho*, Dykinson, Madrid, 2004, pág. 67, o Javier de Lucas, «Algunas tesis sobre el desafío que plantean los actuales flujos migratorios a la universalidad de los derechos humanos», cit., págs. 66-67, quienes utilizan la expresión con una connotación fundamentalmente argumentativa que en modo alguno pone en cuestión las implicaciones que en orden a la aceptación del inmigrante acarrea de por sí al Estado el reconocimiento del derecho a la emigración. Se trata más bien de resaltar la necesidad de activar los requerimientos impuestos al Estado con miras a que la proclamación formal del derecho a la emigración no quede devaluada como la referencia a un mero «derecho vacio» (*op. ult. cit.*, pág 77).

4.2.3. *Las deficiencias estructurales del modelo de realizacion universal de los derechos*

No todos los individuos tienen a la hora de la verdad las mismas posibilidades de acceder a la realización de los derechos universalmente reconocidos. Los enunciados normativos que proclaman la titularidad universal de los derechos humanos emplazan al individuo en la posición de acreedor del cumplimiento de la obligación del sujeto pasivo (de la humanidad, en el caso de que se admita la universalidad en la perspectiva del sujeto pasivo) en relación al objeto de cada uno de los derechos. Esa posición acreedora ha de hacerse valer, porque por sí sola no garantiza el cumplimiento del haz de obligaciones en que se desglosa la realización del derecho de que se trate, resultando los individuos desigualmente capacitados para activar los instrumentos idóneos al efecto.

Cierto es que la especial entidad de los bienes que se encuentran en juego ha podido provocar una cierta observancia generalizada de determinadas obligaciones (en particular las obligaciones de omisión), suscitando la errónea creencia de que las obligaciones relativas a la realización de los derechos ajenos se ejecutan con absoluta naturalidad. A favor de esta idea iría la, en principio razonable, presunción del interés común en la realización del contenido normativo de unos derechos que a todos se nos reconocen por igual. Nosotros mismos resultaríamos conforme a esta tesis los primeros beneficiados del cumplimiento de nuestras obligaciones porque, aunque sólo fuera por el ejemplo dado, estaríamos contribuyendo a la realización de las obligaciones que a todos los individuos incumben al respecto. La asunción del modelo de conducta no garantiza, sin embargo, la reciprocidad de actuaciones. Las enormes diferencias existentes entre los seres humanos en lo que concierne a las oportunidades vitales, incluso al nivel subsistencial alcanzado, constituyen la mejor prueba de ello.

Por lo demás, es evidente que no todas las obligaciones relativas a la realización de los derechos les resultan indiferentes a los destinatarios. Basta pensar en las obligaciones relativas a la realización de los derechos sociales. Y es que, aunque sean los poderes públicos los encargados de velar por el cumplimiento de las correspondientes prestaciones, se supone que todos concurrimos a financiar, normalmente de manera desigual en función de la distinta capacidad económica de cada cual, la materialización del servicio prestado. Pero esta idea es igualmente extensible a las obligaciones de omisión en que se proyecta la realización de ciertos derechos. Así, por ejemplo, la obligación de abstenerse de perturbar la libre expresión de los demás puede acarrear un relevante coste emotivo cuando, sin desdoro de su plena legitimidad, las expresiones utilizadas llegan a herir en alguna medida la sensibilidad del sujeto obligado. Queremos con ello decir que, aunque la titularidad de los derechos sea atribuida en condiciones de igualdad a todos los individuos por los correspondientes enunciados normativos, la circunstancia de que su realización suponga un coste mayor o menor a pagar por esos mismos titulares (que también ostentan la titularidad pasiva de los derechos) emplaza el problema de la realización de los derechos, aun de los derechos universalmente reconocidos, en un campo de batalla (la batalla por eludir el cumplimiento de las obligaciones al respecto) en el que, por desgracia, rige en buena medida la ley del más fuerte.

En tanto que delinea el modelo ideal a alcanzar, el reconocimiento universal de los derechos constituye el mejor antídoto contra la implacable aplicación de semejante ley anticivilizadora por antonomasia. Pero es un antídoto de efectos meramente paliativos, que ni mucho menos consigue erradicar sus discriminatorias consecuencias. La generalizada incidencia en la tesis del reconocimiento universal de los derechos, a despecho de la cabal consideración de las obligaciones que a todos nos incumben en relación con ellos, no contribuye precisamente a cuartear la posición de quienes mejor pertrechados están para eludir su observancia. Por más que resulte implícita a la representación de los derechos la de las correlativas obligaciones a cargo del sujeto pasivo, la omisión del expreso enunciado de estas últimas abona un cierto sentimiento de irresponsabilidad al respecto, que, en el peor de los casos, redunda en la impunidad de quienes, precisamente por la privilegiada posición que ocupan en el grupo social, más concernidos debieran sentirse por la obligación común de proceder a la realización de los derechos.

Nada habría en principio que objetar en el plano teórico a la situación descrita, porque al reconocimiento de un derecho le es necesariamente inherente la representación de la correspondiente obligación, aunque ésta pueda resultar eventualmente elidida o tener un alcance limitado en los enunciados normativos que articulan el contenido semántico del derecho reconocido. Nos encontramos en el fondo ante una cuestión de perspectiva que no puede alterar la sustancia del asunto. Pero ello no significa tampoco que sea una cuestión irrelevante, porque la adopción de una u otra perspectiva puede a su vez contribuir a aclarar o a difuminar la percepción del sentido real de los problemas. Es lo que sin duda sucede en nuestro caso. Cuando la cultura de los derechos no va precisamente acompañada de la cultura de las obligaciones que impone su realización se abre la puerta a una visión unilateral del problema que vacía de significado material al reconocimiento de los derechos, transformándolos en un instrumento de reproducción de las situaciones de desigualdad social. El efecto liberador que, ciertamente, cabe resaltar en el reconocimiento formal de los derechos, en cuanto incide en alguna medida sobre los destinatarios del sistema normativo induciéndoles a actuar hasta cierto punto (hasta el punto que reclama la preservación de la conciencia individual) en pos de la satisfacción de algunas de las exigencias (las menos costosas en términos emotivos y económicos) inherentes al ideario de los derechos, no puede ocultar la evidencia de esta función instrumental.

Tampoco se trata de despreciar el sentido expansivo que proyecta el postulado de la universalidad en el plano de la realización de los derechos, pudiendo éste entenderse referido a un ámbito personal cada vez más ampliado. No se podría, desde luego, hablar de derechos de cuyas exigencias de realización sólo resultara beneficiada una casta de privilegiados, porque estamos ante un beneficio relativamente generalizado. El problema no es tanto la existencia de situaciones de privilegio como la de situaciones de exclusión. La proyección de la ley del más fuerte en el plano de la realización de los derechos universalmente reconocidos no se hace patente tanto en la consolidación de una serie de significativas concesiones al respecto (las concesiones que en general inspiran su instinto de supervivencia) como en el del desinterés por (en su caso el silenciamiento de) la discriminación que sufren los excluidos del sistema. El poder real está normalmente dispuesto a ceder una parte de su privilegiada posición para asegurar un determinado nivel de realización de los derechos a la generalidad del grupo social. Pero hay que ver qué se entiende por generalidad, o si se prefiere, cuál es el modelo de individuo sobre el que pivota la acción del postulado de la universalidad en su referencia al plano de la realización de los derechos.

Obvio es decir que, en una consideración sensata de la aplicación del principio de universalidad en el campo de la realización de los derechos, ésta debiera vincular a todos los individuos. Si no se hace acepción de personas en el plano del reconocimiento tampoco debería hacerse en el de la realización. La acción del postulado que nos ocupa no llega, sin embargo, tan lejos. Opera una especie de segregación estructural que desatiende las exigencias de realización de quienes, por la especial situación de vulnerabilidad en que se encuentran, más necesitados están de que se proceda a la más estricta observancia de las obligaciones que a los demás incumben al respecto.

Frente al modelo universal se ofrece un modelo homogéneo, representativo de la mayoría dominante, que no comprende la particularidad, en parte porque la atención a la particularidad supone siempre un coste adicional, bien desde el punto de vista económico bien desde el emotivo, en parte también porque esa misma particularidad les impide normalmente convertirse en interlocutores válidos en el mercado de las reclamaciones sociales. La opresión del grupo dominante (si cabe considerar como opresión a la inobservancia de las obligaciones que impone la realización del postulado de la universalidad) se hace en este sentido particularmente efectiva al contar con el amplio respaldo social que proporciona la propia extensión del grupo dominante. La circunstancia de que en la generalidad de los casos se trate de una inobservancia por omisión (omisión de las acciones positivas exigidas para dar un contenido sustantivo a la realización universal) contribuye a acentuar el carácter inadvertido de la exclusión, que se hace patente en la insensibilidad de quien ejerce el dominio, que asume con la mayor naturalidad su ampliamente compartida situación de privilegio, y del propio excluido, que comprende que muy poco puede hacer por mejorar su posición. Ni que decir tiene que esta interiorización del carácter ineludible de su posición obstruye significativamente sus posibilidades de desarrollo autónomo, relegándole a la condición de mera comparsa social que ofrecerá en general poca resistencia a las decisiones que otros pudieran tomar por él.

La idea de universalidad de los derechos no puede, desde luego, reducirse a la representación de ese modelo homogéneo. Universalidad no es sinónimo de homogeneidad. Al contrario, es consideración de los matices que impone la peculiaridad de cada uno, sobre todo cuando se separa significativamente del modelo dominante. El reconocimiento de los derechos en común no puede hacer acepción de las particularidades, porque marca un objetivo compartido. Pero la realización de ese objetivo compartido plantea exigencias particulares, diferenciadas, que a su vez traen causa de la distinta situación social y económica de partida de cada uno y del diverso fundamento cultural sobre el que se asienta el desarrollo de la personalidad individual. La primera circunstancia reclamará una atención especial de los más desfavorecidos con miras a reequilibrar su situación en orden al disfrute no discriminatorio con respecto al de los demás titulares de los derechos fundamentales reconocidos. La segunda, una realización de los derechos comunes en clave de identidad cultural. Las dos exigencias tienen un común fundamento igualitario. Y es que tan discriminatorio es no remover los obstáculos sociales y económicos que supongan desventajas objetivas para el acceso cabal al disfrute de los derechos comunes como eludir las implicaciones que en orden al propio disfrute de los derechos tiene la consideración de la «patria social» del individuo que representa su cultura.[37] En definitiva, las circunstancias sociales, económicas y culturales constituirán determinantes inexcusables para la realización diferenciada de los derechos comunes.

Lo cierto es, sin embargo, que, en contra de lo que impone la lógica de la realización individualizada de los derechos, tales circunstancias suelen jugar al revés, como un elemento típico de discriminación. Excluir o limitar la realización de los derechos de los más vulnerables o desatender las peculiares exigencias que plantea la de quienes no se acomodan al modelo cultural prevalente es una tentación, un atajo fácil, a la que sucumben con facilidad las políticas sociales empeñadas en cerrar los ojos ante las complicaciones que pueda acarrear la realización del objetivo planteado. Pero no puede haber realización completa de ningún objetivo (tampoco de los derechos universales) que no atienda a la complejidad del problema suscitado. De ahí la necesidad de precisar los instrumentos de superación de las situaciones de déficit estructural de realización de los derechos.

---

[37] Offried Höffe, *Derecho intercultural*, traducción de Rafael Sevilla, Gedisa, Barcelona, 2008, pág. 184.

El actual proceso de especificación de los derechos, al que aludíamos al analizar el plano del reconocimiento, constituye un indicio significativo de realización deficiente en relación a determinados colectivos (niños, ancianos, enfermos...) de los derechos universalmente reconocidos. Lo que hacen las Declaraciones de derechos exponentes de este proceso es llamar la atención sobre los problemas de realización que afectan a tales sujetos. Con independencia de la fórmula adoptada, que bien pudiera dar expresión de derecho a una exigencia inherente a la realización particular de un derecho universal, no se trata tanto de reconocerles derechos específicos, como de atender las peculiaridades que en relación a ellos plantea la realización de los derechos comunes. Las Declaraciones constituyen así programas de acción para ajustar la realización de los derechos de los individuos que conforman los colectivos especialmente vulnerables al objetivo inherente al reconocimiento universal de los derechos. La valoración de los instrumentos de superación de este tipo de situaciones de deficiencia estructural de la realización de los derechos variará según los casos. Pero ya es significativo el hecho de que la sociedad tome conciencia de la complejidad del problema proponiendo programas específicos al efecto. De todos modos, el problema no se agota tampoco en la más o menos afortunada especificación de esos instrumentos particulares. Los Estados deberán prestar atención a las situaciones individuales que se producen dentro de los propios colectivos vulnerables, porque tampoco hay un modelo único de niño, de anciano, de enfermo... El nivel de vulnerabilidad y de deficiencia en la realización de los derechos universales puede en este sentido imponer exigencias igualmente diferenciadas dentro del propio colectivo vulnerable a los responsables últimos de la eliminación de las discriminaciones en el ámbito de la realización de los derechos.

La falta de representatividad política de quienes comparten la pertenencia a determinados grupos culturales, étnicos, etc., no sólo supone un indicio evidente de que no están funcionando adecuadamente los mecanismos de representación. Permite sobre todo barruntar la existencia de un fenómeno general de discriminación de tales individuos en la realización de los derechos. Si, pudiendo ejercer sus derechos políticos, sólo excepcionalmente resultan elegidos los miembros del grupo en cuestión es, normalmente, porque no se dan las condiciones precisas para que el individuo se sienta protagonista de su destino participando activamente en la conformación de las decisiones que rigen la vida de la comunidad. La adscripción en estos casos de derechos especiales de representación constituirá probablemente un instrumento útil para la recuperación de la confianza y de la autoestima necesarias para funcionar más cómoda y desprejuiciadamente en la vida social, para la eliminación de los corsés que reclama el ejercicio de la autonomía individual. Pero no es un instrumento que permita resolver de una vez por todas el problema. Habrá que ir a su raíz precisando las causas, la discriminación de base que subyace a la falta de representatividad de los miembros del grupo, y las exigencias que, más allá de la consideración del funcionamiento de los mecanismos representativos, impone su inexcusable superación. En cualquier caso, este tipo de medidas sólo deberían adoptarse tras la prudente valoración de los intereses en juego, porque, evidentemente, colisionan con los requerimientos inherentes al funcionamiento aséptico e inespecífico de los referidos mecanismos de representación.

Las connotaciones culturales identitarias adquieren, por su parte, un significado especial en relación a la realización de los derechos sociales. El conjunto de prestaciones públicas que conlleva la realización de este tipo de derechos no suele hacer acepción de las singularidades que en ocasiones plantea la identidad cultural de sus destinatarios, entre otras cosas porque ello supondría un coste añadido desde el punto de vista económico (al prestarse servicios adicionales) y desde el punto de vista de la organización de los servicios públicos y de la vida social en general. La realización de los derechos sociales se rige en este sentido conforme a un modelo homogéneo, el modelo más asumible por parte de la cultura dominante. Las diferencias culturales y la incidencia de las propias implicaciones culturales sobre la formación y el desarrollo de la personalidad explican que muchos individuos consideren al modelo vigente de realización de los derechos sociales como una agresión a su identidad. La realización de los derechos que vulnera las exigencias que impone la pertenencia cultural del individuo le emplaza a éste en la difícil alternativa de optar por la renuncia a la satisfacción de las necesidades que proporciona la realización de los derechos sociales, o por la aceptación de la agresión a su identidad cultural que supone la institucionalización del modelo único de realización. A veces ni siquiera hay alternativa, porque el Estado impone paternalistamente la realización, al menos en un determinado nivel, de ciertos derechos conforme al modelo referido. La realización de los derechos sociales en clave de identidad cultural debería en este sentido constituir un imperativo para la acción de los poderes públicos[38]. Es, no obstante, un imperativo que puede ceder ante exigencias de índole superior. Pero esa eventual cesión deberá traer causa de una razonada ponderación de los intereses en juego. No de una interpretación simplista del sentido genuino de la realización de los derechos sociales que subestime los requerimientos que proyectan los condicionamientos culturales que conforman la personalidad del sujeto afectado.

---

[38] Obvio es decir que la realización en clave de identidad cultural no es referible en exclusiva a los derechos sociales. Al contrario, habría de asumir un alcance general, si bien cobra un significado especial en relación a ellos por su carácter subsistencial. Es en este sentido como hay que entender la referencia de Eusebio Fernández, *Dignidad humana y ciudadanía cosmopolita*, Dykinson, Madrid, 2001, pág. 106, a la «interpretación plural, en el sentido cultural, de derechos que se proclaman universales», que en ningún caso habría de conducir a una adulteración de la estructura y significado del derechos en cuestión.

4.3. La identificacion de los derechos

Constituye un lugar común entre los teóricos del derecho la referencia a la opinión de Norberto Bobbio de que lo que apremia en relación a los derechos humanos no es el problema de su fundamento, sino su realización.[39] Tiene razón el profesor italiano al destacar el sentido último de los derechos humanos (que, efectivamente, no es otro que su realización), pero ello no debe tampoco provocar el descuido de los problemas teóricos que nos van a permitir identificar el contenido semántico de la expresión de referencia. Y es que la realización de los derechos tiene como presupuesto necesario a su identificación. Sólo conociendo con precisión el objeto de la realización podemos llevarla a cabo en las debidas condiciones. Este es, sin embargo, un tema relativamente desatendido, no porque se considere irrelevante, sino porque, en general, su solución se ha dado por descontada.

No plantea mayor inconveniente la cuestión a quienes, desde posiciones normalmente confesionales, reconocen en alguna autoridad concreta la capacidad de discernir sin margen de error acerca del problema que nos ocupa. A la misma idea de infalibilidad le es inherente la consideración del objeto sobre el que versa el conocimiento como una entidad de contornos perfectamente definidos, como tal susceptible de la más precisa identificación, al menos por parte de la autoridad que dispone de las claves precisas al respecto. Muy diferente es la postura de quienes toman como referencia para la identificación a alguna de las formulaciones históricas de los derechos atribuyéndole un valor absoluto, como si fuera la única posible formulación de los mismos. La muy distinta naturaleza del fundamento asumido (la autoridad del hipotético depositario de la verdad en un caso y el consenso social subyacente a la formulación en el otro) no empaña en cualquier caso la identidad del esquema que propicia la superación del problema identificatorio: la remisión a una entidad objetiva como es el discernimiento del ser superior o el conocimiento alcanzado en la discusión pública sobre la que se funda la formulación histórica de que se trate. Nos encontramos, no obstante, en ambos supuestos ante una identificación fallida de los derechos, una solución que cierra en falso el problema suscitado.

La primera postura ofrece un flanco muy fácil a la crítica. Con independencia del valor que se quiera en su caso atribuir a la autoridad a la que se reconoce la infalible decisión acerca de los derechos, resultará siempre limitada el área de influencia de la identificación. Esta se entenderá únicamente asumible en la clave que proporciona la aceptación indiscutida de las premisas de partida (la infalibilidad del discernimiento de la autoridad en cuestión), quedando excluidos sus efectos en caso contrario. Las divergencias

---

[39] Norberto Bobbio «Presente y porvenir de los derechos humanos», en *Anuario de Derechos Humanos*, Universidad Complutense, num. 1, 1982, págs. 9-10.

apreciables sobre el particular echan en este sentido por tierra sus pretendidas virtualidades identificatorias.

Tampoco puede ser aceptada la segunda postura. Para empezar, la propia historicidad de las formulaciones de derechos clausura la posibilidad de atribuir carácter absoluto a ninguna de ellas. El prestigio que en un momento dado puede adquirir una determinada formulación no excluye la ulterior constancia de sus insuficiencias. Es el inevitable sino de todas las formulaciones históricas, que, en el mejor de los casos, captan el sentido de las exigencias generalmente sentidas como fundamentales en unas determinadas coordenadas espacio temporales, para acabar cediendo su privilegiada posición de estandarte de la emancipación del hombre a otra formulación supuestamente más precisa y completa. Ni siquiera escapa a esta condición la Declaración Universal de 1948, que sin duda representa el emblema prevalente en la actualidad. De hecho, son ya muchas las voces que abogan por la conveniencia de su modificación, denunciando el supuesto desfase de sus enunciados normativos. La ausencia de una formulación normativa que se pudiera equiparar, o en su caso considerar superior, a la Declaración Universal en prestigio y aceptación social no prefigura el desarrollo, a todas luces insondable, de los acontecimientos. No hay razones para reconocer mayor estabilidad en el fundamento normativo que conforma la Declaración Universal que la que en su momento tuvo cualquier otra de las formulaciones que simbolizaron la reivindicación de la necesidad de realizar las exigencias que impone el respeto a los atributos que proyectan la condición humana. Aquélla representa una respuesta puntual al problema de la identificación de los derechos, con un elevado nivel de aceptación en nuestros días, pero resulta incapaz de garantizar ella misma su indefinida continuidad como paradigma de la libertad y del respeto a la dignidad del individuo.

No faltará quien esgrima en sentido contrario que no son tantas las diferencias que median entre las distintas formulaciones, que el discurso de los derechos presenta considerables rasgos de homogeneidad y equivalencia, refiriendo las diferencias de contenido de cada formulación normativa los aspectos más accidentales de la reclamación implicada. La distinta intensidad que en cada momento asumen las amenazas a la integridad de los atributos inderogables del hombre justificaría la adaptación de la formulación de que se trate a las exigencias que impone el curso de los tiempos. Pero el meollo de la reivindicación permanecería incólume. Podrá variar la forma del discurso, que, concesiones estilísticas aparte, sin duda reflejará la especial sensibilidad de sus redactores y sus adherentes ante la constatación de determinados estados carenciales o deficitarios que trata de poner en evidencia el propio discurso de los derechos humanos. Pero en nada afectará semejante circunstancia a la estabilidad de los valores y derechos que definen el sentido de la Declaración. Por lo demás, la doble función que en ocasiones asume la referencia a los derechos como objetivo a alcanzar, preservándolo de cualquier injerencia que pudiera cercenar su integridad, y como puntual instrumento para su mejor consecución podría explicar determinadas alteraciones en la expresión de los enunciados normativos que en ningún caso comprometería la identidad de fondo que refleja el sentido de cada concreta Declaración.

La versatilidad de la fórmula utilizada no puede, desde luego, enmascarar la composición real del asunto. Las distintas formulaciones representarían en este sentido enfoques, perspectivas diferentes de una misma entidad, cuyas claves de comprensión resultarían, de todos modos, perfectamente asequibles al individuo. No importaría tanto el tenor literal de los enunciados que integran la Declaración de que se trate como el núcleo del significado subyacente a la misma, que, aun permaneciendo idéntico, se proyecta con una diferente expresión en cada caso. De hecho, se constata la existencia de un acuerdo genérico a la hora de reconocer, sin mayores matices ni consideraciones, a determinadas expectativas, particularmente interiorizadas como relevantes desde la perspectiva del respeto a las exigencias que reclama la dignidad personal, como derechos humanos.

Tampoco resuelve, sin embargo, esta aparente coincidencia en el subrayado de las expectativas supuestamente acreedoras de su inscripción en el prestigioso club de los derechos la complejidad del problema que nos ocupa. Y es que, en el fondo, la identificación del contenido semántico de la expresión se suscita siempre en un determinado contexto en el que pueden entrar en juego derechos e intereses contrapuestos. Habría que dilucidar entonces el peso específico de cada derecho en las coordenadas puntuales en que se promueve su aplicación. El acuerdo a la hora de reconocer el valor intrínseco de una cierta expectativa como derecho que reclama la correspondiente garantía jurídica no excluye la pluralidad de opiniones cuando se trata de ponderar la relevancia de los bienes en su caso enfrentados. En este punto crucial se esfuma la coincidencia. A lo más que se puede llegar es a una determinación hipotéticamente compartida de las entidades valiosas desde el punto de vista de lo que representan como exigencias de realización inherentes a los atributos que proyectan la condición humana. Pero necesitamos conocer el peso específico de cada uno de ellos en relación a los supuestos futuros e indeterminados que se pudieran producir. Este es el auténtico *quid* de la cuestión. No se trata sólo de concretar cuáles son los polos del conflicto, sino, sobre todo, de precisar sus virtualidades como criterios de solución en los supuestos en los que puede encontrarse comprometida la integridad física o moral de las personas. Y aquí la discrepancia se hace evidente. La coincidencia en el enunciado de los derechos se nos mostraría así como una coincidencia en buena medida formal, nominal, en el bien entendido de que la proyección del valor que representa el derecho de que se trate viene condicionada por las circunstancias concretas en que se produce su aplicación. Pero es precisamente en esa proyección condicionada de su valor donde se hacen patentes los desacuerdos. La identificación de los derechos humanos sigue siendo en este sentido un problema pendiente. Ni el tenor literal de las Declaraciones de derechos ni la remisión al dictamen de ninguna autoridad supuestamente infalible nos permite resolverlo, porque, aun situados en esas coordenadas (absolutamente inaceptables en nuestra opinión), el sentido del referido dictamen resultaría indescifrable hasta el momento en que se produjera el supuesto concreto que reclama la aplicación del derecho en cuestión.

La operatividad de la pretendida determinación intersubjetiva de los polos del conflicto resulta en este punto muy limitada. Ayudará, desde luego, al mejor planteamiento de la cuestión, pero poco más. El problema es más complejo y requiere una respuesta precisa e individualizada. No porque sea distinta la densidad normativa del derecho en cada caso, sino porque ésta sólo se nos muestra con total claridad en el análisis singularizado de los distintos supuestos.

La ausencia de un criterio objetivo de identificación de los derechos, que no lo puede proporcionar ni la preconstituida formulación comúnmente aceptada ni mucho menos la ilegitima atribución a una determinada autoridad de una capacidad de revelación al respecto, nos obliga a reformular el problema en términos procedimentales. La cuestión no es tanto decidir cuál es el contenido semántico de la expresión derechos humanos, sino determinar quién y en qué medida tiene capacidad de decisión sobre el particular y cuáles son las condiciones que han de concurrir para que pueda ejercitarse efectivamente su capacidad.

Planteado en estos términos el problema permite cuando menos avanzar algunas ideas. Así, parece razonable pensar que, a falta de mejor solución, haya de ser el individuo quien se pronuncie acerca del contenido del significado de sus derechos. La propuesta no es «sustituir la naturaleza por la opinión»[40], en definitiva, negar la condición objetiva de la naturaleza humana como fundamento de los derechos. Pero, precisamente por ser ése su fundamento, habría que concederle al individuo, como sujeto directamente implicado en la cuestión, la legitimidad para discernir cuáles son las exigencias inherentes al respeto de los atributos en que se proyecta su condición. La percepción de la existencia de un cierto consenso social en la adopción de los criterios de solución de los conflictos de derechos que se plantean en los supuestos concretos permitiría pergeñar una respuesta de validez limitada, en la medida en que se admite que puede sufrir (y probablemente sufrirá) alteraciones en el futuro. De todos modos, el consenso no legitima por sí solo

---

[40] Tomamos la expresión de Francisco Rubio Llorente, «Derechos fundamentales, derechos humanos y Estado de derecho», en José Vidal Beneyto (ed.), *Derechos humanos y diversidad cultural*, Icaria, Barcelona, 2006, pág. 508, quien matiza, no obstante, el sentido de su expresión refiriendo que se trataría de «poner la fuente de los derechos no en la dignidad humana, como realidad ontológica, sino en la valoración que los hombres hacen de ella».

ningún tipo de solución, porque puede haberse producido a resultas de alguna actitud (activa u omisiva) condicionante de la voluntad expresada por quienes concurren a su formación. Se impone en este sentido precisar las condiciones para que ese consenso pueda considerarse un consenso libre, no inducido, en definitiva, las condiciones que aseguren el fundamento democrático de la determinación de los derechos. Para ello sería necesario que los individuos se encontraran liberados de cualquier condicionamiento que pudiera oprimir la expresión y, sobre todo, la formación de su voluntad. Evidentemente, la identificación de los derechos como derechos universales llevaría a extender esa acción liberatoria a todos los partícipes de la condición humana, porque en tanto que titulares de los derechos, interesados directamente en su realización, serían los llamados a conformar el consenso que pretendiera fundar una respuesta legítima al problema de su identificación. Ello requeriría una acción compleja por parte de los propios miembros de la comunidad humana, que a su vez asumirían la labor de llevar a cabo las acciones y omisiones exigidas para la liberación de los condicionamientos que oprimen la formación y la expresión de la voluntad de sus semejantes. La magnitud del programa propuesto pone en evidencia su carácter ideal, subrayando su condición de mera hipótesis de laboratorio. Pero es ésa, precisamente, la única hipótesis que permitiría hablar de una legítima identificación de los derechos.

Claro está que la legitimidad vendría en principio limitada por las concretas coordenadas temporales en que se produce el consenso. No estaría entonces descartada la hipótesis de la formación de un nuevo consenso igualmente libre que alterara el sentido de la respuesta proporcionada por el primero. Pero al menos habríamos avanzado algo. No sólo tendríamos, desde las premisas de partida asumidas por nuestra parte, una identificación legítima referida al tiempo presente, sino también la clave de valor intemporal para atribuir la adecuada solución al tema de la identificación de los derechos.

El problema es que la consecución del objetivo último de la eliminación de los condicionamientos de la voluntad no sólo representa una hipótesis de laboratorio por su complejidad. Es un objetivo lisa y llanamente irrealizable. Algunos de los condicionamientos que atenazan la formación y la expresión de la voluntad (los condicionamientos económicos, la manipulación de la información...) son ciertamente eliminables. Por más que resulte difícil imaginarse su completa desaparición, en el fondo es una cuestión de voluntad. Las situaciones de pobreza, de desigual acceso al conocimiento, etc., perviven porque no hay una voluntad concomitante por parte de quienes tienen capacidad para resolver el problema de poner los medios adecuados al respecto. Distinto es el caso de los condicionamientos culturales. Estos sí son ineliminables, porque todos los individuos forman y desarrollan su personalidad en un determinado contexto cultural que constituye el soporte lógico de sus creencias y decisiones significativas. El hecho de que tales condicionamientos resulten ineliminables no excluye en cualquier caso la posibilidad de reducir su intensidad. Posibilidad cuya realización constituiría para todos los que a ella pudieran contribuir una ineludible obligación en la perspectiva de la más legítima identificación de los derechos. Y es que tampoco situados en el plano de la identificación pueden dejar de repercutir negativamente sobre el progreso de los derechos las deficiencias de realización del programa democrático[41].

El modo de contribuir a la eliminación y en su caso reducción a la mínima expresión de los condicionamientos está claro. La liberación de los condicionamientos eliminables requerirá la promoción de situaciones que permitan al individuo centrarse en la valoración de las opciones existentes en relación al tema que nos ocupa, sin tener que preocuparse por otras cuestiones de carácter subsistencial en sentido amplio cuya solución le resulte más imperativa que el propio ejercicio del protagonismo que como ser humano le corresponde. A su vez, la reducción de la intensidad de los condicionamientos ineliminables requerirá la promoción de una situación en la que los individuos dispongan de la más completa y aséptica información acerca de las distintas ofertas culturales, con el fin de que puedan confrontar críticamente el valor de su propia cultura identitaria y, llegado el caso, asumir elementos de otras culturas ajenas. Habrá que admitir, desde luego, que la circunstancia de que se transmita desde unos presupuestos culturales concretos volatiliza el carácter pretendidamente aséptico de la información. En cualquier caso, ya la voluntad de que la información transmitida resulte aséptica es un elocuente indicio de que se está cumpliendo en la medida de lo posible el programa diseñado.

Salta a la vista que, sin perjuicio de los deberes individuales al respecto, la promoción de este tipo de situaciones incumbe de manera especial al Estado, que es quien dispone de los resortes idóneos para llevar a cabo la acción social y cultural reclamada, perfilando, por lo demás, las garantías que aseguren la actitud respetuosa de cada uno con (la realización de las acciones u omisiones requeridas en relación a) los derechos de los demás. La obligación de promover y asegurar en la medida de lo posible la realización de este tipo de actuaciones traspasa los límites que marcan sus fronteras. Como representante de la comunidad social de referencia, el Estado deberá involucrarse en el compromiso de proporcionar la máxima extensión a su deber de contribuir a la eliminación y en su caso reducción al mínimo de los condicionamientos que atenazan la formación y la expresión de la voluntad de los individuos con independencia de su localización geográfica y nacionalidad. En

---

[41] Cobra un especial relieve en este sentido en el plano de la identificación de los derechos la advertencia de Boaventura de Sousa Santos, *Sociología jurídica crítica*, traducción del capítulo de Elvira del Pozo, revisada por Carlos Lema Añón, Trotta, Madrid, 2009, pág. 517, de que «los derechos de baja intensidad aparecen como la otra cara de la moneda de la democracia de baja intensidad».

definitiva, debería involucrarse en la tarea de contribuir a la realización de los derechos universalmente reconocidos, en la medida en que semejante realización constituye el presupuesto necesario para la disminución de la intensidad de los condicionamientos de la formación y expresión de la voluntad sin la que, en ningún caso, se podrá hablar de una identificación legítima, ni mucho menos definitiva, de los derechos.

Obvio es decir que, también en el ámbito de las relaciones internacionales, las exigencias inherentes a la realización de los derechos ajenos pueden entrar en colisión con los imperativos que impone el respeto a otros derechos, o con intereses y valores relevantes. El Estado debería entonces actuar al respecto con la prudencia requerida, ponderando el peso de los intereses en juego y las consecuencias de su hipotética acción u omisión. La plena consciencia de que los «daños colaterales constituyen un urgente problema de derechos humanos» avalaría en este sentido la reprobación de las irreflexivas actuaciones de los Estados que anteponen la inmediata obtención de resultados parciales en el terreno de la realización de los derechos a cualquier otra consideración, sin valorar el coste que en relación al propio objetivo que representa la realización de los derechos conlleva la decisión adoptada. En cualquier caso, la autolimitación en la realización de la conducta que impone el deber de contribuir al máximo a la eliminación de los condicionamientos de la voluntad, asegurando el mayor despliegue de los derechos ajenos, debería ser consecuencia de una evaluación de los elementos en juego, nunca de una indiferencia con respecto a lo que acaece más allá de sus fronteras, ni mucho menos de la voluntaria asunción de su supuesta incompetencia al respecto.

5. EL ESTADO CONSTITUCIONAL FRENTE A LA REDEFINICION DEL SENTIDO DE LA UNIVERSALIDAD DE LOS DERECHOS

Referíamos al principio de este trabajo la relación de necesidad que media entre la identificación, el reconocimiento y la realización de los derechos. Cada una de estas operaciones presuponía la inevitable presencia de la anterior, asumiendo en este sentido la identificación el papel de base sobre la que se sustenta todo el proceso. Acabamos de comprobar, no obstante, que la liberación de los condicionamientos que atenazan la formación y la expresión de la voluntad que reclama la identificación de los derechos presupone a su vez la realización de esos mismos derechos, cuando menos la de los derechos de carácter procedimental[42]. Sin su más completa realización, la

---

[42] La reseña especial de los derechos de carácter procedimental no debe llevar a una devaluación de la función que cumple la realización de los derechos humanos en general como presupuesto para la liberación de los condicionamientos de la formación y expresión de las voluntades individuales. Cobra, no obstante, sentido en relación a las posiciones que dan un contenido

voluntad que concurre a la formación del consenso que conforma el único fundamento posible de la identificación de los derechos resultaría falseada en su origen, en su formación, contaminando en consecuencia al consenso resultante. Evidentemente, un consenso inducido no podría nunca fundar una identificación aceptable de los derechos. La identificación se revelaría inevitablemente ilegítima por déficit de libertad, situación que parece a todas luces contradictoria con la propia filosofía de los derechos humanos. Vistas así las cosas, la relación entre la identificación y la realización se resolvería en un círculo vicioso del que resulta prácticamente imposible encontrar la salida, mostrándose igualmente involucrado en el mismo, por su condición de operación interpuesta entre las dos referidas, el reconocimiento de los derechos.

Tampoco hay que ver en esa circunstancia un mayor problema, sobre todo si se tiene en cuenta que la identificación definitiva de los derechos es un objetivo de antemano condenado al fracaso, porque no hay forma humana de eliminar por completo los condicionamientos culturales que, en mayor o menor medida, atenazan la formación de las distintas voluntades individuales que concurren a la formación del consenso. Las obligaciones exigibles en este punto se resuelven igualmente en un esfuerzo infructuoso, porque en último término resulta imposible alcanzar el estado de absoluta pureza en la transmisión de la información acerca de las opciones culturales que requeriría la maximización de los resultados en el proceso de liberación de los condicionamientos de la voluntad. Todo ello sin contar que ni siquiera la eventualidad de esa transmisión supuestamente pura e incontaminada de información hace viable la plena liberación de los condicionamientos, dada la imposibilidad de eliminar el punto de partida, que siempre se producirá en un determinado contexto cultural. Estaríamos, en definitiva, ante una identificación aproximativa de los derechos, vinculada a una realización en última instancia estéril de las obligaciones exigibles al respecto.

La infertilidad de los comportamientos que dan cuenta de las obligaciones generales impuestas en relación con la identificación de los derechos no exime, sin embargo, su plena exigencia y la correspondiente consideración de su mensurabilidad como obligaciones susceptibles de una completa realización. Una cosa es que la conducta obligada no produzca (no pueda producir) el efecto deseado, y otra muy distinta que no sea reclamable el íntegro cumplimiento de la obligación. Cumplimiento que redundará, a su vez, en una mayor aproximación al objetivo (inalcanzable) propuesto. Cierto es que ese cumpli-

---

de significado muy amplio a los derechos englobando en la expresión a las reivindicaciones que pudieran satisfacer las exigencias peculiares de comunidades concretas. Sólo en este sentido resulta pertinente la alusión de Philippe Gerard, *L'esprit des lois*, Facultés Universitaires Saint Louis, Bruxelles, 2007, págs. 140-141, a «derechos contingentes y complementarios» que se supone que han de agregarse a los que constituyen el fundamento de la democracia.

miento íntegro queda de alguna manera indefinido, porque cada cual puede tener su propia opinión con respecto a las concretas conductas requeridas en orden a la consecución del objetivo último que representa la liberación de los condicionamientos de la voluntad. Pero, cualquiera que sea la versión que se sostenga acerca del contenido obligacional referido, éste resultará en principio exigible hasta sus últimas consecuencias. La indagación en torno al problema identificatorio de los derechos humanos se resuelve en este sentido en términos de obligación. Es la obligación general de poner todo lo que el individuo tenga a mano con vistas a la mayor eliminación posible de los condicionamientos que oprimen la formación y la expresión de la voluntad propia y de los demás, obligación que sólo resultaría eximida en los puntuales aspectos cubiertos por el sistema de derechos fundamentales del sujeto implicado.

La puesta de relieve de la función que desempeña la obligación (las obligaciones inherentes al caso) es, desde luego, una de las grandes virtualidades que ofrece el planteamiento del problema de la identificación de los derechos. Una función que, dada la circularidad de la relación que media entre los planos de la identificación, el reconocimiento y la realización, habrá que entender extensible a los dos últimos. La asunción (normalmente indiscutida) del carácter universal de los derechos humanos llevaría así implícita la de la universalidad en la acepción que sugiere la consideración del sujeto pasivo de los derechos. El deber universal de proceder (por acción u omisión) en el ámbito no excluido por una precisa causa de justificación en el modo más favorable a la consecución del objetivo último que supone la eliminación de los condicionamientos de la voluntad tendría así su directa correspondencia en los planos del reconocimiento y de la realización de los derechos. Todos estaríamos obligados a llevar a cabo las acciones u omisiones que en mayor medida contribuyan a hacer viable el reconocimiento y la realización de los derechos de los demás sin otro límite que el que ampara el perímetro definido por nuestros propios derechos.

En su condición de entidad operante en la vida social con una elevada capacidad de influencia sobre el devenir de los acontecimientos, el postulado de la universalidad de los derechos humanos en la acepción que toma como referencia al sujeto pasivo involucra directamente, desde luego, al Estado. La representatividad institucional que ostenta con respecto a sus propios ciudadanos, las posibilidades de intervención que confiere la detentación del ejercicio del poder, la inexistencia de derechos propios que pudieran preservar un ámbito de actuación exento del deber general de contribuir a la mejor realización del objetivo propuesto y su aplicación a la función protectora de los derechos, estableciendo mecanismos de garantía eventualmente coercitivos al respecto, confieren un significado especial a sus obligaciones en relación a los tres ámbitos citados. Obligaciones que, en cualquier caso, quedarán presididas por el deber general de no obstaculizar ni desdibujar de ninguna manera la expresión del planteamiento correcto del problema.

En el plano del reconocimiento de los derechos este deber se sustanciaría ante todo en la corrección (en su contribución a la corrección en el caso de las Declaraciones extraestatales) de los defectos de técnica legislativa que pudieran ocasionarse al incidir aleatoriamente, sin mayores matizaciones, en la expresa indicación de los valores legitimantes de las hipotéticas limitaciones realizativas de los derechos. Es, por ejemplo, el caso de la referencia al mantenimiento del orden público protegido por la ley como único limite a la libertad ideológica, religiosa y de culto de los individuos y las comunidades a que alude el artículo 16 de nuestro texto constitucional. No se trata de eliminar sin más la mención, porque probablemente el valor reseñado representa una especial entidad que justifique su subrayado como elemento conformador del sentido de la realización del derecho en cuestión. Pero sí de racionalizar en la medida de lo posible la redacción del enunciado normativo que lo refiere, recalcando el carácter tangencial al contenido del derecho de la circunstancia que se quiere poner de relieve, que tampoco ostenta, por lo demás, el monopolio de la legítima restricción de sus posibilidad de realización. La potencial colisión con otros derechos o valores relevantes abre un campo de actuación que no puede quedar reservado a la consideración del valor que, por su singular entidad, resulte más significativo.

Otro tanto cabe decir del uso de la denominación de derechos para referir indistintamente lo que podemos entender como derechos en sentido estricto (la imposición de los comportamientos requeridos para dar satisfacción a las necesidades que reclama el respeto de la dignidad del hombre) y los instrumentos (las concretas posibilidades de actuación) para articular su realización. El reconocimiento de la titularidad universal de los derechos y la consideración de las estridentes diferencias en el punto de partida que se producen entre los individuos por razón de residencia o condición reclamarán el uso riguroso de la expresión, delimitando en su caso el significado asumido en los diferentes enunciados normativos. Semejante delimitación permitirá, a su vez, precisar las muy distintas herramientas requeridas por los más desfavorecidos para dar una satisfacción no discriminatoria a los derechos proclamados. Con independencia de la obligación del Estado de cooperar a la promoción a escala internacional (en particular en la redacción de las Declaraciones de derechos) de la referida técnica, su aplicación a nivel interno servirá cuando menos para propagar una mayor sensibilidad acerca de las muy distintas exigencias que, en función de las concretas circunstancias de cada individuo, impone la realización de los derechos universales.

Deberá igualmente el Estado esmerarse en la formulación en precisos enunciados jurídicos de un apropiado sistema de garantías para no dejar de antemano sin efecto, al albur de la voluntad de los demás miembros de la comunidad, la puntual realización de los derechos formalmente reconocidos, y contribuir en la medida de sus posibilidades al diseño universalista de un sistema de garantías cuya eficacia se extienda más allá de los límites que marca su área institucional de influencia.

La aplicación de las exigencias que impone el reconocimiento de los derechos a la consecución del objetivo último que representa su mejor realización debería también tenerse en cuenta a la hora de eliminar el Estado de la regulación jurídica que le compete determinados aspectos que infringen directamente las exigencias lógicas inherentes al postulado de la universalidad. La inviabilidad del ejercicio de los derechos de ciudadanía en la sociedad de origen redundará en este sentido en la exigencia de la extensión de los derechos de ciudadanía que el Estado reconoce a sus nacionales a quienes residan y desarrollen habitualmente su vida en él.

Resulta asimismo pertinente la utilización de técnicas de especificación en el reconocimiento de los derechos que tomen en consideración a todos los grupos desfavorecidos, subrayando las obligaciones concretas que para el propio Estado o para los particulares conlleve la efectiva realización en relación a ellos de los derechos reconocidos con carácter general. En la medida en que este tipo de técnicas va orientado a denunciar la realización discriminatoria de los derechos, promoviendo situaciones más igualitarias al respecto, su empleo quedará en cualquier caso condicionado a la constatación de la existencia efectiva de la discriminación, mostrándose fuera de lugar cuando el Estado pudiera arbitrar otro tipo de medidas para ponerle remedio. Es una técnica subsidiaria de la previsión y puesta en práctica de medidas de garantía adecuadas para asegurar la realización no discriminatoria de los derechos. Como quiera que sobrepasa las posibilidades del Estado la revisión y puesta en práctica en el ámbito internacional de las aludidas medidas de garantía, cobrará un significado especial la acción del Estado encaminada a estimular las técnicas de especificación de los derechos más allá de sus fronteras. El Estado actuaría así como denunciante de una situación de injusticia y discriminación que escaparía a su competencia solventar.

La prestación de ayuda humanitaria destinada a remediar en lo posible las situaciones de desigualdad de oportunidades, cuando no de pobreza extrema, que impulsan a una buena parte de la humanidad a buscar su futuro lejos de su hábitat natural, con todo el riesgo de desarraigo y despersonalización que ello comporta, constituye el instrumento ordinario de contribución del Estado a la realización de los derechos universalmente reconocidos. El Estado debería en este sentido proporcionar la máxima visibilidad a las condiciones de penuria y desamparo en que se desarrolla la vida de los individuos en las distintas partes del mundo a fin de potenciar la mayor sensibilidad de quienes parecen más preocupados por garantizar su tranquilidad de conciencia que la plena realización de las expectativas que ellos mismos no dudan en elevar a la categoría de derechos universales. Redundaría ello, por lo demás, en un notable incremento del apoyo social a las iniciativas de ayuda humanitaria que pudiera el Estado impulsar dentro y fuera de sus fronteras en el ánimo de trascender el carácter prioritariamente simbólico que asumen en general éstas en los países más desarrollados. El compromiso por la realización de los derechos tendría, en cualquier caso, que extenderse más allá de la estricta consideración de los derechos de carácter subsistencial, a los derechos civiles y políticos que pudieran encontrarse amenazados por la acción de quienes detentan el poder en determinadas comunidades sociales y políticas. Es un compromiso que conviene, no obstante, activar con la máxima prudencia, aplicando la lógica del mal menor en la ponderación de las consecuencias que el mismo pudiera provocar.

La potencia transformadora del reconocimiento de los derechos humanos no debiera resultar devaluada con una interpretación de los enunciados normativos que proclaman su titularidad universal manipuladora del significado común de las palabras. Habría que pensar en principio que lo que dicen las Declaraciones de derechos representa fidedignamente la voluntad de quienes, por activa o por pasiva, han contribuido a su aprobación y tienen a gala considerarlas como estandartes de la acción política estatal. De ahí el absurdo que supone contemplar la desvirtuación del significado común de tales enunciados normativos que propician esos mismos Estados con una torticera argumentación que no puede tener otro fundamento que no sea la preservación de las situaciones de hecho que, al contrario, debieran merecer una evaluación crítica a la luz del postulado de la universalidad de los derechos. El asunto resulta tanto más llamativo cuando, como sucede en el caso del derecho universal a la emigración y al libre asentamiento, se manipulan los enunciados normativos que prescriben un cambio radical de sentido a la acción discriminatoria que habitualmente lleva a cabo el Estado consolidando la situación de privilegio de sus nacionales frente a los demás individuos que comparten con ellos sus experiencias vitales en el mismo espacio geográfico. El desvelamiento del sentido ideológico de la manipulación de los enunciados normativos que proclaman los derechos universales y la asunción de una interpretación razonable vinculada en buena medida al significado habitual de las palabras constituyen objetivos inaplazables que debieran comprometer decididamente la acción del Estado. La hipotética justificación de la restricción del alcance normativo de los derechos en sus diferentes procesos de aplicación no puede, desde luego, residir en la tergiversación del significado del mismo derecho que se trata de aplicar.

El Estado debería igualmente anteponer la realización del modelo universal de los derechos que tome en consideración las diferencias sociales, económicas y culturales de los individuos a la del modelo homogéneo que, de manera consciente o inconsciente, proyecta la mayoría dominante. La realización diferenciada de los derechos comunes se hace tanto más urgente cuando la peculiaridad social, económica o cultural del individuo le coloca en una situación de especial vulnerabilidad en el seno del grupo social, situación de la que cabe lógicamente esperar que redunde en el detrimento de su capacidad para la activación de sus propios derechos.

La acción estatal adquiere una connotación especial en el ámbito de identificación de los derechos. La satisfacción del postulado de la universalidad de los derechos se despliega en toda una serie de acciones y omisiones individuales orientadas a la mayor liberación posible de los condicionamientos que atenazan la formación y la expresión de las voluntades que conforman el consenso social, fundamento a su vez de la identificación de los derechos. Pero estas actitudes individuales resultan muy poco efectivas si no se enmarcan en un amplio proyecto de política cultural que coordine y maximice los efectos de los esfuerzos aislados. El Estado debería, en cualquier caso, eludir en la medida de lo posible el riesgo imperialista en el proceso de ejecución de semejante proyecto propiciando la visualización de las conductas y modos de ser que reflejaran la identidad de los individuos de las distintas áreas geográficas, en particular la de las conductas y modos de ser que entraran en colisión con los postulados de la cultura dominante. Sería la mejor manera de complementar los efectos inherentes a la pretensión de proporcionar la más aséptica información de los sistemas culturales conocidos.

El compromiso del Estado con el principio de universalidad de los derechos humanos no necesariamente implica que los programas referidos tengan que llevarse necesariamente a cabo de una manera irrestricta. Al contrario, el Estado deberá ponderar la eventual presencia de valores relevantes que pudieran imponer un límite justificado a la acción encaminada a la cumplimentación de las exigencias del principio en los planos de la identificación, el reconocimiento y la realización de los derechos. Pero ello no debe, en ningún caso, difuminar el sentido real de la posición del Estado como un agente directamente vinculado por las exigencias inherentes al postulado de la universalidad en la acepción del mismo que toma como referencia al sujeto pasivo de los derechos, ni la plena constancia de los deberes *prima facie* que al respecto le incumben.

CIUDADANÍA Y PARTICIPACIÓN DEMOCRÁTICA: EL CASO BRASILEÑO

Sergio Cademartori
Daniela Mesquita Leutchuk De Cademartori

1. INTRODUCCIÓN

En este trabajo se pretende investigar la construcción histórico-política de la ciudadanía en Brasil —a partir del modelo teórico suministrado por la teoría de Thomas Humphrey Marshall y a la luz de las discusiones académicas acerca de esa categoría con la finalidad de aportar subsidios para la comprensión de la misma en el momento actual de la sociedad brasileña—. A tales efectos, se parte aquí del abordaje teórico de Marshall (1967), quien, postulando que la ciudadanía es un status concedido a aquéllos que sean considerados como miembros integrales de una comunidad, la distingue según tres tipos de derechos (civiles, políticos y sociales). Se abandona así el vínculo censitario que la misma poseía en la concepción liberal de los siglos XVIII y XIX. Eso determina que la búsqueda de una nueva conceptuación del término en la actualidad sea una cuestión abierta, típica de las sociedades complejas de las postrimerías del siglo XX y comienzos del siglo XXI que se debaten en búsqueda de instituciones políticas y jurídicas adecuadas a la realidad de un ciudadano cosmopolita.

El objetivo de la presente ponencia será entonces cotejar, a la luz de los aportes teóricos antes referidos, tal modelo de ciudadanía con su efectiva implementación en Brasil, a partir de su génesis y evolución histórica en el marco de una sociedad marcada por la exclusión y negación de derechos.

2 LAS AMBIGÜEDADES CONCEPTUALES DE LA CATEGORÍA CIUDADANÍA

2.1 Las dificultades estipulativas

La premisa teórica para la investigación propuesta parte del análisis de los significados que tradicionalmente se asignan a la noción de ciudadanía, a los fines de establecer un acuerdo semántico que pueda revelarse operativo a los efectos de este trabajo.

De inmediato, se pueden distinguir dos significado para el término, con diferentes especies y sub-especies, en la línea de Ermanno Vitale, así como expuesta en su artículo para la obra colectiva sobre el garantismo (2005, pp. 463-480): el primero va referido a la nacionalidad, a la pertenencia nacional. Ser ciudadano de un Estado significa entonces estar sometido a un ordenamiento jurídico compuesto por derechos y deberes. Al principio, no hay ningún significado prepolítico (étnico, cultural) insertado en el mismo. Eso permite afirmar que algunos poseen o no la ciudadanía brasileña, francesa etc. En este caso, como es consabido, los títulos tradicionales para la adquisición de una ciudadanía son el *jus sanguinis* y el *jus soli*. Tal definición se impuso en la modernidad, constituyéndose como una definición estrictamente fáctica, geográfica, dependiente de la dimensión territorial del poder político, cualquiera que sea.

La segunda noción, por su parte, se vincula a la forma de gobierno y a las determinaciones institucionales de los Estados territoriales. Es a ella a la que se refiere Aristóteles, en el siglo IV antes de Cristo, cuando considera ciudadano al que participa en los cargos políticos de la *polis*. En el caso en que la forma de gobierno fuese otra, otros serían aquéllos abarcados por la categoría. Como dice Vitale, «En este sentido, el criterio mínimo de ciudadanía activa, de la ciudadanía plena, es una suerte de consenso, cuando menos hipotético e inicial, en torno al poder político al que está sometido».

Pero hay una tercera y más compleja noción de ciudadanía, extraída de las varias dimensiones de derechos de la contemporaneidad: es aquélla postulado por el sociólogo T. H. Marshall, en su obra «Ciudadanía y clase social», quien, en los años cincuenta del siglo XX, analizando el proceso de ampliación de ciudadanía conectado al desarrollo del capitalismo en Inglaterra, explicita un concepto que supera a la dimensión censitaria, pero no a la condición de pertenencia nacional. Así, en principio, la ciudadanía adquiere la forma de una asociación voluntaria a una colectividad política sin condiciones patrimoniales o culturales, como es referido por Vitale.

Según el autor británico, en el período anterior al siglo XVIII estos derechos se encontraban mezclados, ya que las instituciones que los engendraban también estaban «amalgamadas». En el momento siguiente se inicia el proceso de distanciamiento de los tres elementos que componen la ciudadanía. Este distanciamiento fue tan grande, dice Marshall, que es posible atribuir tales elementos a períodos de formación distintos, a saber, los derechos civiles al siglo XVIII, los políticos al siglo XIX y los sociales al siglo XX. Sin embargo, advierte Marshall que estos períodos deben ser tratados con razonable elasticidad, y hay algún entrelazamiento, especialmente entre estos dos últimos.

Así es que cada una de las clases de derechos corresponde a una etapa determinada de la Historia en que los mismos surgen y se consolidan. Los derechos civiles comprenden en forma confusa derechos de libertad, como la libertad de pensamiento y los derechos de autonomía privada, como lo es el derecho a comparecer frente a un juicio o de participar en una compraventa —son los primeros y extienden su consolidación hasta el período posterior al siglo XVIII—.

Esa paulatina conquista de derechos civiles abrió espacio a la penetración de derechos políticos, en la medida en que el sufragio se despega del substrato puramente económico para conectarse al substrato político: como dice Ligia Coelho (1990), se amplía el derecho de voto a todas las clases y a las mujeres tornándose así universal.

En la medida en que los derechos sociales representan porciones de distribución de la renta no vistas siempre como distribuibles, son los derechos de más difícil consolidación. Surgen inicialmente a través de las instituciones educativas y por la reglamentación salarial, podada en un momento posterior por el principio del contrato libre de trabajo. En este sentido, la obra de Marshall posee, entre otros, el mérito de establecer un estrecho vínculo entre la ciudadanía y la adquisición de derechos sociales a través del Estado, observado a partir del binomio renta versus ampliación de los servicios sociales.

En suma, la fórmula marshalliana refleja una ciudadanía fundamentada en la ideología liberal, en la cual la ciudadanía es un status concedido a aquéllos que son miembros integrales de su comunidad.

Como se ve, partiéndose de la concepción de T. H. Marshall, por ciudadanía debe entenderse el reconocimiento, por parte de un Estado, a los individuos que lo integran, del derecho al disfrute de los derechos civiles, políticos y sociales. En consecuencia, se considera como ciudadano pleno a aquél que goza de los tres tipos, ciudadano incompleto al que posee solamente algunos y no ciudadano a los que no se benefician de ninguno de ellos.

Además de la tripartición de los derechos de ciudadanía, es de Marshall la idea del surgimiento secuenciado de los mismos en Inglaterra. La secuencia, además de cronológica, es también lógica. Fue el ejercicio de los derechos civiles y de las libertades civiles lo que hizo que los ingleses reivindicaran el derecho a la participación en los destinos del gobierno de su país. Esta intervención llevó a la elección de candidatos populares y a la organización de partidos de trabajadores que introdujeron en la legislación los derechos sociales.

Este modelo (inglés) no pude ser aplicado al desarrollo histórico de estos derechos en Brasil, así como tampoco se aplica a los desarrollos históricos latinoamericanos. Para José Murilo de Carvalho es necesario agregar a los derechos de ciudadanía de Marshall el sentimiento de pertenencia a una comunidad, de identidad colectiva, conferido por la lengua, por la religión y por la historia, necesarios a la existencia de las naciones democráticas modernas. Aunque la identidad nacional casi siempre se encuentre vinculada a los derechos, en especial a los civiles, aquella es más que la suma de los derechos, es el cimiento que une entre sí a los individuos y mantiene unida a la comunidad en momentos de crisis. Identidad nacional y ciudadanía, sin confundirse, se refuerzan mutuamente.

Por su parte, Antonio Enrique Pérez Luño menciona la existencia, en el interior de las teorías analítico-linguísticas sobre la ciudadanía, de las definiciones lexicales. En esta perspectiva, considerando la definición de ciudadanía, es posible percibir los siguientes pares: descriptivo y prescriptivo, teórico y pragmático, natural y político, global y local, universal y particular, y unilateral y multilateral.

Las definiciones descriptivas de ciudadanía son aquéllas adoptadas por los constitucionalistas y administrativistas, en virtud de las cuales la ciudadanía puede traducirse en un conjunto de normas que regulan el status jurídico de los ciudadanos. Así las cosas, la categoría emana del derecho positivo estatal y a su definición contribuyen el análisis empírico y la exégesis de este sector normativo del ordenamiento jurídico.

De su parte, las definiciones prescriptivas son aquéllas en las que la noción se reviste de un significado deontológico, en cuanto modelo ideal de status que cobra reconocimiento por la sociedad política.

El uso teórico de la noción de ciudadanía se concretiza en los aportes doctrinales multidisciplinares de la filosofía, del derecho, de la sociología, etc., mientras la intencionalidad pragmática es percibida en aquéllos que la invocan como bandera de lucha en la consecución de determinadas libertades. La última situación pudo percibirse en el movimiento a favor de los derechos civiles en la segunda mitad del siglo pasado o aún en la lucha contra el *apartheid*. Importa enfatizar que la versión teórica de la ciudadanía no excluye su posible dimensión pragmática.

La contraposición entre las definiciones naturales y políticas de ciudadanía deriva de la diferenciación producida por los primeros tipos de definición. Aquellas surgen a partir de las teorías contemporáneas de orientación comunitarista que conciben a la ciudadanía como un factor innato y necesario que determina la inserción del individuo en un grupo étnico y/o cultural. Consecuentemente, tales definiciones se oponen a las concepciones liberales —como la de John Rawls— que la perciben como un concepto estrictamente político, o sea, un vínculo derivado de la relación contractual (pacto social) y de la libre adhesión de las personas a la sociedad.

Para Pérez Luño, la acepción natural de ciudadanía tiene como supuesto ideológico la tradición nacionalista herderiana, mientras el ideal político sostenido por el pensamiento liberal posee como antecedente el humanismo cosmopolita kantiano.

Por su parte, la acepción global de la ciudadanía es sostenida por quienes la conciben como el disfrute del conjunto de todos los derechos fundamentales, una noción que abarca no sólo los derechos civiles y políticos, sino también los económicos, sociales y culturales. Como para un amplio sector de la doctrina iuspublicista la ciudadanía posee un significado limitado, circunscrito a su sentido técnico-jurídico implicado por la pertenencia a una determinada organización política y los consecuentes derechos de participación democrática, es posible oponer a la definición global una definición local de la misma.

Es posible también apuntar en determinadas teorías la invocación de una ciudadanía tan amplia al punto de hacerla coincidir con un status universal, como lo narra Pérez Luño, conectando ese enfoque al proyecto humanista de la modernidad.

Como contrapunto, las más frecuentes concepciones particulares sobre el tema hacen coincidir a esta categoría con la pertenencia a determinado municipio o ciudad.

En fin, si por mucho tiempo el uso lingüístico del término hacía referencia a un vínculo jurídico único y exclusivo entre el individuo y el Estado —relación unilateral y omnicomprensiva de toda actividad política—, en las actuales circunstancias es posible admitir una ciudadanía plural o multilateral, dados los fenómenos de supraestatalidad e infraestatalidad (Pérez Luño, 2002, p. 181; Julios-Campuzano, 2003, pp. 145 ss.).

2.2 La concepción jurídico-formal

Más allá de los análisis político y sociológico, el concepto de ciudadanía puede ser analizado en su dimensión estrictamente *jurídica*, lo que permite arrojar nuevas luces sobre los problemas que eventualmente aquellos abordajes pudieran implicar.

Para volcarse sobre el específico concepto jurídico de ciudadanía, Ferrajoli (1999, p. 37 ss.) parte de su definición formal —es decir, de teoría general del derecho— de los derechos fundamentales —entendidos como todos aquéllos derechos subjetivos que corresponden universalmente a todos los seres humanos en cuanto dotados del *status* de personas, de ciudadanos o de personas con capacidad de obrar—. Deteniéndose sobre cada uno de los elementos del concepto, el autor italiano define a los derechos subjetivos como cualquier expectativa positiva (de prestaciones) o negativa (de no sufrir lesiones) atribuida a un sujeto por una norma jurídica. Simultáneamente, entiende por *status* la condición de un sujeto, prevista por una norma jurídica positiva, como presupuesto de su idoneidad para ser titular de situaciones jurídicas y/o autor de los actos que son ejercicio de las mismas.

Por su parte, la universalidad es aquella relativa a la clase de sujetos a quien su titularidad está normativamente reconocida.

Esa definición formal le permite establecer una categorización de los derechos fundamentales con base en los criterios de ciudadanía y capacidad de obrar.

Así, establece una primera división, la cual resulta en las siguientes categorías:

1a) **derechos de personalidad**: que son aquellos que corresponden a todas las personas, sin distinción;
2a) **derechos de ciudadanía**: aquéllos derechos atribuidos por las normas jurídicas de cada ordenamiento solamente a los ciudadanos;
1b) **derechos primarios o substanciales:** los que son conferidos a todas las personas, independientemente de su capacidad de ejercicio; y
2b) **derechos secundarios o instrumentales**: los que se atribuyen apenas a las personas con capacidad de obrar.

Cruzando los criterios obtendremos cuatro clases de derechos:

1) Derechos humanos: derechos substanciales de las personas que conciernen a todos los seres humanos (p.e. vida, integridad, libertad, derechos a la salud y educación, garantías penales y procesales);
2) Derechos públicos: derechos substanciales reconocidos solamente a los ciudadanos (derecho al trabajo en ciertos casos, auxilio en caso de inhabilitación laboral);
3) Derechos civiles: derechos instrumentales atribuidos a todas las personas con capacidad de obrar (poder negocial, libertad contractual, libertad de empresa, derecho a personarse en juicio y todos los potestativos en los cuales se manifiesta la autonomía privada y se funda el mercado); y
4) Derechos políticos: derechos instrumentales reservados solamente a los ciudadanos con capacidad de obrar (votar y ser votado) (2001, p. 19 ss.)

Coherente con su clasificación de derechos fundamentales, la cual establece la separación entre derechos de todas las personas y derechos reservados a la ciudadanía, Ferrajoli cuestiona la concepción de Marshall, dado que este identifica a todas las clases de derechos fundamentales como derechos de ciudadanía (Ferrajoli, 1999, p. 55).

En efecto, como se ha referido anteriormente, Marshall distingue tres clases de derechos fundamentales: civiles, políticos y sociales, todos atribuibles a los ciudadanos. Esta posición lo coloca en conflicto no sólo con las declaraciones de derechos de la ONU sino con la mayoría de las constituciones democráticas, que confieren esos derechos a las personas en general y no solamente a aquéllas que posean el *status* de ciudadanía.

Ahora bien, en el contexto actual, de debilitamiento de la soberanía, en el cual la interdependencia y la globalización provocan un desplazamiento de las sedes de poder, aunado al creciente fenómeno de las migraciones en masa de los habitantes de las regiones carentes hacia los países prósperos, son señales de una progresiva integración mundial.

En esas circunstancias, la categoría ciudadanía corre el riesgo de ser un instrumento regresivo al servicio de la exclusión de los inmigrantes que llaman a la puerta del mundo rico.

En consecuencia, si los derechos fundamentales presentan el carácter de reafirmación de la igualdad, ésta se ve puesta en cuestión ante una indebida reducción de los mismos a apenas una de sus dimensiones, la cual es parcial y contingente, sustrayendo de esa forma su carácter universalista.

La solución, para Ferrajoli, deberá ser la progresiva superación de la idea de ciudadanía hacia una desestatalización de las nacionalidades (1999, p. 57).

La ciudadanía, para Marshall, sería el *status* al que se asocian todos los derechos, lo que la vuelve una definición abarcadora de todos los derechos fundamentales (Ferrajoli, 1999, pp. 98-99). Esto implica una superposición al concepto de persona, que en la tradición jurídica se ha mantenido separada de la noción de ciudadano: la conocida diferencia entre *status civitatis* y *status personae*.

La clase de los derechos de la persona abarca por completo la categoría de los derechos que Marshall denomina «civiles»: las libertades de pensamiento, de creencia etc., o sea, no se atribuyen a los ciudadanos en cuanto ciudadanos, y sí en cuanto personas (Ferrajoli, 1999, p. 99). Adviértase que actualmente se encuadran en esa categoría también los derechos sociales, como es de la lógica del Estado neoconstitucional.

De esa forma, parece desposeída de toda utilidad una noción ampliada de la ciudadanía que abarque también a los derechos de personalidad, ya que en términos jurídicos la ciudadanía se define por la clase de derechos atribuibles a algunas personas, como lo son los derechos políticos.

Además de esta primera reducción, Ferrajoli señala otra, en su opinión más grave, que tiene que ver con la consistencia teórica de la noción de derechos civiles, ya que engloban derechos estructuralmente diferentes: los derechos de libertad, de autonomía privada (p. e. contratar y personarse en juicio) y el derecho de propiedad (1999, p. 101).

Ahora bien, ninguno de esos derechos es otorgado por las constituciones contemporáneas solamente a los ciudadanos, pero sí a las personas en general.

Además, la reducción de esos derechos a la categoría de derechos de libertad es el fruto de una engañosa tradición, iniciada por el liberalismo y avalada por el marxismo.

En efecto, el liberalismo elevó a la propiedad al mismo *status* de la libertad, mientras que la crítica marxista redujo a esta al mismo nivel de aquélla.

La propiedad definitivamente no es universal, como la libertad, ya que aquélla es, por su propia naturaleza, disponible.

Universales serán otros derechos patrimoniales diferentes del de propiedad (que tiene por objeto bienes singularmente determinados): el de convertirse en propietario y el de disponer de sus propios bienes (1999, p. 102).

Estos derechos, como se puede ver en la clasificación de Ferrajoli, derivan de la capacidad jurídica y de la capacidad de ejercicio, o sea, son derechos instrumentales, netamente diferentes de las inmunidades constituidas por las libertades, las cuales son indisponibles al mercado y a los poderes privados.

Si verificamos los cuatro criterios axiológicos postulados por Ferrajoli para establecer los derechos que deben ser considerados como fundamentales (igualdad, democracia, paz y protección de los más débiles) (2001, pp. 314 ss.), esas ilegítimas reducciones violan directamente el primero de esos valores, ya que excluyen del goce de los derechos fundamentales a todos los no ciudadanos (2001, pp. 319 ss.).

2.3 La crítica a la concepción formal

Tal vez una de las más agudas críticas dirigidas a la concepción de Ferrajoli sobre la ciudadanía sea la de Pérez Luño (2002, pp. 197 ss.) que sitúa al profesor italiano entre aquéllos que niegan la existencia de esa categoría.

Concentra sus críticas en varios argumentos, a saber:

a) Para Pérez Luño, Ferrajoli comete el mismo error que había atribuido a Marshall (omnicomprensividad del concepto de ciudadanía), estableciendo una reducción de todos los derechos a los de personalidad;
b) Esta noción de «derechos de personalidad» es de su parte tan equívoca y excluyente como la de ciudadanía (el autor español recuerda que el Código de Napoleón restringía el alcance de esos derechos, excluyendo a las mujeres, a los menores de edad, extranjeros, mendigos sin domicilio fijo...);
c) Ferrajoli se colocaría en una tendencia que iría en contra del constitucionalismo mundial, que establece una neta diferencia entre los derechos fundamentales y los derechos subjetivos privados;
d) Del mismo modo, Ferrajoli confunde derechos humanos y derechos fundamentales: aquéllos poseen una inevitable dimensión deontológica, pues expresan facultades de las personas que deben ser reconocidas por los ordenamientos positivos, mientras que éstos son frutos de ese mismo reconocimiento;
e) Además, Ferrajoli negaría, al reclamar la positividad de los derechos de personalidad, la dimensión universal de los mismos.

Las críticas de Pérez Luño no parecen pertinentes, considerando las postulaciones de Ferrajoli con respecto al tema, antes expuestas. Examinando cada uno de los argumentos del autor italiano, podemos concluir lo siguiente:

a) Si bien es cierto que la noción de «derechos de personalidad» corresponde a todas las personas sin distinciones, Ferrajoli establece subdivisiones necesarias en función de los ordenamientos positivos existentes, que no implican desigualdad de tratamiento no irrazonable entre las personas en función de su origen o raza;
b) La equivocidad del término «derechos de personalidad» denunciada por Pérez Luño es lo que realmente se verifica en los diversos ordenamientos: no podemos olvidar que el término «universalidad» empleado por Ferrajoli es aquélla relativa a la clase de los sujetos a quienes su titularidad está normativamente reconocida; se trata de una concepción *formal* de derechos fundamentales que designan lo que los mismos *son* en los diferentes ordenamientos positivos, y no lo que ellos *deberían ser*, ni *cuáles* sean. Es un abordaje a partir de la teoría del derecho, no de dogmática positiva ni de filosofía jurídica;
c) Al contrario de lo que reivindica Pérez Luño, Ferrajoli sí establece una distinción entre derechos fundamentales y derechos subjetivos privados, como se puede leer en este texto;
d) En cuanto a la confusión entre derechos humanos y derechos fundamentales, eso no es nada más que un problema semántico: Ferrajoli designa como derechos humanos a una clase de derechos fundamentales atribuidos a todos por cada uno de los ordenamientos particulares, mientras que para el autor español, lo son solamente aquéllos proclamados en Declaraciones internacionales;
e) Por último, cabe repetir: el término «universalidad» se refiere a categorías de personas sin distinciones, y no relativa a todos los países en todos los tiempos, posición derivada de conexiones iusnaturalistas y que es la adoptada por Pérez Luño (Pérez Luño, 2002, pp. 199-200).

En fin, las críticas de Pérez Luño parecen provenir de una concepción equivocada de la aproximación *formal* y de *teoría jurídica* sobre los derechos de ciudadanía adoptada por Ferrajoli, objeto de muchas críticas hasta el esclarecimiento de sus posiciones a lo largo de los debates de los últimos años (Ferrajoli, 2006).

En resumen, las discusiones aquí presentadas ponen en evidencia el hecho de que la ciudadanía presenta dos esferas, una objetiva, referida a la atribución de derechos y otra subjetiva, que trata del sentimiento de pertenencia a un lugar, sea una ciudad o territorio.

A los efectos de lo que sigue —que es una visión diacrónica de la ciudadanía en un país determinado: Brasil—, este trabajo se limitará a resaltar la relación estrictamente jurídica —esto es, objetiva— establecida por los sucesivos ordenamientos de ese país como un caso emblemático de construcción de sujetos de derecho.

3. LA CONSTRUCCIÓN DE LA CIUDADANÍA EN BRASIL

El Brasil independiente conoce a lo largo de su corta historia —de menos de doscientos años— ocho constituciones, a saber: la imperial de 1824 y las republicanas de 1891, 1934, 1937, 1946, 1967, 1969 y 1988, habiendo sufrido, en el período republicano, dos dictaduras de impronta modernizadora: se trata de la dictadura de Getúlio Vargas (1937-45) y la dictadura militar entre 1964 y 1985.

El siglo XIX en Brasil presenta una situación de escasez en cuanto a los derechos civiles conquistados. Esos derechos no fueron colocados al servicio de los derechos políticos, formando lo que se ha consensuado en llamar de ciudadanía política. Así se consolidaba, en las palabras de José M. de Carvalho, una tradición de procurar mejoras en la situación general de la sociedad a través de la alianza con el Estado, o sea, a través del contacto directo con el poder público. Una actitud que más que ciudadana era estatista.

Por otra parte, el Brasil del siglo XIX, cuya organización jurídico-política fue marcada por la Constitución Imperial de 1824 se apoyaba en una organización esclavista de la producción.

Esa estructura de poder, al desconocer la existencia de un problema social, por un lado, y al negarse a regular profesiones, revocando las remanentes corporaciones coloniales de oficio, por otro, ajustaba su paso con la modernidad de comienzos del siglo XIX.

Esa recusa en reglamentar las profesiones, importante paso para la consagración de derechos sociales, permanecerá en la primera constitución republicana en 1891.

De todas formas, es en el período comprendido entre la proclamación de la constitución de 1891 y la entrada en vigencia de la constitución de 1934 que comienzan a surgir legislaciones sobre protección social. En un primer momento, esa normatividad protectora tiene por objeto a los empleados del Estado, posteriormente extendiéndose a otras categorías (derecho a vacaciones, jubilaciones, pensiones, protección al trabajo infantil, sindicalización, condiciones laborales, responsabilidad del empleador en caso de accidentes de trabajo etc.).

Hasta la década de 1920 solamente el 16,6% de la población brasileña vivía en las ciudades. En el campo, lo poco de asistencia social que existía se debía a los aspectos paternalistas de la dominación de los «coroneles». En las ciudades, prevalecía una herencia colonial de relegar esas atribuciones a asociaciones particulares —principalmente religiosas— aliadas a escasas medidas por parte de los poderes públicos —ampliadas principalmente después de la firma del tratado de Versalles por Brasil y del ingreso en la Organización Internacional de Trabajo, ambas en 1919.

La Revolución de 1930 —que encontrará su corolario institucional en la constitución republicana de 1934— demarca un viraje del Estado brasileño en relación a la cuestión social. De hecho, la Carta de 1934 presenta por vez primera en el país un capítulo dedicado a los derechos sociales, que, paradójicamente, serán implementados en forma parcial bajo la dictadura de Getúlio Vargas (1937-45).

La marca normativa más emblemática de este período fue la promulgación de la Consolidación de las Leyes del Trabajo, de 1943, inspirada en la mussoliniana *Carta del Lavoro*, como una respuesta estatal a las reivindicaciones obreras.

La construcción de la ciudadanía en ese período —y en los subsecuentes, hasta 1988— pasa a encuadrarse en la lógica de la concesión de derechos sociales en función de la posición del trabajador en el proceso productivo formal: como refiere Wanderley Guilherme dos Santos.

La ley aseguraba el mismo régimen de beneficios, independientemente de la categoría profesional de cada uno, a todos los trabajadores contemplados por la legislación laboral, esto es, a todas las personas que ocupan una posición en el proceso de acumulación, *reconocidas y reguladas por el poder estatal* (1987, pp. 30-31).

Esto permite a este autor formular la categoría de *ciudadanía regulada*, definida por el mismo como el concepto de ciudadanía cuyas raíces se encuentran, no en un código de valores políticos, sino en un sistema de estratificación ocupacional, y que, además, tal sistema de estratificación ocupacional es definido por norma legal. En otras palabras, son ciudadanos todos aquéllos miembros de la comunidad que se encuentran localizados en cualesquiera ocupaciones reconocidas y definidas en ley.

En el interregno democrático de 1946-64, los sindicatos fortalecidos emprenden diversas luchas por el reconocimiento de derechos, principalmente en el ámbito de las relaciones de trabajo en el campo, pero con poco éxito.

Pero es en el período de la dictadura militar (1964-85) cuando surge una serie de beneficios a los trabajadores rurales y urbanos, tanto en el área de previsión social cuanto en las de sanidad y educación, pero siempre manteniendo la estratificación implícita en la ciudadanía regulada. Emparejada con la violenta represión política se perfecciona el sistema de beneficios, como contrapartida legitimadora del régimen. De todas formas, en este período, podemos concluir que permanece la noción de ciudadanía desprovista de cualquier connotación pública y universal. Gran parte de la población es pre-cívica y en ella no se encuentra ínsita ninguna pauta fundamental de derechos.

Así las cosas, si la adquisición de la ciudadanía se da en un contexto dialéctico de conquista/concesión de derechos, lo que se constató en Brasil fue un solapamiento de ese proceso, dado el carácter históricamente estamental de la sociedad brasileña. Tal aspecto vendrá a conformar prácticas gubernamentales del tipo autoritario-paternalista conviviendo con un ropaje constitucional, históricamente sin fuerza normativa, por lo menos hasta 1988. De hecho, a lo largo de la historia institucional brasileña, ha prevalecido un constitucionalismo nominal, en el cual la Carta Magna posee validez jurídica, pero no se adapta al proceso político, o un constitucionalismo semántico, en el que el ordenamiento jurídico apenas reconoce la situación de poder de sus detentadores autoritarios. En tal cuadro político institucional, la ciudadanía no podía existir sino como fachada.

Con la constitución de 1988 ese panorama comienza a presentar cambios. Esa carta dirigente y garantista pasa a consagrar una serie de derechos en una estructura jurídico-institucional de favorecimiento de la búsqueda de una ciudadanía plena. Pero tal intento se confronta con una cultura política forjada en el paternalismo, que moldea históricamente no sólo el patronato como también —y por consecuencia— una ciudadanía distorsionada e incompleta. Al fin y al cabo, como decía Marx, la tradición de todas las generaciones muertas oprime como una pesadilla el cerebro de los vivos.

Como se puede observar de lo expuesto, el cotejo de ese modelo teórico con su implantación y desarrollo de la ciudadanía en Brasil permite vislumbrar las características que ésta ha adoptado en esa sociedad, entramada con deformaciones y privilegios típicos de una sociedad que aún mantiene importantes resquicios de patrimonialismo y clientelismo, perfiles adecuados a una estructura jurídico-política tradicional.

En efecto, si etimológicamente la palabra ciudadano se refiere a un miembro libre que adopta o se origina en una ciudad determinada, entonces si adoptamos o somos de una determinada ciudad, hay un conglomerado de raíces culturales, políticas y sociales en ese local y nosotros en él no existimos solos: hay otros individuos en esa misma condición. Eso nos lleva a investigar el sentido colectivo que el término ciudadanía contiene y la idea plural que el concepto de ciudadano abriga para nosotros en cuanto miembros de una sociedad desigual y excluyente.

Para autores como Ligia Coelho, los términos dan referendo a un sentido colectivo cuando se piensa en la dinámica de una sociedad, y el ciudadano-individuo se mueve en lo social: el ciudadano colectivo participa en lo social. Alcanzar, pues, la ciudadanía, no es poseer un status, como dice Marshall: es avanzar en el estado de conciencia social que es el centro de lo colectivo.

El análisis de las condiciones histórico-políticas en las cuales se da esa conciencia social se muestra, por lo tanto, no solamente importante como también necesario para que se comprenda con más propiedad el contexto institucional de la actual sociedad brasileña, aclarando su trasfondo y sus desdoblamientos específicos hacia el futuro.

BIBLIOGRAFÍA

ARISTÓTELES. *Política.* Tradução de Mário Kury. Brasília: UnB, 1985. 317p.

CARVALHO, José Murilo de. *A Construção da ordem:* a elite política imperial. Teatro de sombras: a política imperial. Rio de Janeiro: Civilização Brasileira, 2003. 459p.

— *Desenvolvimiento de la ciudadanía en Brasil.* Traducción de José Esteban Calderón. México: Fondo de Cultura Económica, 1995. 174p.

COELHO, Lígia M. C. da Costa. Sobre o conceito de cidadania: uma crítica a Marshall, uma atitude antropofágica. *Revista TB,* Rio de Janeiro, n. 100, jan-mar 1990.

FAORO, Raymundo. *Os Donos do poder.* Formação do patronato político brasileiro. 6.ed. Porto Alegre: Globo, 1985. 2 v.

FERRAJOLI, L. *Derechos y garantias.* La ley del más débil. Madrid: Trotta, 1999

— *Los fundamentos de los derechos fundamentales.* Madrid: Trotta, 2001.

— *Garantismo.* Uma discusión sobre el derecho y la democracia. Madrid: Trotta, 2006.

JULIOS-CAMPUZANO, Alfonso de. *La globalización ilustrada. Ciudadanía, derechos humanos y constitucionalismo.* Madrid: Dykinson, 2003.

LOEWENSTEIN, Karl. *Teoria de la Constitución.* Barcelona: Ariel, 1964.

MARSHALL, Thomas H.. *Cidadania, classe social e status.* Tradução de M. Porto Gadelha. Rio de Janeiro: Zahar, 1967.

MARX, Karl. *A Ideologia alemã.* Tradução de C. Bruni e M. A. Nogueira. 10. ed. São Paulo: Hucitec, 1999.

PÉREZ LUÑO, A. E. Ciudadanía y definiciones. *Doxa, Cuadernos de Filosofía,* Alicante, N. 25, P. 177-210, 2002.

SANTOS, W.G. dos. *Cidadania e justiça. A política social na ordem brasileira.* Rio de Janeiro: Campus, 1987.

VITALE, Ermanno. Ciudadanía, ¿ultimo privilegio? Traducción de Pedro Salazar. In: CARBONELL, Miguel: SALAZAR, Pedro (orgs.). *Garantismo:* estudios en homenaje a Luigi Ferrajoli. Madrid: Trotta, 2005. p. 463-480.

PARTE IV
CRISIS DEL ESTADO Y CONSTITUCIONALISMO COSMOPOLITA

«EL ESTADO DE DERECHO ALLENDE EL ESTADO»: FRACASOS, PROMESAS Y TEORÍA*

Gianluigi Palombella

1. INTRODUCCIÓN Y PREMISA

La noción de «Estado de Derecho[1] más allá del Estado» puede designar la proyección del Derecho a un escenario mundial. Puede referirse también a un «Derecho global» aún incierto e indefinido, entendido como conjunto de procesos de gobernanza que escapan al control de los Estados[2]. Regímenes jurídicos separados se conectan y dan lugar a redes que, careciendo de un «diseño unitario», van creciendo mediante vínculos no jerárquicos, sin centro y sin plan preestablecidos[3].

Se han desarrollado *redes de redes* en el espacio internacional[4], y diversos actores, como las ONGs y las empresas multinacionales[5], órganos informales

---

* Traducción de Francisco José Contreras Peláez.

[1] He traducido en casi todos los casos la expresión «rule of law» como «Estado de Derecho» (N. del T.).

[2] Sabino Cassese ha estudiado «el establecimiento de sistemas regulatorios mundiales», los cuales, en su opinión, son «impulsados por tres tendencias: la delegación de algunas de las tareas de los Estados a organismos que operan en otro nivel, la necesidad que tienen las entidades subestatales de forjar relaciones recíprocas, y la creciente cooperación entre las organizaciones internacionales a nivel mundial» (S. Cassese, "Administrative Law without the State? The Challenge of Global Regulation", 33 *New York University Journal of International Law and Politics,* Summer, 2005, 663 at p. 677). Una de las definiciones actuales de la «gobernanza»: «un proceso (o conjunto de procesos) que implica una transformación de la organización espacial de las relaciones y transacciones sociales, valorado en función de su extensión, intensidad, velocidad y capacidad de generación de flujos transcontinentales o interregionales y de redes de actividad, interacción y ejercicio de poder» D. Held and A. McGrew, *The Global Transformations Reader. An Introduction to the Globalization Debate,* Cambridge, Polity Press, 2001, p. 68 (Held, McGrew, Goldblatt and Perraton).

[3] S. Cassese, supra n. 2, p. 677.

[4] AM Slaughter, *A New World Order*, Princeton UP, 2004, pp. 135 ss.

[5] Ver: R. Hofmann (ed.), *Non-State actors as new subjects in International Law,* Berlin: Duncker & Humblot, 1999.

o instituciones privadas[6] que trascienden las fronteras de los Estados-naciones, habitan una especie de sociedad policéntrica, que apenas se basa ya en la autoridad y control estatales, y requieren una revisión del concepto westfaliano del orden mundial[7].

Las nuevas realidades exigen una coordinación entre fuentes jurídicas que hoy día dista de estar organizada: se evocan nuevas recetas para resolver el problema del conflicto entre reglas, la fragmentación, la falta de control democrático, y se hacen esfuerzos importantes para conceptualizar el conjunto de reglas emergentes en el mundo internacional como capaz de jugar un papel constitucional[8].

Parece que aunque se esté desarrollando cierto tejido jurídico más allá de los Estados, el Derecho internacional, pese a todo, puede quizás ser uno de sus ingredientes. Es cierto que no puede concebirse el Derecho global simplemente como un estadio evolutivo del Derecho internacional, que tradicionalmente ha sido entendido como resultante de las voluntades de los Estados[9]. Ha quedado claro, por ejemplo, que el Derecho administrativo ha crecido ampliamente, desbordando las divisiones nacionales, regionales y globales. Pero, por otra parte, el propio Derecho internacional resulta afectado por tales procesos, y ha producido nuevas normas en los últimos cincuenta años que no son entendibles ya como producto de la transacción entre Estados, sino como normas *erga omnes* (o *super partes*), que expresan los intereses de la comunidad internacional[10].

Más aún, dentro del Derecho internacional —que supuestamente se ocupa de la interacción entre Estados y no contempla la posibilidad de otros

---

[6] Como, por ejemplo, el Comité de Basilea para la cooperación entre bancos centrales nacionales: cf. AM Slaughter, «Governing the Global Economy through Government Networks», en M. Byers (ed.) *The Role of Law in International Politics. Essays in International Relations and International Law* (2000), p. 177.

[7] Puede encontrarse mucha información sobre este tema en las obras de Neil Walker, y últimamente en «Beyond boundary disputes and basic grids: Mapping the global disorder of normative orders», en *ICON*, 2008, 6, pp. 373-396. Especialmente, Walker trabaja sobre la estabilidad del nuevo desorden como un cambio cualitativo. Ver también *infra*.

[8] Por ejemplo, Th. Schilling, *On the Constitutionalization of General International Law*, Jean Monnet Working Papers, NYU, 06/05. Sobre el Derecho económico, E.U. Petersmann, *State Sovereignty, Popular Sovereignty and Individual Sovereignty: from Constitutional Nationalism to Multilevel Constitutionalism in International Economic Law?*, EUI Working Papers, 2006/45.

[9] F. J. Laporta, «Globalization and the Rule of Law. Provisional Draft for discussion», en M. Escamilla y M. Saavedra (eds.), *Law and Justice in a Global Society*, Granada, Editorial Universidad de Granada, 2005, p. 263.

[10] A. Cassese, *International Law*. 2nd ed. Oxford: Oxford University Press 2005, p. 217. J. H. H.Weiler, «The Geology of International Law. Governance, Democracy and Legitimacy», in *Zeitschrift für ausländisches öffentliches Recht und Völkerrecht*, 2004, 64, pp. 547-62. G. Palombella, «The Rule of Law, Democracy, and International Law. Learning from the US Experience», en *Ratio Juris*, Vol. 20, No. 4, December 2007, pp. 456-84.

sujetos jurídicos más que ellos— los individuos se han visto cada vez más afectados directamente por convenciones internacionales o resoluciones emanadas de organismos supranacionales.

En este contexto jurídico complejo e incierto, se puede plantear la cuestión de cuál pueda ser el potencial o el papel que juegue el concepto de «Estado de Derecho»[11] cuando intentamos desvincularlo de la soberanía territorial estatal y de los derechos fundamentales de nuestras democracias constitucionales, proyectando su contenido normativo más allá de su ámbito tradicional.

En lo que sigue me centraré sólo en un asunto más específico, relacionado con las inquietudes suscitadas por las transformaciones del Derecho internacional en cuanto Derecho interestatal. Uno de los problemas importantes que surgen en este contexto —incluso antes que la queja acerca de la ausencia de cualquier control democrático sobre las decisiones adoptadas por los actores globales o internacionales (como el Consejo de Seguridad de la ONU)— es el que guarda relación con sus efectos sobre los individuos y las garantías contra el abuso de poder. Tanto los actores privados[12] como las instituciones «públicas» tradicionales (Estados y una gama impresionante de órganos administrativos) pueden cometer vulneraciones de derechos; también pueden cometerlas las organizaciones internacionales y autoridades supranacionales.

Ciertamente, el Estado de Derecho es el ideal que puede ser invocado más pertinentemente cuando están en juego la estructura y calidad del Derecho; es un ideal que precede lógica e incluso históricamente al desarrollo del constitucionalismo internacional moderno. Aunque la propuesta de un constitucionalismo mundial parece ser la reivindicación más ambiciosa para la nueva era, el Estado de Derecho puede, sin embargo, ser exigido como una condición básica para el desarrollo de un entorno jurídico decente, tanto dentro del Estado como más allá de él. Después de todo, el problema del Estado de Derecho internacional parece ser incluso más urgente que la cons-

---

[11] S. Cassese ha escrito trabajos seminales sobre la concepción del Estado de Derecho a través del Derecho administrativo global. Por ejemplo (cfr. supra n. 2, p. 683 y pp. 690 ss.), ha enfatizado la función de la «globalización de los derechos», la provisión de garantías para los administrados, especialmente derechos de participación y defensa, que se desarrollaron inicialmente como parte del «Derecho administrativo tradicional»; en el escenario mundial se están afirmando principios como el principio de legalidad, el derecho a participar en la formación de las normas, el derecho de consulta, el derecho a ser oído, el derecho de acceder a documentos administrativos, el deber de proporcionar motivaciones para los actos administrativos, el derecho a decisiones basadas en datos científicos comprobables y el principio de proporcionalidad. Este fenómeno es reforzado por «el aumento de tribunales administrativos globales». Ver también un tratamiento extenso de la cuestión en Id., *Oltre lo Stato,* Laterza: Roma-Bari, 2006.

[12] G. Teubner, «Globalised Society, Fragmented Justice: Human Rights Violations by «Private» Transnational Actors», en M. Escamilla y M. Saavedra (eds.), *Law and Justice in a Global Society*, Granada, Editorial Universidad de Granada, 2005, pp. 547-62.

trucción de una república cosmopolita o el logro de una estructura democrática de poder global.

En la medida en que la democracia y el Estado de Derecho pueden apoyarse y reforzarse mutuamente, ambos resultan deseables y compatibles en gran medida. Sin embargo, el Estado de Derecho requiere normas que se enfrenten a, limiten o contrapesen, el poder, con independencia de cuáles sean las formas, estructuras y titulares que éste pueda tener. Consiguientemente, el Estado de Derecho goza también de una independencia conceptual frente a la democracia; resulta aplicable y enfrentable a cualquier forma de poder y gobierno y, a su vez, adopta diferentes encarnaciones en las diversas épocas, lugares y siglos[13]. En lo que sigue, en la medida en que el Estado de Derecho se refiere al Derecho, no necesito dar por supuesto que se refiera al ámbito estatal: tenderé a considerarlo simplemente como una garantía frente al monopolio del poder, trátese del ámbito de que se trate.

Sin embargo, este trabajo sólo intentará mostrar algunas circunstancias en las que el principio de Estado de Derecho —que es honrado y mencionado expresamente por los Estados, las normas de las organizaciones supranacionales y los pronunciamientos judiciales— puede aspirar a cierta universalidad normativa, con tal de que su interpretación sea suficientemente constante y coherente, con independencia de que el contexto en que se aplica sea nacional o internacional.

Esto parece resultar necesario especialmente en la interacción entre el Derecho internacional y el Derecho interno, cuando lo que está en juego es la justicia hacia los individuos: una inquietud que, según el ideal del Estado de Derecho, no puede ser sacrificada al poder, y menos aún en nombre del poder, sea el de la ONU o el de los Estados «democráticos».

Voy a evocar ejemplos que confirman que el recurso al Estado de Derecho dentro del contexto tradicional del Derecho internacional puede generar dificultades insolubles, especialmente cuando las circunstancias requieren cuadrar mediante la acomodación de exigencias normativas relacionadas con el orden jurídico estatal, los derechos fundamentales o la democracia. En casos recientes planteados ante tribunales supranacionales, como el Tribunal Europeo de Justicia, o en tribunales internos como el Tribunal Supremo de Estados Unidos, se han establecido concepciones del Estado de Derecho que, nada sorprendentemente, difieren entre sí en contenido, amplitud y profundidad. Más allá de los asuntos en disputa —tanto si se refieren a la aplicabilidad de las garantías del Derecho internacional a los detenidos de Guantánamo, como si se trata de derechos fundamentales de las personas proclamados por una resolución del Consejo de Seguridad de Naciones Unidas— la importancia y la noción del «Estado de Derecho»

---

[13] Cfr. mi trabajo *The Rule of Law and Its Core,* en G. Palombella y N. Walker, *Relocating the Rule of Law,* Hart Publisher, Oxford, 2008.

han sido puestas en primer plano, e interpretadas en formas que revelan la incertidumbre que rodea al concepto y el uso instrumental y peculiar que a menudo se hace del mismo. Algunas de las ambigüedades giran, de hecho, en torno al alcance —supranacional, interno o externo— que deba tener el propio Estado de Derecho. Así, hay incluso indicios de un *lado oscuro*[14] del Estado de Derecho, tanto más cuanto se apela a éste en el curso de un conflicto entre un supuesto orden internacional y la soberanía estatal o la democracia constitucional.

2. ¿IMPONIENDO UN «ESTADO DE DERECHO»?

Se reconoce frecuentemente que lo «justo» y lo «bueno» implícitos en la apelación al interés general de la humanidad han encontrado alguna voz a través de los desarrollos del Derecho internacional en los últimos 60 años. La Carta de las Naciones Unidas y la Declaración de Derechos, el crecimiento de los derechos humanos, el Derecho humanitario, el Derecho consuetudinario consolidado (como, por ejemplo, las Convenciones de Ginebra), poseen un contenido normativo que los iusinternacionalistas considerarían directamente aplicable en los ordenamientos jurídicos internos. Se espera algún control sobre los sistemas jurídicos internos desde el Derecho internacional. Así, cuanto más seamos capaces de construir un orden jurídico internacional, sobre todo desde arriba, más esperanza podremos tener de que la garantía de los derechos esenciales, la dignidad humana, la justicia, la libertad e incluso la democracia serán ampliamente implantados: el objetivo universal de un Derecho internacional común sería, en otras palabras, aparecer como una oportunidad cuya disponibilidad debe ser extendida, venciendo la resistencia de todas aquellas ideologías según las cuales los sistemas jurídicos nacionales aún tienen fronteras irrebasables y siguen siendo —a pesar de otras cosas— autofundados. Según tales ideas, debería atribuirse a la soberanía misma otro significado, distinto del tradicional: la «vieja» soberanía implicaba el aseguramiento, entre otras cosas, de una esfera territorial entendida como una especie de patrimonio en el que nadie de allende las fronteras puede interferir, y menos aún imponer, algún objetivo normativo decidido en otro sitio, en la esfera de otro sistema jurídico (sea regional, sea internacional). Las viejas nociones son desafiadas por los puntos de vista «progresistas» que parecen apoyar las actitudes universalistas-internacionalistas.

---

[14] Cfr. los capítulos incluidos en A. Sajo (ed.), *The Dark Side of Fundamental Rights,* Eleven Publishers, 2006. Y entre ellos mi trabajo «The Abuse of Rights and the Rule of Law». Como una visión general que descubre la función oculta del Estado de Derecho como arma política para legitimar los abusos llevados a cabo contra los más débiles por parte de los actores poderosos, ver U. Mattei, L. Nader, *Plunder. When the Rule of Law is Illegal,* Wiley-Blackwell, 2008.

En este sentido, cualesquiera pasos encaminados a superar la «clausura» de los órdenes jurídicos internos pueden ser considerados un signo de progreso. Un punto de vista más «monista» parece participar de las virtudes del universalismo: puede favorecer la extensión del Estado de Derecho, y sirve a los ideales de dignidad, libertad y respeto por los derechos fundamentales de los individuos. Sin embargo, aunque esto sea fácilmente comprensible, deberíamos ciertamente prestar atención también a las excepciones. La congruencia teórica entre el principio de Estado de Derecho en Derecho internacional y la protección de la libertad y los derechos humanos puede, de hecho, estar resultando amenazada y revertida.

El caso Kadì, recientemente resuelto por el Tribunal Europeo de Justicia[15], es uno de los más reveladores en este aspecto. El Tribunal Europeo de Primera Instancia (2005)[16] había confirmado una regulación del Consejo Europeo que congelaba los depósitos bancarios del señor Kadì, apoyándose en una resolución del Consejo de Seguridad de Naciones Unidas relativa a medidas contraterroristas. Este primer pronunciamiento judicial negaba cualquier protección a los derechos fundamentales que, según el señor Kadì, habían sido violados por la regulación del Consejo Europeo: el derecho de propiedad, el derecho a ser oído, el derecho a la revisión judicial. Aunque la resolución del CFI ha sido anulada por el Tribunal Europeo de Justicia, resulta instructiva, pese a todo, en la medida en que ilumina los límites y debilidades de algunas actitudes parecidas hacia el Derecho internacional. La consideraré en sí misma, más como un ejemplo de una perspectiva teórica más amplia que como una decisión judicial de primera instancia casada por un tribunal superior.

De hecho, ya que no por su decepcionante conclusión, la decisión del Tribunal fue celebrada debido a su *actitud favorable hacia el principio de Estado de Derecho en el mundo internacional*. El razonamiento del Tribunal, en realidad, confirmaba el principio según el cual las resoluciones del Consejo de Seguridad son vinculantes para los Estados (Carta de Naciones Unidas, art. 103) y para la Unión Europea[17], que debe ser tenida por responsa-

---

[15] 3 de septiembre de 2008, en Joined Cases C-402/05 P (Yassin Abdullah Kadi), and C-415/05 (P Al Barakaat International Foundation).

[16] 21 de septiembre 2005, en Case T-315/01 Kadi v Council and Commission. En noviembre de 2005 Kadì planteó un recurso contra la decisión del CFI (resuelto por el ECJ, ver n. 11, *supra*).

[17] Ibid., § 205: la Comunidad puede «infringir las obligaciones impuestas a sus Estados miembros por la Carta de Naciones Unidas o estorbar su cumplimiento». Pero «en el ejercicio de sus funciones está obligada, por el mismo Tratado mediante el que fue fundada, a adoptar todas las medidas necesarias para facilitar el cumplimiento de dichas obligaciones por parte de sus Estados miembros»: cosa que hizo mediante la aplicación de medidas restrictivas sobre individuos supuestamente vinculados a Al Qaeda. En este caso, el Consejo consideró —en la Common Position 2002/42, adoptada según las disposiciones del Título V del Tratado de la Unión Europea— «que dicha acción comunitaria, adoptada en el contexto de las competencias

ble: de esta forma se promovía la armonización entre los sistemas jurídicos de los Estados, de la Unión Europea y de Naciones Unidas, de modo que los estudiosos que analizan la decisión desde la aspiración a una visión más unitaria, incluso «monista», de la legalidad internacional[18] creen que el Tribunal «merece ser felicitado (...) por aceptar la primacía del sistema de Naciones Unidas sin *caveats* restrictivos —con sólo una excepción»[19]. La excepción concierne a las normas de *ius cogens*[20], contra las cuales ni siquiera las resoluciones del Consejo de Seguridad pueden tener efecto vinculante alguno (caso Kadi CFI, & 230)[21]. Se puede entender que, desde la perspectiva de una legalidad unitaria omnicomprensiva —que abarque a los Estados y los sistemas internacionales— se desarrolla un orden jerárquico en el que la primacía corresponde a las normas internacionales. Esta conclusión es de

---

que le son conferidas por el Tratado de la Comunidad Europea, resultaba necesaria para llevar a efecto ciertas medidas restrictivas contra Osama Bin Laden, otros miembros de la red Al Qaeda, los talibanes y otros individuos, grupos, iniciativas y entidades, de acuerdo con las Resoluciones 1267 (1999), 1333 (2000) y 1390 (2002) del Consejo de Seguridad».

[18] Ch. Tomuschat comenta: «La Comunidad puede arreglárselas bastante bien bajo el régimen sugerido por el Tribunal, un régimen que reconoce inequívocamente la primacía de aquellas partes del orden jurídico de Naciones Unidas que son vinculantes para los Estados miembros de dicha organización mundial» (Ch. Tomuschat , *Case Law:* Case T-306/01, *Ahmed Ali Yusuf and Al Barakaat International Foundation* v. *Council and Commission*, judgment of the Court of First Instance of 21 de septiembre de 2005; Case T-315/01, *Yassin Abdullah Kadi* v. *Council and Commission*, judgment of the Court of First Instance of 21 September 2005, en *Common market law review,* 43: 537-551, 2006, p. 543).

[19] Ibid, p. 545.

[20] Las normas perentorias de *jus cogens* son aquellas que según las Convenciones de Viena sobre el Derecho de los Tratados de 23 de Mayo de 1969 (art. 53), implican la nulidad de cualquier tratado contrario a ellas. Y dentro del alcance de la Convención, «una norma perentoria de Derecho internacional general es una norma aceptada y reconocida por la comunidad internacional de los Estados en su conjunto como una norma cuya derogación no está permitida y que puede ser modificada sólo por una norma posterior de Derecho internacional general dotada del mismo carácter». Según A. Cassese, *International Law,* citado *supra*, las reglas que prohíben la esclavitud, el genocidio y la discriminación racial y la regla prohibitiva de la tortura han llegado a ser normas consuetudinarias. Imponen obligaciones comunitarias, como se indicó en el dictum del caso Barcelona Traction del Tribunal Internacional de Justicia, y además «han adquirido el estatus de *jus cogens*» (p. 394).

[21] En opinión del Tribunal (European Community CFI, 21 de septiembre 2005, en el caso T-315/01 Kadi v Council and Commission § 231), el contenido del *jus cogens* viene dado por las «disposiciones vinculantes relativas a la protección universal de los derechos humanos». El Tribunal evoca la «Opinión Consultiva del Tribunal Internacional de Justicia de 8 de Julio de 1996, *The Legality of the Threat or Use of Nuclear Weapons*, Reports 1996, p. 226, párrafo 79»; y también, «a estos efectos, la Opinión del Abogado General Jacob en *Bosphorus*, par. 189, par. 65)». En su opinión consultiva sobre la Legalidad de la Amenaza o el Uso de las Armas Nucleares, el Tribunal Internacional de Justicia sostuvo que «muchas reglas de Derecho internacional humanitario aplicables en los conflictos armados son tan fundamentales [...] que deben ser observadas por todos los Estados, tanto si han ratificado las Convenciones que las contienen como si no lo han hecho» (*ICJ Advisory Opinion* of 8 July 1996, I.C.J. reports, sec. 79, 1996, 8).

gran importancia para el internacionalista. Pero resultan de rigor algunos comentarios más cautos[22].

Aunque se da por supuesto que la Unión Europea es una «comunidad de Derecho» y que se basa en el «Estado de Derecho», el Estado de Derecho del sistema internacional más amplio debe prevalecer en todo caso, según el principio jerárquico de subordinación[23] de las instituciones inferiores y los sistemas jurídicos internos. Salvo si se trata de una norma de *ius cogens*[24], la norma de Derecho internacional impide que tenga lugar una revisión en el sistema jurídico estatal. Así, toda la deliberación se desplaza al alcance y contenido de la excepción, el ámbito del *ius cogens*: y aquí se ha considerado que los derechos fundamentales a la propiedad, a la audiencia y a la apelación judicial (supuestamente vulnerados, según la reclamación de Kadì) no son derechos protegidos por las normas inviolables de *ius cogens*[25].

Lo que llama la atención en primer lugar, como de hecho observaron muchos, es que el poderoso Consejo de Seguridad de Naciones Unidas puede ejercer sus funciones interfiriendo directamente en los derechos de los individuos sin garantías en el sistema de sanciones de las Naciones Unidas que puedan reemplazar decentemente a la protección mínima de los derechos humanos o adecuarse a los principios fundamentales del Derecho que son comúnmente aceptados en las «naciones civilizadas». En segundo lugar, resulta bastante sorprendente que tales medidas antiterroristas que afectan a las condiciones fundamentales de vida de los individuos no puedan ser revisadas en el ámbito interno, por tribunales estatales (con el argumento de que tal revisión terminaría impidiendo que los Estados o la Unión cumplan el principio de Estado de Derecho internacional).

---

[22] Ha sido de hecho predominante la presunción de que —con la mencionada excepción del jus cogens— existen «límites estructurales, impuestos por el Derecho internacional general» sobre la «revisión judicial» de la regulación europea por parte del Tribunal Europeo. De hecho, la ilegalidad de esta última, de existir, se limitaría a una revisión indirecta de ilegalidad y rechazo por el Tribunal de resolución del Consejo de Seguridad de Naciones Unidas sobre la base de su supuesta violación de los derechos fundamentales. Pero esto no se puede admitir, a causa del alcance limitado de las competencias que la Comunidad Europea podía ejercer en tales asuntos de seguridad, como fue ya decidido por el Consejo de Seguridad (European Community CFI, 21 September 2005, en Case T-315/01 Kadi v Council and Commission §§ 218 ss., y § 225).

[23] Ibid, § 209.

[24] Pero a veces esto es discutido. Ver también A. D'Amato, «It's a bird, it's a plane, it's jus cogens! 6 *Connecticut Journal of International Law,* 1 (1990). Entre las primeras y más influyentes teorizaciones del *jus cogens* se encuentra el trabajo de Alfred Verdross, publicado en 1937: «Forbidden Treaties in International Law», 31 American Journal of International Law, 571 (1937).

[25] El § 238 hasta el final (292) (CFI, 21 September 2005, en Case T-315/01 Kadi v Council and Commission) es dedicado por el Tribunal al rechazo de las pretensiones basadas en las violaciones de derechos fundamentales.

Debe enfatizarse que las conclusiones aquí expuestas son mantenidas no sólo en cuanto compatibles con el principio de Estado de Derecho (internacional), sino incluso en cuanto *en último extremo debidas a él*. Así, habría que preguntar cómo puede apelarse a una idea de Estado de Derecho con la finalidad de soslayar la protección sustantiva de los derechos humanos garantizada por los sistemas jurídicos nacionales. Claramente, la concepción del Estado de Derecho se encuentra en el centro del problema.

3. ALGUNAS PISTAS SOBRE «QUÉ» ES EL PRINCIPIO DE ESTADO DE DERECHO

En términos muy concisos y generales, cabe adscribir diversos significados y niveles a la noción de Estado de Derecho. Cabría discernir un primer nivel implícito en el concepto que entendería a éste como un «Derecho de reglas» que deben ser cumplidas. Esta noción valora la mera existencia de un orden jurídico: la certeza y el control garantizados por éste. Está relacionada con la evitación del poder arbitrario, *lato sensu*, y con algunos rasgos que el Derecho debe reunir para poder guiar las conductas: por tanto, este nivel de significado no se encuentra lejos del defendido por Joseph Raz, que enumeró una serie de requisitos que a su vez se basaban en los sugeridos en primer lugar por Lon Fuller, con independencia del valor moral que este último reconoció en el efecto resultante[26]. Pero es cierto que el Estado de Derecho

---

[26] La generalidad, la claridad, la promulgación, la estabilidad, la coherencia entre reglas y conductas, la no retroactividad, las reglas no contradictorias y que no exijan lo imposible: Lon Fuller (*The Morality of Law*, II ed., Yale U Press, New Haven 1969), capítulo 2. De manera importante, Andrei Marmor ha sostenido que el positivismo jurídico en cuanto tal no tiene objeciones contra el hecho de que tales requisitos sean portadores de cierto grado de virtud moral, más allá de su valor funcional: por tanto, no hay ninguna razón para suponer que tal reconocimiento del posible valor moral de esos requisitos implique una perspectiva iusnaturalista, a pesar de que los propios iusnaturalistas suelan afirmar esto (cfr. R. George, "Reason, Freedom, and the Rule of Law: Their Significance in the Natural Law Tradition", 2001, 46, *American Journal of Jurisprudence*, 249). El positivismo jurídico no está en juego porque la validez del Derecho no depende de su valor moral, sino de hechos sociales (es decir, de sus fuentes). (A. Marmor, «The Rule of Law and Its Limits», en *Law and Philosophy*, Vol. 23, No. 1, (Jan., 2004), 1-43, p. 39 y p. 41). Neil MacCormick también llegó a posiciones próximas a esta conclusión sobre el valor moral del Estado de Derecho —alejándose parcialmente de Joseph Raz (y Herbert Hart)— al asumir que «allí donde el Estado de Derecho es respetado, la gente se enfrenta a un Estado que les trata como agentes racionales a los que se debe cierto respeto en cuanto tales. Dicho Estado aplica sus disposiciones con cierto grado de justicia, independientemente de cuáles sean éstas. Esto tiene algún valor real, y valor independiente, incluso allí donde la sustancia de lo que se hace no satisface las exigencias de ningún ideal sustantivo de justicia» (Neil MacCormick, «Natural Law and the Separation of Law and Morals,» en Robert P. George, ed., *Natural Law Theory: Contemporary Essays* (Oxford: Clarendon Press, 1992) (105-133), p. 123.

es concebido en forma distinta en una escala de grados, y a veces se nos recomienda incluir también en el concepto la protección de los derechos fundamentales, o el contenido íntegro de un Estado democrático liberal, o el de un Estado de Bienestar, etc.[27]. La argumentación que aquí mantendremos considera cuestionables tanto la visión formalista del Estado de Derecho como «Derecho de reglas» como la versión sustantiva, constitucionalista y democrática, en parte porque pueden terminar equiparando el Estado de Derecho con la mera eficiencia funcional de un orden jurídico en cuanto tal, o, por el contrario, porque piden que el ideal de Estado de Derecho se corresponda sólo con una de sus posibles encarnaciones históricas e institucionales, buscando incorporar así algunos objetivos valiosos (pero extraños al concepto) tales como el control democrático del poder, la satisfacción de las necesidades materiales de los individuos y otros por el estilo.

En conjunto, no creo que la interpretación del Estado de Derecho como un Derecho de reglas que cumplir refleje fielmente la evolución histórica de dicho ideal y las formas en que se ha desarrollado al menos desde el siglo XIII, a través de, por ejemplo, la influyente teorización de A.V. Dicey en el siglo XIX[28]: como *caveat* general, debería tenerse en cuenta que aquella evolución se refiere a rasgos cuya incorporación por el Derecho se considera deseable, principalmente para asegurar la protección frente a un poder monopolizador y sobre la base de un Derecho positivo que se arraiga empírica y jurídicamente en un terreno situado más allá del alcance del soberano y su voluntad discrecional.

Los rasgos mencionados han definido principalmente la separación de poderes, el respeto de los derechos desarrollados gradualmente a través de la historia constitucional europea, asegurando así tanto la autoridad de los gobiernos como la limitación de ésta. Desde la perspectiva que he desarrollado en otro lugar, esta evolución muestra la lógica del Estado de Derecho como algo que se refiere a (y se basa en) algo situado más allá de la ley del soberano: una dualidad jurídica en la que existe algún Derecho *positivo* que escapa al ejercicio dominante de la soberanía. En sus raíces medievales, se consideraba que el Derecho era sólo parcialmente *gubernaculum*, es decir, algo sometido a la voluntad del soberano. Era también, en parte, *jurisdictio*, donde las leyes fundamentales del país se encontraban más allá del alcance del soberano, como nos recordó McIlwain[29]. Esa dualidad es visible en épo-

---

[27] Ver Paul P Craig, «Formal and Substantive Conceptions of the Rule of Law: An Analytical Framework»., 1997, *Public Law*, pp. 467-87. Y también TRS Allan, *Constitutional Justice*, Oxford: Oxford University Press, 2001.

[28] Mi trabajo «The rule of law as an institutional ideal», en: Morlino, L., and Palombella, G., *The Rule of Law and Democracy. Internal and external issues*, Brill Publishig, Leyden-Boston, 2010.

[29] Ch. McIlwain, *Constitutionalism: Ancient and Modern*. Ithaca, NY: Cornell University Press. 1947, pp. 67-92.

cas posteriores, sobre todo en el binomio constitucional de derechos y legislación como términos dotados de igual rango. En la Europa continental se puede decir que esto sólo fue conseguido recientemente, coincidiendo con la reestructuración constitucional del Estado en la segunda mitad del siglo XX. Sin embargo, dicha lógica exhibe un *fil rouge* que *a priori* es realizable en otras formas, incluso extramuros del Estado.

Después de todo, el *fil rouge* del Estado de Derecho —a través de los siglos— exhibe un ideal normativo, relativo al Derecho, y no sólo los requisitos que el Derecho deba reunir para ser tal. En este sentido, el *Rechtsstaat* preconstitucional de los siglos XIX y XX en la Europa continental puede ser descrito como una entidad basada en reglas, jerárquicamente rigurosa, en la que el ejercicio del poder estaba sometido sólo a la ley, pero que, sin embargo, se encontraba lejos de la lógica característica de la raíz inglesa del *rule of law*[30]. Este último, por su parte, impide que la legislación del soberano pueda ser la única fuente del Derecho. La verdadera razón por la que la acción del soberano no puede ser «ilimitada» ni «desembridada» es que, más allá del libre (y legítimo) ejercicio del *gubernaculum*, se ha desarrollado positivamente una faceta jurídica de *jurisdictio* que se encuentra fuera de su alcance[31]. Así, puede decirse que el ideal se refiere naturalmente a la ya mencionada «dualidad» del Derecho, y a sus raíces antiguas; y que se orienta a la prevención del monopolio del poder sobre las fuentes del Derecho, y de la *dominación legal* subsiguiente. Se refiere a (y necesita de) la existencia, dentro de un sistema jurídico, de algún otro Derecho positivo que se encuentra por así decir en un ámbito separado, bien pertenezca al *common law*, como en la tradición inglesa, o recibiendo una garantía legislativa de una constitución, etc., sean cuales sean los instrumentos institucionales que puedan ser precisos para hacer factible dicho resultado. Por supuesto, el concepto se refiere a la composición y fuentes del Derecho, y, en cuanto tal, puede ser proyectado tanto al contexto jurídico internacional como al estatal.

Entre las concepciones alternativas, excluiría la que sostiene que el núcleo del Estado de Derecho se refiere al gobierno *mediante* el Derecho. Desde la perspectiva del gobierno mediante la ley, el principio de Estado de Derecho significa que, por ejemplo en el Derecho internacional, sus destinatarios, los Estados en particular «deben obedecer a la ley. Deben considerarla dotada de autoridad y dejarla guiar y constreñir sus acciones»[32]. Dicha interpretación posiblemente deja escapar el problema principal del Estado de Derecho y

---

[30] Cfr. un tratamiento extenso en mi trabajo *The Rule of Law and Its Core*, en G. Palombella and N. Walker, *Relocating the Rule of Law*, Hart: Oxford, 2008.

[31] En el caso del Estado constitucional liberal y democrático, debido a la igual relevancia atribuida por la constitución a los derechos, por un lado, *y* al principio democrático de legislación, por el otro.

[32] M. Kumm, *International Law in National Courts: The International rule of Law and the Limits of the Internationalist Model,* 44 Virginia Journal of International Law 19, p. 22.

corre el riesgo de desvirtuar su esencia, puesto que deja de lado el hecho de que los soberanos, *ceteris paribus*, son competentes para hacer ellos mismos la ley, y cambiarla a voluntad: y más aún en el contexto internacional. Puede ser una interpretación muy extendida, pero lo cierto es que apenas puede dar razón del motto «el imperio de la ley, no el de los hombres»[33]. Si se rastrea la reconstrucción del concepto —por ejemplo siguiendo una línea que pasaría por autores como Haskins, Goodhart o Reid[34]— el imperio *de* la ley resulta oponerse al imperio *mediante* la ley[35], excluyendo así que un uso instrumental del Derecho pueda erigirse en la interpretación apropiada. Por el contrario, lo que está en juego es precisamente que la ley sea producida en un contexto institucional donde se ha desarrollado un tejido sustantivo que de algún modo se encuentre fuera del alcance del legislador, de forma que pueda aparecer como un baluarte jurídico que la voluntad del legislador carece de autoridad para asaltar. Y así, es la resistencia de «otro» Derecho, que es sin embargo «positivo», la razón por la que no se da el «gobierno de los hombres», entendido como la discrecionalidad del soberano político. De nuevo, pueden dibujarse líneas a través de la historia, y pensar en la jurisdicción medieval, el Derecho judicial inglés y la tradición del *common law*, así como las constituciones europeas contemporáneas, en las que los principios y normas constitucionales quedan acorazados frente a los vaivenes de las mayorías, como posibles encarnaciones del mismo ideal. Por supuesto, esta interpretación no se corresponde con las narraciones que se contentan con enumerar los rasgos que el Derecho debe reunir para ser verdadero Derecho, dejando así a un lado buena parte de lo importante, como el problema de la monopolización y la instrumentalización del Derecho.

4. ANÁLISIS TEÓRICO Y CARENCIAS DEL DERECHO VIVO

4.1. Cuando se la considera desde esta concepción del Estado de Derecho que defiendo, la interpretación realizada por el Tribunal Europeo de Primera Instancia parece aún peor y bastante insatisfactoria. Un mundo

---

[33] Más sobre esto en G. Palombella, *The Rule of Law as an Institutional Ideal,* 2010, cit.

[34] A.L. Goodhart, 'The Rule of Law and Absolute Sovereignty', (1958) 106 *U.Pennsylvania L Rev* 947. Ph. Reid, *Rule* of *Law. The Jurisprudence of Liberty in the Seventeenth and Eighteenth Century,* North. Illinois U. Press, DeKalb 2004; George L. Haskins, «Executive Justice and the Rule of Law: Some Reflections on Thirteenth-Century England» in *Speculum,* 1955, 30, pp. 529-38

[35] Dicha referencia al Estado *de* Derecho como un Estado *mediante el* Derecho es, sin embargo, mantenida por otros autores: por ejemplo, cfr. M. Kumm, *International Law in National Courts: The International rule of Law and the Limits of the Internationalist Model,* 44 Virginia Journal of International Law 19, p. 22. S. Beulac, *The Rule of Law in International Law Today,* en G. Palombella, N. Walker, *Relocating the Rule of Law,* Hart: Oxford 2008.

monista, unido bajo la Carta de Naciones Unidas, y la obediencia por parte de los Estados y la Unión Europea, son los únicos ingredientes de un supuesto Estado de Derecho que realmente son tomados en consideración. La importancia del cumplimiento por parte de los Estados y de la Unión, creando un orden coherente y jerárquico, se impone a todo lo demás. Sin embargo, el CFI sostuvo una concepción del Estado de Derecho basada en la certeza. En su ambigüedad, dicha idea apenas puede ser distinguida de aquella otra que equipara en última instancia el Estado de Derecho con un «Derecho de reglas»: esto es, el cumplimiento de las reglas fijadas en una jurisdicción[36]. Esta línea de razonamiento, entre otras cosas, se hace eco de la concepción más vieja y reverenciada de los países pertenecientes a la tradición jurídica continental, tras la codificación de los siglos XIX y XX, antes de que tuviera lugar el progreso constitucional tras la II Guerra Mundial: en algún sentido, puede ser resumida en el motto *dura lex, sed lex*[37]. Del mismo modo, el Tribunal, al sobreponderar la «certeza» y la jerarquía, infravalora y desdeña el hecho de que el sistema de sanciones de Naciones Unidas carece de cualquier salvaguardia jurídica que permita proteger a los individuos (aunque sí se dirige a ellos) y funciona sólo como un Derecho unilateral y basado en el poder. Por así decir, es un Derecho *gubernaculum*, en el que no se hace visible ninguna *jurisdictio* (el «otro lado» del tejido jurídico, informado por el ideal de Estado de Derecho, como se expuso arriba).

Sin embargo, más que ser un rasgo esencial del Estado de Derecho, el imperativo según el cual «el Derecho debe imperar» (y como un «Derecho de reglas») se convierte en una fuente de contradicciones, contradicciones que en la mayoría de los casos tienen consecuencias inaceptables.

Sobre la base de ese presupuesto engañoso y estrecho, aunque idealizado teóricamente como un estándar universal, el Estado de Derecho se convierte en una noción sistémico-dependiente. Esta conexión entre la búsqueda de la legalidad como cumplimiento y la naturaleza sistémico-relativa de (el concepto de) el Estado de Derecho es muy importante. Trae consigo algunas consecuencias ulteriores, debidas al cortocircuito que tiene lugar cuando se confunde la semántica normativa del concepto con el mero reflejo del Derecho positivo (cualquiera que éste sea) fácticamente vigente dentro de las fronteras del Estado.

Ciertamente, en el terreno sustantivo, habría que preguntar qué ideal de Derecho se está persiguiendo de hecho precisamente cuando el principio de Estado de Derecho impide tener en cuenta, por ejemplo, los derechos humanos que el Derecho internacional protege de una manera general (o el derecho a ser oído, o a la revisión judicial, y —en una medida discutible— a la propiedad). Pero la supremacía del Consejo de Seguridad de Naciones Unidas y del orden

---

[36] A. Scalia, «The Rule of Law as a Law of Rules», (1989) 56 *U. Chicago L Rev.,* 1175-1188.
[37] Cfr. G. Zagrebelsky, *Il diritto mite,* Einaudi: Torino, 1992.

internacional resulta permitir un poder normativo que puede permanecer casi ilimitadamente incontrolado, a pesar de su conflicto potencial con el Derecho interno. Esta interpretación del valor abrumador de la «universalidad», y de la jerarquía, contra los ordenamientos nacionales, pone las bases para algunas críticas legítimas. Esta universalidad, concebida como universalidad cerrada, hace del Estado de Derecho una especie de concepto autista, al que se permite permanecer ciego a las confrontaciones externas y al aprendizaje. Una posición autorreferencial de este tipo interpreta incorrectamente la primacía del Estado de Derecho (internacional) y le permite ser compatible con el ejercicio arbitrario del poder, el dominio, la violación de la libertad, etc., alejándose así de las intuiciones más generales asociadas al ideal de Estado de Derecho durante siglos.

De la misma forma, esta perspectiva no interpreta adecuadamente la prioridad kelseniana del orden jurídico internacional[38], confundiéndola con el Estado de Derecho. En las observaciones anteriores, sin embargo, éste último es entendido como un marco jurídico institucional, y no se lo identifica con la estructura de validez de los sistemas jurídicos vigentes en cuanto tales. Así, no puede coincidir con la mera existencia de un orden jurídico, con la dinámica operativa de la delegación normativa, en ausencia de otras precisiones. Se refiere a un asunto diferente: en cuanto ideal institucional, en su significado más complejo e histórico, no se identifica simplemente con las condiciones esenciales necesarias para que exista un ordenamiento jurídico. El Estado de Derecho apunta a un complejo (y discutido) conjunto de ingredientes y características que se puede pedir al Derecho existente que consiga e incorpore, y funcione como un estándar normativo. Así, pedir que sea respetado el Estado de Derecho excede la cuestión kelseniana en cuanto tal, pues resulta algo externo a ésta. Por tanto, la idea no concluye con una afirmación (neutral o formal) sobre la jerarquía de los rangos normativos, dentro de una concepción «monista», entre los órdenes internacional y doméstico, como ocurriría dentro de la teoría kelseniana. El Estado de Derecho no implica la lógica «inevitable» de la *Stufenbau*, ni requiere que el orden jurídico interno sea necesariamente concebido como un orden derivado, que desciende por delegación normativa del ordenamiento jurídico internacional. Por el contrario, ambos ordenamiento son confrontados con un ideal que se pueden comprometer a conseguir como un estándar (posiblemente) compartido.

Finalmente, si girásemos de la concepción kelseniana a su opuesto, podríamos, pese a todo, experimentar incomodidad, pues podríamos encon-

[38] Hans Kelsen convierte la unidad entre el orden de los Estados y el internacional en un movimiento inverso que hace que los órdenes jurídicos internos desciendan, en un proceso de autorización lógica, del orden internacional, y no al revés. Ver H. Kelsen, *Reine Rechtslehre,* Deuticke Verlag 1934, p. 150. Debe consultarse también la primera obra relevante de Kelsen sobre la cuestión: *Das Problem der Souveränität und die Theorie des Völkerrechts. Beitrag zu einer Reinen Rechtslehre*, Tübingen, Mohr, 1920.

trarnos con alguna versión tosca de la perspectiva «dualista», que pivote sobre —y conduzca directamente a— la identificación del Estado de Derecho con el (mero respeto del) Derecho vigente en cada jurisdicción separada (sea internacional o nacional). Antes de pasar a un examen más atento de esta tesis, reconozcamos la ironía del hecho de que la concepción estrecha —desde el punto de vista de las reglas a ser respetadas en una jurisdicción— surja a pesar de la existencia del Derecho internacional, y a pesar del alcance mundial de su vigencia. Además, una conexión entre la visión «estrecha» del Estado de Derecho y una concepción dualista de este tipo es aparentemente incapaz de proporcionar fundamentos para la afirmación de la supremacía jerárquica del Derecho internacional sobre el Derecho interno.

4.2. Está en cuestión la pensabilidad del Estado de Derecho como algo relacionado conceptualmente con *una jurisdicción particular*. Incluso tomando en consideración las pistas proporcionadas por el uso lingüístico (que no deben ser desdeñadas *a priori* cuando se trata de analizar conceptos jurídicos), el «Estado de Derecho en esta jurisdicción» parece una fórmula extraña para los oídos continentales. Más aún, si «Estado de Derecho» significa *Stato di diritto* o *Rechtsstaat* (así suelen traducir el término los documentos de la Unión Europea), no tiene sentido hablar de un «*Stato di diritto* en esta jurisdicción», y la limitación de extensión resulta tautológica e incomprensible. Sea como fuere[39], un teórico europeo continental puede, ciertamente, creer que los Estados constitucionales europeos actuales incorporan estándares que resultan apropiados para cumplir el ideal de «Estado de Derecho», y ésta es una premisa necesaria que debemos dar por supuesta; es partiendo de esta premisa como puede ser entendida la constante referencia de la Unión Europea a promover y reforzar el Estado de Derecho, incluso fuera de sus fronteras. La Unión Europea ciertamente se refiere al Estado de Derecho como un logro interno, que funciona como criterio de aceptabilidad jurídica en las relaciones externas, especialmente en nuestras políticas de vecindad y en el conjunto de nuestras actitudes de «condicionalidad» hacia los candidatos a la pertenencia a la UE[40]. Europa enumera el Estado de Derecho entre sus valores fundamentales, junto a la libertad, la democracia o los derechos humanos. Y se trata claramente de algo que se puede esperar que cumplan cualesquiera jurisdicciones.

Sin embargo, quiero recordar que el imperativo de conformidad con el Derecho en vigor, cualquiera que éste sea, puede resultar engañoso e inade-

[39] Tengo que referirme a mi «The Rule of Law and its core» in G. Palombella, N. Walker, *Relocating the Rule of Law*, Hart: Oxford 2008.

[40] Ver Jorrit J. Rijpma and Marise Cremona, *The Extra-territorialisation of EU Migration Policies and the Rule of Law*, EUI Working Papers, 2007/01. En general, M.L. Fernandez Esteban, *The rule of law in the European Constitution*, Kluwer, The Hague 1999.

cuado. Es desde este ángulo que la expresión «el Estado de Derecho en esta jurisdicción», utilizada por el Tribunal Supremo de EE. UU., necesita un examen más detenido. ¿Delata esta expresión una peculiar estructura mental, y conlleva alguna consecuencia?

Una ocasión importante fue la (famosa) decisión del Tribunal Supremo —en el caso Hamdan v. Rumsfeld (2006)— según la cual las Comisiones Militares ordenadas por el presidente de EE. UU. eran inconstitucionales. Según el Tribunal Supremo, el Código de Justicia Militar «condiciona el uso presidencial de las comisiones militares al cumplimiento, no sólo del Derecho común de guerra norteamericano, sino también al del resto del Código de Justicia Militar, y al de las «reglas y preceptos del Derecho de gentes» [...], incluyendo, *inter alia*, las cuatro Convenciones de Ginebra firmadas en 1949. [...] Los procedimientos que el gobierno ha establecido en relación al juicio de Hamdan violan estas leyes»[41]. Las comisiones no proporcionaban las protecciones mínimas a los detenidos, incluyendo la de que «no sean emitidas sentencias ni realizadas ejecuciones sin previo jucio pronunciado por un tribunal lícitamente constituido, que ofrezca todas las garantías judiciales que son reconocidas como indispensables por todos los pueblos civilizados»[42]. Más aún, al crear tales comisiones militares, el presidente de EE. UU. había hecho uso de una facultad que no le corresponde ni le ha sido conferida, sino que debe ser debatida y delegada por el Congreso. Por eso el Tribunal puede afirmar, con confiada solemnidad, que «al asumir el compromiso de juzgar a Hamdan y someterle a sanción penal, el poder ejecutivo está obligado a respetar el Estado de Derecho que prevalece en esta jurisdicción»[43]. ¿Entraña alguna diferencia, entonces, apelar al «Estado de Derecho que prevalece en esta jurisdicción» en lugar de apelar al Estado de Derecho *sans phrase*?

Aunque los dos pasos están relacionados, el dictamen del Tribunal está reconociendo *de un lado* que los derechos judiciales de Hamdan deben ser

---

[41] Hamdan v. Rumsfeld, 548 U.S. (2006), *Opinion of the Court*, p. 49. Según el Tribunal, las Convenciones de Ginebra son «judicialmente exigibles» (a pesar del dictamen previo en sentido contrario del Tribunal de Apelaciones) porque son parte del Derecho de guerra, y el cumplimiento del Derecho de guerra es exigido por el art. 21 del Código Uniforme de Justicia Militar (CUJM). Los tribunales militares encargados de juzgar a los detenidos por violaciones del Derecho de guerra no respetaron el CUJM ni el Derecho de guerra, del cual es parte indiscutible el art. 3 de las Convenciones de Ginebra. El art. 3 se refiere incluso a conflictos no internacionales, y es aplicable a la lucha contra el terrorismo, más allá del conflicto entre Estados; por consiguiente, proporciona esas protecciones mínimas incluso a los miembros de Al Qaeda. A pesar de la flexibilidad y la vaguedad de algunos de los requisitos del Artículo Común 3, los procedimientos de las Comisiones Militares no los respetan, como puede verse también en el art. 75 del Protocolo I de 1977 de la Convención de Ginebra, que proporciona «garantías fundamentales» para todo tipo de personas en manos del enemigo.

[42] *The Geneva Convention Relative to the Treatment of Prisoners of War,* August 12, 1949, art. 3 § 1(d).

[43] 548 U. S. ___ (2006), *Opinion of the Court*, p. 72.

protegidos, que los principios jurídicos internacionales reconocidos por las naciones civilizadas deben ser respetados, y, *de otro lado*, que la separación de poderes no permite al presidente abusar de sus competencias.

Sin embargo, la relevancia de los derechos y las normas internacionales no es reconocida aquí *per se*, sino a través de su inclusión en las leyes del país. La democracia y la separación de poderes están en el núcleo de los argumentos justificatorios que ofreció la mayoría del Tribunal para el dictamen. El aspecto «estructural» es, por así decir, prevalente, y en particular explica la decisión sobre el caso Hamdan como «democracy forcing». Esto se ve claramente confirmado por las palabras de la opinión del juez Breyer: «allí donde, como ocurría en este caso, ninguna emergencia impide la consulta al Congreso, la insistencia judicial en dicha consulta no debilita la capacidad de nuestra nación para hacer frente al peligro. Al contrario, dicha insistencia fortalece la capacidad de la nación para determinar —a través de medios democráticos— en qué forma hacerlo mejor. La Constitución pone su fe en tales medios democráticos. Nuestro Tribunal hoy simplemente hace lo mismo»[44].

Ciertamente, el pronunciamiento del Tribunal Supremo fue recibido, con razón, como un paso fundamental que reafirmaba, no sólo la separación de poderes, sino también la vieja tradición de cumplimiento estadounidense de las Convenciones de Ginebra y otras reglas de Derecho internacional.

Sin embargo, el objetivo verdadero en «esta jurisdicción» ha sido permitir que la deliberación democrática sirva de contrapeso a la autocracia presidencial.

La cuestión, por supuesto, sigue siendo la de si una idea como el Estado de Derecho Internacional es algo que debería ser reservado a la democracia mayoritaria como tal. Habría que temer que el Estado de Derecho Internacional pueda finalmente entrar en conflicto con el Estado de Derecho «en esta jurisdicción», si éste último es interpretado como el ejercicio incontrolado del poder, no ya por parte del presidente, sino por parte de los «políticos corrientes» (por evocar uno de las expresiones de Bruce Ackerman, siendo el segundo el más alto constitucionalmente)[45]. El Tribunal Supremo planteó la cuestión sobre la base de la confianza en la democracia, como escribió Breyer. Pero la democracia es sólo uno de los posibles ideales que los Estados constitucionales occidentales declaran venerar, y no garantiza por sí misma otros objetivos valiosos, tales como los derechos fundamentales o el respeto al Derecho internacional. Hablando de manera abstracta, ¿podría ser eliminado mediante una votación del Congreso norteamericano el deber jurídico de proporcionar a los individuos las garantías mínimas reconocidas universalmente por las reglas más fundamentales del Derecho internacional?[46]

---

[44] 548 U. S. ___ (2006), Breyer J., p. 1.

[45] B. Ackerman, *We the People. Foundations*, New Haven, YUP, 1992.

[46] La respuesta del Tribunal Supremo de EE. UU. ha sido después (Boumediene v. Bush, 553 U.S. ___; 12 June 2008) negativa en estricta referencia al Habeas Corpus; se arguyó que la

Desgraciadamente, en realidad el Congreso dio una respuesta positiva, confirmando con una nueva ley la voluntad presidencial: la Military Commissions Act de octubre de 2006 fue la forma en que la democracia interpretó el mandato del Tribunal Supremo. Como declaró el Relator Especial de Naciones Unidas, muchas provisiones de dicha ley «son incompatibles con las obligaciones internacionales de los Estados Unidos según el Derecho internacional de derechos humanos y el Derecho internacional humanitario». La Military Commissions Act contradice «los principios universales y fundamentales de derecho a un juicio justo y debido proceso legal proclamados por el artículo 3 de las Convenciones de Ginebra». Confiere al ejecutivo la potestad de declarar a cualquiera, «incluso a ciudadanos norteamericanos, sin enjuiciamiento previo, enemigos combatientes ilegales, un término desconocido por el Derecho internacional humanitario, siendo tales detenidos sometidos a la jurisdicción de una comisión militar compuesta por oficiales del ejército». A los detenidos se les niega la oportunidad de «ver pruebas exculpatorias si se las considera información clasificada»; ello «vulnera seriamente el derecho a un juicio justo». Finalmente, la denegación, incluso retroactiva, del habeas corpus a aquellos que no son ciudadanos estadounidenses (incluso a los «residentes permanentes» en situación legal), es decir, la denegación de su derecho «a cuestionar la legalidad de su detención», parece estar «en manifiesta contradicción con el artículo 9, párrafo 4, del Convenio Internacional sobre Derechos Civiles y Políticos»[47]. Sólo este último punto —la disposición relativa a la denegación de habeas corpus a los no ciudadanos— fue declarado recientemente inconstitucional por el Tribunal Supremo[48]. Se trataba de un desenlace previsible, ya que el punto podía ser planteado como una cuestión constitucional doméstica (es decir, un asunto perteneciente al «Estado de Derecho en esta jurisdicción»).

5. HACIA EVALUACIONES DEPENDIENTES DEL CONTENIDO

5.1 Como es sabido, el acatamiento de las normas de Derecho internacional está regulado por disposiciones constitucionales. Normas constitucionales de países como Italia (arts. 10 y 117) o Alemania (art. 25), por ejemplo, garantizan el respeto de los principios generales y las reglas reconocidas de Derecho internacional, y los países europeos en general tributan

Cláusula de Suspensión de Habeas Corpus (art. I, sect. 9. clause 2) de la Constitución de EE. UU. proporcionaba un fundamento para una suspensión constitucional. El argumento sobre el habeas corpus parece distinto, por tanto, del argumento relativo al Derecho internacional.

[47] *Special Rapporteur on the promotion and protection of human rights and fundamental freedoms while countering terrorism,* Martin Scheinin: United Nations Press Release, October 27, 2006. (Consultado en http://www.unog.ch/unog/website/news_media.nsf).

[48] *Boumediene v. Bush,* 553 U.S. ___; 12 June 2008.

una atención especial y cuidadosa al Derecho internacional, como una cuestión que no puede ser dejada al criterio de la mayoría parlamentaria de turno[49].

Sin embargo, debe recordarse que, en los Estados constitucionales, el principio democrático (y las mayorías legislativas) tiene un rango equivalente al de los derechos fundamentales, sean sustantivos o procedimentales: esta igualdad equilibrada impide un ejercicio ilimitado del poder «democrático», y garantiza que la ley no sea convertida en un mero instrumento de la voluntad gubernamental. Por consiguiente, es precisamente esta dualidad lo que hace de las democracias occidentales excelentes candidatas para satisfacer, en el orden interno, el ideal del Estado de Derecho.

Dicho esto, se sigue que el acatamiento del Estado de Derecho en el plano internacional por parte de las democracias constitucionales no puede, a su vez, ser entendido como una mera subordinación al Derecho internacional, cualquiera que sea el contenido de éste. Dicho acatamiento no es indiferente al contenido; más bien, se basa en las conquistas incrustadas como *acquis* en el Derecho internacional. Puede decirse que se ha desarrollado «otro Derecho internacional», que ha incluido los derechos humanos a partir de la Declaración Universal de Derechos Humanos de 1948, y de tratados como el Convenio Internacional de Derechos Civiles y Políticos[50], o la Convención contra la Tortura y Otros Tratamientos o Castigos Inhumanos o Degradantes. Y, no en último lugar, el Derecho humanitario para tiempos de guerra, las Convenciones de La Haya (1899 y 1907) y Ginebra (1949 y Protocolos de 1977), y el antes mencionado artículo 3 de las Convenciones de Ginebra, que fue definido en 1986 —en el dictamen sobre Nicaragua— por el Tribunal Internacional de Justicia como una síntesis de las «consideraciones elementales de humanidad»[51].

El acatamiento del Derecho internacional se refería, en primer lugar, al papel «civilizador» jugado por el Derecho al conformar y ordenar las relaciones internacionales[52]. La extensión del Estado de Derecho (internacional) también llegó a incluir las reglas a las que se suele considerar normas de *ius cogens*[53] (si bien hoy día éste no puede ser reducido a ellas). Tanto más cuanto que parece haberse desarrollado lentamente un Derecho «comunitario», más allá de las prácticas convencionales (un Derecho que ha sido llamado

---

[49] Sobre esto, ver, por ejemplo, Julian Ku, 2005.» Treaties as Laws: A Defence of the Last-in-Time Rule for Treatiesand Federal Statutes» (2005) *Indiana Law Journal* 80, 319-91.

[50] ICCPR, adopted December 16, 1966, S. Exec. Doc. No. E, 95-2 (1978), 999 U.N.T.S. 171

[51] *Nicaragua v. United States of America, Merits,* Judgment of 27 June 1986, ICJ Reports 1986, par. 218. El Tribunal evocó su primer uso de la expresión en el *Corfu Channel Case (United Kingdom v. Albania,* 9 April 1949).

[52] En general cfr. M. Koskenniemi, *The Gentle Civilizer of Nations. The Rise and Fall of International Law 1870-1960,* CUP, Cambridge 2004.

[53] Ver *supra*, n. 16 y n. 17.

significativamente «Derecho *super partes*»). El crecimiento de un Derecho internacional «del otro lado» teóricamente aplicable *erga omnes* se espera que sirva de contrapeso al poder normativo de las prácticas convencionales de los Estados, y promueve la esperanza de la existencia jurídico-positiva de un aspecto «no instrumental» del Derecho internacional. En esta medida, basándose en esta «dualidad», el Estado de Derecho puede aspirar a ser un rasero de medida del carácter más o menos civilizado de la conducta de los Estados, y también de la conducta de los órganos de Naciones Unidas. En conclusión, ninguna autoridad, sea internacional o estatal, puede situarse en una posición impune.

5.2 La tesis según la cual la adhesión de los ordenamientos jurídicos estatales al Derecho internacional no es independiente del contenido de éste se refiere a un *acquis* de este tipo e indica un nivel mayor de reconocimiento, cuestionando así que los criterios puramente formales tengan que ser los decisivos. Al mismo tiempo, ofrece un vínculo entre distintos órdenes jurídicos cuando surge alguna referencia jurídico-positiva común. Esto puede modificar nuestras ideas preconcebidas, e invita a ulteriores reflexiones sobre los métodos y las consecuencias. El Derecho internacional y el Derecho de las organizaciones supranacionales encuentran un punto de conexión con los órdenes jurídicos nacionales precisamente en la adhesión positiva a unos mismos compromisos normativos, como el principio de Estado de Derecho.

El principio de Estado de Derecho en un orden jurídico determinado (por ejemplo, el Derecho internacional o la Unión Europea) puede ser visto como un simple «hecho» desde la perspectiva (externa) de otro orden jurídico. En el viejo escenario de Estados soberanos, el papel de las formas y las fuentes era el tema que monopolizaba la doctrina jurídica. Pero esta visión, que corresponde a la concepción más tradicional de la separación entre el sistema jurídico internacional y el interno, resultaría bastante inconsistente a la luz de las transformaciones actuales, cuando el sistema doméstico abraza los mismos principios normativos que el internacional, y está constitucionalmente comprometido a cumplirlos.

Por tanto, si, por ejemplo, el respeto de los derechos humanos se cuenta entre los principios fundamentales del Derecho internacional *y* del Derecho nacional, ninguno de ellos puede considerar este compromiso normativo como un simple «hecho». Como pueden enseñarnos los casos enumerados más arriba, es necesario conseguir coherencia entre los compromisos normativos que son practicados dentro de las propias fronteras y aquellos a los que el Estado intenta adecuarse en el exterior.

Una vez más, el problema no es realmente si existe una tradición monista o dualista, ya que no se trata de si todas las naciones creen en la existencia de un solo Dios o de sólo un sistema jurídico. De acuerdo con la visión que he expuesto anteriormente, el Estado de Derecho debe ser contemplado como una noción unitaria, desde el ángulo de aquellos órdenes jurídicos que lo han incluido entre sus compromisos jurídico-positivos. La cuestión, por tanto, pasa a ser la de si algunas reglas esenciales del «sistema» internacional son comunes o trans-sistémicas hasta el punto de que puedan convertirse en un punto de conexión jurídica entre los sistemas.

En el debate sobre la resolución del Consejo de Seguridad relativa a los casos Yusuf y Kadi, descubrimos que una teoría internacionalista monista no es por sí misma la mejor premisa para promover la idea de un Estado de Derecho internacional, ya que habría conducido a la superposición de las decisiones de Naciones Unidas a los órdenes jurídicos nacionales, impidiendo cualquier revisión judicial.

Sin embargo, hacen falta comentarios más atentos. En primer lugar, no debería cuestionarse la tesis de que un sistema jurídico autónomo ejerce (o debería poder ejercer) control sobre el Derecho ejecutable dentro de él[54]. Esta premisa teórica básica es la que se desarrolló principalmente para proteger a los Estados contra los inconvenientes derivados del ejercicio arbitrario del poder gubernamental en los *fora* externos. Así, el reconocimiento de órdenes jurídicos separados puede resultar favorable al principio de Estado de Derecho, en el nivel nacional, contra abusos del exterior. Por otra parte, el hecho de que los derechos fundamentales, la dignidad humana o la libertad estén protegidos en algún lugar es contingente, y en sí mismo el respeto del Derecho interno puede implicar la violación de esos valores.

El caso Hamdan, ante el Tribunal Supremo de EE. UU., seguido por la MC Act (Octubre de 2006) mostró que ni siquiera una perspectiva dualista es necesariamente segura. Más que de una visión monista o dualista del Derecho internacional, la posibilidad de que el Estado de Derecho sea respetado más allá del Estado depende de la propia concepción del Estado de Derecho que se tenga, como algo que es irreductible al mero respeto de las reglas existentes.

En esa medida, deberíamos concluir que, aunque los sistemas jurídicos son entidades bastante autónomas, el Estado de Derecho extiende sus exigencias más allá de las fronteras jurídicas, demandando la adopción de estándares sustantivos y procedimentales que pueden, según las circunstancias, suponer la aplicación del principio mismo, *mutatis mutandis*, sea en tiempo de paz o de guerra, sea dentro del sistema constitucional nacional, sea en la esfera internacional.

Aunque nos resulte incómodo identificar el Estado de Derecho con la primacía formal del orden internacional, independiente del contenido, al

---

[54] Cfr. las elaboraciones de la visión dualista ofrecidas recientemente por G. Arangio Ruiz, *International Law and Interindividual Law*,, y por G. Gaja, *Dualism- Revisited*, ambos en J. Nijman and A. Nollkapemper, *New Perspectives on the Divide between National and International Law*, OUP: Oxford 2007.

mismo tiempo difícilmente podemos aceptar la visión alternativa, que concibe un Estado de Derecho cuyo significado y contenido dependen de la jurisdicción (estatal o internacional). Esperamos, por tanto, que el Estado de Derecho sea una tercera instancia: un rasero de medida crítico al que se han adherido tanto el Derecho internacional como el Derecho interno.

6. ¿LA CONSTRUCCIÓN DEL ESTADO DE DERECHO COMO TERCERA VÍA?

Debemos admitir que la naturaleza del cambio actual en el mundo internacional no se deja atrapar completamente por ninguna de las posibles meta-normas, ni por ninguno de los paradigmas interpretativos u «ordenadores»[55]. Sin embargo, en este contexto, y quizás aún más aquí, se siente por más de una razón la necesidad de mantener «vivos» algunos aspectos del ideal del Estado de Derecho. La comunicación normativa entre agentes o sistemas tiende a rechazar el cheque en blanco de las prioridades basadas en la fuente o la jerarquía; no concibe la coordinación sobre la base de los marcos de referencia previsibles y omnicomprensivos, y de esa forma están permitidas las «opciones». En consecuencia, el Estado de Derecho puede requerir que tales opciones sean coherentes con compromisos normativos, en lugar de resultar del arbitrio caso por caso.

Encontramos en primer lugar interesantes pistas en el razonamiento del Tribunal Europeo de Justicia, cuando fueron aceptadas las reclamaciones de Kadi y Yusuf. La «inmunidad de jurisdicción» para la regulación interna del Consejo de Europa implementadora de las resoluciones del Consejo de Seguridad de Naciones Unidas no puede basarse en la «primacía que correspondería a las obligaciones derivadas de la Carta de Naciones Unidas en la jerarquía normativa de la Unión Europea»[56]. Incluso si se diera dicha jerarquía, la primacía sobre el Derecho de la Unión «no se extendería, sin embargo, al Derecho primario, en particular a los principios generales, de los cuales forman parte los derechos fundamentales»[57]. Esto significa, ante todo, que la

[55] Como demuestra eficazmente Neil Walker: ver supra n.6.

[56] ECJ, 3 September 2008, in Joined Cases C-402/05 P (Yassin Abdullah Kadi), and C-415/05 (P Al Barakaat International Foundation § 305).

[57] Por supuesto, esto es afirmado de una vez por todas cuando el Tribunal Internacional de Justicia concluye: (Kadi en §§ 316-7): «Como se señaló antes en los párrafos 281 a 284, la revisión por el Tribunal de la validez de cualquier medida de la Comunidad a la luz de los derechos fundamentales debe considerarse como la expresión, en una comunidad basada en el Estado de Derecho, de una garantía constitucional derivada del Tratado de la Comunidad Europea en cuanto sistema jurídico autónomo que no es perjudicado por un acuerdo internacional. La cuestión de la jurisdicción del Tribunal es planteada en el contexto del orden jurídico interno y autónomo de la Comunidad, dentro de cuyo ámbito cae la regulación discutida, y

primacía del ordenamiento internacional nunca es independiente del contenido. Es una primacía que coexiste con la autonomía de los sistemas jurídicos[58], cada uno con su capacidad de revisar sus propias decisiones, incluso las que dependen, como ocurría en este caso, de resoluciones tomadas en el nivel internacional.

Sin embargo, aunque incapaz de cuestionar la validez de tales resoluciones adoptadas en una esfera externa por un organismo internacional, el Tribunal Europeo de Justicia cree que deben ser cotejadas en cualquier caso, si bien sólo para valorar la constitucionalidad de la regulación europea que las desarrolla. De hecho, el procedimiento de revisión ante el Comité de Sanciones del Consejo de Seguridad de Naciones Unidas es considerado por el Tribunal Europeo de Justicia, y se le juzga incapaz de proporcionar garantías adecuadas de protección judicial[59]: por tanto, el «derecho a la defensa» fue «patentemente no respetado»[60]. Sin embargo, este derecho pertenece a los principios generales del Derecho de la Comunidad Europea[61]. Aunque según el art. 307 de la Constitución Europea, las obligaciones internacionales que derivan de acuerdos concluidos antes de 1958 no deben verse afectadas por el Tratado de la Constitución Europea, lo cierto es que el Tribunal rechaza que la supremacía del Derecho de Naciones Unidas (*ex* art. 103 de la Carta de Naciones Unidas) pueda prevalecer sobre principios comunitarios fundamentales[62].

Ahora bien, en lugar de intentar interpretar tales argumentaciones como un ejemplo más de la controversia entre monismo y dualismo, que en realidad intenta mantener nuestra visión dentro de un paradigma westfaliano desfasado, deberíamos considerar que afrontamos la relación entre órdenes (o regímenes) jurídicos separados, no simplemente en cuanto a las fuentes, sino también en cuanto a los principios. Aunque las fuentes formales pueden ser definidas de una vez para siempre, y también la relación entre el Derecho

---

en el que el Tribunal tiene jurisdicción para revisar la validez de las medidas de la Comunidad a la luz de los derechos fundamentales».

[58] Además, Ibid., § 287: «no corresponde, por tanto, a los órganos judiciales de la Comunidad, bajo la jurisdicción exclusiva proporcionada por el artículo 220 de la Constitución Europea, revisar la legalidad de una resolución adoptada por un organismo internacional, incluso si dicha revisión se limitara al examen de la compatibilidad de la resolución con el *jus cogens*».

[59] Para individuos afectados por su resolución: Ibid, § 322.

[60] Ibid, § 335.

[61] Como recuerda el Tribunal Internacional de Justicia (ivi, § 335), «en conformidad con las tradicionales constitucionales comunes a los Estados Miembros, que han sido reflejadas en los artículos 6 y 13 del ECHR, habiendo sido reafirmado este principio también en el artículo 47 de la Carta de derechos fundamentales de la Unión Europea, proclamada el 7 de diciembre de 2000 en Niza (OJ 2000 C 364, p. 1) (ver, a estos efectos, el Caso C 432/05 *Unibet* [2007] ECR I 2271, párrafo 37)».

[62] Ibid., §§ 303-4.

internacional y el nacional (gracias a las reglas constitucionales interfaciales, principalmente), parece necesario evaluar cada cierto tiempo la coherencia entre los principios normativos contenidos en cada ordenamiento. Parece bastante difícil imaginar hoy que la jerarquía de fuentes *entre* órdenes jurídicos pueda funcionar como tal. Además, las relaciones entre los ordenamientos pueden desarrollarse en los niveles en los que están en juego los compromisos internacionales basados en principios, y necesita alcanzarse alguna coherencia con las reglas internas «fundamentales».

Tiene alguna relevancia aquí la doctrina general del Estado de Derecho europeo que fue elaborada en las últimas décadas: como estableció el Tribunal Constitucional Italiano en el caso Frontini[63], las limitaciones de la soberanía, incluso dentro de las Comunidades Europeas, deben estar conectadas con la persecución de objetivos legítimos y valiosos, y, especialmente, que sean coherentes con los «principios fundamentales» del orden constitucional del Estado miembro de que se trate. En general, mantiene la famosa interacción *solange* entre órdenes jurídicos: en 1974, el Tribunal Constitucional alemán afirmó su jurisdicción sobre los actos normativos de la Comunidad Europea, en función de su contenido, asumiendo que podía renunciar a ella sólo en la medida en que estuviera funcionando en el orden jurídico comunitario un sistema sustantivo y procedimental adecuado de protección de los derechos fundamentales: y el Tribunal así lo hizo en 1986 (enfatizando así la cláusula «solange»), en la medida en que pudo comprobar que se había desarrollado un sistema tal, y en tanto no fuese modificado[64].

Un orden jurídico, por tanto, no está abdicando de sus *propios* compromisos normativos. Pero, lo que es más importante, dando una razón (dependiente del contenido)[65] para ello, y asegurando que la primacía del orden supranacional no es sólo una cuestión de jurisdicción, sino también una cuestión sustantiva, por ejemplo, de protección de derechos fundamentales: un estándar normativo que condicionará la sujeción al orden internacional.

Cuando pasamos al plano del Derecho internacional, sólo cabe oponerse a este método de confrontación entre sistemas jurídicos desde una concepción provinciana del ordenamiento internacional o del nacional, entendidos como esferas cerradas y autorreferenciales, haciendo así imposible el

---

[63] Tribunal Constitucional Italiano, Decisión del 27 de Diciembre de 1973, n. 183, *Frontini*.

[64] Tribunal Constitucional Alemán, 29 de Mayo de 1974 y 22 de Octubre de 1986.

[65] F. Schauer, «Giving Reasons», April, 1995, 47 Stanford Law Review, 633. Aunque Schauer sí centra su atención en los jueces, el argumento nuclear puede ser transferido a otro ámbito: al menos una de las tesis del «dar razones» —por ejemplo, para rechazar alguna conducta exigida externamente a causa de algún criterio normativo interno incompatible con ella— es que prepara el camino para el compromiso mediante la autocoherencia: en el ejemplo propuesto, al dar una razón para el no cumplimiento o la no aceptación, uno se compromete al cumplimiento en caso de que el criterio normativo interno resultara finalmente satisfecho.

diálogo cooperativo sobre estándares comunes, y lo que es peor, incluso después de que tales estándares, como el propio principio de Estado de Derecho, se encuentran ya entre los fundamentales de cada sistema.

7. UNA TEORÍA PRÁCTICA DEL RECONOCIMIENTO: RECOMENZANDO DESDE PRESUPUESTOS HARTIANOS

Como comentario final, esta interpretación del ejemplo *solange* puede dirigir la atención hacia un método de confrontación entre órdenes jurídicos que promete ser fructífero en la identificación de estándares comunes, como un «Estado de Derecho unitario». Su potencial e importancia radica no en «encontrarlos», sino en alentar su desarrollo: la construcción recíproca de su disponibilidad en cuanto reglas comunes de reconocimiento.

Las cuestiones relativas al tejido jurídico del entorno internacional están conectadas con las transformaciones del Derecho internacional, y los paradigmas relativos al marco general, sean constitucionales, pluralistas, anarquistas, etc., intentan dar un sentido al conjunto. Recurrir a la lógica del reconocimiento entre órdenes jurídicos no implica anunciar una especie de paradigma holístico sobre el orden jurídico mundial, ni siquiera la nostalgia de un mundo de Estados solos. Sin embargo, algunas premisas teóricas conexas han tenido un papel en ello. Algunas de ellas pueden ser sintetizadas mediante la referencia a la «regla de reconocimiento» desarrollada por Herbert Hart en su teoría jurídica.

Como es sabido, cada orden jurídico gira en torno a unas reglas secundarias, entre las cuales las llamadas «reglas de reconocimiento» controlan la validez dentro de un sistema legal y seleccionan las normas que aspiran a pertenecer a él. Algunas tesis excesivamente simplificadas han sido atribuidas a esta doctrina del Derecho positivo. Una de esas tesis es la que reduciría la regla de reconocimiento a una mera referencia a las fuentes, como, por ejemplo, en el sistema jurídico inglés, a la fórmula «lo que decreta la Reina en el Parlamento es Derecho»[66].

En realidad, la doctrina del Derecho positivo no encuentra hoy dificultad alguna en reconocer la importancia de los principios, y no sólo la de las «reglas».

Hart confirma que esta «regla de reconocimiento», a diferencia de otras reglas y normas (que son «válidas» desde el momento en que son promulgadas e incluso «antes de que haya surgido ninguna ocasión para su aplicación»), es una «forma de regla consuetudinaria judicial que existe sólo si es aceptada y practicada en las operaciones de identificación y aplicación

[66] Cf. R. Alexy, *Begriff und Geltung des Rechts,* Alber: Freiburg 1992, p. 38.

del Derecho llevadas a cabo por los tribunales»[67]. Hart admite que puede no haber atribuido suficiente importancia en la primera edición de *The Concept of Law* al papel jugado en el razonamiento jurídico por los principios u otros estándares relativamente abiertos. Sin embargo, concluye que no hay nada que impida que ese papel sea aceptado sin necesidad —como querría su sucesor Ronald Dworkin— de negar la propia doctrina de la regla de reconocimiento[68]. Sostuvo en más de una ocasión que en algunos «sistemas jurídicos, como el de EE. UU., los criterios últimos de validez legal pueden incorporar explícitamente, además del «pedigree», principios de justicia o valores morales sustantivos, y estos pueden ser el contenido de restricciones legales constitucionales»[69]. Además, los principios pueden ser identificados también en virtud de su «pedigree» (como en el caso de las «normas»: i.e., si esos principios son creados o adoptados por una fuente reconocida y autoritativa)[70]; mientras que, por otra parte, una regla de reconocimiento puede contener criterios ulteriores, además de los del «pedigree»[71] (es decir, además de los que se refieren a la fuente): criterios de mérito para la identificación de las normas válidas. Estos últimos, según Hart, no escapan a la regla de reconocimiento, sino que están de hecho incluidos en ella, aunque en ese caso seleccionará (normas y) principios en función de su contenido[72].

Este relato, en verdad, parece corresponderse también con la transformación acaecida en los ordenamientos jurídicos europeos, como consecuencia histórica de la constitucionalización del Derecho tras la II Guerra Mundial. Aunque registrada comúnmente en la historia jurídica, esta transformación no ha sido aún puesta a prueba *más allá* de los sistemas jurídicos nacionales. Sin embargo, está llamada a generar una serie de resultados, que aún están por reconocer, tanto más cuanto que estará en juego la *confrontación* entre los órdenes jurídicos. Dado el papel fundamental ejercido por las meta-reglas no-sólo-relacionadas-con-las-fuentes, dicha confrontación no puede ser configurada y tratada de acuerdo con el modelo de una pirámide de fuentes.

Una segunda connotación de esta referencia hartiana debería ser potenciada en relación a «la regla de reconocimiento» en cuanto constructo práctico. En lugar de equivaler a un conjunto conceptual o formal de reglas constitucionales jerárquicas como tales, los criterios selectivos de validez dentro

---

[67] H.L.A. Hart, *Postscript*, en *The Concept of Law* (with a *Postscript* edited by P.A. Bulloch and J. Raz), Oxford 1997, p. 256.

[68] Ibid., p. 266.

[69] Ibid., p. 247.

[70] Por ejemplo, el principio según el cual «nadie puede beneficiarse de su propio delito» es identificado, según Hart, mediante el «test del pedigree», porque ha sido invocado por los tribunales en numerosos casos (ibid., p. 265).

[71] Ibid., pp. 264 ss.

[72] Ibid., p. 265.

de un sistema jurídico son aquellos que son practicados efectivamente dentro de un sistema institucional. Esto implica aceptar que el centro de gravedad de los sistemas jurídicos complejos no está en su ápex, es decir, en su tabla de valores constitucionales, sino en una práctica de reconocimiento especial, que les proporciona sentido y ofrece a través del tiempo y las circunstancias algunas coordenadas de importancia, significado y efectividad a través de su implementación[73]. En cierto sentido, entonces, habría que abstenerse de pensar que esta perspectiva pueda terminar coincidiendo completamente con la confección del Derecho positivo por los juristas y tribunales de un constitucionalismo mundial. Me parece, por otra parte, que las ideas constitucionalistas pueden tomar parte en la promoción y desarrollo del proceso de prácticas.

Como tercera observación, entonces, el modelo de las reglas de reconocimiento funciona como un proceso de construcción (o definición) de límites, si bien se trata de uno que asocia las autoridades formales o fuentes jurídicas con estándares sustantivos de validez. Por tanto, no es equivalente a la tesis de la integridad del Derecho universal, en el terreno de los principios, o de una comunidad universal (quizás mucho antes de su nacimiento real). La construcción de los estándares sustantivos y procedimentales en cada uno de los sistemas jurídicos resulta de la práctica del reconocimiento, en la que los funcionarios y jueces a medio plazo suele poder compartir su última palabra con la esfera pública; su desarrollo más allá de la idea doméstica de un sistema jurídico sólo puede esperarse en una base incrementada similar de confrontación. Así, si es verdad, por ejemplo, que el Derecho internacional es «Derecho»[74], que puede ser visto como un sistema jurídico *sui generis*, cuanto más pase desde su condición «primitiva» a la madurez, más se intensificará dicha práctica, gracias a una participación más amplia de todos los protagonistas relevantes.

Cuando los sistemas jurídicos se desarrollan hasta el punto de que sus relaciones florecen, la construcción no dogmática de reglas comunes de reconocimiento deriva de la necesidad que produjo tales relaciones. El carácter «primitivo» del Derecho internacional, considerado —a causa de una subestimación apresurada de sus realidades por el propio Hart— como incapaz de desarrollar reglas secundarias adecuadas, puede sin embargo construirse precisamente elaborando los elementos básicos de los que ya están dotados

---

[73] Si los criterios de mérito cuentan como criterios de validez (especialmente principios constitucionales), lo que es válido ya no dependerá solamente de la acreditación de la fuente, sino de una racionalidad sustantiva que puede ser seguida por los jueces y otros funcionarios sólo mediante una relación mucho más profunda con el «mundo de la vida».

[74] Como escribe Thomas M Franck (*Fairness in International Law and Institutions*, Oxford: Clarendon Press, 1995, p. 5), el Derecho internacional ha «alcanzado el estatus de un sistema maduro y complejo, con reglas y procedimientos tan variados como los del Derecho nacional».

los órdenes complejos. Aunque el tema no puede ser completamente desarrollado aquí, se puede decir que tales premisas, protagonistas del nuevo escenario del Derecho internacional[75], son las constructoras de las reglas internacionales de reconocimiento.

Así pues, no es abstracto ni poco realista afirmar que debe construirse un Estado de Derecho más allá del Estado, como método para la interconexión de las reglas separadas de reconocimiento, como resultado de las prácticas entretejidas candidatas, y será tan concreto como éstas últimas puedan ser.

[75] Ya hemos dicho que este escenario no tiene sólo a los Estados como protagonistas. Se podría añadir, sin embargo, que a menos que se pretenda que los jueces descienden del cielo, la práctica del reconocimiento muestra una compleja interacción sociológica en la que las contribuciones de todos esos protagonistas termina mostrando a medio plazo el verdadero estado de cosas.

EL SABER CONSTITUCIONAL Y LOS DESAFÍOS DEL COSMOPOLITISMO*

María Rosaria Ferrarese

1. HACIA EL «SABER» CONSTITUCIONAL

¿Por qué y en qué sentido hablar de «saber» constitucional en vez de derecho constitucional? Con esta expresión no pretendo referirme a las elaboraciones doctrinales y académicas en materia de derecho internacional, ni pretendo renunciar a hablar de «derecho constitucional». Más bien, lo que me propongo es reclamar la atención sobre algunos aspectos de la evolución reciente del derecho constitucional.

Esta evolución se ha producido especialmente en coincidencia con el proceso de globalización que, como observa Beck, ha tornado la realidad misma una realidad cosmopolita, en modo tal que no puede ser tomada desde la perspectiva vinculada al tradicional standard nacional. Sólo la mirada cosmopolita puede ser «capace di spezzare il narcisismo autocentrico dello sguardo nazionale»[1].

Las instituciones modernas no escapaban a esta forma de narcisimo e, incluso, el derecho constitucional estaba dentro de este criterio. Pensar el derecho constitucional como una forma de saber constitucional significa subrayar un recorrido en acto que es funcional a la adquisición de la perspectiva cosmopolita. El saber constitucional implica no sólo la creciente propensión del derecho constitucional a adquirir una identidad cultural. Significa también el camino para huir de la complacencia narcisista.

En ese sentido, a las constituciones no les basta más dialogar con el tejido cultural de las sociedades en que están inmersas, sino que afrontan una mutación más profunda y se dirige a ser sostenida por una trama esencialmente cultural, que viene continuamente readaptada y corregida,

---

* Traducción de Alfonso de Julios-Campuzano.

1 Beck, U., La società cosmopolita. Prospettive dell'epoca post-nazionale, Il Mulino, Bologna, 2003.

para permanecer en sintonía con las diversas sensibilidades presentes en la sociedad, y que utiliza la comparación jurídica como modalidad irrenunciable.

Se podría hablar a propósito de ello de una suerte de «bricolage constitucional» que es confiado a las diversas sociedades, más que a las instituciones, y a una serie de sujetos que pueden entrar en contacto con temas y prácticas de interés constitucional. El término «bricolage» hace referencia al hecho que, por ejemplo, las instituciones creadas por algunos estados, cuando sean adoptadas por otros estados, sean necesariamente modificadas y adaptadas al nuevo contexto, a través de un trabajo a menudo inconsciente y espontáneo por parte de muchos sujetos.

De manera sintética, se pueden enumerar algunos factores principales que contribuyen a imprimir al derecho constitucional la tendencia a presentarse como un «saber constitucional», es decir, con una acentuada connotación cultural.

La connotación cultural del derecho constitucional se afirma también gracias a una serie de condiciones evolutivas de los sistemas jurídicos que la crean, la facilitan y la hacen posible.

En primer lugar, ésta se inscribe en una tendencia más general de las dinámicas jurídicas a situarse conforme a una estructura «de red», según la expresión de Ost y der Kerchove[2], que pone en crisis la disposición jerárquica de las fuentes, determinando una ordenación jurídica de carácter horizontal, más que vertical[3].

A facilitar la propensión del derecho constitucional hacia una connotación cultural contribuye también su parcial distanciamiento de aquel carácter escrito que era propio del derecho europeo, y que estaba ligado a la preeminencia de la fuente legislativa. A medida que el derecho emprende el camino de una más acentuada oralidad[4], la tendencia cultural del derecho constitucional puede evolucionar gracias a un contexto de tipo discursivo o dialógico, esencialmente oral, que se elabora sobre todo en las sedes judiciales y en el intercambio cultural y académico.

En suma, el debilitamiento de las valencias[*] normativas del derecho desarrolla a su vez un papel en este proceso de acentuada dimensión cultural del derecho constitucional. La creación de un horizonte cultural de referen-

---

[2] F. Ost – M. van der Kerchove, *De la pyramide au reseau? Pour une théorie dialectique du droit*, Publications des Facultès Universitaires Saint Louis, Bruxelles, 2002.

[3] S. Cassese, *Oltre lo stato*, Laterza, Roma-Bari, 2006, además de mi trabajo «Il diritto orizzontale. L'ordinamento giuridico globale secondo Sabino Cassese», en Politica del Diritto, 3, 2007.

[4] A propósito de ello, cfr. mi trabajo, *Le istituzioni Della globalizzazione. Diritti e diritto nella società trasnazionale*, Il Mulino, Bologna, 2000, pp. 159 ss.

[*] N. del T.: Se ha optado aquí por mantener la literalidad del término utilizado por la autora debido a su específica connotación.

cia común para varios países y culturas constitucionales puede ser vista como una sucesión entre «soberanía de la razón» y «soberanía de la fuerza»[5].

Pero más que estas condiciones evolutivas, lo que ha impreso sobre todo al derecho constitucional un cambio en la dirección cultural ha sido el papel cada vez más importante de los tribunales como sedes decisivas de elaboración y creación del derecho, además que como sedes de poder[6]. En realidad, como se ha notado, el curso jurisprudencial del derecho constitucional precede ampliamente al proceso de globalización.

Especialmente en los Estados Unidos, el componente jurisprudencial del derecho constitucional ha sido desde siempre tan importante como para producir, ya en 1803, la doctrina del *judicial review* que, a pesar de no haber sido nunca escrita en la constitución americana, no ha dejado de ser nunca un importante punto de referencia del equilibrio constitucional de aquel país, para devenir después una técnica del constitucionalismo adoptada también por muchos otros países del mundo.

Pero el papel de primer plano desarrollado por las instituciones judiciales se ha afirmado ahora también en otros lugares, especialmente en Europa. El extraordinario «éxito» del poder judicial[7] es la premisa, se podría decir, para la afirmación de la connotación cultural del derecho constitucional. Y sobre todo, aunque no exclusivamente, en el interior de los tribunales, que ha sido considerado el espacio discursivo y argumentativo para la elaboración y el desarrollo de esta dimensión.

Si los tribunales son seguramente los protagonistas de esta mutación del derecho constitucional en sentido cultural, ellos no son sin embargo los actores exclusivos. A la mutación ha concurrido una pluralidad de otros sujetos, públicos y privados, nacionales e internacionales, supranacionales y transnacionales, además de algunas «doctrinas» a menudo de origen judicial.

El florecer de numerosos compromisos o cartas de carácter constitucional producto de sujetos diversos y no necesariamente públicos, el empeño de *non governmental organizations* en el plano de los derechos humanos, las iniciativas, a menudo interesadas, incluso de algunas empresas económicas privadas, para mejorar las condiciones de los derechos humanos en alguna región del mundo, la evocación del principio de la «competencia universal», como principio propio del derecho internacional consuetudinario, dan lugar a una tela constitucional que viene tejida por sujetos extremadamente diversos radicados también en partes distantes del mundo, que entran en cualquier tipo de relación recíproca.

---

5 G. Zagrebelsky, *La virtù del dubbio*, Intervista su etica e diritto (a cura di G. Preterossi), Laterza, Roma-Bari, 2007, p. 66.

6 C.N. Tate – T. Vallinder (eds.), *The Global Expansion of Judicial Power*, New York University Press, 1995.

7 En relación con lo anterior, cfr. mi trabajo *Il diritto al presente*, Il Mulino, Bologna, 2002.

2. AMBIVALENCIAS DEL DERECHO CONSTITUCIONAL ENTRE ESTADOS Y GLOBALIZACIÓN

El derecho constitucional en el sentido moderno, es decir, entendido como derecho de las cartas constitucionales, nace como culminación de la experiencia de los estados nacionales. En tal sentido no tiene precedentes en el mundo premoderno y está unido doblemente a los estados y a la experiencia jurídica de la modernidad.

La idea de colocar las constituciones como culminación de los sistemas jurídicos nacionales estaba en perfecta armonía con los presupuestos normativos del esquema kelseniano, que concebía el derecho de los estados como un derecho construido en estratos y según un orden estrictamente jerárquico.

En otros términos, en el pasado, la posición eminente de las constituciones era garantía del carácter jerárquico del ordenamiento estatal, que le aseguraba el papel de documentos eminentes y de referencia última para los diferentes países. Ellas constituían, por tanto, el verdadero fundamento del derecho constitucional.

Naturalmente, desde un punto de vista formal, nada ha cambiado respecto al pasado y las constituciones continúan ostentando la tradicional posición de documentos que están en la cima de la jerarquía de las fuentes. Sólo en Europa, que ha edificado un sistema jurídico supranacional, el papel de las constituciones nacionales ha experimentado un redimensionamiento, al menos en la materias de competencia de la Unión, y también más allá de ésta, sobre la base de un constitucionalismo supranacional.

Varios factores han contribuido a este éxito que ve la constitución, por así decirlo, suspendida entre la tradicional posición de preeminencia jerárquica y un nuevo papel, de carácter también cultural e interactivo, que viene diseñado por los nuevos desafíos del cosmopolitismo.

Es preciso notar que el nacimiento cuasi contemporáneo de los dos documentos constitucionales, el americano y el francés (1776 y 1789), que han sellado la modernidad jurídica, implica que el derecho constitucional nació con la misma impronta en las dos familias jurídicas occidentales. Especialmente, los caracteres de escritura y de rigidez de estos documentos (salvando la excepción del caso inglés) sirven para confirmar el carácter «moderno» de las constituciones.

Naturalmente, el nacimiento coetáneo de los dos documentos fundamentales no autoriza a omitir que el itinerario constitucional en Francia y en los Estados Unidos ha resultado muy diferente y, en cierto sentido, incluso opuesto, de modo que, en una confrontación hipotética entre democracia y constitucionalismo, sería fácil situar en extremos opuestos estos dos países: Francia, del lado de la tradición democrática, y los Estados Unidos, del lado de la más significativa instauración del constitucionalismo, entendido como teoría y práctica de los límites que circunscriben las posibilidades de la política democrática.

En el horizonte jurídico moderno, el derecho constitucional representaba el sector jurídico más nuevo, aunque no privado de precedentes, pero sobre todo más ambicioso. Las constituciones tendían a sumar para sí más funciones, no siempre del todo coherentes: sellar una identidad política soberana, pero circunscribiéndola jurídicamente; establecer un «higher law», pero situado del lado de la sociedad y de los derechos; ser expresión de un espíritu universalista, pero también de sensibilidades específicas radicadas en un territorio.

El derecho constitucional, además de ser un derecho ambicioso, que se propone fines importantes, responde a imperativos funcionales múltiples. Justo en la compleja encrucijada de funciones se puede quizás detectar un conjunto de ambigüedades o ambivalencias que son propias de las constituciones. Dada la multifuncionalidad de este particular sector jurídico, no sorprende que se haya hablado más veces de ambigüedades o ambivalencias en la literatura especializada en derecho constitucional[8].

¿En qué sentido, y por qué, se puede adoptar con referencia a las constituciones un término propio de la psicología y del psicoanálisis? Como se ha advertido, hablar de una ambivalencia significa indicar una forma de tensión entre dos sentimientos opuestos. Pues bien, también las constituciones modernas nacen en una situación de tensión entre orientaciones y funciones opuestas.

Las ambivalencias adquieren hoy no sólo una particular evidencia, sino también una gran importancia: a través de la perspectiva que nos ofrecen podemos de hecho aprehender los fuertes cambios que se están verificando en el ámbito del derecho constitucional a consecuencia del proceso de globalización. Su oscilación en una dirección más que en la otra, nos ayuda a comprender las transformaciones del derecho constitucional y su modo de relacionarse con los desafíos del cosmopolitismo.

Por lo tanto, podemos también interpretar las mutaciones inducidas por el proceso de globalización como oscilaciones diversas en aquellas ambivalencias, o bien como algunas nuevas respuestas que se proporcionan a viejas ambivalencias.

A continuación, querría subrayar y analizar brevemente en particular tres tipos de ambivalencias, sin dejar de advertir que tienen un valor fundamentalmente analítico y que, a nivel empírico, es posible encontrar varias zonas de conexión y de superposición entre ellas:

a) la ambivalencia entre política y derecho
b) la ambivalencia entre valencias normativas y dialógicas

---

[8] Por ejemplo, M. Dogliani, *Introduzione al diritto costituzionale*, Il Mulino, Bologna, 1994, titula el capítulo 1º: «Le ambivalenze del termine "costituzione"», pp. 11 ss.

c) la ambivalencia entre lenguaje, universalismo y reivindicaciones territoriales

Examinamos, por tanto, un poco más detalladamente estas tres formas de ambivalencia del derecho constitucional.

3. LA AMBIVALENCIA ENTRE POLÍTICA Y DERECHO

Entre las diversas formas de tensión que atraviesan los textos constitucionales modernos, la que se refiere a la política y al derecho es la más advertida y reclamada. Sin embargo, esta ambivalencia es considerada más un dato de hecho que un aspecto digno de análisis. No obstante, en nuestros días cobra particular relevancia porque la política, en sus diversas manifestaciones, está en crisis y experimenta la competencia por parte del derecho, como criterio de organización del poder.

Ya en su origen el derecho constitucional está marcado por la ambigüedad que consiste en estar a mitad de camino entre las posibilidades de la política y los vínculos que son propios del derecho. Por un lado, las constituciones formulan un «proyecto» político, por otro, crean los límites jurídicos para gobernarlo. Expresan la «decisión» del poder soberano sobre su modo de ser; pero al mismo tiempo quieren circunscribir aquel poder con reglas y límites que no son fáciles de remover.

En suma, por una parte vale la idea «a cada estado su constitución». En tal sentido, también la constitución está ligada al patrimonio de la democracia y de sus «elecciones». Por otra, las constituciones son justamente un modo de restringir las posibilidades de la política, empleándose en limitar el ámbito de las elecciones que ésta puede practicar. Aún más, algunos de estos límites derivan de una suerte de «razón universal» que no tiene, y no debería tener, confines territoriales.

Normalmente los documentos constitucionales son celebrados como documentos «que vinculan». Se ha señalado, en este sentido, la metáfora de Ulises que se hace encadenar al árbol maestro de la nave, para no ceder al reclamo del canto de las sirenas. Pues bien, dice Elster, las constituciones son como cadenas que se construyen en el momento de la razón para evitar ser trastornados en el momento de la locura[9]. Vinculándose a través de las constituciones, las diversas sociedades establecen algunos «pre-commitment» que tienden contemporáneamente a limitar y salvar la democracia[10].

---

[9] J. Elster, *Argomentare e negoziare*, Anabasi, Milano.

[10] Así S. Holmes, «Precommitment and the Paradox of Democracy», en J. Elster – R. Slagstad (eds.), *Constitutionalism and Democracy*, Cambridge University Press, Cambridge, 1988.

El adecuado subrayado de este «compromiso para el futuro» que la constitución configura, ha acabado sin embargo por poner en penumbra el aspecto de la «elección política» que es propio de todo documento constitucional y de las consecuencias que se puedan derivar[11]. La tendencia a considerar las constituciones cada una por separado, ha acabado por hacer olvidar el hecho de que las importantes diversidades que transcurren entre los diversos proyectos constitucionales, y que han sido objeto de tantas investigaciones comparatísticas, se sitúan también como elecciones «políticas», que a veces contradicen en algún modo la *ratio* jurídica y garantista.

Piénsese, por ejemplo, en dos elecciones importantes que generalmente vienen realizadas en sede constitucional, una en materia de derechos fundamentales, la otra en materia de relaciones con los otros estados. Los legisladores constitucionales regulan de manera diversa tanto la constitucionalidad de la pena de muerte, como la forma de reconocimiento y *enforcement* del derecho internacional.

En estas dos materias aparece como obvio que entre los varios diseños constitucionales se registran diferencias más bien importantes. Pero las diversas gramáticas constitucionales, que dificultan significativamente todavía la comunicación global, se deben esencialmente a diversas elecciones políticas que están en la base de los textos constitucionales, a diversas interpretaciones de la soberanía, que condicionan sensiblemente también el modo en el que los límites que ésta impone se hacen y se harán sentir en el futuro. En suma, las constituciones imponen límites a la política, pero están a su vez políticamente condicionadas en los modos, en las formas y en la entidad de aquellos límites.

Por ejemplo, paradójicamente, la pena de muerte, que ha estado desterrada del horizonte constitucional europeo, en la otra gran tradición jurídica occidental, la americana, permanece en la discrecionalidad de las elecciones constitucionales de los estados, y no de la constitución nacional. Por tanto, el más fundamental de todos los derechos, en tierras americanas, tierra del liberalismo y del constitucionalismo por excelencia, parece quedar confiado a las diversas «elecciones» y sensibilidades de los territorios estatales, más que a un «vínculo» percibido como común y prepolítico.

Igualmente amplia es la gama de elecciones que las constituciones realizan en materia de relaciones con el derecho internacional, eligiendo diversas vías procedimentales para darle a éste reconocimiento y operatividad, ya sea cuando asume forma de tratados, ya sea en la forma del derecho consuetudinario. Existen grandes variaciones también en el comportamiento hacia estas dos modalidades del derecho internacional[12].

---

[11] «Consequences of Constitutional Choice. Reflections on Tocqueville», en J. Elster – R. Slagstad (eds.), *Constitutionalism and Democracy*, cit.

[12] T. Ginsburg, *Locking in Democracy. Constitutions and International Law*, University of Illinois, College of Law, Law and Economics Working Papers, en http://law.bepress.com/uiu-

Las diferencias en este aspecto eran relevantes también en el pasado, pero, especialmente en el escenario actual, estas elecciones asumen un significado especial, particularmente para los países emergentes, que se asoman a la democracia, adquieren una particular importancia porque pueden, por ejemplo, garantizar los derechos y el funcionamiento de la democracia de forma más independiente de las élites locales, cuando éstas tiendan a conculcar los mecanismos democráticos[13]. Los tratados internacionales pueden ser en suma cómodas sombrillas bajo las cuales resguardarse cuando la democracia está más frágil o más amenazada, para mantener los «compromisos» por ella asumidos.

Pues bien, la tensión entre política y derecho revela diversas oscilaciones en nuestro tiempo. Si en el pasado las constituciones, por así decirlo, tenían una tasa mayor de valencia política, hoy tienden a adquirir una tasa más elevada de juridificación. Lo que se produce por diversas razones y es objeto de diversas valoraciones. Pero se produce también porque las diversas «elecciones» constitucionales, en particular en materia de derechos o de garantías democráticas, se presentan como menos justificables por razón de la política y encuentran tasas de convergencia más elevadas.

La creciente juridificación y despolitización del derecho constitucional es funcional a una convergencia sobre el terreno de las garantías. La despolitización avanza pari passu *también con el progresivo reforzamiento del derecho constitucional como derecho de las cortes constitucionales y, más en general, con el reforzamiento del criterio del* judicial review.

4. LA AMBIVALENCIA ENTRE CONCEPCIÓN NORMATIVA Y CONCEPCIÓN DIALÓGICA DE LAS CONSTITUCIONES

La segunda importante ambivalencia que es propia de las cartas constitucionales, y que registra hoy oscilaciones significativas, es la que se registra entre la idea de la constitución como ley, como institución esencialmente normativa, y la idea de la constitución como identidad compartida de un pueblo.

Las constituciones modernas desarrollaban diversas funciones a favor tanto del estado como de sus ciudadanos, primordialmente la de dar evidencia y forma a la «máquina» estatal, pero también la de formular un «proyecto» en el que los ciudadanos pudiesen reconocerse.

---

clwps/papers/art55, donde se comparan las constituciones de Estados Unidos, Alemania, Holanda y Rusia, en material de comportamientos hacia el derecho internacional. El espectro de las diferencias es bastante amplio y va desde la constitución americana, que es la más nacionalista, a la rusa, que es la más abierta hacia el derecho internacional, con Alemania y Holanda en posiciones intermedias.

[13] Ibid.

En otros términos, existe una tensión entre la función que la constitución desempeña al servicio del estado y de sus funciones de autoridad y las funciones que está llamada a desarrollar al servicio de la sociedad, como garantía de sus elecciones democráticas. Las constituciones pueden hablar más el lenguaje del estado o el de la sociedad; pueden inclinarse más hacia lo alto o hacia lo bajo.

Zagrebelsky ha puesto de relieve, particularmente, esta tensión entre la constitución pensada esencialmente como «ley constitucional», o sea, como estructura normativa, y la tensión como terreno de encuentro, de mediación y de acuerdo entre las diversas instancias de la sociedad.

Cierto, la constitución es un elemento esencial del estado y para el funcionamiento del estado, pero la constitución es también «ponerse de acuerdo», aquel «processo del fare pace tra tutti e del sopportarsi l'un l'altro» [14], que reclama la centralidad del mecanismo democrático, y que está entre la ley y el contrato, entre el ser y el deber ser, entre la fuerza y la ductilidad.

La idea de Zagrebelsky del derecho constitucional como derecho «dúctil» [15], subraya justamente una respuesta a esta tensión que se ha abierto paso a medida que se ha producido una transformación de las democracias en democracias constitucionales: «La costituzione non è affatto il comando di un legislatore supremo, di un'autorità sovrana. È invece il punto d'incontro, l'accordo, il compromesso che sta alla base della convivenza di tanti soggetti, portatori di identità politiche diverse che cercano di combinarle in un patto di convivenza» [16].

El constitucionalismo es necesario para el cosmopolitismo porque integra la capacidad inclusiva de la democracia, protegiendo primordialmente a las minorías y a los individuos, mientras la atención democrática está orientada esencialmente a la dinámica entre mayoría y minoría. Puesto que una sociedad cosmopolita es esencialmente heterogénea y compleja, se corre el riesgo de que los criterios de representación no sean siempre suficientes o no estén adaptados para proteger la diversidad de puntos de vista de los diferentes participantes.

En términos diferentes, podríamos resaltar la ambivalencia entre la concepción normativa y la concepción dialógica, recurriendo al vocabulario de O. Mayr, que utiliza las imágenes del reloj y de la balanza, para indicar dos modelos diferentes de ingeniería estatal, que han tenido lugar en la Europa continental y en Inglaterra [17]. La aplicación de estas metáforas a las constituciones nos permite aclarar ulteriormente las diversas y ambiguas

---

[14] Vid. G. Zagrebelsky, *La virtù del dubbio*, cit., p. 73.

[15] G. Zagrebelsky, *Il diritto mite*, Einaudi, Torino, 1987.

[16] G. Zagrebelsky, *La virtù del dubbio*, cit., p. 69.

[17] Vid. O. Mayr, *La bilancia e l'orologio. Libertà e autorità nel pensiero politico dell'Europa moderna*, Il Mulino, Bologna, 1988.

potencialidades del derecho constitucional en función del estado o en función de la sociedad.

La imagen del reloj se corresponde con la del legislador e indica un mecanismo que da el tiempo desde arriba a todo el aparato jurídico. A ese tiempo se debe adecuar y no hay espacio para la mediación o la conciliación. En esta concepción, inspirada en el tiempo fijo y cerrado del reloj, las prerrogativas de la autoridad central prevalecen y se irradian desde lo alto sobre la sociedad.

La constitución concebida como reloj implica por tanto una prioridad de sus capacidades normativas, de su poder de dirección de la sociedad y de la política.

La imagen de la balanza, por el contrario, evoca un desplazamiento de la ingeniería rígida y mecánica de la ley, hacia la ingeniería del contrato o del derecho judicial. La constitución concebida como «balanza» implica una capacidad de regulación mucho más dúctil e inestable, que recurre a la compleja mecánica del ajustamiento recíproco y de la ponderación entre concepciones opuestas o diversas.

En otros términos, la constitución pensada esencialmente como balanza se sitúa como terreno de mediación y de encuentro, como estructura de intermediación entre aparato jurídico y sociedad, entre estado y ciudadanos.

En tal sentido la constitución, entendida en una acepción dialógica, a pesar de ser el primer documento del estado, refleja primordialmente el aliento vital de la sociedad. Está llamada a fijar algunos cerrojos rígidos a la discrecionalidad de la política, a fin de preservar, también, el terreno necesario para el encuentro y de garantizar la ductilidad de las soluciones.

Por tanto la nueva oscilación de aquella ambivalencia nos permite hoy registrar una creciente *propensión a entender las constituciones y el derecho constitucional, más que como «ley constitucional», como terreno de encuentro y de mediación entre diversas tradiciones, visiones y sensibilidades, sea en el interior de un mismo estado, sea en la relación entre estados diversos*.

Naturalmente, esta propensión implica también un significativo desplazamiento del derecho constitucional desde el plano textual al plano de la justicia constitucional y de la elaboración judicial. El derecho constitucional entendido como plano de conciliación y ponderación entre diversas visiones ideales e intereses contrapuestos es un derecho que se dilucida sobre todo en los tribunales y que ve en los jueces los principales sujetos capaces de tejer su tapiz.

Sobre este aspecto volveremos más adelante, cuando se aborde el tema del «diálogo constitucional» que se produce entre los diversos tribunales, constitucionales o no, en el mundo actual. Allí de nuevo se asomará esta idea del derecho constitucional entendido como «balanza»: una idea que debe necesariamente confiarse a los jueces y a su capacidad de dar respuesta adecuada a los diversos problemas que son sometidos a su análisis.

5. LA CONSTITUCIÓN COMO TABLA DE DERECHOS UNIVERSALES O COMO REFLEJO IDENTITARIO

Cuando nacieron las primeras constituciones modernas estaban impregnadas de un particular *ethos* universalista, que era propio del siglo XVIII y que reflejaba el iusnaturalismo de la época. Sobre todo, en la parte que garantizaba los derechos, las constituciones parecían querer ser anunciadoras e intérpretes de una escala de valores universales en un territorio particular y para una sociedad particular. La libertad, la dignidad, la igualdad, la justicia son valores y derechos para todos los pueblos y para todos los seres humanos.

Esta tensión universalista, como se ha indicado, no evitaba que existiesen diferencias significativas también en el plano de las garantías y de los derechos, comenzando por las diversas gramáticas en materia del derecho a la vida. Aún más, esta vocación universalista convivía con una pronunciada tendencia a reflejar las identidades particulares, propias de un cierto pueblo y de un cierto territorio, queriéndola así preservar y defender contra posibles amenazas y ataques. El juego de las diferencias tendía a ser particularmente pronunciado con referencia a las relaciones entre los poderes del estado o a la definición de la forma de estado.

La tensión entre la constitución pensada como tabla de principios y valores que son propios de un determinado territorio y la constitución como expresión de un derecho potencialmente adaptado para la humanidad entera registra, también ella, significativas oscilaciones en nuestro tiempo.

Hay aquí otro terreno para medir la evolución de las constituciones y del derecho constitucional en sentido cosmopolita: una evolución que ciertamente no tiene lugar sin que se produzcan también muchas tensiones y desacuerdos.

Nuestras constituciones, a pesar de que no renunciaban a hablar en términos universalistas, estaban pensadas indubitablemente para territorios delimitados, autónomos, si no del todo cerrados[18]. Representaban, por así decir, los tejados que clausuraban las diversas casas jurídicas radicadas sobre los diversos territorios estatales, vinculándolas a una semántica específica.

Respecto a este pasado, las constituciones viven hoy un destino paradójico, suspendido entre dos tendencias opuestas. De una parte, ven reforzada su importancia, a medida que la dimensión constitucional se afirma cada vez más como una dimensión esencial e irrenunciable del derecho. Por otro lado, sin embargo, experimentan el desafío creciente de un derecho constitucional que ya no se identifica más exclusivamente con ellas y que se nutre de muchas otras aportaciones.

Por retomar la imagen del «techo» que clausuraba la casa jurídica de cada estado, se podría decir que hoy aquellos techos se convierten a menudo

---

[18] G. Zagrebelsky, *La virtù del dubbio*, cit., pp. 126 y 146.

en buhardillas, que pierden el valor de referencias máximas, últimas y exhaustivas. El techo de las casas jurídicas ya no tiene el cielo sólo por encima suya, sino que está dominado por otras diversas presencias de naturaleza constitucional, que inciden sobre la posibilidad de preservar la tradicional clausura. Lo sabemos bien en Europa, donde el techo constitucional ha sido elevado a la altura de los dos tribunales europeos, y particularmente de la corte europea de Luxemburgo. Ha sido sobre todo elevado al llevar a Europa por la vía del constitucionalismo, aunque sea de un constitucionalismo ampliamente imperfecto.

Pero situaciones similares se producen también fuera de Europa, incluso allí donde no existe un contexto de carácter supranacional. El descubrimiento[*] parcial de las diversas casas jurídicas estatales tiene múltiples causas. La proliferación de textos de naturaleza constitucional de diversos géneros (tratados, cartas de derechos, declaraciones, etc.), los diversos transplantes jurídicos también en el área constitucional, la «migración de las ideas constitucionales»[19] son factores todos que concurren en la determinación de una relativa movilidad del derecho constitucional y la imposibilidad de permanecer en la propia y tradicional condición de total autonomía para las diversas constituciones estatales.

Naturalmente, en el contexto global, además de las crecientes convergencias, no faltan también numerosos desacuerdos e incluso conflictos. No se trata sólo de divergencias significativas que separan a Occidente de otras partes del mundo. Se pueden registrar también algunas derivaciones significativas en el interior del mismo tejido constitucional occidental. Piénsese en el tema de la licitud constitucional de la pena de muerte, que separa a Europa de Estados Unidos, donde se reivindica la legitimidad del «killing in good conscience»[20].

Pero, a pesar de estas divergencias y de otras discordancias, está en curso un arduo proceso de construcción de valores y derechos universales, o al menos ampliamente compartidos, en cuanto que se basan en la comunicación recíproca. Como se ha advertido, el así llamado «diálogo entre los tribunales»[21], esto es, la práctica judicial de consultar precedentes y reglas cons-

---

[*] Nota del Traductor: El término original «scoperchiamento» significa en este contexto particular la acción de abrir las casas por la cubierta, abrir, destapar, destejar. Se recurre, así, al término español «descubrimiento» para reflejar esta concreta connotación de retirar la cubierta, mediante la cual las construcciones jurídicas estatales se ven superadas por arriba mediante documentos de carácter supranacional.

[19] Vid. V.F. Perju, «The Migration of Constitutional Ideas», en International Journal of Constitutional Law, 2008.

[20] Blumenson, E., «Killing in Good Conscience», Suffolk University, Law School Faculty Publications, en http://lsr.nellco.org/suffolkfp/papers/27.

[21] Como se ha advertido, a partir de los primeros trabajos de A.M. Slaughter sobre el tema (desde Slaughter, A.M., «A Global Community of Courts», Harvard International Law

titucionales de otros países y de diversas tradiciones, especialmente cuando están en juego algunos derechos, se afirma cada vez más en diversas partes del mundo. Ésta se sitúa ya como una doctrina global, que tiende a hacer interactuar y a aproximar las diversas gramáticas constitucionales. Varios autores ven en ella los precursores de una nueva conexión jurídica del mundo y Delmas-Marty, por ejemplo, la considera una «via pluralista» para obtener este resultado a lo largo del proceso de globalización[22].

A pesar de que este diálogo se dilata cada vez más, sería arriesgado prever una fácil desaparición de fuertes diferencias y de conflictos, como nos muestra el debate cultural sobre los así llamados «asian values». Sería más prudente hablar de una «frontera constitucional» [23] que, como la frontera americana descrita por Turner[24], avanza entre muchas incertidumbres y movimientos controvertidos, y que experimenta también algún clamoroso paso hacia atrás.

A propósito de pasos atrás, no se puede ignorar la posición de los Estados Unidos, que, justamente cuando gran parte del mundo descubre el constitucionalismo de vocación universalista que ellos han descubierto primero, parecen ceder en cambio al reclamo de una posición de total autonomía, que les hace impermeables a cualquier confrontación constitucional con otros países. Más específicamente, la reivindicación de «originalismo», avanzada por el juez Antonin Scalia[25], auspicia una limitación del *judicial review*, para salvaguardar las razones de la democracia.

Piénsese en algunas de las decisiones que la Corte Suprema, también por mayoría, ha tomado recientemente censurando algunos comportamientos de la Administración Bush lesivos para los derechos fundamentales, para comprender cómo este asunto es decisivo para el equilibrio constitucional de aquel país.

Se abre aquí una confrontación entre las razones de la democracia, que son delimitadas territorialmente, y las del constitucionalismo que, especialmente en materia de derechos humanos y derechos fundamentales, son tendencialmente indiferentes a los confines de los estados. La práctica legal

---

Journal, v. 44, 1, 2003, hasta *A New World Order*, Princeton Univerty Press, Princeton, 2004) la bibliografía se ha convertido en muy amplia. Un artículo mío sobre el tema, «When national courts become transnational. Transjudicial dialogue between democracy and constitutionalism», en Global Jurist Frontieres, 2008, en www.bepress.com.

22 Delmas-Marty, M., *Les forces imaginantes du droit (III). La réfondation des pouvoirs*, Seuil, Paris, 2007, p. 42.

23 Coherente con mi trabajo *Diritto sconfinato. Inventiva giuridica e spazi nel mondo globale*, Laterza, Roma-Bari, 2006.

24 Turner, F. J., *The Frontier in American History*, Yale University Press, New Haven, 1920; Watson, A., *Society and Legal Change*, Scottish Academic Press, Edimburg, 1977.

25 Scalia, A., «Common Law Courts in a Civil-Law System: The Role of United States Federal Courts in interpreting the Constitution and States», en A. Gutman (ed.), *A Matter of Interpretation. Federal Courts and the Law*¸ Princeton University Press, Princeton, New Jersey, 1997.

de la «rendition», que los Estados Unidos a veces han confiado a países en los que no existen límites constitucionales a la tortura, por ejemplo, debería ser simplemente prohibida, no estar a disponibilidad de las mayorías políticas.

Así, mientras los Estados Unidos están en una posición de debilitamiento del propio patrimonio constitucional, que ha inspirado también a tantos otros países del mundo, otros países conquistan posiciones importantes en la construcción de un constitucionalismo global. Canadá se gana la palma de país líder por el grado de apertura hacia otras tradiciones y otros lenguajes constitucionales[26], mientras Sudáfrica establece la constitución más abierta en materia de «diálogo constitucional», autorizando a los jueces constitucionales a consultar precedentes judiciales y leyes de otros estados.

En suma, se puede hablar de un progresivo desplazamiento del derecho constitucional desde el reflejo de las diferencias identitarias hacia una creciente convergencia con otros países y con diversas tradiciones constitucionales. Como observa Zabrebelsky, «il diritto del nostro tempo ha un compito principale: tenere unite situazioni costituzionali plurali»[27].

6. DE LOS DOCUMENTOS CONSTITUCIONALES AL «DISCURSO» CONSTITUCIONAL

Como se ha visto, las nuevas oscilaciones que registran las tradicionales ambivalencias del derecho constitucional son eficaces reveladoras de las transformaciones que lo atraviesan. Estas nos muestran que el derecho constitucional tiende a estructurarse cada vez más, no sólo a nivel internacional, sino también en el interior de los estados, según modalidades que se pueden así considerar menos políticas y más sociales; menos ligadas a los territorios, y más universalistas; menos normativas, y más dirigidas a la comparación y a posibles convergencias entre las diversidades.

Si, como se ha dicho al principio, el derecho constitucional emprende un camino de naturaleza cultural, es porque tiene que asumir nuevas y más difíciles tareas de naturaleza «cosmopolita». En el intento de asumir esa finalidad integrativa, debe necesariamente devenir interactivo y aprender a sintonizar cada vez más lo que es diverso de sí mismo, con otros países y tradiciones. Este proceso es necesario también para reconocer mejor el propio núcleo esencial, las exclusiones necesarias y las «normas» que son verdaderamente irrenunciables.

---

[26] Groppi, T., «A User-friendly Court: The Influence of Supreme Court of Canada Decisions Since 1982 on Court Decisions in other Liberal Democracies», The Supreme Court Law Review, Second Series, 36, 2007.

[27] G. Zagrebelsky, *La virtà del dubbio,* cit., p. 94.

Las modalidades a través de las cuales el derecho constitucional puede emprender esta dirección son las de la cultura y la del diálogo. La hipótesis de la cultura, del derecho como fenómeno también «cultural»[28], es la única alternativa posible a la fuerza, para realizar nuevos acuerdos y convergencias. El «saber» constitucional no puede sino evolucionar a lo largo de una suerte de «discurso», en el cual están implicados varios sujetos, especialmente tribunales constitucionales, pero no sólo. De este modo, el «saber» constitucional está marcado por los caracteres propios del intercambio ideológico.

Estos caracteres pueden identificarse sobre todo en la «apertura» del discurso y en la «pluralidad» de los sujetos que son admitidos al diálogo. El carácter «abierto» implica que las modalidades del diálogo no son reguladas exclusivamente por criterios normativos y disfrutan de libertad de movimiento y de algunos espacios, para admitir intercambios y desafíos inéditos entre los interlocutores. La pluralidad de los sujetos que dialogan es necesaria para garantizar el pluralismo de la perspectiva y la posibilidad de comparación entre los diversos institutos.

Naturalmente, el espacio dialógico en el que se sitúa el derecho constitucional no implica que las constituciones cesen de funcionar también como estructuras normativas en algunas partes y en determinadas ocasiones. Por otra parte, la disponibilidad de los jueces para implicarse en este diálogo, como se ha visto, aunque sea más bien pronunciada, no es uniforme, sino heterogénea, y puede cambiar no sólo entre estado y estado, sino también en el interior de un mismo tribunal o del mismo contexto supranacional.

En Europa, por ejemplo, a pesar de la riqueza de la comunicación judicial que se produce entre los diversos tribunales, y especialmente entre los tribunales constitucionales estatales y la Corte Europea de Justicia, es diferente el comportamiento que los diferentes tribunales han mostrado hacia las indicaciones y límites provenientes de las jurisdicciones europeas[29].

La modalidad dialógica, que se instaura sobre todo a lo largo de la vía de la jurisprudencia constitucional implica, como ya se ha visto, una serie de cambios concatenados. En primer lugar el debilitamiento de la relación con la soberanía; en segundo lugar, el desbordamiento cultural del derecho constitucional del territorio estatal, para curiosear sobre reglas y racionalidades de otros sistemas; en tercer lugar, una relación cada vez más estrecha con el derecho internacional, en particular allá donde éste se ocupe de los derecho humanos o de otros temas de relevancia para el derecho constitucional.

El diálogo entre los tribunales es obviamente coherente con el debilitamiento de la relación entre derecho constitucional y soberanía. Si la «teolo-

---

[28] Así G. Zagrebelsky, *La virtù del dubbio*, cit., p. 149.

[29] A. von Bogdandy, «Pluralism. Direct Effect ant the Ultimate Say: On the Relationship between International and Domestic Constitutional Law», International Journal of Constitutional Law, 6 (july-october 2008).

gía política» cesa de estar en el subsuelo necesario del derecho[30], también el derecho constitucional acentúa aún más sus connotaciones de naturaleza social y la vinculación con los asuntos de la vida social.

Asimismo, las relaciones del derecho constitucional con el de otros países y con el derecho internacional se hacen más frecuentes y casi continuas[31]: cada vez más, particularmente en materia de derechos humanos, existe la tendencia a diseñar, a través de las modalidades del derecho internacional, reglas, instrumentos y standards que se imponen a los estados o incluso a los sujetos privados, por ejemplo de naturaleza económica. En Europa esto se articula a través de los elementos de la supranacionalidad[32]. Aquí se manifiesta no sólo una ulterior forma de desazón del derecho constitucional, sino también el creciente reclamo que éste experimenta al desbordarse de su recinto tradicional.

No se puede presumir que el saber constitucional se desarrolle exclusivamente bajo la enseña de la «racionalidad». Los diferentes sujetos e instituciones que participan en el diálogo están entre «razón y pasión». El discurso constitucional complica de hecho no sólo la esfera racional, sino también la pasión y los sentimientos de identidad, que son respetados. Pero las identidades vienen reconducidas por un criterio adaptado al cosmopolitismo. Por ejemplo, como sugiere Beck, las identidades deben pasar del carácter de la exclusividad al carácter de la inclusividad: de la alternativa «o...o» se debe pasar a la síntesis «y...y»[33].

Solo ante el reparo de la doble amenaza de las identidades demasiado absorbentes y de un universalismo totalizante, el derecho constitucional puede comportarse como una forma de saber, esto es, como algo que se desarrolla a través de la reflexión, la comunicación y el intercambio entre varios sujetos interlocutores, según la modalidad habermasiana de la «acción comunicativa». Y ello puede promover una nueva confianza en las capacidades racionales de los sujetos y de las instituciones en las que operan.

En tal sentido, especialmente en el diálogo entre tribunales, se ha visto una suerte de implícita adopción del «teorema del tribunal de Condorcet»[34]. Según este teorema, se puede intuitivamente pensar que las prácticas adoptadas por otros sujetos contengan informaciones importantes, que no son

---

[30] Sobre este asunto cfr. mi trabajo, *Diritto sconfinato. Inventiva giuridica e spazi nel mondo globale*, cit.

[31] M. Kumm, «Constitutional Democracy Encounters International Law: Terms of Engagement», en S. Choudry, *The Migration of Constitutional Ideas*, Cambridge University Press, Cambridge, 2006.

[32] Bogdandy, A., «*Constitutionalism in International Law*: Comment on a Proposal from Germany», Harvard International Law Journal, 47, 2006.

[33] U. Beck, *La società cosmopolita*, cit.

[34] E.A. Posner-C.R. Sunstein, »The Law of Other States», Stanford Law Review, 95, 2006, p. 136.

ignoradas. Más en general, aplicando este teorema a la relación entre estados, se puede creer que las informaciones sobre prácticas y leyes provenientes de otros estados puedan ser igualmente relevantes, sobre todo cuando aquellas prácticas respeten algunas condiciones: el juicio de las poblaciones, además del de los gobernantes; que provengan de países tendencialmente similares; y que el juicio sobre tales prácticas sea independiente[35].

El derecho constitucional, para estar a la altura de los desafíos del cosmopolitismo, no requiere sólo de una nueva «memoria común», que está en la mente de las personas y de los estados pero que es vivida individualmente, sino que requiere también una nueva «memoria compartida», que, en los términos de Margalit, es un patrimonio común, que es objeto de comunicaciones continuadas y de recíproca integración por parte de los diversos sujetos.

Si el derecho constitucional se sitúa como una forma de derecho cuya elaboración no se produce de una vez por todas, desde arriba, y solo a través de padres de la constitución y asambleas constituyentes, sino de manera paulatina, desde abajo, a través de aportaciones y comparaciones continuas, el constitucionalismo internacional, e incluso universal, que se anuncia, es diferente del que fuera inagurado a finales del XVIII por las diversas cartas de derechos.

A. M. Slaughter y W. Burke White han escrito que «il futuro del diritto internazionale è domestico»: pues bien se podría igualmente decir que «el futuro del derecho constitucional es global» y que ese futuro ha comenzado ya.

---

[35] Así, Posner y Sunstein en el artículo citado en la nota precedente.

RASGOS DE APROXIMACIÓN ENTRE EL NEOCONSTITUCIONALISMO Y LA ÓPTICA COSMOPOLITA

DERIVACIONES HACIA UN ESTADO CONSTITUCIONAL COOPERATIVO EN BRASIL[1]

Valéria Ribas do Nascimento[2]

> *Constitución no significa única y exclusivamente ordenamiento jurídico para juristas, que éstos han de interpretar siguiendo las viejas y también las más modernas reglas exegéticas de su arte, sino que igualmente sirve de hilo conductor para todo ciudadano, ...en cuanto a la ciencia jurídica se refiere.* (Peter Häberle)

1. APUNTES INTRODUCTORIOS SOBRE EL NEOCONSTITUCIONALISMO: «LA RISA DE LA MUJER TRACIA»

La evolución del Estado de Derecho a partir del siglo XIX pasa por mutaciones que afectan directamente a la configuración del paradigma jurídico dominante y, lógicamente, alteran las bases del constitucionalismo, como movimiento que estudia la teoría de la Constitución, entendida ésta en la acepción moderna como un documento formal, destinado a limitar el poder del Estado y a proteger los derechos individuales de los ciudadanos.

Con estos planteamientos, A. de Julios-Campuzano declara que la racionalidad formal del constitucionalismo decimonónico evidencia el establecimiento de Constituciones débiles o de un constitucionalismo de mínimos, con la superioridad del legislativo dentro del esquema de la separación de los poderes[3]. Para A. Pérez Luño la decantación terminológica del Estado de Derecho hacia el Estado Constitucional no resulta de un factor externo a los diferentes modelos estatales, sino que es fruto de la propia evolución del Estado de Derecho[4]. Sin embargo, destaca que, actualmente, los postpositi-

---

[1] Traducción de Alfonso de Julios-Campuzano.

[2] Doctora en Derecho Público por la «Universidade do Vale do Rio dos Sinos (UNISINOS)»; Máster en Derecho Público por la «Universidade de Santa Cruz do Sul (UNISC)»; Profesora de Derecho Constitucional en la «Faculdade de Direito de Santa Maria (FADISMA)» y de la Universidade Federal de Santa Maria; Abogada. E-mail: valribas@terra.com.br.

[3] JULIOS-CAMPUZANO, Alfonso de. Estado constitucional y ciencia del derecho. Perfiles de un nuevo paradigma. Texto disponible en las *Jornadas Internacionales «Nuevas Perspectivas del Estado Constitucional»*. 08 y 09 de enero de 2009. Facultad de Derecho de la Universidad de Sevilla, p. 4.

[4] PEREZ LUÑO, Antonio Enrique. *La tercera generación de derechos humanos.* Navarra: Thomson-Aranzadi, 2006, p. 54.

vismos y las neodogmáticas implican el riesgo de generar ciertas dosis de equivocidad conceptual incompatible con la claridad pretendida por la teoría del derecho. Por ello, N. Belloso Martín, añade que el fortalecimiento de los derechos humanos, justamente, depende de cómo se construya este importante debate en torno a la teoría del derecho neoconstitucional[5].

Las modificaciones que este «nuevo» constitucionalismo proporciona son tan grandes que Gomes Canotilho realiza una comparación con la «risa de la mujer tracia». Afirma el profesor coimbrano que los textos constitucionales contemporáneos, cargados de normas-tarea, también conocidas como normas programáticas —desde la vieja Constitución mexicana de 1917 hasta la Constitución brasileña de 1988— están en un «foso» bajo la mirada de ojos inquietantes y mucho descrédito[6].

La referencia anterior trata de una narrativa de Platón sobre Tales de Mileto. El filósofo presocrático, mientras caminaba y miraba al cielo cuestionándose sobre el sentido de la vida y de las cosas, no se percató de la existencia un pozo delante de él y cayó dentro. En aquel momento, una esclava tracia que se encontraba cerca de allí se burló de que él trataba de encontrar las grandes verdades del universo y, sin embargo, no era capaz de ver lo que tenía delante[7].

Los adeptos al *dirigismo constitucional*[8] hoy son víctimas de los mismos riesgos irónicos semejantes al de la mujer-sierva de Tracia. La pregunta es si, incluso con la devaluación que, en cierto sentido, afecta hoy a las Constituciones, éstas pueden continuar haciendo historia.

Es obligado notar que el recorte de la Constitución dirigente fue realizado en términos jurídicos-dogmáticos por Peter Lerch, en la clásica monografía *Übermass und Verbot,* en la cual el actor tenía en mente, sobre todo, el principio y el derecho de igualdad. Por esa razón, la generalidad de la doctrina relaciona el dirigismo constitucional con las normas-tarea establecidas en las Constituciones programáticas, propias de los llamados Estados Sociales y Democráticos de Derecho[9].

---

[5] BELLOSO MARTÍN, Nuria. El Estado Neoconstitucional a debate: ¿Eclipse o fortalecimiento de los derechos humanos? Texto disponible en las *Jornadas Internacionales «Nuevas Perspectivas del Estado Constitucional».* 08 y 09 de enero de 2009. Facultad de Derecho de Sevilla, p. 21.

[6] CANOTILHO, J. J. Gomes. *«Brancosos» e Interconstitucionalidade. Itinerários dos discursos sobre a historicidade constitucional.* Coimbra: Almedina, 2006, p. 104.

[7] El significado de la historia está desarrollado en el libro: BLUMEMBERG, Hans. *O riso da mulher de trácia. Uma pré-história da teoria;* tradução de Maria Adélia Silva e Melo; Sabine Urban. Lisboa: Difel, 1994.

[8] Al tratar del dirigismo constitucional, Canotilho subraya que en rigor, *não estamos perante normas-tarefa ou normas-fim, mas perante um tipo de normas que ao mesmo tempo que consagram direitos de igualdade impunham um dever constitucional ao legislador no sentido de este dar concretização aos direitos de igualdade (...).*CANOTILHO, J. J. Gomes. *«Brancosos» e Interconstitucionalidade.* Op. cit. p. 214.

[9] Ibid.

La posibilidad de vinculación entre las Constituciones dirigentes y el neoconstitucionalismo se produce debido al hecho de que este movimiento jurídico ha surgido en un periodo de afirmación y reestructuración del constitucionalismo dirigente a partir del periodo de posguerra. Como ejemplo se puede citar las Constituciones de Italia de 1947, la de Alemania de 1949, la de Portugal de 1976 y la de España de 1978. Sin embargo, el «nuevo» constitucionalismo no permaneció estático, continuó evolucionando en muchos sentidos[10]. En Brasil, su marco histórico fue la Constitución de 1988, que igualmente fue responsable del comienzo del proceso de redemocratización en el país.

1.1. Delimitación conceptual del neoconstitucionalismo

Es oportuno destacar que son muchas las variaciones terminológicas que suelen ser encontradas para el referido fenómeno, tales como constitucionalismo, postpositivismo, neoconstitucionalismo o constitucionalismo contemporáneo, siendo que la mayoría de los términos están relacionados con los grados de importancia de los poderes estatales y con los valores existentes en los ordenamientos jurídicos.

Por lo que ha sido expuesto es posible decir, citando a M. Carbonell, que ya se puede hablar de un Estado neoconstitucional, o quizá no de un sólo constitucionalismo, sino de varios neoconstitucionalismos. Sin embargo, el mismo autor destaca que el término en singular o en plural hace referencia a dos cuestiones que deben ser estudiadas por separado:

> *Por una parte [se refiere] (...), a una serie de fenómenos evolutivos que han tenido evidentes impactos en lo que se ha llamado el paradigma del Estado constitucional. Por otro lado, con el término «neoconstitucionalismo» se hace referencia también a una determinada teoría del Derecho que ha propugnado en el pasado reciente esos cambios y/o que da cuenta de ellos, normalmente en términos bastante positivos o incluso elogioso* [11].

De esa forma, una de las perspectivas trata de lo que debería ser el Estado Constitucional, mientras la otra describe la operatividad de los cambios de funcionamiento o el análisis de las teorías explicativas de ese «nuevo» estado de cosas.

En resumen, el neoconstitucionalismo es un término que empezó en el lenguaje jurídico hace poco tiempo y que, incluso no poseyendo un único significado, adquirió gran aceptación[12]. L. L. Streck afirma que *o neoconsti-*

---

[10] CARBONELL, M. (ed). *Neoconstitucionalismo(s).* 2.ª ed. Trotta: Madrid, 2005, prólogo, p. 9.

[11] Ibid. pp. 9-10.

[12] POZZOLO, Susanna. *Un constitucionalismo ambiguo.* En: CARBONELL, M. (ed). *Neoconstitucionalismo(s).* 2.ª ed. Trotta: Madrid, 2005, p. 188.

tucionalismo significa ruptura, tanto com o positivismo, como com o modelo de constitucionalismo liberal. Por isso, o direito deixa de ser regulador para ser transformador[13]. Así, generalmente, es usado para indicar una perspectiva iusfilosófica que se caracteriza por adoptar el punto de vista de un iusnaturalismo antipositivista.

En ese sentido, no existe un sólo significado, sino que es posible la inserción de lecturas diversas, comprendiendo la obra de R. Dworkin, C. S. Nino, G. Zagrebelsky, L. Ferrajoli o R. Alexy, entre otras. Sobra decir que estos autores tan distintos son considerados como neoconstitucionalistas por las críticas al positivismo, incapaz de dar cuenta del actual Estado Constitucional[14].

No será objeto del presente trabajo la investigación exhaustiva del debate en torno a las diferentes corrientes neoconstitucionalistas, sino traer a colación algunos aspectos puntuales de estas teorías que han alterado el paradigma constitucional moderno en diversos Estados, incluyendo Brasil.

Para P. Comanducci, el neoconstitucionalismo posee un doble significado. En una primera acepción representa una teoría, una ideología y/o un método de análisis del derecho. Una segunda versión, sin embargo, evidencia la transformación de algunos elementos estructurales de un sistema jurídico y político, que son descritos por el neoconstitucionalismo como teoría o que satisfacen los requisitos propios de una ideología[15].

Es posible hablar, aún, de la posición de R. Guastini que presenta la constitucionalización del ordenamiento jurídico como una transformación en la cual existe una Constitución extremadamente invasora, capaz de condicionar tanto la legislación como la jurisprudencia y el estilo de la doctrina, así como los actores políticos y sociales. Para precisar este concepto, sugiere una lista de condiciones de constitucionalización, de forma que cuanto más satisfechos estén estos criterios, más se caracteriza el ordenamiento como constitucional[16].

Entre estos requisitos se encuentran: la existencia de una Constitución rígida (aquella que depende de un proceso solemne y complejo para ser alterada); la garantía de una jurisdicción constitucional (control de constitucionalidad de las leyes); la fuerza vinculante de la Constitución (cultura jurídica de respeto a las normas constitucionales); la sobreinterpretación (la Constitución misma como vinculante); la aplicación directa de las normas constitucionales (efecto inmediato de sus artículos, independientemente de la clasificación); la interpretación conforme (posibilidad de interpretación

---

13 STRECK, Lenio Luiz. *Verdade e Consenso. Constituição, Hermenêutica e Teorias Discursivas. Da possibilidade à necessidade de respostas corretas em direito.* 2.ed. Rio de Janeiro: Lumen Juris, 2007, p. 7.

14 Ibid., p. 189.

15 COMANDUCCI, Paolo. Formas de (neo)constitucionalismo: um análisis metateórico. En: CARBONELL, M. (ed). *Neoconstitucionalismo(s).* 2.ª ed. Trotta: Madrid, 2005, p. 75.

16 GUASTINI, Riccardo. La constitucionalización del ordenamiento jurídico: el caso italiano. En: CARBONELL, M. (ed). *Neoconstitucionalismo(s).* 2.ª ed. Trotta: Madrid, 2005, p. 49.

adecuada a la Constitución) y la importancia de la Constitución en las relaciones políticas (dependiendo de diversos elementos como la postura de los jueces, de los órganos y de los actores políticos)[17].

En consecuencia, se puede percibir que el neoconstitucionalismo es, todavía, un movimiento no definitivamente consolidado. Sin embargo, ya es posible estar seguro de que se vincula a la profundización teórica del derecho como conjunto, de tal modo que no resulta admisible una percepción aislada de la teoría del derecho y del derecho constitucional, sino a través de una conexión entre esas disciplinas.

1.2. Pluralidad de neoconstitucionalismos y positivismos

Las expresiones constitucionalismo[18] y positivismo jurídico[19] no son ciertamente unívocas; poseen múltiples significados dependiendo del sentido

---

[17] Ibid., p. 50-58.

[18] El origen de la palabra se remonta a la voz latina *constitutio* de la cual deriva el verbo *constituire*, que significa instituir, fundar. Según G. Sartori, fueron muchas las significaciones del término con el devenir de los años - entre los romanos la palabra empezó a expresar alguna técnica, especialmente en el derecho público romano, en el cual el término *constitutio* se relacionaba con las decisiones promulgadas por el Emperador. En: SARTORI, Giovanni. *Elementos de teoría política*. Madrid: Alianza Editorial, 1992, p. 15. J. J. G. Canotilho, distingue dos conceptos: el antiguo y el moderno. Aquél había surgido a finales de la Edad Media, permaneciendo hasta el siglo XVIII, y sería el conjunto de principios escritos o consuetudinarios mantenedores de la existencia de derechos estamentales ante el monarca, restrictivos de su poder. El concepto moderno, por su parte, habría surgido a mediados del siglo XVIII, y sería una teoría que establece el principio del gobierno limitado, indispensable para la garantía de los derechos fundamentales. En: CANOTILHO, José Joaquim Gomes. *Direito constitucional e teoria da Constituição*. 6. ed. Coimbra: Almedina, 2002, pp. 52-55. Es posible citar a título de ejemplo de los diferentes posicionamientos al respecto del origen del constitucionalismo, la importante obra de M. Fioravanti que distingue: Constitución de los antiguos, para referirse a los griegos y romanos y a la Constitución medieval y la Constitución de los modernos, para aludir a la sociedad postmedieval occidental. En: FIORAVANTI, Maurizio. *Constitución: de la antigüedad a nuestros días;* traducción: Manuel Martínez Neira. Madrid: Trotta, 2001.

[19] Para A. E. Pérez Luño la expresión derecho positivo *designa el derecho puesto o impuesto por quien ejerce el poder en una determinada sociedad y, por ello, válido en su ámbito*. Resáltase que la identificación de la noción general de derecho con el derecho positivo preconizada por la concepción positivista —negando el carácter jurídico del derecho natural— originó el positivismo jurídico, que puede ser considerado a partir de tres planos diferentes que no se implican necesariamente: *1) En el plano* gnoseológico o metodológico *se manifiesta como un modo de conocimiento del derecho tal como es, prescindiendo de cómo debería ser, contribuyendo a una concepción de la ciencia jurídica que describa, complemente y sistematice el ordenamiento jurídico positivo. Así pues, desde el punto de vista de la ciencia jurídica, el objeto de la misma debe limitarse estrictamente al propio derecho tal como viene impuesto, esto es, a la norma jurídico-positiva, efectuando un análisis interno de la misma para poder deducir, a través de un proceso de investigación puramente lógico-formal, la aplicación de esa norma formulada con carácter general a un caso o situación concretos. 2. En el* plano ontológico o de la teoría de derecho, *tiende a*

que se les pretenda dar, siendo incluso discutible la época del surgimiento de las mismas. L. Prietro Sanchís afirma que el constitucionalismo representa un fenómeno cultural y político propio del mundo moderno y el positivismo evidencia una forma de aproximación al conocimiento del derecho o una manera de concebir el propio derecho[20].

De esta forma, el constitucionalismo se refiere a un estudio científico de la Constitución, así como a un modo de organización jurídica y a una opción política, mientras que el positivismo representa una concepción del propio derecho. Frente a ello, considerando la importancia de la mediación entre teoría del derecho y constitucionalismo, es necesario replantearse en líneas generales las tres acepciones del positivismo jurídico formuladas por N. Bobbio, *teórico, ideológico, metodológico*[21], relacionándolas con el neo-constitucionalismo.

Sin embargo, es indispensable destacar que el neconstitucionalismo no pretende sustituir a la teoría del derecho, de manera que no es susceptible de analizarlo como teoría del derecho. En realidad, se presenta como una propuesta diferenciada, paralela a la positivista[22].

El positivismo jurídico *como teoría o modo de entender el derecho* comprende una serie de tesis independientes, destacando principalmente la concepción de norma jurídica, la teoría de las fuentes y la teoría de la interpretación. Sobre las discusiones en torno a la norma jurídica son comunes las divergencias doctrinales sobre la conceptuación y la aplicabilidad de las reglas y principios. C. Schmitt afirmaba que los principios sólo abusivamente pueden ser designados como normas y H. Kelsen decía que éstos resultan indeseables ya que, debido a su imprecisión abrirían las puertas al decisionismo. Actualmente, los principios han logrado una inusitada fuerza normativa; sin embargo, les falta determinación fáctica y jurídica. L. Prieto Sanchís,

---

definir las normas en función de su coactividad, de la posibilidad de asegurar su cumplimiento a través del recurso a la fuerza monopolizada por el Estado, de la supremacía de la ley como fuente del derecho y de la concepción mecánica de su interpretación y aplicación. 3. Por último, en el plano deontológico o ético-político *supone, en algunas de sus versiones, la defensa de la separación entre moral y derecho, así como una ideología de la justicia en virtud de la cual debe prestarse obediencia a las normas jurídico-positivas con independencia de su contenido.* Para profundizar en el estudio, consultar: PÉREZ-LUÑO, Antonio-Enrique; CABRERA, Carlos Alarcón; GONZÁLEZ-TABLAS, Rafael; RUIZ DE LA CUESTA, Antonio. *Teoría del derecho. Una concepción de la experiencia jurídica.* 6. ed. Madrid: Tecnos, 2007, p. 80. Subráyase con N. Bobbio que el positivismo jurídico nace *cuando derecho natural y derecho positivo no son ya considerados como derecho en el mismo sentido, sino que sólo se considera derecho en sentido estricto al positivismo.* En: BOBBIO, Norberto. *El positivismo jurídico;* traducción Rafael de Asís y Andrea Greppi. Madrid: Editorial Debate, 1993, p. 44.

20 PRIETO SANCHÍS, Luis. *Constitucionalismo y positivismo.* México: Fontamara, 1997, p. 7.

21 BOBBIO, Norberto. *El positivismo...*, op. cit.

22 COMANDUCCI, Paolo. Formas de (neo)constitucionalismo: un análisis metateórico. En: CARBONELL, M. (ed). *Neoconstitucionalismo(s).* 2.ª ed. Trotta: Madrid, 2005, p. 82.

trae como ejemplo el artículo 14 C.E: en él es posible saber en qué consiste el tratamiento igualitario, pero se desconoce con precisión qué comportamientos resultan de la obligación de cumplir la norma[23].

Cuando se habla en relación con las fuentes del derecho se percibe claramente la alteración que el constitucionalismo ha generado en la tesis más profunda del positivismo jurídico: la supremacía absoluta de la ley como expresión de la soberanía parlamentaria. En el siglo XIX regía el aforismo *auctoritas non veritas facit legem;* actualmente, la ley sigue siendo expresión de una autoridad, pero una autoridad bajo la verdad. La Constitución, además de ser la ley del Estado, actúa como norma superior, desempeñando en cierta forma la función de derecho natural.[24] De ahí la constatación de una de las perspectivas del «nuevo» enfoque que ofrece el constitucionalismo contemporáneo, o sea, la existencia de normas sustanciales que limitan la discrecionalidad de los órganos públicos para la aplicación de los principios que mejor atiendan a los intereses sociales. Lógicamente, esta actuación se debe regir por límites constitucionales.

Por otro lado, en cuanto a la teoría de la interpretación es posible afirmar que el positivismo ha defendido posiciones contradictorias: una decía que el sistema de derecho es pleno, otorgando al intérprete la tarea mecánica de la subsunción; la otra, por su parte, afirmaba que el derecho puede presentar lagunas y contradicciones. En verdad, el constitucionalismo, aunque parezca contradictorio, ofrece argumentos contra las dos tesis[25]. No se pretende aquí realizar un análisis detallado de las distintas teorías argumentativas, sino demostrar que el «nuevo» constitucionalismo pretende limitar la subsunción y la discrecionalidad con base en criterios materiales de fundamentación como exigencia de la propia legitimidad del ordenamiento establecido.

Importa subrayar que P. Comanducci expone las teorías de L. Ferrajoli y G. Zagrebelky como variantes del neoconstitucionalismo teórico, pues los referidos autores elaboran una reconstrucción del *estatus* y de las tareas de la propia teoría del derecho[26]. Aunque que L. Ferrajoli y G. Zagrebelky presenten desarrollos teóricos distintos, comulgan en la opinión sobre el papel de la ciencia jurídica y sobre la necesidad de abandonar una concepción puramente descriptiva de la teoría del derecho.

Mientras G. Zagrebelky postula un agotamiento del positivismo jurídico, afirmando incluso que no resultaría muy útil en los actuales contextos constitucionales[27]; L. Ferrajoli reconoce nudos de reconstrucción de un

---

[23] PRIETO SANCHÍS, Luis. *Constitucionalismo...,* op. cit. p. 33.

[24] Ibid. p. 35.

[25] Ibid., pp. 37-8.

[26] COMANDUCCI, P., Formas de (neo)constitucionalismo: un análisis metateórico. En: CARBONELL, M. (ed). *Neoconstitucionalismo(s).* 2.ª ed. Trotta: Madrid, 2005, p. 88.

[27] En palabras de G. Zagrebelky: (...) *la afirmación histórica de un individuo, de una fuerza, de una nación, y también de la ciencia del derecho consiste justamente en el abandono*

Estado Constitucional que ponga límites al poder de las mayorías[28]. En suma, se puede concluir que las dos corrientes —con puntos de contacto y distanciamiento sin duda—, representan interesantes modelos de investigación.

Por otra parte, el positivismo *como ideología* aborda un cierto punto de vista acerca de la justicia del derecho y de la obligación moral de obediencia al mismo. En efecto, en su versión extrema, el positivismo ideológico está en contradicción con el constitucionalismo, porque aquél supone que el derecho establecido, sólo por estar positivado, es justo, en tanto que el constitucionalismo justamente busca la limitación del poder bajo la legitimación. Sin embargo, no podemos soslayar la relación entre constitucionalismo y positivismo ético en su versión moderada. Éste presupone que el derecho realiza siempre en alguna medida valores moralmente apreciables, como la seguridad, la previsibilidad de las decisiones, la búsqueda de la paz, etc., no existiendo ninguna duda sobre que el constitucionalismo fortalece la dimensión moral del derecho[29].

El neoconstitucionalismo ideológico pone en primer plano la garantía de los valores constitucionales, llegando a amenazar la certeza y la seguridad jurídica, pilares del derecho moderno. Así, basándose en la técnica de la ponderación de los principios constitucionales y de la interpretación moral de la Constitución, autores como R. Alexy y R. Dworkin, entienden que los ordenamientos democráticos y constitucionales producen una necesaria conexión entre derecho y moral. P. Comanducci critica estas corrientes afirmando que el neoconstitucionalismo ideológico puede ser considerado como una moderna variante del positivismo ideológico del siglo XIX, que establecía la obligación moral de obedecer la ley[30].

Considerando estas diferentes perspectivas sobre la relación entre el positivismo ideológico y el constitucionalismo, es posible percibir el difícil deba-

---

activo a esta corriente que todo domina y que a todos arrastra. En: ZAGREBELSKY, Gustavo. *Historia y Constitución;* traducción y prólogo de Miguel Carbonell. Madrid: Editorial Trotta, 2005, p. 63.

[28] Dentro de las contribuciones más relevantes de Ferrajoli a la teoría del derecho está la reconstrucción teórica del garantismo. Y sobre los diversos sentidos de la expresión, Ferrajoli se interesa principalmente por las referencias que siguen abajo: 1) El Estado de derecho y sus niveles de deslegitimación; 2) La teoría del derecho y la crítica jurídica; 3) La filosofía del derecho y la crítica de la política. Es de destacar que la concepción del garantismo, para Ferrajoli, posee un alcance teórico y filosófico diferenciado, no aplicándose sólo al derecho penal. Consultar: FERRAJOLI, Luigi. *Derecho y razón. Teoría del garantismo penal;* traducción de Perfecto Andrés Ibáñez, Alfonso Ruiz Miguel, Juan Carlos Bayón Mohíno, Juan Terradillos Basoco, Rocío Cantarero Bandrés. Madrid: Editorial Trotta, 4. ed., 2000; *Epistemología Jurídica y garantismo*. México:Fontamara, 2006.

[29] PRIETO SANCHÍS, Luis. *Constitucionalismo...,* op. cit. p. 25-26.

[30] COMANDUCCI, Paolo. Formas de (neo)constitucionalismo: un análisis metateórico. En: CARBONELL, M. (ed). *Neoconstitucionalismo(s).* 2.ª ed. Trotta: Madrid, 2005, p. 86.

te alrededor del derecho y de los valores o de las cuestiones relacionadas con la interpretación de los mismos por los órganos públicos.

El positivismo jurídico *como metodología* o forma de aproximación al derecho, según L. Prieto Sanchís, puede ser resumido en la tesis que cuestiona la separación entre derecho y moral. A través de esa premisa es perceptible la relación con el constitucionalismo, en la medida en que las Constituciones contemporáneas incorporan un gran número de principios morales que representan *el núcleo que se puede llamar ética de la modernidad: democracia y soberanía popular, igualdad y derechos fundamentales, etc*[31].

P. Comanducci afirma que el neoconstitucionalismo metodológico trata de los principios constitucionales como punto de contacto entre el derecho y la moral. La mención es, obviamente, a autores como Alexy y Dworkin (que también trabajan con el neoconstitucionalismo como ideología). Las críticas se refieren a algunos postulados, como por ejemplo, la inexistencia de homogeneidad moral en la sociedad o la definición con seguridad de la mejor norma moral a ser aplicada[32].

Después de apuntar en líneas generales las formas de neoconstitucionalismo y de relación con los diferentes positivismos, se pretende presentar algunas demostraciones de este «nuevo» movimiento en Brasil y de la necesidad de utilización de la óptica cosmopolita, entendida como expresión representativa de ciertos valores.

2. LAS ALTERACIONES DEL CONSTITUCIONALISMO EN BRASIL Y LA ÓPTICA COSMOPOLITA

Las transformaciones ocasionadas por los diversos neoconstitucionalismos, influyeron en numerosos países y eso no pasó desapercibido en territorio brasileño. La Constitución de 1988, actualmente en vigor, trajo al país la ampliación del catálogo de derechos fundamentales (que no se contiene solamente en los setenta y ocho incisos del art. 5.º, sino también por toda la Carta Fundamental), mayor número de acciones para garantizarlos (como por ejemplo, el «*mandado de injunção*»[33] y la «*argüição de descumprimento de preceito fundamental*»[34]), instrumentos de democracia semidi-

---

[31] PRIETO SANCHÍS, Luis. *Constitucionalismo...*, op. cit. p. 33.

[32] COMANDUCCI, Paolo. Formas de (neo)constitucionalismo: un análisis metateórico. En: CARBONELL, M. (ed). *Neoconstitucionalismo(s)*. 2.ª ed. Trotta: Madrid, 2005, p. 93-97.

[33] El «Mandado de Injunção» está establecido en el inc. LXXI, del art. 5.º, de la CF. Es una acción que busca subsanar la falta de ley reguladora siempre que se haga inviable el ejercicio de los derechos y libertades constitucionales.

[34] Esta acción está prevista en el art. 102, parágrafo 1.º, de la CF, para evitar o reparar lesión a los preceptos fundamentales.

recta (referéndum, plebiscito e iniciativa popular para proposición de proyectos de ley), así como la forma de control jurisdiccional de constitucionalidad de las leyes, que posibilita, además del control difuso de constitucionalidad, por todo y cualquier miembro del poder judicial, el control concentrado realizado, en el ámbito nacional, sólo por el Supremo Tribunal Federal.

Con el paso del tiempo se fueron incorporando nuevas legislaciones que aumentan el poder de la Corte Suprema, en un permanente crecimiento de las características del control concentrado y una correlativa disminución del control difuso de constitucionalidad. También, nuevas Enmiendas Constitucionales (EC. n.º 45/04) y algunas leyes infraconstitucionales (leyes n.º 9.868/98, 9.882/99, 11.418/06), ampliaron la comprensión doctrinal y jurisprudencial sobre el «Recurso Extraordinario» (acción utilizada en el control difuso para llevar un recurso hasta la más alta Corte del país), estableciendo la necesidad de comprobación de interés general para su admisión por el Supremo Tribunal Federal.

Eso, al mismo tiempo que marca las características del neoconstitucionalismo evidencia lo que L. Ferrajoli llama crisis[35] de ambos modelos de Estado de Derecho: tanto el Estado Legislativo de Derecho como el Estado Constitucional de Derecho, pues se acaba produciendo el retorno a un derecho jurisprudencial del tipo premoderno:

> por un lado, el colapso de la capacidad reguladora de la ley y el retorno al papel creativo de la jurisdicción; por otro, la pérdida de la unidad y coherencia de las fuentes y la convivencia de diversos ordenamientos concurrentes[36].

Con esos planteamientos, se puede decir que la jurisdicción constitucional brasileña, representada en última instancia por el Supremo Tribunal Federal, ha actuado con una postura muy activa en la defensa de los derechos y garantías fundamentales; sin embargo, permanece el temor de que en realidad, se produce la formación de un superpoder que sustituya al legislador, incluso, en la elaboración de reglas para la doctrina y otros poderes estatales.

---

[35] Es importante destacar, también, al respecto de este tema relacionado con las crisis del Estado, las siguientes obras: BOLZAN DE MORAIS, José Luis. *As crises do Estado e da Constituição e a transformação espacial dos direitos humanos.* Porto Alegre: Livraria do Advogado, 2002; BOLZAN DE MORAIS, Jose Luis. *A subjetividade do tempo: uma perspectiva transdisciplinar do direito e da democracia.* Porto Alegre: Livraria do Advogado, 1998; BOLZAN DE MORAIS, José Luis; STRECK, Lenio Luiz. *Ciência Política e Teoria do Estado.* 5 ed. Revisada y actualizada, Porto Alegre: Livraria do Advogado, 2006.

[36] FERRAJOLI, Luigi. *Pasado y futuro del Estado de derecho.* En: CARBONELL, M. (ed). *Neoconstitucionalismo(s).* 2.ª ed. Trotta: Madrid, 2005, p. 20.

2.1. La crisis del principio de legalidad y el retorno al derecho jurisprudencial en territorio brasileño

Las leyes en la mayoría de los ordenamientos avanzados poseen un lenguaje cada vez más oscuro, lo que muchas veces lleva a verdaderos laberintos normativos[37]. En Brasil, una decisión adoptada en 2007 demuestra claramente la llamada *mutación constitucional*[38], hasta el punto de que el magistrado Eros Roberto Grau afirma que la doctrina acaba siempre por seguir la jurisprudencia del Supremo Tribunal Federal:

> *«O Min. Eros Grau, em voto-vista, julgou procedente a reclamação, acompanhando o voto do relator, no sentido de que, pelo art. 52, X, da CF, ao Senado Federal, no quadro de uma verdadeira mutação constitucional, está atribuída competência apenas para dar publicidade à suspensão da execução de lei declarada inconstitucional, no todo ou em parte, por decisão definitiva do Supremo Tribunal Federal, haja vista que essa decisão contém força normativa bastante para suspender a execução da lei. Rcl 4335/AC»*[39].

Otra cuestión polémica en el Estado brasileño es la discusión que envuelve la «súmula» vinculante, instrumento que, desde su creación por la Enmienda Constitucional n. 45/04 (dispositivo reglamentado por la ley n. 11.417/06), lleva a muchos debates jurídicos[40]. Sucede que el efecto vinculante o la obligatoriedad de cumplimiento de las decisiones del Supremo Tribunal Federal por los diferentes poderes, afecta lógicamente al control difuso, al acceso a la justicia, al doble grado de jurisdicción, etc. Además, a través de ese instrumento, la Corte Suprema ha hecho manifestaciones sobre asuntos polémicos como la prohibición del uso de esposas por la policía (Súmula Vinculante n.º11) y el veto a la contratación de parientes por los funcionarios públicos (Súmula n.º13), ambas publicadas a finales del 2008.

---

[37] Ibid., p. 20.

[38] K. Hesse afirma que tanto el Tribunal Constitucional Federal como la doctrina, entienden que la mutación constitucional modifica el contenido de las normas constitucionales con la atribución de diferentes significaciones. Además, subraya que se puede admitir estas alteraciones, siempre que se perciba el peligro de «mutaciones constitucionales ilimitadas» que vulneran los límites del propio texto constitucional. En: *Escritos de derecho constitucional;* traducción de Pedro Cruz Villalón. Madrid: Centro de Estudios Constitucionales, 1983, p. 83-112.

[39] BRASIL, Supremo Tribunal Federal. *Informativo 463*. Disponível em: http://www.stf.gov.br.

[40] Creada em 2004 con la Enmienda Constitucional 45, a «súmula vinculante» és un mecanismo que obliga a jueces de todos los tribunales a seguir el pronunciamiento adoptado por el Supremo Tribunal Federal (STF) sobre um asunto determinado con jurisprudencia consolidada. Con la decisão do STF, a súmula vinculante adquiere fuerza de ley y crea um vínculo jurídico, no pudiendo con, por tanto, ser contrariada (Helena Daltro en http://www12.senado.gov.br/noticias/entenda-o-assunto/sumula-vinculante).

Con ello, se percibe que, además de la discusión de saber si la postura actual del Supremo Tribunal Federal es buena o mala, no es posible negar que afecta a la racionalidad legislativa, que Hobbes había contrapuesto a la sabiduría de los jueces desordenados y abre camino a la discrecionalidad jurisprudencial, según el antiguo modelo premoderno, con la consecuente pérdida de la certeza y seguridad jurídicas[41]. De este modo, expresiones como principio de legalidad y reserva legal pierden su sentido.

También, la crisis afecta al papel de garantía de la propia Constitución como fuente del derecho, que es el rasgo distintivo del Estado Constitucional; o sea, hoy se habla del fin del Estado nacional como detentador del monopolio exclusivo de la producción jurídica. En este sentido, es ampliamente conocido por su paradigmática singularidad el proceso de integración de Europa[42].

En cuanto al Estado brasileño, auque no forma parte de un derecho común, no hay cómo negar que sufre los efectos de la globalización, no sólo en relación a los procesos económicos, sociales y culturales, sino también, en lo relacionado a la jurisdicción. Es emblemática la decisión conocida como «Damião Ximenes Lopes» en la que la Corte Interamericana de Derechos Humanos de la Organización de los Estados Americanos (OEA) condenó a Brasil por violación de los derechos humanos[43].

En el caso, concretamente, ocurrió la muerte violenta de Damião Ximenes Lopes, el día 4 de octubre de 1999, en la «Clínica de Repouso Guararapes», ubicada en el municipio de Sobral, en el interior de Ceará. La Corte Interamericana declaró que Brasil violó la obligación general de respetar y garantizar los derechos humanos; infringió el derecho a la integridad personal de Damião y de su familia y violó el derecho a la protección judicial a que tienen derecho sus familiares. Como medida de reparación a la familia de Damião Ximenes, la Corte condenó al país a indemnizarla. En este juicio, la Corte dejó claro que Brasil posee responsabilidad internacional por incumplir su deber de cuidar y de evitar la vulneración de la vida y de la integridad personal y el deber de reglamentar y fiscalizar la atención médica de salud[44]. La condena de Brasil por la más alta Corte de Derechos Humanos del continente americano es, sobre todo, una reprensión internacional por la falta de voluntad política de enfrentar las graves y sistemáticas violaciones a los derechos fundamentales y de combatir la impunidad.

De esa forma, con L. Ferrajoli, es posible constatar que se está produciendo una confusión de fuentes e inseguridad en cuanto a las competencias jurídicas, produciéndose un vacío de derecho público[45]. No es, sin embargo, previsible una salida para esta doble crisis, pues el fenómeno de la globaliza-

---

[41] FERRAJOLI, Luigi. *Pasado y futuro...*, op. cit, p. 20.

[42] Ibid., p. 21.

[43] JUSTIÇA GLOBAL. Disponible em: http://www.global.org.br/portuguese/damiaoximenes.htm.

[44] Ibid.

[45] FERRAJOLI, Luigi. *Pasado y futuro...*, op. cit, p. 22.

ción posee múltiples implicaciones, como ha destacado A. de Julios-Campuzano: *desconecer los benefícios es tan necio como ignorar los perjuicios que un fenómeno de esta naturaleza encierra*[46].

En verdad, las alteraciones globales han llevado a la superación de antiguos paradigmas y a la necesidad de afirmación de nuevas reconstrucciones. De ahí que resurja la aspiración de una ciudadanía cosmopolita, preocupada por la tolerancia, el respeto y la dignidad humana, sólo para citar algunos de los ideales defendidos por el cosmopolitismo.

2.2. El proceso de apertura bajo la óptica cosmopolita y el Estado Constitucional Cooperativo

Gran parte de la doctrina reconoce hoy que el derecho se tornó cosmopolita. Sin embargo, lo que se cuestiona es de qué cosmopolitismo se trata. La idea inicial es atribuida al cínico Diógenes. A la pregunta «¿de dónde eres», Diógenes respondió que era «ciudadano del cosmos» , de tal modo que con esa contestación el filósofo se situó como portador de una razón universal residente en el hombre, no en la ciudad[47].

D. Ventura afirma que, ya apuntado entre los griegos, el cosmopolitismo logró nuevos matices con los romanos, desarrollándose también en el cristianismo. *Tendo alvoroçado o Iluminismo, a ótica cosmopolita, assaz camaleônica, adquiriu incontáveis sentidos ao longo da história.*[48] Pero fue precisamente con I. Kant con quien el cosmopolitismo se consolida en su configuración distintivamente moderna[49].

Para I. Kant el cosmopolitismo no es supranacional, ni corresponde a un superestado; se materializaría más bien como una federación de Estados revestida con la forma de una *asociación* en la cual los componentes permanecen en un nivel de colaboración entre iguales, de modo que el contenido del sentido cosmopolita se restringe a las condiciones de hospitalidad universal[50]. Es posible percibir con A. de Julios-Campuzano que el humanismo

---

[46] JULIOS-CAMPUZANO, Alfonso de. *La globalización ilustrada. Ciudadanía, derechos humanos y constitucionalismo*. Madrid: Dykinson, 2003, p. 13.

[47] VENTURA, Deisy. Hiatos da transnacionalização na nova gramática do direito em rede: um esboço da conjugação entre estatalismo e cosmopolitismo. *Anuário da Unisinos*. Porto Alegre, 2007.

[48] Ibid.

[49] Es imposible citar las numerosas relecturas contemporáneas del pensamiento kantiano, sobre todo las destinadas a comprender mejor el proceso de transnacionalización o de globalización del derecho. Existe, en particular, una especie de nuevo internacionalismo, comprometido con los derechos humanos, que hace alusión constantemente al proyecto de «paz perpetua» (...).Ibid.

[50] Ibid.

kantiano desemboca coherentemente en un proyecto cosmopolita que pretende superar la fragilidad del derecho internacional[51].

En esta línea, como ha apuntado K. A. Appiah, es importante subrayar la distinción entre cosmopolitismo y humanismo. Para el autor es erróneo confundir los dos, porque el cosmopolitismo no consiste únicamente en el sentimiento de que todo el mundo importa. *El cosmopolita celebra también que existen diferentes formas locales de ser humano, mientras que el humanismo concuerda con el deseo de una homogeneidad global.* De ahí que el humanismo puede ser compatible con los sentimientos cosmopolitas y, al mismo tiempo, convivir con el deseo de uniformidad[52].

Appiah defiende la idea de un cosmopolitismo liberal, en el que se valora las diversas formas humanas de vida social y cultural. No se busca una cultura global homogénea, sino que las diferencias locales cumplan determinadas constricciones éticas generales, respetando los derechos humanos básicos[53]. Incluso observando el alto contenido utópico y los múltiples problemas que derivan de una alternativa cosmopolita viable, su proyección sobre la realidad se presenta como una posibilidad frente a las demandas de un mundo globalizado.

De esa forma, también se posiciona J. J. Gomes Canotilho cuando dice que *a Constituição dirigente não afasta a idéia liberal e kantiana do republicanismo cosmopolita*[54]. Para que estos valores se desarrollen, una alternativa puede ser la búsqueda de nuevos patrones culturales.

En esa misma línea de orientación, P. Häberle alude a que el tipo de modelo occidental de Estado constitucional libre y democrático no es, sin embargo, susceptible de cambios; justamente al contrario, el constitucionalismo se caracteriza por ser un movimiento cultural abierto. Por otra parte, la cultura no debe, sencillamente, presuponer un concepto central, debiendo ser contemplada: primero, a nivel histórico, como tradición; segundo, a nivel normativo, como reglas y usos sociales; tercero, a nivel psicológico, como adaptación que supera problemas; cuarto, a nivel estructural, entendido como conjunto de modelos de organización de la propia cultura[55].

Así, tomando en consideración la facticidad y la histórica evolución social y estatal, innumerables razones indican que *el Estado constitucional se encuentra en una fase en la que depende del derecho internacional o, si se quiere, en la que el Derecho internacional se halla necesariamente implicado*

---

[51] JULIOS-CAMPUZANO, Alfonso de. *La globalización ilustrada. Ciudadanía, derechos humanos y constitucionalismo*. Madrid: Dykinson, 2003, p. 157.

[52] APPIAH, Kwame Anthony. Patriotas cosmopolitas. En: NUSSBAUM, Martha C. *Los límites del patriotismo. Identidad, pertenencia y ciudadanía mundial.* Barcelona: Paidós, 1999, p. 38.

[53] Ibid.

[54] CANOTILHO, J. J. Gomes. *«Brancosos» e Interconstitucionalidade*. Op. cit. p. 141.

[55] HÄBERLE, Peter. *Teoria de la Constitución como ciencia de la cultura;* traducción de Emilio Mikunda. Madrid: Editorial Tecnos, 2000, p. 25.

en él (...). Por otro lado, en discusiones recientes, es objeto de debate el hecho de que es el Estado Constitucional el que debe reaccionar, en el sentido de facilitar la conceptualización de un modelo de Estado Constitucional Cooperativo[56].

En la definición de P. Häberle:

> *el Estado constitucional cooperativo será pues aquel Estado cuya identidad incluso a nivel internacional se halla dentro de un complejo tejido de relaciones inter y supranacionales, así como en la medida en que toma plenamente conciencia de la colaboración internacional y se responsabiliza también de ella como parte de la propia solidaridad*[57].

Defender esas configuraciones del Estado Cooperativo debe ser algo prioritario, pues esta nueva estructura se caracteriza por una preocupación por otros Estados, además de por la protección de los derechos fundamentales internos. También se interesa por las instituciones nacionales y supranacionales.

Ante esa situación, cuyos contornos son aún indefinidos, no todos los argumentos relacionados con el Estado Cooperativo son positivos. Lamentablemente, existen Estados egoístas, cerrados sobre sí mismos y muchas veces agresivos ante la comunidad internacional que se presentan sólo *pro forma* como constitucionales[58].

Asimismo, muchos Estados carecen de estructuras concretas, como falta de procedimientos, tareas y atribuciones para la implementación de esa cooperación. Sin embargo, los obstáculos no son insalvables, sino un estímulo para proseguir en la tarea de consolidar lo que se podría llamar en el futuro *modelo de Estado cooperativo.* P. Häberle llega a afirmar que *el Estado Constitucional abierto, o bien sólo puede ser cooperativo a largo plazo, o bien dejará de ser constitucional*[59].

Así que las alteraciones tanto del derecho constitucional, como del derecho internacional, deben llevar a una complementariedad entre las disciplinas. Por ello, el Estado cooperativo está directamente relacionado con la óptica cosmopolita, presentándose como una alternativa viable en la contemporaneidad.

Para comprobar la actualidad del Estado Social Cooperativo, P. Häberle presenta seis manifestaciones concretas del mismo: mediante el reconocimiento en favor de una apertura mundial a través de la solidaridad, que denote un grado de corresponsabilidad; mediante formas específicas de cooperación, establecidas en las propias Constituciones; a través de las declara-

---

56 Id. Pluralismo y Constitución. Estudios de teoría constitucional de la sociedad abierta; traducción de Emilio Mikunda-Franco. Madrid: Editorial Tecnos, 2002, p. 256.

57 Ibid., p. 257-258.

58 Ibid., p. 260.

59 Ibid., p. 263.

ciones universales de derecho humanos; o de disposiciones específicas en materia de derechos fundamentales; mediante la aplicación escalonada del derecho internacional y, también, globalmente, mediante la tematización de tareas comunitarias.[60] La discusión en torno al concepto de Constitución y respecto a un tratado constitucional para la Unión Europea, justamente viene al encuentro de estos ideales cooperativos.

Resta, ahora, decir que el debate en torno a los Estados cooperativos, importa no sólo a los desarrollados —sobre todo, a los Estados de la Unión Europea— sino también a los países en desarrollo. La discusión sobre si «interesa» o «no interesa» a los países en desarrollo, como es el caso brasileño, sólo puede ser residuo del colonialismo, comprometiendo estratégicamente las relaciones entre los diversos Estados[61].

En ese sentido, Brasil se caracteriza por la antigua tradición de vincularse a los tratados de derecho internacional. Aún a mediados del siglo XIX, el país firmó aproximadamente *cinqüenta tratados multilaterais relacionados à proteção de pessoas e bens durante conflito armado ou ao controle ou à proibição de armas convencionais de destruição em massa*[62].

La postura tradicional brasileña, incluso con la incidencia de algunos conflictos internos y la participación en la Segunda Guerra Mundial, es la de defender la paz. Así, siempre ha apoyado los eventos mundiales de discusión sobre los tratados en este área; incluso la actual Carta dispone en su art. 4.º, inc. VII, que la República Federal de Brasil busca la solución pacífica de los conflictos. Hasta 2005, Brasil se vinculó, por firma, seguida de ratificación o adhesión, a cuarenta y cinco tratados de desarme y documentos anexos, en general sin reservas[63].

De ahí se percibe que el país posee una significativa predisposición a los preceptos del derecho internacional, poseyendo una cláusula de apertura en el § 2.º, del art. 5.º, de la actual Carta Constitucional: *Os direitos e garantias expressos nesta Constituição não excluem outros decorrentes do regime e dos princípios por ela adotados, ou dos tratados internacionais em que a República Federativa do Brasil seja parte*[64].

---

[60] Ibid. p., 265.

[61] VENTURA, Deisy. Hiatos da transnacionalização..., op. cit.

[62] JARDIM, Tarciso Dal Maso. *O Brasil e o direito internacional dos conflitos armados.* Porto Alegre: Sergio Antonio Fabris, 2006, p. 21.

[63] Ibid., p. 23-26.

[64] Sobre la incorporación de los Tratados Internacionales se destaca que el Poder Constituyente Derivado insertó un nuevo mecanismo en el art. 5.º de la Carta Constitucional, a través de la Enmienda Constitucional n.º 45 de 2004: *§ 3.º. Os tratados e convenções internacionais sobre direitos humanos que forem aprovados, em cada Caso do Congresso Nacional, por três quintos dos votos dos respectivos membros, serão equivalentes às Emendas Constitucionais.* De la mencionada redacción, se puede concluir que para adquirir *status* constitucional las normas internacionales que traten de derechos humanos, es necesario el mismo *quorum* exigido para las Enmiendas Constitucionales, establecido en el art. 60, § 2.º, da CF. El razonamien-

Siguiendo la orientación de P. Häberle, sobre los elementos que forman el Estado Cooperativo, es posible percibir los rastros de una conjugación en territorio brasileño, no sólo a través de la cláusula de apertura ya referida, sino también, a través de las misiones de paz enviadas a Haiti[65], incluso en el año 2008.

Lógicamente, Brasil se enfrenta a problemas de diferentes órdenes: sociales, económicos, financieros, políticos, etc. Las desigualdades sociales, el paro, la pobreza y la marginación saltan a la vista en las calles y avenidas de la mayoría de las ciudades del país. Además, algunos rasgos del neoconstitucionalismo, al mismo tiempo que plantean la protección de los preceptos fundamentales, han causado cierto temor de que pueda provocar el llamado «gigantismo» del poder judicial.

Con todo, son evidentes las transformaciones del constitucionalismo moderno. Los Estados sólo pueden ser comprendidos hoy de una forma relacionada. De ahí que Pérez Luño subraye que la estructura piramidal del ordenamiento jurídico, actualmente, reclama una simbolización que se acerque más a una «bóveda», implicando una confluencia o interacción de un conjunto de arcos y cubiertas esféricas, que cierran el espacio comprendido entre muros o columnas[66]. Así la nueva teoría jurídica debe acomodarse a ordenamientos policéntricos.

De lo anteriormente apuntado, es importante destacar que las crisis tanto del principio de legalidad como de la propia actuación jurisdiccional estatal, llevan a constantes alteraciones del constitucionalismo contemporáneo, demostrando la influencia del tiempo. K. Hesse ya afirmaba:

> nós vivemos, porém, do patrimônio conceitual de um mundo que não é já o nosso e que, como se foi tornando sempre mais claro, encontrou o seu declínio

---

to parece lógico. Si no fuera incorporado con el mínimo de votos exigidos por la nueva enmienda, la legislación internacional sería considerada norma infraconstitucional. Sin embargo, al mismo tiempo en que existen doctrinas en ese sentido, existen otras que consideran todo tratado y convención internacional sobre derechos humanos con eficacia constitucional.

[65] *Desde 2004, o país caribenho sofre intervenção das Organizações das Nações Unidas (ONU) devido ao seu instável e grave estado sociopolítico. O Haiti, segundo o documento de estratégia nacional para o crescimento e redução da pobreza (2008 a 2010), apresenta uma séria situação nutricional e sanitária, com um terço das crianças com menos de cinco anos com carência em vitamina A e uma política alimentar fragilizada, onde a produção nacional oscila nos 45% e as importações dobraram entre os anos de 2001 e 2004. Além disso, há uma acelerada deterioração do meio ambiente, que está diretamente relacionada ao crescimento da pobreza no país. Aliado a isso, o Haiti está situado em uma zona sísmica e ameaçado por ciclones tropicais. O relatório mundial sobre a redução dos riscos e desastres publicado pelo Programa das Nações Unidas para o Desenvolvimento (PNUD), em 2004, forneceu ao Haiti um índice de risco para catástrofes dentre os mais elevados do mundo.* En: Revista eletrônica Brasil&Haiti. Um novo olhar sobre um novo Haiti.<http://www.brasilhaiti.com/conteudoimprensa.asp?id=21>.

[66] PÉREZ LUÑO, A. Dogmática de los derechos fundamentales y transformaciones del sistema constitucional. En: *Teoría y realidad constitucional.* n.º 20. Universidad Nacional de Educación a distancia. Editorial Universitária Ramón Areces, 2007, p. 510.

nas profundas mudanças do volvido século XX. A história passou por cima dos fundamentos que, até o momento, (se recordavam) como partes constitutivas de doutrina do Estado e da Constituição[67].

Así, para no lanzar el constitucionalismo hacia el mundo desaparecido del que hablaba K. Hesse, urge que las diferentes corrientes neoconstitucionalistas permanezcan abiertas en búsqueda de un orden cooperativo y cosmopolita, todavía en construcción, siempre sujeto a reconfiguraciones, pues las derivaciones, muchas veces, son necesarias para que la historia continúe.

CONCLUSIÓN

La noción clásica de derecho del Estado, sea en su vertiente interna (el derecho público interno) o en la externa (el derecho público externo o internacional) no puede seguir siendo percibida como una realidad política inmutable. Desde finales del siglo pasado, el pluralismo se opone a la idea de soberanía y sujeción y actúa en la formación de centros de poder alternativos que compiten con el Estado, operando en el campo político, económico, cultural y religioso[68].

De todo eso, G. Zagrebelsky obtiene dos conclusiones: o se retorna a la situación política premoderna de inseguridad e imposición por la fuerza; o, por otro lado, tras esta muerte se esconde en realidad el nacimiento de un «nuevo» derecho independiente del contexto unívoco representado por la soberanía estatal[69].

Este trabajo ha intentado presentar los rasgos de una posible realidad, la aproximación entre el neoconstitucionalismo y la óptica cosmopolita. No ha sido nuestro objetivo, en forma alguna, agotar el tema, teniendo en cuenta la cantidad de doctrinas y la diversidad de entendimientos sobre la conceptuación de cada uno de estos enfoques.

De la misma forma, cuando se han traído a colación ejemplos del Estado brasileño, se ha buscado demostrar que el neoconstitucionalismo —movimiento surgido a partir de los años setenta, con el proceso democrático en Estados que sufrieron el régimen militar— igualmente es una cadena en constante transformación, que no puede estar desvinculada de la óptica cosmopolita y cooperativa. Así, no resulta oportuno ir contracorriente, sino que es preciso navegar entre el Estado de Derecho y la República Constitu-

---

[67] HESSE, K. apud CANOTILHO, J. J. Gomes. *«Brancosos» e Interconstitucionalidade*. Op. cit. p. 281-282.

[68] ZAGREBELSKY, Gustavo. *El derecho dúctil. Ley, derechos, justicia;* traducción de Marina Gascón. 7.ª ed. Trotta: Madrid, 2007, p. 11-12.

[69] Ibid., p. 12.

cional y comprender cómo la «fortuna» y la «virtud» se agitan en el contexto de las nuevas sociedades en red[70].

REFERENCIAS BIBLIOGRÁFICAS

APPIAH, Kwame Anthony. Patriotas cosmopolitas. En: NUSSBAUM, Martha C. *Los límites del patriotismo. Identidad, pertenencia y ciudadanía mundial.* Barcelona: Paidós, 1999, p. 33-42.

BELLOSO MARTÏN, Nuria. El Estado Neoconstitucional a debate: ¿Eclipse o fortalecimiento de los derechos humanos? Texto disponible en las *Jornadas Internacionales «Nuevas Perspectivas del Estado Constitucional»*. 08 y 09 de enero de 2009. Facultad de Derecho de la Universidad Hispalense de Sevilla.

BLUMEMBERG, Hans. *O riso da mulher de trácia. Uma pré-história da teoria;* tradução de Maria Adélia Silva e Melo; Sabine Urban. Lisboa: Difel, 1994.

BOBBIO, Norberto. *El positivismo jurídico;* tradução Rafael de Asís y Andréa Greppi. Madrid: Editorial Debate, 1993.

BOLZAN DE MORAIS, José Luis; STRECK, Lenio Luiz. *Ciência Política e Teoria do Estado*. 5 ed. rev. actual, Porto Alegre: Livraria do Advogado, 2006.

BOLZAN DE MORAIS, José Luis. *As crises do Estado e da Constituição e a transformação espacial dos direitos humanos*. Porto Alegre: Livraria do Advogado, 2002.

— *A subjetividade do tempo: uma perspectiva transdisciplinar do direito e da democracia.* Porto Alegre: Livraria do Advogado; Santa Cruz do Sul: EDUNISC, 1998.

BRASIL, Supremo Tribunal Federal. *Informativo 463*. Disponible en: http://www.stf.gov.br.

COMANDUCCI, Paolo. Formas de (neo)constitucionalismo: um análisis metateórico. En: CARBONELL, M. (ed). Neoconstitucionalismo(s). 2.ª ed. Trotta: Madrid, 2005, p. 75-97.

CANOTILHO, J. J. Gomes. *«Brancosos» e Interconstitucionalidade. Itinerários dos discursos sobre a historicidade constitucional.* Coimbra: Almedina, 2006.

— *Direito constitucional e teoria da Constituição.* 6. ed. Coimbra: Almedina, 2002.

CARBONELL, M. (ed). *Neoconstitucionalismo(s).* 2.ª ed. Trotta: Madrid, 2005, prólogo.

— *Teoria del neoconstitucionalismo. Ensayos escogidos.* Trotta: Madrid, 2007.

FERRAJOLI, Luigi. *Derecho y razón. Teoria del garantismo penal;* traducción de Perfecto Andrés Ibáñez, Alfonso Ruiz Miguel, Juan Carlos Bayón Mohino, Juan Terradillos Basoco, Rocio Cantarero Bandrés. Madrid: Editorial Trotta, 4. ed. 2000.

— *Epistemología Jurídica y garantismo*. México: Fontamara, 2006.

— *Pasado y futuro del Estado de derecho.* En: CARBONELL, M. (ed). *Neoconstitucionalismo(s).* 2.ª ed. Trotta: Madrid, 2005, p. 13-29.

FIORAVANTI, Maurizio. *Constituición: de la antigüedad a nuestros dias;* traducción: Manuel Martinez Neira. Madrid: Trotta, 2001.

GUASTINI, Ricardo. La constitucionalización del ordenamiento jurídico: el caso italiano. CARBONELL, M. (ed). *Neoconstitucionalismo(s).* 2.ª ed. Trotta: Madrid, 2005, p. 49-73.

---

[70] CANOTILHO, J. J. Gomes. *«Brancosos» e Interconstitucionalidade*. Op. cit., p. 25.

HÄBERLE, Peter. *Teoria de la Constitución como ciencia de la cultura;* traducción de Emilio Mikunda Madrid: Editorial Tecnos, 2000.

— *Pluralismo y Constitución. Estudios de teoría constitucional de la sociedad abierta;* traducción de Emilio Mikunda-Franco. Madrid: Editorial Tecnos, 2002.

HESSE, Konrad. *Escritos de derecho constitucional;* traducción de Pedro Cruz Villalón. Madrid: Centro de Estudios Constitucionales, 1983.

JARDIM, Tarciso Dal Maso. *O Brasil e o direito internacional dos conflitos armados.* Porto Alegre: Sergio Antonio Fabris, 2006.

JULIOS-CAMPUZANO, Alfonso de. Estado constitucional y ciencia del derecho. Perfiles de un nuevo paradigma. Texto disponible em las *Jornadas Internacionales «Nuevas Perspectivas del Estado Constitucional».* 08 y 09 de enero de 2009. Facultad de Derecho de Sevilla.

— *La globalización ilustrada. Ciudadanía, derechos humanos y constitucionalismo.* Madrid: Dykinson, 2003.

JUSTIÇA GLOBAL. Disponible en: http:// www. global.org.br/ portuguese/ damiaoximenes.html. Acceso el 15 de oct. de 2007.

PEREZ LUÑO, Antonio Enrique. *La tercera generación de derechos humanos.* Navarra: Thomson-Aranzadi, 2006.

— Dogmática de los derechos fundamentales y transformaciones del sistema constitucional. En: *Teoría y realidad constitucional,* Universidad Nacional de Educación a distancia. Editorial Universitaria Ramón Areces, 2007.

PÉREZ-LUÑO, Antonio-Enrique; CABRERA, Carlos Alarcón; GONZÁLES-TABLAS, Rafael; RUIZ DE LA CUESTA, Antonio. *Teoría del derecho. Una concepción de la experiencia jurídica.* 6. ed. Madrid: Tecnos, 2007.

POZZOLO, Susanna. *Un constitucionalismo ambiguo.* En: CARBONELL, M. (ed). *Neoconstitucionalismo(s).* 2.ª ed. Trotta: Madrid, 2005, p. 187-210.

PRIETO SANCHÍS, Luis. *Constitucionalismo y positivismo.* México: Fontamara, 1997.

Revista eletrônica Brasil&Haiti. Um novo olhar sobre um novo Haiti. *http://www.brasilhaiti.com/conteudoimprensa.asp?id=21.*

SARTORI, Giovani. *Elementos de teoria política.* Madrid: Alianza Editorial, 1992.

STRECK, Lenio Luiz. *Verdade e Consenso. Constituição, Hermenêutica e Teorias Discursivas. Da possibilidade à necessidade de respostas corretas em direito.* 2.ª ed. Rio de Janeiro: Lumen Juris, 2007.

VENTURA, Deisy. Hiatos da transnacionalização na nova gramática do direito em rede: um esboço da conjugação entre estatalismo e cosmopolitismo. *Anuário da Unisinos.* 2007.

ZAGREBELSKY, Gustavo. *El derecho dúctil. Ley, derechos, justicia;* traducción de Marina Gascón. 7.ª ed. Trotta: Madrid, 2007.

— *Historia y Constitución;* traducción y prólogo de Miguel Carbonell. Madrid: Editorial Trotta, 2005.

Made in United States
North Haven, CT
05 November 2026

21778849R10224